Michel Chevalier - Gérald Mazzalovo

Management *et* Marketing *du* Luxe

2e édition

Traduit de l'anglais par Julien Randon-Furling

Préface de Françoise Montenay

DUNOD

Conseiller éditorial :
Christian Pinson, professeur à l'Insead

ISBN : 978-2-10-055756-1

Table des matières

Préface

Encore un livre sur le luxe, et un gros...

J'ai hésité avant de préfacer cette future bible du luxe et je me suis décidée après l'avoir lue en entier (enfin presque) ! Ce livre sera, je pense, l'ouvrage de référence des années à venir.

Certes je ne peux cautionner les données, en particulier chiffrées, en raison de mon devoir de réserve mais ce livre ambitieux tient ses promesses.

Il est cependant une dimension que je voudrais développer : la dimension humaine. J'ai travaillé dans et pour le luxe pendant 30 ans, à la fois comme acteur pour des grandes et des petites marques et comme observateur et je souhaite apporter mon témoignage et mon expérience sur l'humain car c'est lui qui fait le vrai luxe.

Le consommateur d'abord. Acheteur puis consommateur, le client du luxe n'est ni un concept ni une catégorie, c'est un être humain qui rêve et achète du luxe pour un nombre incalculable de raisons plus ou moins avouées et toutes mélangées : statut, récompense, séduction, plaisir, bonheur, amusement, liberté, relations avec les autres, accès à la création, au bon goût, surprise, confort, désir d'être et d'acheter unique, différent, et aspiration à un suprême bien-être.

Ce client est changeant. Il peut changer d'avis et d'envie d'une minute à l'autre, changer de goût, d'habitude, de marque, de vendeur et brûler aujourd'hui ce qu'il adorait hier car tout est passion dans le luxe. Ce client exigeant veut de la perfection et de l'originalité. Une grande partie des objets de luxe résultent d'un mélange savant et subtil de haute technologie et d'artisanat ultra-sophistiqué. Ce qui compte c'est que ce produit soit parfait, dure longtemps et surtout apparaisse au moment juste, soit exactement quand le consommateur en a envie et est prêt à l'acheter.

Créons-nous, révélons-nous ou assouvissons-nous un désir existant ? Par exemple dans la mode un bon créateur développe, par an, cinq à sept belles collections créatives de prêt-à-porter, accessoires, chaussures, etc., mais – et c'est cela qui au bout du compte fera la vraie différence entre le bien et l'exceptionnel – il doit proposer le bon produit au bon moment : quand le client le découvre il pense que c'est « le » produit qu'il attendait, « Je ne peux m'en passer… Je le veux tout de suite » tout de suite étant aussi l'une des clés du luxe.

Pour obtenir ce petit miracle, trois recommandations basées sur l'expérience :

- Ni trop, ni trop peu de marketing, ni trop ni trop peu d'études, de chartes de collections, de briefings formels. Étudiez le marché, lisez les études mais surtout allez sur le terrain, faites-vous votre propre opinion. Préservez votre naïveté.
- Parlez, parlez avec le créateur. Ensuite faites-lui confiance. Il ou elle est celui qui a le sens du futur immédiat et va vous aider à prendre des risques. Sentez, ressentez, accompagnez ce qu'il ou elle souhaite avec votre savoir-faire, votre expérience, votre sens stratégique, votre intellect et vos tripes.
- Ensuite, donnez votre meilleur dans l'exécution : un seul objectif : la perfection que ce soit dans les produits, le service, le merchandising, la communication, etc. L'excellence en tout.

Vous contribuerez ainsi à l'histoire d'amour, l'histoire de passion entre le client et la marque.

Et après tout, n'est-ce pas pour et avec cette passion que nous travaillons ?

Françoise Montenay
Présidente du conseil de surveillance de Chanel SAS

Avertissement

Nous souhaitons remercier ici les dizaines de professionnels ou de spécialistes que nous avons interrogés et qui nous ont donné le chiffre d'affaires d'une entreprise dans laquelle ils avaient travaillé par le passé ou celui d'un secteur d'activité donné, ou le plus souvent, qui nous ont permis de valider notre estimation. Pour leur rendre la tâche plus facile, nous leur proposions en général une fourchette de deux valeurs, en leur demandant si le chiffre d'affaires d'une entreprise qu'ils connaissaient se trouvait bien entre ces deux valeurs : ce système nous a permis d'affiner progressivement l'analyse et nos estimations.

Il reste beaucoup d'erreurs et d'oublis et nous sommes conscients que beaucoup de professionnels vont nous en vouloir, soit de n'avoir pas cité leur entreprise, soit de lui avoir donné une estimation de chiffre d'affaires trop faible. Qu'ils aient la gentillesse de nous envoyer des valeurs plus exactes et nous auront grand plaisir à tenir compte de leurs suggestions dans une édition ultérieure.

Les auteurs

Introduction

La notion de luxe est devenue à tel point essentielle dans le monde contemporain que nombre d'ouvrages lui ont été consacrés. Ces ouvrages ont souvent tendance à être très conceptuels et peu enclins à décrire ce qui se passe vraiment dans les entreprises de cette industrie. Nous trouvions qu'il manquait un livre sur la gestion des marques de luxe, et, nos parcours professionnels respectifs dans le secteur nous offrant un certain nombre de points de comparaison, des ordres de grandeur, des réflexes et des modes de fonctionnement, il nous avait semblé utile de faire partager ces expériences à nos lecteurs, ce qui nous conduisit à la publication de la première édition de *Management et Marketing du Luxe* en 2008.

L'année 2008 fut justement celle du début de la crise financière mondiale, déclenchée par la faillite de Lehman Brothers. Depuis bien des choses se sont produites de manière intense et rapide, notamment au niveau des industries du luxe. Beaucoup se mirent à prédire la fin du luxe comme on l'avait connu jusqu'alors, sans réaliser que nous nous trouvions devant un phénomène qui va bien au-delà de ses manifestations économiques et qui était foncièrement inhérent à la nature humaine. Les crises sont de redoutables révélateurs de compétitivité pour les entreprises et les marques de luxe s'en sortent de manière inégale, comme nous allons le montrer dans cette nouvelle édition.

Comment définir le luxe? Nous nous devions, ainsi qu'à nos lecteurs, de répondre à cette question de manière plus approfondie. Nous avons donc ajouté un premier chapitre pour affronter le thème de la notion de luxe dans toute sa complexité, car les définitions existantes et pertinentes sont nombreuses.

On peut dire d'une marque de luxe qu'elle est très exclusive, qu'elle est pratiquement la seule dans sa catégorie de produits et qu'elle apparaît comme le symbole très sélectif de la rareté, du raffinement et du bon goût. Elle aurait également une certaine noblesse et une certaine élégance. De ce point de vue, il n'existerait qu'une seule voiture de luxe : la Rolls Royce, et une Ferrari, avec son rouge rutilant, pourrait être considérée comme l'archétype du mauvais goût. Si nous isolions ainsi, pour chaque type de produit, une marque de manière à en faire une « icône », nous pourrions prendre Krug ou Dom Pérignon pour le champagne, Guerlain pour les parfums et cosmétiques, Hermès en maroquinerie et peut-être Armani et Valentino dans le prêt-à-porter féminin. Brioni pourrait être le luxe ultime pour les costumes hommes, et Van Cleef & Arpels serait considéré, peut-être, comme la marque caractéristique et typique de la joaillerie.

Cette définition restreinte du luxe a un sens. Mais elle ne correspond pas au marché tel que nous le connaissons aujourd'hui. Dans ce livre, des marques comme Hugo Boss ou Lacoste seront considérées comme des marques de luxe, car nous pensons qu'il faut se donner une définition opérationnelle large, prenant en compte la position des marques sur le marché et leur perception par les consommateurs, sans pour autant en oublier les multiples nuances.

Un débat existe aussi sur la distinction entre **mode** et **luxe**. Pour certains, dans le domaine du textile et des accessoires une marque débute en tant que marque de mode, et ne se verra accorder le statut de « marque de luxe » que lorsqu'elle aura atteint une certaine stabilité et quelque intemporalité. Selon ce principe, à son début, une marque devra être créative et à chaque nouvelle saison, apporter de nouvelles idées, de nouveaux concepts, de nouveaux produits, pour attirer l'attention du consommateur. Toujours selon ce principe, alors que son statut évoluera de la mode vers le luxe, elle développera des modèles « classiques », qui se vendront quoi qu'il arrive, « bon an, mal an », et devra imposer un style et créer des *best-sellers* permanents. Cette distinction est intellectuellement intéressante, mais elle est à la fois trompeuse et dangereuse. Trompeuse, car même si une marque de mode appartient au domaine du luxe, comme c'est le cas par exemple pour Chanel ou Dior, elle doit proposer chaque saison de nouveaux modèles et de nouveaux accessoires et imaginer de nouvelles manières de les présenter, pour être sûr que les consommateurs demeurent intéressés, étonnés et séduits. Dangereuse aussi, cette distinction, car cela impliquerait qu'une marque de luxe n'a pas besoin d'être aussi innovante que les autres, ce qui n'est manifestement pas le cas…

À ce stade, il est utile de décrire les différents **secteurs d'activité** que nous incluons dans notre analyse du luxe :

- **Le prêt-à-porter** sélectif et **exclusif** homme et femme est la première catégorie à laquelle on peut penser. Elle comprend évidemment les marques comme Chanel, Valentino, Burberry, ou Versace mais également des marques plus classiques telles que Jaeger, Daks, Céline. Cela inclut aussi des marques telles que Hugo Boss ou Lacoste, comme nous l'avons expliqué ci dessus, car ces marques sont toujours très sélectives dans leur distribution et dans la qualité de leurs produits. Même si leurs prix sont abordables, elles fonctionnent comme des marques de mode vendues à travers un circuit de distribution sélectif. On peut d'ailleurs se poser la question pour Lacoste hommes, en arguant que cette marque n'est pas très créative et qu'elle vend encore et toujours le même produit de base, mais Lacoste femmes est sans aucun doute beaucoup plus créative et plus raffinée. Où devons-nous tracer la ligne, alors ? Nous avons bien sûr éliminé les marques n'ayant pas de distribution sélective. Mais que faire de Nike et Zara ? Ici, le statut des marques et leur niveau de raffinement, tels que perçus par le consommateur, sont bien éloignés du monde du luxe. Les marques de luxe peuvent néanmoins apprendre beaucoup des systèmes de fonctionnement de Zara ou H&M.

- Le segment de la **joaillerie et des montres de luxe** fait clairement partie de cet univers. Les marques ont leurs propres boutiques ou utilisent un nombre très restreint de bijouteries pour présenter et vendre leurs produits. Quant aux montres, nous parlons des montres à complications, mais également de toutes les montres qui coûtent très cher et sont vendues comme des objets rares, à travers un circuit de distribution sélectif.
- **Les parfums et les cosmétiques**, lorsqu'ils sont vendus par l'intermédiaire de canaux de distribution sélectifs, sont clairement des produits de luxe, même s'ils sont vendus très bon marché.
- **Les accessoires de mode** constituent également en général des activités associées à des marques de haute couture ou de prêt à porter. Cette catégorie englobe les sacs à main et la maroquinerie, mais aussi les chaussures, ceintures, et tout autre élément faisant partie de l'allure générale comme les lunettes, les stylos, les briquets, etc. Pour les hommes, cela inclut bien évidemment les cravates mais aussi les chaussures, les chemises ou tout autre élément faisant partie d'une garde-robe masculine, y compris les vêtements du week-end, pour les plus raffinés.
- **Les vins et spiritueux** sont toujours sujets à controverse dans le domaine du luxe. Pour certains, comme ces produits sont souvent vendus dans les hypermarchés, les supermarchés et les épiceries, ils ne doivent pas être inclus dans cette catégorie. Ils devraient alors faire partie de la catégorie des produits alimentaires ou des boissons, comme la bière ou le Coca-Cola. En fait, dans le concept de produit et le positionnement des vins et spiritueux, il existe un niveau de raffinement très différent de celui de la bière. Les vins et spiritueux

ne font pas non plus l'objet d'achats en grande quantité, à répétition comme les bières ou le Coca-Cola : ils coûtent relativement chers, sont souvent offerts comme cadeau et participent clairement de l'identité d'une marque. Cette combinaison de raffinement et de consommation exclusive autorise le classement des vins et spiritueux dans le secteur du luxe.

- **Les voitures de luxe** sont une catégorie bien à part dans cet univers. Nous avons déjà mentionné Rolls-Royce et Ferrari. Nous pourrions parler aussi de Bentley, Maserati, Porsche, Maybach, et peut-être de certains modèles Mercedes, BMW ou Audi. D'une certaine façon, la puissance de la marque, la difficulté et l'exclusivité de son positionnement, la complexité de ses produits, son réseau de distribution sélectif et la qualité de son service après-vente, justifieraient une approche « luxe » pour la quasi-totalité des marques et des modèles automobiles. Néanmoins, à ce stade, nous nous limiterons aux seules voitures que les consommateurs perçoivent comme très spéciales, très luxueuses et différentes des autres.
- **Les hôtels de luxe** peuvent être vus comme des activités de luxe, dans la mesure où les clients en attendent un service hors classe, et une expérience exceptionnelle. Ici, la marque ne constitue qu'une partie (bien qu'importante) d'un ensemble qui inclut le design, l'atmosphère et la qualité du service.
- **Le tourisme de luxe** en général, et plus particulièrement les activités de croisières, forment une catégorie bien caractérisée.
- L'activité de **banque privée** peut aussi être considérée comme une activité de luxe eu égard à sa sélectivité, à la qualité de ses services et à l'importance des marques.

Nous n'avons pas tenté, dans cet ouvrage, d'aborder chacune de ces catégories de produits ou de services de luxe, ni d'autres telles que le mobilier ou les compagnies aériennes, que nous n'avons pas inscrites dans notre liste. Nous étendrons peut-être notre analyse à ces catégories lors d'une prochaine étape.

La dernière approche pour une définition du luxe est celle de différents niveaux dans l'échelle de sélectivité et d'exclusivité des produits. Danielle Alleres[1] distingue trois niveaux de luxe : **le luxe inaccessible**, qui correspond à des modèles exclusifs, parfois réalisés à la main et à l'unité, comme dans le cas de montres à complications, ou d'un modèle spécial de Rolls Royce ; **le luxe intermédiaire** qui correspond à des objets étant en fait des copies onéreuses de modèles uniques. Dans le domaine de la mode, la haute couture représenterait le luxe inacces-

1. Danielle Alléres, *Luxe, Stratégie, Marketing,* Economica, 1990.

sible mais les robes faites sur mesure, en copiant tous les éléments d'un modèle de haute couture, rejoindraient cette deuxième catégorie. Dans le domaine des voitures, les modèles du catalogue Ferrari ou Maserati feraient partie du luxe intermédiaire, tout comme une Porsche 911 ; **le luxe accessible** représenterait, enfin, tous les produits fabriqués en usine ou en ateliers en plus grand nombre, comme par exemple le prêt-à-porter féminin de Dior, les chaussures Ferragamo, un parfum, ou une bouteille de whisky.

Cette analyse est intéressante, mais elle occulte, d'une certaine façon, le fait qu'aujourd'hui 98 % du marché du luxe correspond au luxe accessible. Si la classification est très utile pour décrire les origines et les spécificités du secteur, elle n'est donc malheureusement pas très opérationnelle.

La question aujourd'hui est de savoir jusqu'à quel point nous pouvons considérer comme « produit de luxe » une bouteille de vin ou une paire de chaussures en toile. À moins que quelqu'un n'invente de nouvelles sous-catégories dans le groupe dit « accessible », cette répartition en trois catégories explique parfaitement l'« origine » du marché, mais n'est pas très utile lorsqu'il s'agit de distinguer un parfum Yves Saint Laurent d'une crème hydratante Nivea, et de déterminer lequel des deux peut être qualifié d'article de luxe.

On pourrait déjà donner à ce stade, une définition préliminaire de ce qui fait d'un produit un « article de luxe[1] ». Pour nous, un produit de luxe doit satisfaire au moins trois critères : il doit avoir un fort contenu artistique, être le fruit d'un savoir faire artisanal et être international.

La **dimension artistique** du marché du luxe est sans doute ce qui le distingue le plus clairement de toute autre activité. Un article de luxe a toujours été soumis à un processus de recherche esthétique approfondi et raffiné. Le moyen le plus facile d'allumer sa cigarette, c'est d'utiliser une allumette ou un briquet jetable. Un briquet en argent S.T. Dupont pèse plus lourd dans une poche et est relativement peu pratique lorsqu'il faut le recharger. Mais c'est un « objet » – et non simplement un produit – à nul autre pareil : un objet possédant très probablement un contenu émotionnel (peut-être l'a-t-on reçu en cadeau, ou acheté à l'occasion d'un événement important). La finition de l'argent est parfaite et la forme est un plaisir visuel. Le briquet est lourd et solide, et produit un son caractéristique quand on l'utilise. Il s'agit presque d'une œuvre d'art.

Dans ce monde d'objets, les caractères esthétiques constituent des éléments très importants de l'impression générale. Un nouveau flacon de parfum et son

1. Il faudrait mentionner l'ouvrage de Jean Castarède, *Le Luxe*, coll. « Que Sais-je ? », 4e éd., PUF, 2007.

étui doivent affirmer un parti pris artistique. Ils doivent susciter une impression de beauté et exercer une séduction sur le plan esthétique. Une robe de soirée doit rehausser le charme de la femme qui la porte et doit être elle-même un objet esthétiquement accompli et raffiné.

Ce sujet sera abordé lorsque nous parlerons de la gestion de la création et de l'équipe de créateurs, mais même avec des produits moins « créatifs » et plus « marketing », comme peuvent l'être une eau de toilette après-rasage ou une bouteille de vodka, les éléments artistiques de l'offre – tels que le produit, l'emballage et le concept publicitaire – doivent toujours être particulièrement forts.

Les clients n'achètent donc pas des produits : ils achètent des objets et souhaitent que ces objets soient magnifiques.

L'aspect artisanal du luxe est tout aussi important. Les clients achètent des objets qui ont été dessinés et réalisés par Giorgio Armani ou John Galliano. Même si les produits sont fabriqués dans des quantités industrielles, comme dans le cas d'un parfum, ils veulent croire que l'objet est directement issu de l'atelier du créateur.

Dans le monde du luxe, il est presque impossible de visiter les usines. À Paris, par exemple, il est possible de visiter le centre de production d'Hermès à Bagnolet ou l'atelier Louis Vuitton à Asnières, et dans les deux cas les visiteurs peuvent voir des spécialistes du cuir travailler à la main des pièces individuelles : il s'agit des pièces les plus chères chez Hermès et des articles sur commande chez Louis Vuitton. Le constat est le même : il est très difficile de visiter des usines automatisées, lorsqu'elles existent, car ce n'est pas ce que les marques veulent que les clients retiennent.

Le luxe semble donc consister à concevoir et à fabriquer à la main des objets artisanaux beaux et artistiques que les consommateurs adoreront acheter, recevoir en cadeaux ou utiliser.

La troisième dimension est la dimension **internationale**. Lorsqu'un Canadien achète un objet de luxe français ou italien, il s'attend à ce que ce produit soit aussi hautement estimé par les consommateurs de luxe français, japonais, ou chinois, qu'il l'apprécie lui-même. Lorsqu'un français se promène à New York sur Madison Avenue ou dans la 57e rue, il enregistre mentalement les marques françaises possédant un magasin bien situé et il en tire une certaine fierté. Mais s'il ne voit aucune boutique Kenzo ou Givenchy, par exemple, il pourrait en déduire que ces marques sont moins appréciées qu'auparavant à New York, et se mettre par conséquent lui-même à les déprécier.

Nous verrons plus loin qu'une grande partie du marché du luxe repose sur des consommateurs qui sont loin de leurs repères habituels et qui considèrent leur achat comme quelque chose de tout à fait spécial. C'est pourquoi, dans le secteur du luxe, il est quasiment impossible d'exister sans avoir une présence dans les grandes métropoles mondiales comme, par exemple, Paris, Milan, New York, Los Angeles, Tokyo, Hong Kong, Shanghai, Singapour, Londres, Genève ou Düsseldorf. Dans chacune de ces villes, les grandes marques essaient d'apparaître plus fortes et plus puissantes les unes que les autres, rendant la tâche difficile aux marques plus petites qui cherchent un emplacement pour s'installer dans les quartiers commerçants du centre où les marques de luxe se rassemblent.

Les marques de luxe se doivent donc d'avoir une présence et un profil internationaux, tout en conservant un caractère national bien discernable. Lorsqu'une femme coréenne entre, à Séoul, dans un magasin Gucci, elle s'attend à y trouver une atmosphère italienne, que ce soit en termes de couleurs, de musique ou d'environnement. Lorsqu'elle pénètre dans une boutique Yves Saint Laurent, elle doit y trouver un subtil parfum de Paris.

Ainsi, les beaux objets, quasiment fabriqués à la main par des artistes et artisans talentueux, doivent être vus dans le monde entier avant que les clients n'acceptent d'entrer dans le jeu et les achètent, à l'étranger ou dans leur propre pays.

Voilà la vision du marché du luxe que nous développerons dans cet ouvrage. L'analyse sera parfois descriptive car nous voulons décrire en détail ce qui est particulier à ce secteur. Nous étudierons le statut de la marque et la manière dont elle doit être gérée dans cet environnement. Nous passerons ensuite à un processus plus normatif et expliquerons comment analyser la clientèle du luxe et comment traiter l'identité de la marque. Nous analyserons enfin les problèmes de communication et de distribution et suggérerons des approches permettant de faire en sorte que toutes les activités soient efficaces et conformes aux objectifs de la marque.

Le texte a été organisé de manière à pouvoir être lu linéairement du début à la fin, ou bien chapitre par chapitre, indépendamment.

Notre objectif est que le lecteur comprenne le potentiel qui est celui des marques dans le domaine du luxe, et la manière dont les entreprises de ce secteur doivent être gérées et dirigées au quotidien.

Sauf mention contraire, tous les tableaux et les chiffres sont de notre main, fondés sur nos propres études ou sur des données publiques.

Chapitre 1

La notion de luxe

Une définition problématique

Qu'est-ce que le luxe? De prime abord, il semble que l'on puisse répondre en termes simples, et faire la part entre ce qui relève du luxe et ce qui n'en relève pas. Mais on pressent, à la réflexion, que tout le monde ne sera pas d'accord sur ce partage: le luxe de l'un n'est pas forcément celui de l'autre.

La notion incorpore une dimension *esthétique* qui nous renvoie à une grande interrogation de la philosophie occidentale[1] : comment caractériser la notion de beau? Au XXe siècle, le philosophe Theodor W. Adorno[2] a exprimé le problème en ces termes: « On ne peut pas plus définir le concept de beau que renoncer à son concept. »

Nous pensons qu'il en va de même pour le luxe: sans vouloir le confondre avec le beau (il a ses enjeux propres), il se révèle, à l'examen, non moins insaisissable – et, peut-être, non moins indispensable.

Par conséquent, il est sans doute utopique de chercher une définition universelle du luxe. Mais cette réflexion attire notre attention sur un point important: *la définition du luxe a varié selon les époques.*

1. C'est une question que l'on trouve dans l'*Hippias Majeur*, de Platon, et qui a été longuement travaillée par Kant et par Hegel.
2. Theodor W. Adorno, *Aesthetische Theorie*, traduction de Marc Jimenez, Klinsieck, 1982.

Une notion fluctuante

Ce que nous appelons communément « le luxe » n'a plus grand-chose à voir avec ce que recouvrait cette même expression voici seulement un siècle ; ou bien, un peu plus loin de nous, dans les années précédant la Révolution Industrielle.

Nous ne parlons pas ici des *objets* du luxe – il va de soi, par exemple, qu'un produit comme le savon, encore un véritable luxe au Moyen Âge, s'est largement démocratisé depuis lors, et qu'il a donc cessé d'être un luxe à nos yeux – ; nous parlons de la *signification* même du mot. Aujourd'hui, nous l'employons dans un sens très différent de l'usage qu'on en faisait, par exemple, au XVIIe siècle. Sans doute connote-t-il pour nous des images à la fois positives et négatives ; mais la plupart des images négatives sont issues de son héritage historique, tandis que les acceptions valorisantes sont pour la plupart d'introduction récente.

Comme on va le voir, le terme a connu, notamment au cours des deux derniers siècles, des évolutions sémantiques importantes, qui reflètent la construction de notre société de consommation moderne. Ces transformations sont d'un grand intérêt pour notre sujet : elles ont eu des répercussions directes sur la segmentation progressive du marché mondial du luxe, et sur le positionnement actuel des marques revendiquant ce territoire.

Le paradoxe du luxe contemporain

Le marché du luxe, aujourd'hui, repose sur un paradoxe. D'une part, le luxe opère, entre autres, comme distinction sociale : il est le signe d'une pratique réservée aux *happy few* – et donc, qui se soustrait à la masse. En même temps, le luxe contemporain est *porté par les marques,* et celles-ci restent liées à des logiques de volume de production et de distribution produits. Comment, dès lors, produire de la distinction en série ? Tel est le dilemme qui se pose aux marques de luxe. Elles vont s'efforcer de le résoudre en ajustant leur *positionnement* à travers des stratégies innovantes de création, communication et distribution.

Le luxe moderne présente, en fait, un panorama étendu et très contrasté, même s'il ne nous apparaît pas forcément comme tel au premier regard. Pour le saisir, il est nécessaire de prendre du recul : et c'est le détour historique qui nous permet de l'appréhender.

Chronique d'une évolution sémantique

« Luxe », c'est un mot-clé dont l'utilisation se fait toujours plus fréquente dans notre vie quotidienne. Nous le lisons de plus en plus souvent sur les affiches ; nous l'employons de plus en plus souvent dans nos discours (l'outil Google Trends nous montre que son utilisation sur Internet a doublé en moyenne entre 2004 et 2010).

Il y a deux raisons à cette explosion : d'une part, de nombreuses marques ont jugé que ce positionnement ajoutait à leur compétitivité ; d'autre part, une majorité de consommateurs ont développé une attitude positive vis-à-vis des produits, services ou expériences connotées par cette caractéristique.

Nous vivons donc dans un monde où le luxe règne – en bien ou en mal. Mais le mot lui-même ne date pas d'hier ! Les définitions s'accumulent depuis des siècles. Depuis Platon, Épicure, Rousseau, Voltaire, jusqu'aux « leaders d'opinion » actuels, la production et l'utilisation de signes extérieurs de richesse a toujours interpellé les observateurs de leur temps.

Le mot « luxe », tel que nous l'entendons aujourd'hui, a hérité de cette accumulation de propositions, aux sens parfois contradictoires. Depuis une vingtaine d'années, l'accélération des définitions montre l'intérêt croissant de notre époque pour la question.

Un éparpillement moderne

Pour mesurer ce foisonnement, remarquons le nombre croissant d'expressions qui, aujourd'hui, l'utilisent. Le terme a désormais besoin de compagnons de route, d'articles, de qualificatifs pour préciser ses significations.

Proposons quelques exemples modernes. Il y a le « luxe authentique », dont nous reparlerons. Les « luxe et grand luxe » comme l'annonce le grand designer automobile Battista Pininfarina sur une publicité de 1931 à propos des voitures qu'il carrosse et qu'il présente sur un piédestal ; c'est une segmentation très intéressante, où se profile déjà l'idée d'une forme de luxe adaptée à toutes les bourses. Plus près de nous, l'économiste Danielle Allérès[1] extrapolait le bon sens de Pininfarina en suggérant de distinguer entre les « luxes accessibles, intermédiaires et inaccessibles ». Le « yaourt de luxe » se répand en marketing agroalimentaire. On entend de plus en plus, dans le parler courant comme dans la publicité, l'expression « mon luxe » – qui n'est pas le tien et qui a le défaut (ou probablement

1. Danielle Alléres, *Luxe, Stratégie, Marketing*, Economica, 1990.

l'avantage) de ne pas constituer un marché à lui seul. Le « luxe ostentatoire », ou « bling-bling », n'a jamais été si présent dans les médias. On évoque un « luxe traditionnel » qui s'oppose, bien sûr, au « nouveau luxe », et ainsi de suite. Les modes sociales ou même académiques nous apportent régulièrement leur lot d'expressions nouvelles sur le thème.

On peut déceler deux points communs dans cette diversité. Le premier, c'est qu'« à chacun son luxe » : la notion a cessé de marquer une frontière entre l'opulence et la gêne ; c'est aujourd'hui un signe qui doit se charger de compléments, d'attributs spécifiques, pour remplir sa fonction de distinction au sein d'un groupe humain quelconque. Cette capacité du luxe à segmenter indéfiniment ses marchés nous montre à quel point il a su se fondre, en se transformant, dans notre civilisation moderne de consommation de masse.

Le second point commun, c'est que ce luxe moderne apparaît chargé de connotations plutôt positives. Bien entendu, il a aussi ses excès, son indécence : mais que l'on puisse, aujourd'hui, parler du luxe *en bien* atteste déjà une évolution sémantique remarquable. Pour nous en rendre compte, il faut revenir à l'étymologie.

Étymologie et transformations

Le mot provient du latin *luxus,* qui signifie : « pousser de travers, excès ». Sa racine est un ancien mot indo-européen, qui signifiait « se tordre ». Dans la même famille, nous trouvons « luxuriant » ou « luxation ». Bref, à l'origine, le terme désigne donc quelque chose de l'ordre de l'aberration : il est à peu près dépourvu de toute connotation positive.

Le Trésor de la Langue française informatisé nous propose un rapide survol de deux siècles d'utilisation :

> 1) 1607 « *mode de vie* caractérisé par de *grandes dépenses* pour faire montre *d'élégance et de raffinement* » (Crespin, *Thresor des trois lang. françoise, italienne et espagnole*, Cologny).
>
> 2) 1661 « caractère de ce qui est **coûteux, raffiné** » *vêtements de luxe* (Molière, *École des maris,* II, 6).
>
> 3) 1797 « objet, plaisir **coûteux et superflu** » (La Pérouse, *Voyage*).
>
> 4) 1801 « **quantité excessive** » *un luxe de végétation* (Crèvecoeur, *Voyage*).
>
> 5) 1802 « ce qui est **superflu, inutile** » (Bonald, *Législation primitive*).

Que voyons-nous dans cette évolution ? Petit à petit, la notion d'excès coupable disparaît, tandis que gagne en force l'idée de distinction, de **raffinement**. À l'âge classique, le luxe est déjà lourd d'ambiguïtés : parlant de la toilette féminine, La Fontaine associe les « instruments du luxe » à tout « ce qui contribue non seulement à la propreté, mais à la délicatesse »... Ce qui ne l'empêche pas de condamner, en moraliste, « ces femmes qui ont trouvé le secret de devenir vieilles à vingt ans, et de paraître jeunes à soixante »[1]. Vers la même époque, le grammairien Pierre Nicole voudrait bien que les Grands, par leur exemple, nous dissuadent de ces travers que sont « le luxe, le blasphème, les débauches, le jeu, le libertinage »[2]... En somme, le luxe connote déjà le raffinement, mais il reste moralement suspect.

À l'aube de la Révolution Industrielle, monte en puissance la connotation de **superflu** – ce qui n'est pas motivé par une logique économique et utilitaire. Le sens a d'abord valeur de condamnation. Il trouvera un écho plus nuancé avec l'avènement de la consommation de masse et de la civilisation des loisirs. Le superflu n'est pas la débauche : il échappe à la sphère utilitaire, mais il peut aussi marquer la promotion d'une certaine qualité de vie.

Quant à l'aspect du **prix**, il apparaît très tôt et reste pratiquement inchangé au fil des années : le luxe est quelque chose qui se paye.

Si l'on s'intéresse, maintenant, aux définitions données par le même dictionnaire pour les emplois actuels, on voit comment les sens du luxe se nuancent : aux aspects d'origine viennent s'en ajouter d'autres, qui le font entrer dans l'expérience commune (les « petits luxes »), tout en affirmant la notion d'un plaisir sans complexe (le luxe innocent)[3] :

> 1) Pratique sociale caractérisée par des dépenses **somptuaires,** la recherche de **commodités coûteuses** ou de biens **raffinés et superflus**, souvent par goût du **faste** ou désir **d'ostentation.** [...]
>
> 2) *De luxe*, loc. adj. Qui est d'une très **grande qualité, raffiné et coûteux.** Synon. partiel *luxueux. Article, objet, produit de luxe, de grand luxe, de demi-luxe*; *train de luxe, animal de luxe.* [...]
>
> 3) Qualifie une chose, un comportement **précieux** par la **jouissance** qu'il procure. La brosse à dents me joue encore des tours et aussi le tube de pâte dentifrice

1. Jean de La Fontaine, *Les Amours de Psyché et de Cupidon*, 1669.
2. Pierre Nicole, *De l'Éducation du Prince*, 1670.
3. C'est nous qui soulignons certains termes en les mettant en gras dans la citation.

qui éclate toujours par la culasse. Il faut sacrifier ces petits luxes à ce grand luxe qu'est le temps (Morand, *Homme pressé*, 1941).

4) Qualifie une chose, un comportement **précieux par sa rareté** et parfois par le fait qu'il est **dépourvu de fonction utilitaire.** Les nouvelles formes de société qui s'ébauchent aujourd'hui ne font pas de l'existence du luxe intellectuel une de leurs conditions essentielles. L'inutile ne peut ni ne doit, sans doute, les intéresser (Valéry, *Regards sur monde act.*, 1931).

5) Se donner, se payer, s'offrir le luxe de + subst. + verbe. Se permettre **le plaisir exceptionnel, gratuit, audacieux** de quelque chose ou de faire quelque chose. N'oubliez pas que je suis vieux, Ferdinand, je pourrais me payer le luxe de m'en foutre moi de l'avenir ! Cela me serait permis ! Mais à vous ! (Céline, *Voyage*, 1932).

Les aventures du mot reflètent celles de la notion. Elles montrent que le luxe s'est imposé d'abord comme une expérience *licite* – une pratique de distinction – et puis, quand tout le monde a voulu se distinguer de tout le monde, comme une expérience *commune*. De l'excès ou déviation botanique étymologique, le sens originel s'étend aux objets inutiles, superflus, coûteux ou en quantité excessive. Les sens précédents restent présents, mais ils évoluent pour inclure la rareté. Le sens attaché à l'objet coûteux, précieux, rare, va bientôt s'appliquer aux modes de vie de leurs possédants et bientôt signifier richesse, ostentation et donc pouvoir.

Avec l'émergence de la « marque postmoderne » – c'est-à-dire l'apparition de marques communiquant dans le registre du luxe en proposant des imaginaires associés à des modes de vie luxueux, *sans nécessairement offrir des objets chers et certainement pas rares*, vont s'ajouter des significations nouvelles, qui viennent se superposer aux précédentes.

Ainsi apparaissent au niveau des objets des aspects de traitement esthétiques comme le *design* et la créativité. Au niveau social, le luxe s'enrichit de valeurs de séduction et d'élitisme, non étrangères aux valeurs de pouvoir et de prestige. La dernière addition des valences du luxe est **l'hédonisme**, caractéristique de notre époque de consommation postmoderne.

L'avènement du luxe intermédiaire

Cette transformation de sens se fonde sur une révolution sociologique contemporaine, conséquence directe de la massification de la production et surtout, de la **montée en puissance des marques** : *l'avènement du luxe intermédiaire*.

Les modes de vie véritablement luxueux sont présents, plus que jamais, dans toute la communication moderne : mais ils ne forment plus qu'une composante de l'équation. En relais, les marques de luxe intermédiaire offrent d'innombrables possibilités aux classes moyennes de participer symboliquement, partiellement ou virtuellement à ce monde.

L'échiquier global du luxe se distribue donc à deux niveaux, sinon davantage : d'un côté, le « luxe véritable » – celui que peu de gens peuvent se permettre – accroît son emprise sur les marchés. La croissance du nombre des consommateurs nantis (notamment au niveau des BRIC[1]), conjuguée à une offre plus grande – les investissements dans ce secteur, qui promet depuis plusieurs décennies des retours sur investissement supérieurs à ceux des marques ordinaires –, ont conduit à une visibilité forte des modes de vie luxueux. La presse et les médias en général, y contribuent activement, en exposant la vie des « riches et célèbres ».

D'un autre côté, les **marques de luxe intermédiaire**, en appliquant leurs logiques de volume de production et de communication, assurent la *démocratisation du luxe*. Elles multiplient les occasions, pour les consommateurs des classes moyennes, d'être en contact avec les mondes possibles qu'elles offrent. Quoi de plus naturel que d'aspirer à des signes de reconnaissance sociale, de réussite, de confort et de prestige ?

Cette démocratisation est omniprésente. Nervesa, marque italienne de prêt-à-porter masculin, n'hésite pas à promouvoir du *low-cost prestige* ; la société américaine Bijoux Terner, à interpeller le chaland avec ses panneaux *Luxury at € 12* dans les boutiques d'aéroport.

Le symbole ultime de cette démocratisation pourrait bien être l'attention récente qu'ont portée au **football** – sport populaire, anti-élitiste par excellence – certaines marques beaucoup plus significatives que Terner ou Nervesa. Le coup d'envoi avait été donné en 1998 à Paris, où Yves Saint Laurent présenta un défilé de ses modèles historiques à la cérémonie d'ouverture de la Coupe du Monde au Stade de France. Lors de la Coupe du Monde 2010, en Afrique du Sud, Louis Vuitton présente une campagne publicitaire où les champions Pelé, Maradona et Zidane s'affrontent au baby-foot. Parmigiani, l'horloger suisse, se veut « l'horloger officiel de l'Olympique de Marseille ». Son concurrent Hublot sponsorise l'Olympique Lyonnais, le Real Madrid, Arsenal et Le Bayern de Münich.

Les marques sont le principal facteur des transformations récentes de la notion de luxe. L'essayiste Dana Thomas[2] fait remonter ce basculement des

1. Utilisé en référence aux pays émergents que sont le Brésil, la Russie, l'Inde et la Chine.
2. Dana Thomas, *Deluxe : How Luxury lost its Luster*, Penguin, 2008.

notions d'exclusivité, de qualité et de tradition à celles d'accessibilité et d'esthétique aux années 60, avec l'avènement d'une génération de jeunes consommateurs soucieux de briser les barrières sociales. C'est néanmoins dans les années 90 que se consolide l'élargissement des connotations modernes du terme « luxe », en même temps que s'épanouit la marque postmoderne, avec son cortège de représentations et ses propositions de mondes possibles.

Nous voyons en tout cas que la notion peut se targuer d'une riche histoire, ainsi que d'une actualité qui n'a jamais été plus diverse ni foisonnante.

Mais si nous avons vu *comment* le luxe s'est transformé, il reste, en essence, difficile à circonscrire. Ses définitions sont essentiellement subjectives : elles reflètent les trajectoires professionnelle, sociale et culturelle de leurs auteurs. Selon que l'on est économiste, gérant de marque, philosophe, sociologue, psychologue ou consommateur, les regards et les dimensions que l'on retiendra seront évidemment différents.

Pour autant, cette prolifération de représentations n'est pas dénuée de sens : dans la façon dont elle s'organise, elle a des choses à nous apprendre sur l'économie globale du luxe.

Classification des définitions existantes

Dépassons les aspects tangibles d'un objet « de luxe » et envisageons le phénomène dans son ensemble : production, marketing, communication... Disons que le luxe est un *discours* par exemple, l'affirmation d'un certain mode de vie. On peut ainsi établir une distinction entre l'émission et la perception des discours.

Avec cette grille de lecture, on s'aperçoit que dans leur diversité, les définitions ou analyses actuelles du luxe peuvent s'inscrire dans deux grandes catégories : celles relatives à la fourniture de produits ou de services ; et celles liées aux implications psychologiques et sociales de ces produits ou services – en d'autres termes, les perceptions qu'en ont leurs consommateurs.

D'un côté, nous trouvons donc des définitions relatives à la *production* du luxe et de l'autre, des définitions relatives à sa *perception* (voir figure 1.1). Ou bien encore en termes économiques, d'un côté les logiques de l'offre et de l'autre d'utilité.

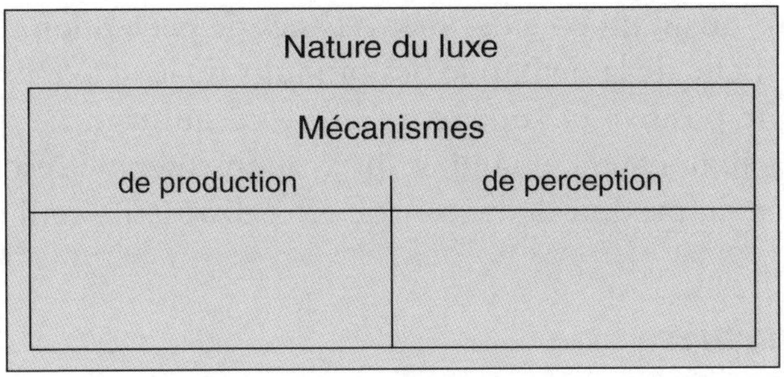

Figure 1.1 – Schéma d'analyse des définitions de la notion de luxe

Approches perceptives

Écartons provisoirement les discours des consommateurs eux-mêmes : ceux-ci ont beaucoup de choses à nous dire sur le luxe, comme nous le verrons plus tard. Prenons le cas des sociologues et des psychologues qui s'intéressent naturellement à la « résonance » du luxe dans la population – et se situent, de ce fait, du côté des mécanismes de perception.

Pour certains auteurs, comme Pierre Bourdieu[1], acheter une marque de luxe est un moyen d'affirmer une position sociale : le luxe se définit chez lui essentiellement par sa dimension de communication sociale. On trouve dans ce groupe l'économiste américain Thorstein Veblen[2] et son concept de *conspicuous waste* (prodigalité ostentatoire). Selon Veblen, « mettre en relief sa consommation d'articles de prix, c'est une méthode d'honorabilité pour l'homme de loisir ». L'approche est voisine chez Jean Baudrillard[3] pour lequel nos objets, tiraillés entre leur valeur d'usage et leur valeur d'échange, « sont pris dans le compromis fondamental d'avoir à signifier, c'est-à-dire à conférer le sens social... » Dans la même veine, Gilles Lipovetsky[4] écrivait récemment : « Le luxe apparaît comme ce qui perpétue une forme de pensée mythique au cœur même des cultures marchandes désacralisées. » En d'autres termes, dans une société de commerce où tout se mesure et s'achète, le luxe réintroduirait une forme de distinction presque « magique », et non strictement comptable, entre les individus.

Les économistes qui ont réfléchi au phénomène du luxe se sont surtout attachés à intégrer la question de sa valorisation dans un modèle macroéconomique global.

1. Pierre Bourdieu, *La distinction* et *Critique sociale du jugement*, Minuit, 1979.
2. Thorstein Veblen, *The Theory of the Leisure Class*, The MacMillan Company, 1899.
3. Jean Baudrillard, *Pour une critique de l'économie du signe*, Gallimard, 1972.
4. Gilles Lipovetsky, Elyette Roux, *Le luxe éternel*, Gallimard, 2003.

Cela les place, eux aussi, du côté des mécanismes de perception. Il en va ainsi des théories sur l'élasticité de la demande des produits de luxe (Veblen, par exemple), considérée comme positive et supérieure à 1 – ce qui signifie que la demande, paradoxalement, augmentera quand le prix augmentera. C'est évidemment la valeur symbolique du produit de luxe – son effet distinctif – qui est en cause.

Approches productives

Venons-en à l'autre catégorie : les discours tournés vers les mécanismes de production du luxe. Nous y trouvons surtout les responsables opérationnels et les gérants qui se préoccupent du fonctionnement de leur marque et des conditions permettant d'engendrer « l'effet de luxe ». Ceux-là ont besoin eux aussi de définitions, mais elles seront plus pragmatiques.

Prenons le cas de Patrizio Bertelli, le président de Prada : ce dernier définit le luxe par une convergence entre la création et l'intuition. On peut citer aussi le comité Colbert, association de promotion regroupant 75 maisons de luxe françaises, qui insiste sur l'alliance entre tradition et modernité, savoir-faire et création, rayonnement international et culture de l'excellence.

Pour ces approches, ce qui fonde le luxe, ce n'est pas tant sa « résonance » sociale qu'un ensemble de qualités incorporées dans la production de l'objet ou du service : qualité des matériaux, savoir-faire technique, audace et talent créatif, dont la pérennité est assurée par la transmission de valeurs immatérielles – tradition, exigence artisanale, recherche de la perfection.

Un peu plus loin de nous, la grande styliste Coco Chanel se contentait de le définir comme étant le contraire de la vulgarité : une façon d'éluder la question, qui renvoie davantage aux mécanismes de perception, mais qui nous montre *a contrario* combien le discours des acteurs du luxe s'est approfondi dans le monde postmoderne.

Nous avons déjà deux univers de représentations nettement distincts, dont les enjeux s'écartent, voire s'opposent. Mais il est possible d'affiner cette classification.

Le social et l'individuel

Du côté des psychologues et sociologues tournés vers les perceptions du luxe, l'intérêt vise d'abord notre attachement paradoxal à des objets, en apparence, « inutiles » : quelles sont, demandent ces auteurs, les raisons cachées du luxe ?

L'approche perceptive permet de mettre au jour deux types de mobiles qui ne se recouvrent pas tout à fait : on peut consommer le luxe dans un souci (peut-être inconscient) d'affichage ; ou bien dans une optique plus personnelle, simplement pour « se faire plaisir ».

Cette dimension paraît souvent négligée par le discours sociologique, mais on ne peut pas la réduire à la précédente. C'est une dimension plus privée, une dimension de confort et d'**hédonisme individuel**, celle que souligne, par exemple, Jean-Paul Sartre dans *L'Être et le Néant* (1943), quand il écrit : « Le luxe ne désigne pas une qualité de l'objet possédé, mais une qualité de la possession. »

On peut concevoir, par exemple, que j'achète un savon de luxe « parce que je le vaux bien », pour m'identifier à la célébrité qui en fait la réclame – bref, dans un souci de représentation sociale. Mais je l'achète aussi parce qu'il *sent bon*, et que sa mousse est plus onctueuse que celle du savon sans marque. Ces qualités-là, je n'ai pas besoin de les montrer à quiconque pour en jouir. Le savon sert aussi mon hédonisme : il me fait plaisir, à moi seul. Et si je ne suis plus convaincu qu'il sent « meilleur » que les autres, je cesserais probablement de l'acheter, tout prestigieux soit-il.

Reste que le plaisir qui naît de la consommation du luxe vient aussi des « histoires » qu'il permet de se raconter. Le luxe nous fait rêver, et l'on peut aussi rêver seul. Comment savoir si mon savon sent « objectivement » meilleur – ou bien si c'est la publicité, la référence à telle vedette, qui m'en ont convaincu ? En ce sens, la représentation sociale n'est jamais loin de l'expérience privée. Ce que souligne Jean Baudrillard[1] en écrivant : « Le privé et le social ne sont exclusifs l'un de l'autre que dans l'imagination quotidienne. »

Sans démentir cette analyse, on peut se demander s'il n'y a pas, chez les sociologues du luxe, un certain travers moraliste qui les incite à évacuer la question de l'hédonisme. L'expérience sociale prend souvent le pas, chez eux, sur le « pur plaisir » – ou bien, si l'on veut, sur les qualités intrinsèques du produit. Ces qualités demeurent pourtant – les consommateurs en conviendront – constitutives de l'expérience... Pour en entendre parler, il faudra nous tourner vers le second univers de représentations.

La marque et ses manifestations

Les discours concernant les mécanismes de production du luxe caractérisent, nous l'avons dit, le point de vue des responsables opérationnels. Ils apparaissent découpés par le **phénomène de la marque**. Celle-ci introduit une dimension seconde et cruciale dans l'approche productive du luxe. La marque est, pour le

1. Jean Baudrillard, *Pour une critique de l'économie du signe*, Gallimard, 1972.

gérant, une problématique à part entière, qui ne peut se confondre avec celle du produit lui-même.

Par exemple, on attend d'un foulard Hermès une qualité, le résultat d'un savoir-faire qui se reconnaissent à l'œil ou au toucher, et qui sont les attributs incontournables des foulards Hermès. Mais on en attend autre chose : un supplément plus incorporel, une idée, un prestige que l'on appellera… « Hermès » – en tant que marque, en tant qu'identité de marque.

Il existe une sorte d'au-delà du produit concret, qui est la marque, et que le produit se doit de manifester *sans surtout la trahir*. Or le produit – et c'est en cela que la problématique s'enrichit – n'en est qu'une des manifestations possibles. Une publicité, une vitrine, une initiative de mécénat sont d'autres formes de manifestations, non moins essentielles pour la défense de cette identité.

On peut donc distinguer, dans la logique du responsable, deux dimensions : d'une part, celle d'une *éthique de marque*, qui touche à son « identité propre », à sa représentation idéelle, à son héritage historique ou à ses valeurs ; et d'autre part, celle d'une *esthétique de marque*, qui touche à ses manifestations concrètes et actuelles, soit **toutes les interfaces imaginables** entre la marque et ses consommateurs. Ces derniers vont extrapoler, au-delà du produit concret, toutes sortes de représentations qui participeront à *l'expérience sensible* de la marque. L'émergence des « marques style de vie » nous apprend que cette expérience peut se distribuer, au-delà des produits, dans d'autres domaines, tels que la communication, les espaces ou les comportements (voir chapitre 7 sur la création).

Nature du luxe

Mécanismes de production	**Mécanismes de perception**
Marque Comité Colbert	**Social** Veblen Bourdieu Coco Chanel Baudrillard Lipovetsky
Manifestations Bertelli Molière La Fontaine	**Personnel** Sartre Céline Alléres

Figure 1.2 – Positionnement de certains auteurs sur le schéma d'analyse des définitions de la notion de luxe

La vigilance du gestionnaire s'exerce dans les deux domaines à la fois. Les discours « productifs » s'efforçant de caractériser la notion de luxe peuvent aussi bien concerner *l'éthique* de la marque – son identité – que *l'esthétique* de ses manifestations. Comme nous aurons l'occasion de le voir, une bonne gestion impose en fait une étroite adéquation entre ces deux facettes de la marque, afin de produire du sens.

Une fois notre classification précisée, nous pouvons y repérer les définitions des auteurs que nous avons cités jusqu'à présent (voir figure 1.2).

Il ne reste qu'à « boucler la boucle », en revenant à l'histoire sémantique du terme « luxe » esquissée un peu plus haut, et en inscrivant dans notre schéma analytique les significations que nous avons rencontrées (figure 1.3).

Nature du luxe

Étymologie : Excès, déviation.

Mécanismes de production	**Mécanismes de perception**
Marque **Puissance**	**Social** *Mode de vie dispendieux* *Pouvoir* Faste — **Statut** Ostentation — **Séduction** Richesse — **Élitisme**
Manifestations *Coûteux* — Somptueux, qualité *Superflu* — Précieux, rare *Inutile* — **Design** *Quantité* — **Créativité** *excessive* — **Excellence**	**Personnel** *Raffinement* *Élégance* Plaisir exceptionnel, gratuit Audace **Hédonisme**

Légende : Mots en italique : définitions historiques.
Mots en maigre : définitions modernes.
Mots en gras : définitions postmodernes.

Figure 1.3 – Évolution sémantique historique des définitions de la notion de luxe

Cela nous rend mieux perceptible les transformations de la notion. On voit se regrouper un certain nombre de valeurs modernes ou postmodernes (renvoyant aux marques « style de vie ») qui caractérisent le luxe *contemporain* : élitisme, hédonisme, créativité esthétique, séduction… On note que ces acceptions se concentrent surtout sur les perceptions sociales du luxe et sur les connotations positives de ses manifestations : c'est un témoignage de l'importance sociale croissante de la consommation de luxe, notamment à travers le luxe intermédiaire ; mais cela reflète aussi la montée en puissance des **marques** comme ses véhicules principaux – sans aucun doute le phénomène majeur et structurant de ce nouveau marché.

Les valeurs du luxe

À présent que le luxe a imposé ses résonances positives dans le monde contemporain, que nous en disent les consommateurs eux-mêmes ? Quelles sont les valeurs qu'ils retiennent en premier lieu ?

Les trois échelles

Pour répondre, on peut se tourner vers une étude très pertinente, conduite par Barnier, Falcy et Valette-Florence auprès d'un échantillon de plus de 500 personnes en France[1]. Elle permet de synthétiser les valeurs actuelles associées au luxe par les consommateurs. Cette enquête offre l'intérêt de comparer, aujourd'hui, trois types indépendants d'échelles de valeur qui avaient permis, dans des travaux reconnus, d'explorer la perception du luxe par les consommateurs : l'échelle de Kapferer[2], celle de Vigneron et Johnson[3] et enfin, celle de Dubois *et al.*[4]

Leur confrontation conduit à des considérations intéressantes. La convergence statistique des trois modèles met en lumière quatre grands types de valeurs, que nous classons par ordre d'intensité. On peut y reconnaître quatre dimensions indispensables pour qu'une marque soit qualifiée « de luxe » par ses consommateurs.

- ***L'élitisme*** (« distinction », « select ») est la dimension la plus présente, simultanément, dans les trois échelles. La dimension sociale historique du luxe

1. http://www.escp-eap.net/conferences/marketing/2008.
2. « Why are we seduced by Luxury brands », *Journal of Brand Management*, vol. 6, No 1, 44-49.
3. « A review and a conceptual framework of prestige-seeking consumer behavior », *Academy of Marketing Science Review*, vol. 3, No 1.
4. « Consumer rapport to Luxury: Analyzing Complex and Ambivalent Attitudes », *Consumer Research Working paper*, No 736 HEC, France.

joue donc encore pleinement son rôle d'indicateur de réussite sociale – ou bien, de simulacre de cette réussite. La création d'un sentiment d'appartenance à un groupe choisi apparaît comme la dimension essentielle de l'expérience.

- Sans surprise, on voit aussi apparaître, de manière significative, des caractéristiques du produit telles que la ***qualité*** et la ***cherté***. On peut probablement extrapoler cette notion de qualité à toutes les manifestations de la marque comme la communication, les lieux réels et virtuels, les personnes, etc.
- Des éléments affectifs personnels, tels que l'***hédonisme***, viennent ensuite – mais avec une corrélation moins forte. C'est la génération de plaisirs ou d'émotions, élément clé de la consommation postmoderne, qui s'applique ici aux marques de luxe.
- Enfin, la ***puissance de la marque*** (résultant de décisions et d'actions passées) fait son apparition au côté de la **renommée** et de l'**unicité**.

À travers cet exercice, le consommateur lui-même nous donne sa propre définition du luxe. Et bien que l'intuition fondamentale des sociologues soit avérée (la distinction), on découvre aussi que le consommateur se montre non moins attentif aux moyens de production de l'objet et de la marque de luxe qu'à ses impacts personnel et social (figure 1.4). Encore une fois, on ne peut pas réduire le luxe à ses effets d'affichage.

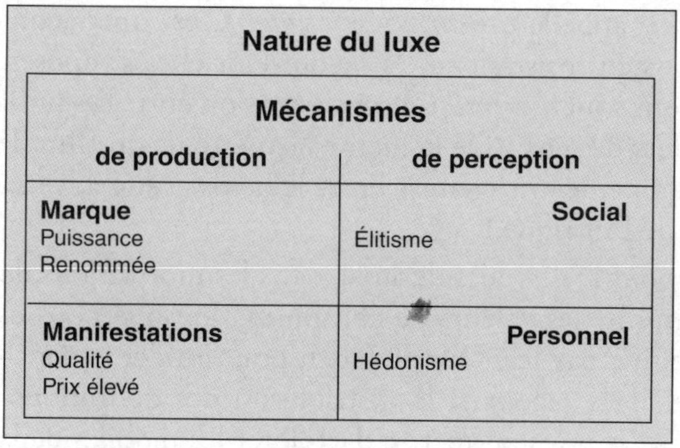

Figure 1.4 – Positionnement de la définition du luxe donnée par les consommateurs

On peut retirer d'autres confirmations de cette étude.

Premièrement, la plupart des consommateurs ne pensent et ne vivent le luxe qu'en termes de marques. La nuance peut passer inaperçue, elle ne va pourtant pas de soi : on pourrait pratiquer le luxe en dehors des marques ! Citons deux romans français, *À rebours*, de Huysmans (1884) ou bien *Les Choses*, de Perec (1965) : deux portraits de personnages presque exclusivement consommateurs, obsédés par la question du luxe. Dans les deux cas, les marques sont absentes de leur univers : c'est la qualité des produits qui retient leur attention. Aujourd'hui, au contraire, les marques apparaissent comme les véhicules naturels par lesquels le luxe prend le virage du postmodernisme.

Deuxièmement, chaque marque développe des stratégies particulières, qui ne couvriront pas nécessairement les quatre secteurs à la fois de notre schéma analytique.

Enfin, les auteurs de l'article démontrent l'existence d'un *continuum du luxe* d'une intensité croissante, depuis le luxe de masse jusqu'au luxe inaccessible, en passant par le luxe intermédiaire.

Le carré des valeurs de la consommation

Nous allons présenter brièvement un outil que nous décrirons, dans le détail, au chapitre 6. Nous anticipons son utilisation car il permet d'étayer certains raisonnements sur le luxe, notamment en ce qui concerne les logiques de comportement du consommateur, et d'affiner ainsi notre approche à une définition générale du luxe.

Ce diagramme s'appelle un *carré sémiotique*. C'est une façon de présenter un groupe de notions en insistant sur la façon dont elles s'opposent. On considère que ces oppositions sont *dynamiques*, car la tension entre ces notions antagonistes engendre des effets de sens. (De la même façon, dans un film d'action, l'opposition entre le « bon » et le « méchant », entre le héros et son adversaire, peut constituer un moteur de l'intrigue.)

Il en va ainsi pour le discours du luxe, dans les motivations de ses consommateurs. Le diagramme des valeurs de consommation que nous empruntons a été développé à l'origine par Jean-Marie Floch pour guider la conception d'un plan de supermarché. Il va recouvrir la distribution des définitions que nous avons exposée plus haut, et nous permettre d'explorer les mobiles de la consommation du luxe.

On y distingue quatre types de logiques, qui sont autant de motivations d'achat possible, et qui s'opposent entre elles ou bien se contredisent : la logique de besoin (« on n'a plus de pâtes ») ; la logique d'intérêt (« j'ai déjà des réserves de café, mais je veux profiter de cette promotion ») ; la logique de désir (« un plat exotique, c'est une façon de voyager») ; la logique de plaisir («le chocolat, c'est bon»). Il va de soi qu'un achat peut parfaitement procéder de plusieurs logiques à la fois, malgré leurs contradictions apparentes : je peux choisir d'acheter du chocolat bio, ou bien des pâtes haut de gamme.

Si l'on cherche à classer les valeurs associées au luxe dans cette répartition, on s'aperçoit que les logiques de désir et de plaisir, dans la partie droite du carré, seront des moteurs prédominants. On retrouve l'**hédonisme** dans la logique du plaisir, participant des valeurs ludico/esthétiques ; et l'**élitisme** en haut à droite, participant des valeurs mythiques ou utopiques : comme nous l'avons signalé, on achète aussi le luxe pour se «raconter des histoires». Les marques de luxe, plus encore que les autres, doivent faire rêver à des mondes possibles, et procurer des expériences intenses d'émotions et de plaisir.

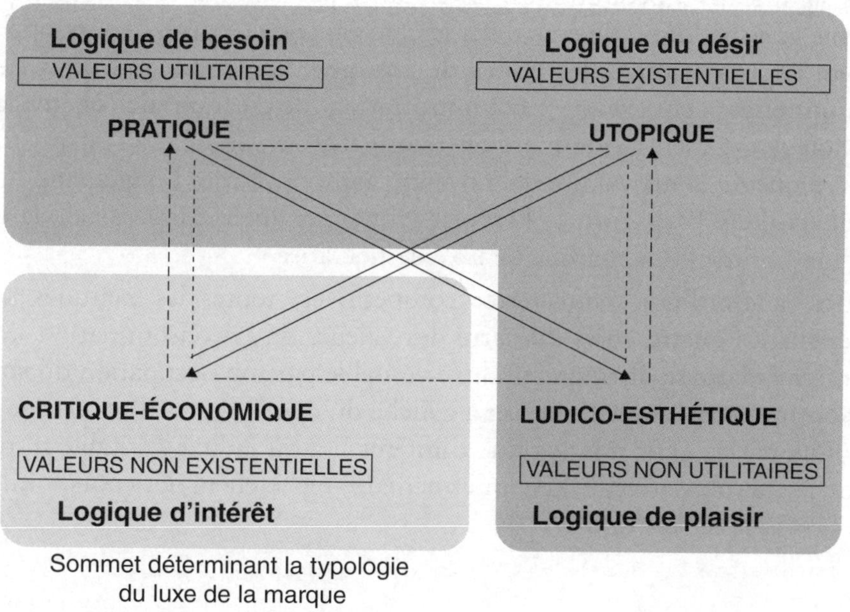

Figure 1.5 – Carré sémiotique des valeurs de consommation

Mais il est également possible de parler d'un «luxe avantageux», au sens où il sacrifie, partiellement, à la logique de l'intérêt. Internet a vu ainsi fleurir, ces dernières années, les sites ou les opérations de «ventes privées», proposant des produits de grandes marques prudemment bradés. Ces entreprises se révèlent hautement rentables.

En fait, les logiques économiques ne sont pas identiques pour les marques de luxe véritable et celles du **luxe intermédiaire**. Comme son nom l'indique, le luxe intermédiaire – ou accessible –, existe justement pour son prix abordable. Cette dimension permet de segmenter encore l'offre globale.

Outre les ventes privées, les grandes marques peuvent trouver un intérêt à se décliner dans des collections ou des produits plus abordables, en capitalisant sur leur notoriété. C'est un exercice périlleux (on court le risque du discrédit), mais rentable. La marque Ferrari licencie son image pour toutes sortes de produits dérivés (et non d'appel), dans des domaines qu'elle garde soigneusement éloignés de son cœur de métier : montres, vêtements, parfums, équipements informatiques, parc d'attraction dans le Golfe persique. Ferrari réussit l'exploit d'inonder le marché de casquettes ou de porte-clés à ses couleurs, sans altérer en rien son image de grand luxe.

Plus significative, peut-être, est la tendance actuelle qui voit des marques de moyenne gamme, nées en général sur le côté gauche du carré, se développer vers la droite **en empruntant les codes de comportement des marques de luxe traditionnelles** – en termes de communication, de création, de cohérence dans la gestion d'une identité de marque (ré)orientée vers le luxe. C'est un mouvement typique de la maroquinerie moyenne gamme : Furla, Longchamp, Coach, Lancel, etc. Lew Frankfurt, le PDG de la marque américaine Coach, la définit lui-même comme « une marque de luxe démocratisé »[1].

Certes, aujourd'hui, pour rester compétitives, toutes les marques doivent exceller sur les quatre côtés du carré des valeurs de la consommation. Mais le luxe intermédiaire se distingue du luxe véritable par son occupation du **sommet « économique/critique »**, en bas et à gauche du carré : c'est-à-dire comment il se positionne par rapport à la logique d'intérêt. Là où le luxe véritable n'aura pas peur de la cherté relative, le luxe intermédiaire recherchera des coûts minimums et des prix accessibles (figure 1.5).

Luxe vrai, luxe intermédiaire

Nous avons classé les définitions historiques et actuelles du luxe selon les dimensions productives et réceptives ; nous avons présenté les représentations les plus

1. *International Herald Tribune*, 2 novembre 2010.

courantes des consommateurs sur le luxe, et nous nous sommes dotés de quelques instruments analytiques.

Nous avons vu aussi que les **marques de masse** ont appris à gérer leurs opérations en adoptant les règles du luxe traditionnel : elles cherchent à figurer, elles aussi, sur les quatre sommets du carré sémiotique des valeurs de consommation.

Dès lors, qu'est-ce qui peut différentier une vraie marque de luxe, dans le sens où on l'entendait voici cinquante ans, d'un nouvel arrivant fort d'une vision stratégique et d'un talent d'exécution ? On pourrait mentionner la **durée** (la tradition, l'héritage) : mais ces critères ne semblent pas avoir été pris en compte, en tout cas de manière consciente, par les consommateurs interrogés pour l'étude des trois échelles. Y a-t-il d'autres facteurs de différenciation ? Comment distinguer, par exemple, Hermès d'un Bottega Veneta ou d'un Fendi ?

On peut invoquer ce que Floch appelle « le refus du tout économique »[1] : une attitude de marque privilégiant d'autres valeurs que la pure logique du profit. En d'autres termes, là où le luxe intermédiaire se veut abordable, le luxe véritable va se revendiquer non pas comme « inabordable », mais comme **étranger à la question** : le côté gauche du carré semble déserté. Les enjeux sont ailleurs.

Les marques de très grand luxe privilégient ce type de signaux vers leurs consommateurs quand elles garantissent leurs produits à vie, ou bien quand elles s'efforcent de suggérer qu'il n'y a pas de traitement de faveur – que tous leurs clients recevront la même attention de service, indépendamment de leur volume d'achats. Certaines marques très sélectives peuvent promouvoir des modèles de vente fondés sur la cooptation, où le pouvoir d'achat semble cesser – en apparence, du moins –, de former un critère. Tout cela est une façon de dire : « notre exigence de qualité nous met au-dessus des considérations mercantiles ». Ce qui nous confirme le **rôle différenciateur du sommet critique/économique** (figure 1.5) pour les marques de luxe véritable.

En stricte logique économique, c'est un comportement irrationnel et dans les faits il trouvera, naturellement, ses limites. Mais il est intéressant de voir que la marque le revendique en tant que posture, qu'elle en fait une des clés de son identité – plus d'un financier gestionnaire s'est « cassé les dents » pour avoir méconnu cette caractéristique. C'est là un point majeur de différenciation entre le luxe véritable et le luxe intermédiaire : ce dernier ne peut se permettre l'indifférence, ou l'affectation d'indifférence, aux impératifs économiques.

1. Jean-Marie Floch, Elyette Roux, « Gérer l'ingérable: la contradiction interne à toute maison de luxe », *Décisions Marketing*, 9, 15-23, 1996.

On peut voir aussi, dans cette posture en quelque sorte « contre-nature » de la marque de luxe véritable, une déviation qui nous ramène aux sources étymologiques du mot « luxe ». **Le luxe est un excès, un écart, une discontinuité, une excentricité. Il implique un déplacement par rapport à une norme, à une position retenue comme normale.**

Le luxe excentrique

Tâchons de creuser cette idée : posons le luxe comme un écart vis-à-vis d'une norme. Peut-on préciser les conditions de cette excentricité ? De quelles normes, au juste, la marque de luxe véritable prendra-t-elle soin de se démarquer ?

Pour Jean-Marie Floch, le repoussoir reste l'attitude mercantile naturelle qui consiste à rechercher l'optimisation des profits à court terme. En fait, tout ce qui est logique de masse devrait rester en dehors du pré carré du luxe : le consommateur ne vient-il pas y chercher, justement, des signes de distinction ?

Une définition de Jean-Louis Dumas-Hermès, mentionnée par Lallement[1], s'inscrit dans la même veine : « La marque de luxe est celle qui parvient à respecter trois conditions : signer de beaux objets ; choisir le consommateur comme meilleur vecteur de communication ; et enfin, décider librement. » Quelle belle formule ! La beauté ; les clients comme hérauts de la marque ; enfin, la liberté, où nous retrouvons le refus du « tout économique. »

Signer de beaux objets n'est pourtant plus l'apanage exclusif du luxe (pensons au design, à Ikea ou Conran Shop) et la notion de beauté est bien subjective. Choisir son consommateur comme vecteur principal de communication est déjà une stratégie plus recherchée, notamment pour une marque qui aspire au statut *lifestyle*. Mais elle s'applique dans d'autres domaines que le luxe, par exemple l'activation des réseaux sociaux sur Internet.

Reste alors la **liberté** : cette indépendance vis-à-vis des contraintes, des normes, des habitudes nous paraît bien l'apanage d'un luxe qui se définit par un écart différentiel, par quelque chose d'extraordinaire. Le produit de luxe nous distingue des autres ; il est signe d'exception et de liberté (par rapport aux normes). De la même façon, il devra être vendu, ou bien promu, de façon libre et exceptionnelle.

L'**écart par rapport à la norme** : telle serait l'essence même du luxe, à la base de la plupart des définitions que nous avons vues, de type productif aussi bien que réceptif.

1. Caractérisation des éléments spécifiques de la marque de luxe dans l'esprit du consommateur. Une étude des images mentales associées à un visuel publicitaire, IAE Montpellier, 2000.

Le luxe, ce ne serait pas seulement le refus d'un mercantilisme de masse, mais le refus d'une norme quelconque – au sens d'une convention admise par le plus grand nombre : positionnement où l'on retrouve le caractère distinctif du luxe mis en avant par les sociologues. Antithèse d'une norme, le luxe sera tour à tour rare, élitiste, cher, beau, original, surprenant, superflu, raffiné, créatif, inaccessible, représentant du pouvoir, etc. Tout dépendra de la norme choisie, du type de déviation perçu.

Si l'on accepte cette définition comme « mère » de toutes les autres, les implications sont nombreuses. La marque devra définir son « luxe » propre, c'est-à-dire sa manière d'être compétitive comme marque de luxe, *en précisant à la fois la norme dont elle entend s'écarter et les différentiels sur lesquels cet écart va s'appuyer.*

Dans les faits, la plupart des grandes marques de luxe cultivent avec soin leur originalité – c'est-à-dire leur différentiel –, qu'elles développent volontiers dans plusieurs dimensions à la fois : façon pour elles d'exprimer le luxe, mais aussi d'affirmer la richesse de leur identité. Cette capacité à marquer sa différence peut caractériser une marque de luxe dès lors qu'elle s'accompagne d'un positionnement sur le côté droit du carré des valeurs : la logique du désir et la logique du plaisir ; l'espace des mythes et du rêve, et celui du jeu et de l'esthétique.

Prenons le cas de Ferrari : le prestigieux constructeur limite à 6 000 le nombre des véhicules qu'il produit chaque année. Ce « malthusianisme » est d'abord une garantie d'exclusivité pour les heureux clients de la marque ; il introduit aussi une **différence spectaculaire** avec Porsche, son concurrent référentiel – qui a vendu environ 80 000 véhicules en 2009 et ambitionne d'atteindre 150 000. L'autre « luxe » de Ferrari reste, bien entendu, sa présence presque centenaire dans les circuits de compétition automobile internationaux, et surtout le dispendieux circuit de Formule I. La *Scuderia* y a moissonné pas moins de seize titres de champion du monde depuis les années 50. Dire que la marque Ferrari fait rêver les amateurs d'automobile est un euphémisme : en soixante ans d'existence, le constructeur a su jalousement préserver son rang de mythe. L'écart absolu est celui du vainqueur par rapport à tous les autres concurrents.

Le verrier Daum, lui, cultive sa différence en restant la seule marque européenne à fabriquer de la pâte de verre selon la méthode de la cire perdue. Son histoire est liée à celle des Arts Décoratifs et à l'École de Nancy au début du XXe siècle. Daum apparaît, à cet égard, comme un bon exemple de ces marques de luxe traditionnel s'appuyant sur un passé glorieux – ou à tout le moins, sur une durée. C'est un atout avec lequel ses concurrents plus jeunes peuvent difficilement rivaliser ; néanmoins le prestige de la tradition, à lui seul, ne suffit pas à garantir la pertinence ou la compétitivité de l'offre de Daum.

Le luxe raisonnable

En contrepoint de ces deux exemples, intéressons-nous au cas de Zara. À partir d'un *business model* original, cette enseigne de prêt-à-porter est la seule à proposer, de manière continue, rapide et efficace, des produits au plus près de la mode. Zara fonde sa différence sur le service (de nouveaux produits chaque semaine) et sur le confort psychologique (garantie d'être à la mode) qu'elle assure à ses clientes, grâce à une maîtrise logistique supérieure à celle de ses concurrents.

La démarche est novatrice, et elle a connu le succès que l'on sait. Pour autant, elle relève d'une logique d'échelle, appuyée par une performance d'ordre logistique, ce qui l'inscrit hors du périmètre que nous avons qualifié de luxe véritable. Rapporté au carré des valeurs de la consommation, le positionnement de Zara le montre bien. « L'actualité » de ses produits, leur renouvellement constant, sont à la fois une force et une faiblesse : l'univers fluctuant de la marque ne peut proposer de représentation forte, de « monde possible » qui fasse rêver les consommateurs. Zara est donc faible sur le sommet « utopique/mythique » du carré. En revanche, elle est ancrée dans l'hédonisme – le plaisir d'être à la mode –, ce qui donne du poids à sa proposition. Par ailleurs, l'enseigne cultive la recherche des coûts minimum pour offrir des produits aux prix les plus bas, ce qui est l'antithèse des stratégies du luxe véritable (figure 1.5).

On est donc ici dans le cas d'une marque de luxe abordable, ou intermédiaire, tournée vers le plus grand nombre. Certes, Zara offre de la distinction : l'actualité de la mode. Des produits – mais c'est une distinction fugitive – qui peuvent s'acquérir à un prix raisonnable : c'est un positionnement tout à fait pertinent, et promis sans doute à un riche avenir, mais on ne peut le confondre avec celui du luxe véritable.

Le luxe authentique

À l'inverse du positionnement de Zara – mode, actualité, exclusivité –, on peut évoquer la campagne de presse 2010 de l'horloger Patek Philippe pour sa collection hommes. Nous y découvrons les photos en noir et blanc, à tonalité presque « immémoriale », d'un père avec son jeune fils. Chaque fois, un modèle de montre est discrètement mis en scène et au bas de l'affiche, nous lisons cette légende : « Jamais vous ne posséderez complètement une Patek Philippe ; vous en serez juste le gardien pour les générations futures. » (Nous traduisons de l'anglais.)

Mise en avant de la tradition et des enjeux patrimoniaux ; affirmation de la pérennité, de l'unicité du produit, au mépris de la logique de volume (ces visuels ne donnent aucune indication sur la variété de la gamme ni sur le renouvellement de la collection) : les ingrédients clés du luxe véritable sont rassemblés dans cette communication habile, tournée vers la déculpabilisation de l'acheteur. L'aspect économique ou utilitaire du luxe est totalement gommé au profit de la transmission des valeurs : la montre n'est plus un « luxe » au sens d'une folie coûteuse, elle devient un pur symbole de tradition.

Si nous avons employé, à plusieurs reprises, l'expression de « luxe véritable » pour le distinguer du luxe intermédiaire, c'est aussi parce que la **question de l'authenticité** y apparaît déterminante. Le luxe vrai est celui qui ne ment pas ; qui n'essaye pas de se faire passer pour ce qu'il n'est pas.

Son authenticité, Patek Philippe la cultive à travers la transparence entre son identité de marque et sa communication. L'horloger se présente comme avant tout comme une entreprise familiale, dont les racines remontent au XIXe siècle, et qui défend un héritage pérenne d'excellence et d'innovation. Patek Philippe entend promouvoir ses montres à son image. Voici comment il décrit sa campagne 2010, en des termes où l'on retrouve sans peine l'espace des valeurs existentielles, sommet droit de notre carré des valeurs : « Nos visuels montrent un père initiant son fils au monde idéalisé de Patek Philippe – un monde où nos clients peuvent se projeter et communier avec les valeurs pérennes d'une entreprise familiale. »

Le luxe, l'être et le paraître

La question de l'authenticité obsède notre époque. Très à la mode dans les milieux académiques, elle préoccupe, à juste titre, la plupart des gérants du luxe : c'est probablement le défi majeur que doivent affronter les grandes marques au XXIe siècle. *Le Petit Robert*, pour l'adjectif « authentique », propose la définition suivante : « Qui exprime une vérité profonde de l'individu et non des habitudes superficielles, des conventions. » On comprend bien en quoi le luxe, en quête perpétuelle de distinction et d'affirmation de soi dans un monde d'apparences, peut rechercher cette qualité.

Comment se positionnent les marques face à cette exigence ? Un nouvel outil de repérage peut nous aider à le comprendre.

Le carré de la véridiction

Reprenons le carré sémiotique en l'appliquant à la question de l'être et du paraître : c'est le *carré véridictoire*, proposé par le linguiste Algirdas Julien Greimas (1917-1992), et très employé en analyse des représentations.

Ce schéma peut paraître abstrait, mais son emploi est simple. Comme dans le précédent modèle, nous avons quatre types de notions : être/ne pas être, paraître/ne pas paraître. Ces notions sont sans rapport avec les précédentes (ce carré ne vient pas se superposer au carré des valeurs), mais elles sont liées entre elles par des rapports logiques. Elles peuvent s'opposer ou bien se contredire, deux formes voisines d'antagonismes. Par exemple, l'être contredit le non-être, tandis que le paraître s'oppose à l'être.

La tension engendrée entre ces différents pôles fait émerger plusieurs catégories de sens : c'est cela qui nous intéresse. Le carré véridictoire va nous permettre de classer les discours du luxe et, partant, de mieux cerner les enjeux respectifs des marques.

Voyons rapidement ces catégories. Être et paraître simultanément relève de la **vérité** : en d'autres termes, ce que vous semblez être, vous l'êtes *vraiment*. En revanche, être et ne pas paraître relève du **secret** : ce que vous êtes vraiment, vous ne le montrez pas. Ne pas être et paraître relève du **mensonge**, ou tout au moins du simulacre : vous affectez d'être autre chose que ce que vous êtes vraiment. Enfin, le couple ne pas paraître et ne pas être échappe à l'espace des discours : on ne montre rien, on n'est rien. On est ici dans la catégorie du **faux**.

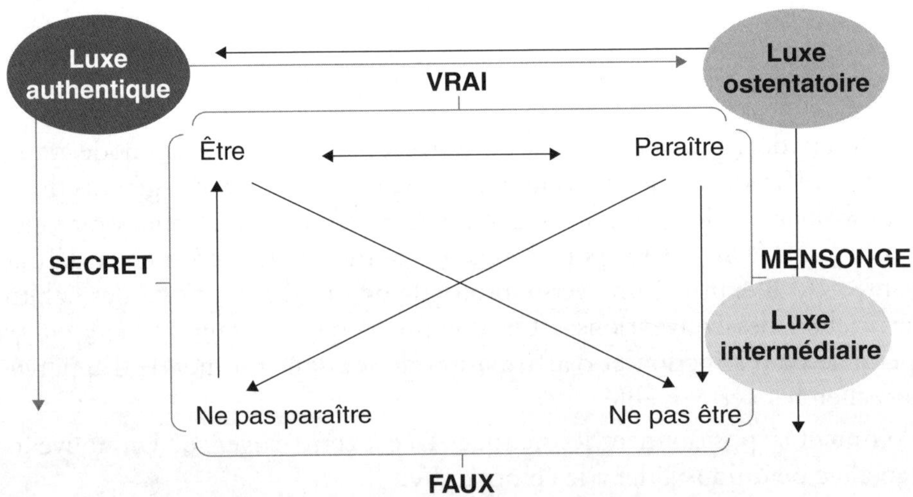

Figure 1.6 – Carré sémiotique de la véridiction

Armés de cette représentation, nous pouvons caractériser les différentes formes de luxe que nous avons évoquées (figure 1.6). Les côtés de notre figure forment, en fait, des **axes de gradation** sur lesquels nous allons situer diverses espèces de luxe – ou bien, plus concrètement, diverses marques.

Il va de soi qu'elles composent toutes avec ces gradations. Aucune ne peut prétendre occuper un extrême du carré : d'abord pour des raisons logiques – on ne peut pas revendiquer « l'être absolu » ou bien le « paraître absolu » – et ensuite, pour des raisons commerciales : aucune marque ne voudrait se couper totalement de l'autre monde. Il n'en reste pas moins vrai que, dans leurs efforts de positionnement, elles aspirent à se rapprocher de l'un ou l'autre pôle.

Ce que nous avons appelé le « luxe vrai », pour le distinguer du luxe intermédiaire, se positionne plutôt vers le sommet du schéma, dans la catégorie de la vérité. On voit cependant qu'il nous faut introduire une nouvelle distinction. Il y a un luxe qui s'affiche – pensons au rouge éclatant des automobiles Ferrari – et un luxe qui se veut plus discret, comme celui d'une montre Patek Philippe.

Bien entendu, cette coûteuse montre suisse se remarque elle aussi : pour bon nombre d'acheteurs potentiels, il sera même important qu'elle s'affiche, et Patek Philippe n'entend probablement pas décourager de tels acheteurs ! On sent bien, cependant, que ses montres n'ont pas vocation à être mises en scène avec la même ostentation que les éclatantes voitures de luxe italiennes. Comme on l'a vu, la communication de l'horloger suisse respecte cette nuance. Sur ses visuels, le produit n'est pas prédominant ; il apparaît comme par mégarde, en détail symbolique d'une scène centrée sur la transmission de valeurs familiales. Dans les visuels de Ferrari, au contraire, la voiture est la star incontournable.

À partir de là, on situera une marque comme Patek Philippe plutôt du côté supérieur gauche de l'axe vertical du secret de notre schéma. Tandis que Ferrari relèverait davantage d'un luxe véritable et ostentatoire, sur la ligne horizontale supérieure plutôt à droite de notre schéma.

Personne ne met en doute l'authenticité du luxe de Ferrari qui se fonde sur trois sources de différentiations :

- sa capacité innovatrice au niveau de la motorisation et de la conception de voitures de hautes performances ;
- sa capacité, sans cesse renouvelée, d'être compétitive en Formule 1 ;
- la relative rareté de ses voitures entretenue par des limitations productives voulues.

On se trouve donc en présence des deux marques Ferrari et Patek Philippe qui ont établi sans ambiguïté leur statut de luxe véritable. Le fait que ce luxe véritable soit ostentatoire pour Ferrari ou discret pour Patek Philippe, dérive de l'usage qu'en font leurs consommateurs respectifs. Le profil de la majorité des propriétaires de produits de chaque marque influe sur l'identité de celles-ci (voir chapitre 6), mais il y aura toujours l'exception du « Ferrariste » qui utilise son bolide discrètement et du nouveau riche qui exhibe sa nouvelle Patek Philippe.

L'horloger suisse renforce son identité de marque grâce à la discrétion de bon aloi de ses clients – discrétion dont les propriétaires de Ferrari seraient alors le contre-exemple. Le luxe, chez Patek Philippe, c'est l'affirmation « coûteuse » (la discrétion se paye au prix fort) d'un attachement à la tradition, comme refus d'une certaine arrogance du business triomphant : « entreprise familiale », nous l'avons dit, est l'expression clé par laquelle la marque aime à se définir.

L'une et l'autre marque relèvent cependant d'un luxe vrai. Mais elles se distinguent dans les valeurs qu'elles revendiquent. Sans surprise, elles connaîtront donc des manifestations (communication, publicité, événementiels) de natures très éloignées, sans être forcément incompatibles : l'amateur de Ferrari peut se révéler un client de Patek Philippe, mais les deux marques ne combleront pas chez lui les mêmes aspirations.

Quittant la région supérieure du luxe vrai, nous trouvons, à droite de notre schéma, l'espace du **luxe intermédiaire**. Pris dans une dynamique contradictoire, le luxe intermédiaire revendique le paraître, mais il est « tiré vers le bas », c'est-à-dire vers le faux, par ses contraintes économiques. Nous l'avons situé vers le milieu de l'axe du mensonge car à son extrême, sur le pôle du non-être, il cesserait tout simplement d'exister. Le luxe intermédiaire dessine un **espace de compromis**, reflétant le *continuum* du luxe moderne : ses marques s'échelonnent tout au long de l'axe du mensonge, selon qu'elles privilégient l'ostentation ou bien le bon marché. Les plus coûteuses se situeront près du sommet de l'échelle, tandis que le très bas de gamme peut, lui aussi, s'essayer à promouvoir des simulacres valorisants de distinction.

Il n'y a, bien entendu, pas de jugement dans notre tentative d'analyse : toutes les positions sont légitimes et une marque peut parfaitement « tenir » son identité à un point donné de l'échelle, pour peu qu'elle reste consciente de son positionnement.

Dans le monde du luxe intermédiaire, l'ambition est de donner un sentiment d'exclusivité et de luxe véritable grâce à des produits qui restent accessibles, économiquement, au plus grand nombre. On est donc dans l'ordre du simulacre, de l'apparence et de l'imitation, c'est-à-dire sur la droite de notre carré. Et pour cause : aux prises avec les contraintes économiques, ces marques ne peuvent pas se différencier aussi fortement que les autres par la qualité de leurs produits. Elles ne peuvent se prévaloir d'une profonde authenticité et dès lors, leurs clients ne trouveraient aucun avantage à ce qu'elles cultivent la discrétion ou le secret : elles n'ont rien de valable à cacher.

Le luxe intermédiaire veut et doit se montrer : il trouvera donc sa force de frappe dans la communication de masse, ce qui ne l'empêchera pas de préserver une certaine forme de distinction en choisissant soigneusement ses vecteurs. Des marques telles que Dolce & Gabbana, Longchamp ou bien Ralph Lauren ont connu un grand succès dans ce secteur en réussissant à créer, par le talent de leurs publicitaires, un imaginaire *en apparence* réservé à quelques privilégiés – mais dans les faits, transposable à la multitude. C'est la stratégie du luxe intermédiaire : impression d'accès au luxe, pour tous et pour pas cher.

L'essor d'une marque comme Swarovski illustre la montée en puissance de cette catégorie. Le cristal se substitue aux diamants, que peu de personnes peuvent se permettre. Ce n'est que du cristal, mais il brille : autant l'afficher ! Le strass, symbole du paraître, devient alors une icône de notre temps, attribut d'une civilisation de fantaisie (comme les bijoux) qui cultive la superficialité et le jeu des apparences. Le « faire comme si » fonde un pacte entre la marque et ses consommateurs, à travers une communication ludique où les désirs les plus fous sont travaillés par l'image.

Le luxe intermédiaire (et le strass) se distribue donc le long de l'échelle du mensonge, qui va du non-être au paraître, là où règne le besoin d'imitation de classes sociales, de tribus ou de personnages.

Le carré véridictoire nous rend bien sensible la **continuité** entre cet espace du luxe intermédiaire et celui du luxe ostentatoire : pour aller de l'un à l'autre, il suffit d'une différence de gradation – ou de moyens – et sous certains aspects, le luxe intermédiaire peut figurer comme une version dégradée du luxe ostentatoire. Cela ouvre de nouvelles possibilités de segmentation aux marques. C'est un domaine où Ferrari, comme nous l'avons dit, est passé maître : dans les « Ferrari Stores », le grand public peut cultiver sa passion en achetant toutes sortes de gadgets aux couleurs de la *Scuderia*, tandis que les *happy few*, par des circuits totalement disjoints, continuent de se disputer ses automobiles.

Cinq sources de légitimité

Si le luxe s'oppose à une norme ; si la crédibilité, la compétitivité d'une marque de luxe se jouent sur le choix de cette « norme-repoussoir » et des types de déviations choisies, quelles peuvent être les sources principales qui vont asseoir la légitimité des marques de luxe ?

Gilmore et Pine[1], dans leur ouvrage *Authenticity*, suggèrent cinq filons d'authenticité des marques, qui sont autant de moyens de marquer leur différence. Nous allons les extrapoler au luxe dans son ensemble.

Ce que les auteurs appellent « authenticité » ne recouvre pas nécessairement la distinction que nous opérons à partir du carré véridictoire. Il s'agirait plutôt de la **crédibilité** d'une marque c'est-à-dire de sa capacité à être reconnue comme un signe, valorisé, de luxe. Or, que l'on parle de luxe « authentique » ou bien discret, de luxe ostentatoire ou encore, de luxe intermédiaire, toutes les marques ont besoin de sources de crédibilité ; chacune y recourra en fonction de ses besoins. Le luxe intermédiaire, par exemple, n'échappera pas à cette exigence ; mais du fait de ses contraintes économiques, il concentrera ses efforts là où ils sont les plus rentables : dans la communication et le marketing, plutôt que dans les produits eux-mêmes.

Voici les sources que retiennent Gilmore et Pline.

Le naturel. C'est l'apanage des marques qui s'appuient sur des matériaux naturels pour légitimer une approche écologique, ou cultiver un retour « rousseauiste » à la simplicité de la vie sauvage. Le luxe utilise depuis longtemps cette approche : le lin, le cashmere, la vigogne, les métaux et bois précieux, les extraits de plantes sont souvent utilisés par les marques de luxe, à plus forte raison quand la simplicité de ses matériaux est synonyme de rareté, ce qui en renforce la valeur symbolique.

L'original. Gilmore et Pine pensent surtout à l'originalité créative des objets ou des visuels. Mais on peut étendre cette source de différence à toutes les manifestations d'une marque. Être original, c'est se montrer différent de tout ce qui a existé auparavant. En communication, le luxe intermédiaire cultive l'originalité, voire la provocation. C'est aussi une source de légitimité majeure pour les grandes maisons de couture créées par Dior, Chanel, Ferragamo, Valentino, Saint-Laurent : en combinant leurs valeurs de tradition à l'audace apportée par des couturiers de talent, ces maisons parviennent à cultiver une identité forte, tout en sachant renouveler leur style.

L'exceptionnel. Une autre façon d'exprimer un dépassement de l'ordinaire. Les auteurs l'appliquent surtout aux activités de service, pour qualifier une action particulièrement sensible aux besoins du client. Dans le luxe, on retrouvera les

1. Authenticity, Harvard Business School Press, 2007.

grands hôtels qui fondent leur réputation sur cette dimension, avec un soupçon d'extravagance – tel le fameux IceHotel islandais, entièrement taillé dans de la glace, ou bien les palaces tropicaux de la chaîne de luxe Aman Resorts, où le personnel nourrit les poissons des récifs à la main. Mais on peut y ajouter tous les métiers d'art, et les marques qui s'appuient sur un savoir-faire artisanal exceptionnel, comme celles du groupe Hermès (Puiforcat, John Lobb, Saint-Louis, etc.).

Le référentiel. Les auteurs signalent ainsi les évocations d'autres contextes, en général historiques, qui tiennent lieu de repère valorisant pour leur clientèle : par exemple, l'âge d'or de la *Dolce Vita* romaine. Le différentiel, dans ce cas, est temporel : la notion de luxe émerge d'un contraste entre notre actualité et la période « mythique » à laquelle la marque entend s'associer, pour nous faire rêver. Cette période sera signifiée par un objet iconique ou une figure historique. Le « glamour » de Ferragamo s'entoure ainsi de divas italiennes et américaines des années 60 ou 70 (Audrey Hepburn, Sofia Loren, Anna Magnani), tandis que le chausseur Tod's se cherche des représentants parmi une certaine élégance anglo-saxonne : Steve McQueen, Sigourney Weaver. D'autres marques mettront en avant leur association avec un aristocrate, un artiste ou un sportif mythique du temps passé. Ce « sponsoring d'outre-tombe » est une source de légitimité que les marques « historiques », fortes de leur passé, sont plus à l'aise à promouvoir. Les nouveaux entrants doivent recourir à des référentiels plus proches ou moins explicites, souvent avec un succès moindre.

L'autorité. Comprise comme une capacité d'influence au nom d'une cause humaniste, cette ressource est celle des marques qui en appellent aux valeurs de solidarité, d'écologie, de commerce équitable, etc. Le luxe n'y a recouru, jusqu'ici, que de façon anecdotique. Certes, les marques soignent leur image d'entreprise par de nombreuses initiatives dans ces domaines – notamment au plan social ; mais elles n'appuient guère leur identité de marque sur ce créneau. Il n'existe, à vrai dire, que peu de corrélation entre le luxe et l'écologie. Le premier cultive la rareté, la distinction, tandis que la seconde raisonne en termes d'environnement et de phénomènes de masse. La sélectivité du luxe le place en porte-à-faux vis-à-vis des logiques globales : s'il a les moyens de payer décemment ses artisans fournisseurs, il reste suspect d'imprudence environnementale par son goût des matériaux rares.

En guise de conclusion

De ce tour d'horizon très général des différentes dimensions du luxe, nous pouvons retirer plusieurs enseignements.

Faute sociale à l'origine, le luxe est devenu d'abord une *pratique* élitiste et valorisante et puis, **sous l'impulsion des marques**, un *marché* qui n'a cessé de se segmenter : il n'y a pas aujourd'hui *un* mais *des* luxes, tournés chacun vers une catégorie particulière de population, avec son pouvoir d'achat, ses codes et ses ambitions spécifiques. Il faut nous habituer à une utilisation du terme beaucoup plus large que par le passé, si bien qu'il devient nécessaire chaque fois de préciser de *quel luxe* on veut parler.

Mais pour toutes ses manifestations, le mouvement est le même : le luxe clive et fédère, il produit de la distinction sous la bannière d'une marque. Il a cessé (à l'exception peut-être du très grand luxe) de dessiner une frontière nette entre la gêne et l'opulence, mais il nous promet, où que nous soyons dans l'échelle sociale, d'échapper à la masse, en consommant *mieux* (dans le cas du vrai luxe) ou juste *un peu mieux* (dans le cas du luxe intermédiaire) que nos pairs. Le luxe recrée des tribus, des groupes de *happy few* communiant dans le partage de qualités concrètes, ou bien de qualités symboliques. Ce peut être l'excellence d'un produit ou d'une façon ; ou bien l'originalité, l'actualité d'un style ; ou encore, d'une manière plus informelle, la manifestation d'un certain état d'esprit. Le luxe doit à la fois nous faire **rêver** (logique de désir) et nous **réconforter**, en nous communiquant des satisfactions sensuelles ou affectives (logique de plaisir).

Le luxe fonctionne par opposition à une norme, une convention partagée par le plus grand nombre – le « vulgaire », au sens étymologique du terme. En ce sens, la définition lapidaire de Coco Chanel exprime parfaitement son essence : « Le luxe est le contraire de la vulgarité. »

Reste, pour la marque de luxe, à savoir de quelle convention elle veut se distinguer, et par quels moyens elle peut montrer sa différence. De là découleront son positionnement et sa stratégie. Encore une fois, il y en aura pour tous les goûts et pour toutes les bourses. Le luxe authentique et discret semble décliner à l'envi l'adage *money does not matter* : c'est la norme mercantile dont il entend se démarquer. Les enjeux économiques sont gommés au profit de l'affirmation de valeurs pérennes. Son « excentricité » sera modelée sur les axes de la recherche formelle, de la perfection qualitative, du rejet de l'éphémère, en somme d'un investissement d'exception. Pour le luxe intermédiaire, c'est une version dégradée du quotidien : l'ordinaire, auquel on nous promet d'échapper dans une bouffée fugitive de distinction et de fantaisie, comme dans un jeu de rôle.

Quant aux moyens par lesquels le luxe se distingue, ils sont variés : le naturel, l'original, l'exceptionnel, le référentiel, et l'autorité, suggèrent Gilmore et Pine. Mais on pourrait mentionner d'autres pistes, qui ne se fondent pas tout à fait dans leur découpage : les styles de vie ; les cultures ; les savoir-faire (comme l'artisanat très haut de gamme) ; les technologies (pensons au véhicule électrique Segway ou au constructeur américain Tesla Motors, qui ambitionne de devenir une marque de luxe de l'automobile électrique) sont autant de sources possibles pour établir de véritables marques de luxe... Pourvu qu'elles nous proposent des expériences extraordinaires et qu'elles continuent à nous faire rêver.

Chapitre 2

Les particularités de l'industrie du luxe

Les spécialistes de n'importe quel secteur d'activité expliquent toujours que leur domaine est différent des autres ; les personnes étrangères à ce secteur les écoutent généralement sans réagir, mais sans les croire. Ce qui est différent lorsque l'on écoute les responsables de l'industrie du luxe, c'est qu'ils ont sans doute raison dans leur affirmation : le domaine du luxe est vraiment différent. Cela résulte du fait qu'il faut déjà un véritable talent créatif pour qu'une marque réussisse, mais cela résulte aussi du fait que cette activité mondiale doit être menée d'une manière totalement différente des autres. Trois différences majeures seront identifiées plus loin. Puis nous mentionnerons très tôt dans ce livre les facteurs clés de succès dans ce secteur. Nous conclurons alors par la présentation des principales entreprises opérant dans cette industrie.

Qu'y a-t-il de si différent dans l'industrie du luxe ?

Nous mentionnerons trois différences principales : la taille de l'entreprise, les particularités financières et la temporalité.

L'importance de la taille

Dans presque toute activité, la taille est un élément majeur, voire l'élément le plus important, lorsque l'on compare des entreprises ou des industries entre elles. Cependant, dans le monde du luxe, la taille ne semble pas revêtir une si grande importance. En général, les entreprises sont petites, mais elles sont respectées et impressionnantes. Dior Couture réalise un chiffre d'affaires annuel d'environ 725 millions d'euros en 2009 alors que le groupe PSA réalise un chiffre d'affaires de 48 milliards d'euros. Peugeot est donc en fait 65 fois plus grand que Dior Couture. Si nous prenons General Motors, le chiffre d'affaires est aux alentours de 100 milliards d'euros et est donc 140 fois plus grand que celui de Dior Couture. Les nombres de salariés se trouvent quasiment dans le même rapport, si ce n'est un rapport plus élevé.

Mais lorsque l'on demande à un Américain de citer un produit français ou une entreprise française, il citera Dior avant Peugeot. La même chose se produit si vous interrogez un consommateur chinois ou japonais. Quelque chose justifie cette différence : la notoriété. La marque Dior est plus connue de par le monde, que la marque Peugeot. Et cette grande notoriété vient du fait que les consommateurs ont une véritable curiosité pour le luxe et pour les marques liées à la mode. Ils lisent des articles à leur sujet dans les magazines et souhaitent en savoir plus.

Avec un portefeuille de plus de cinquante marques, le groupe LVMH a dégagé un chiffre d'affaires d'environ 17 milliards d'euros en 2009 et doit être comparé, sur ce point, à Gap, dont le chiffre est de l'ordre de 10 milliards d'euros, ou à Zara (Inditex), avec ses 11 milliards d'euros. En d'autres termes, si la comparaison est judicieuse, la moyenne des marques LVMH – ce qui recouvre quelques-unes des marques les plus puissantes de l'industrie du luxe – est à peu près 10 fois ou 20 fois plus petite que la marque Zara qui toute seule, dans le groupe Inditex, représente 9 milliards d'euro.

Une première conclusion s'impose : les marques de luxe sont relativement petites mais jouissent d'une très grande notoriété. Ainsi, malgré leur image et leur présence publicitaire dans le monde entier, ces entreprises sont de taille petite ou moyenne (à l'exception des grands groupes qui sont d'ailleurs souvent des conglomérats de petites entreprises). Certaines entreprises sont très petites. Cardin réalise un chiffre d'affaires annuel mondial de seulement 10 millions d'euros. Carven, de son côté, génère un chiffre d'affaires de l'ordre de 1 à 2 millions d'euros. C'est un chiffre beaucoup plus petit que celui réalisé par un concessionnaire Volkswagen d'Athènes ou par un petit groupe propriétaire de cinq supermarchés à Birmingham.

Comment des entreprises aussi petites peuvent-elles avoir une présence aussi forte dans l'esprit des consommateurs ?

➤ Des chiffres d'affaires difficilement comparables

Dans le secteur du luxe, comparer les chiffres d'affaires peut revenir à comparer des pommes et des oranges, car ces chiffres peuvent résulter d'éléments très divers. Si nous prenons par exemple le chiffre d'affaires de Louis Vuitton, les choses sont relativement simples car cela comprend exclusivement les ventes réalisées par les 450 magasins du groupe dans le monde. Mais si nous prenons Carven, son chiffre d'affaires est l'addition des ventes détail de leur propre boutique, des ventes de prêt-à-porter chez les grossistes, des ventes export et des revenus provenant des licences attribuées à des entreprises externes au groupe. En règle générale, on peut dire que les ventes de gros représentent environ la moitié des ventes détail, les ventes export représentent autour de 20 % des ventes détail et les royalties de licences se montent en général à 10 % des facturations, qui, à leur tour peuvent provenir du commerce de détail, de gros et des ventes export. Cela n'a donc tout simplement pas de sens de comparer deux entreprises en termes de chiffre d'affaires.

Pour comparer les chiffres d'affaires de deux marques, il faudrait multiplier une partie de l'activité par un coefficient pour rendre compte des différences entre les ventes export et les ventes en gros, par exemple, de manière à se ramener finalement à un équivalent ventes détail. Mais cela demeurerait trompeur car une marque se développant essentiellement grâce à des accords de licence reste plus faible qu'une marque contrôlant 100 % de ses activités dans ses propres points de vente. De surcroît dans la plupart des cas, la répartition entre détail, commerce de gros, export et royalties provenant de licences n'est pas communiquée et il est difficile d'établir des hypothèses.

Le fait que certaines marques se développent à travers des licences, avec des royalties comptant pour seulement 2 à 3 % du prix de vente consommateur, peut expliquer pourquoi la taille des entreprises est parfois très réduite, même lorsque la marque est très présente dans divers magasins de par le monde. Cependant, une marque comme Hermès qui (excepté pour ses parfums) vend presque exclusivement dans ses propres boutiques, réalise quand même un chiffre d'affaires de 1,9 milliard d'euros. Ce n'est peut-être pas grand-chose comparé à PSA ou Renault, mais pour une entreprise de luxe, c'est assez impressionnant.

Le mélange des activités rend difficile la compréhension de quelques commentaires officiels de dirigeants d'entreprises de luxe lorsqu'ils parlent d'un objectif de 100 millions d'euros de chiffre d'affaires en Chine ou au Japon. Parlent-ils de ventes globales, telles qu'elles seront reportées dans leurs bilans consolidés, ou parlent-ils d'un volume de ventes au détail qui ne leur rapportera que 3 à 5 millions d'euros en redevances provenant de licences ? La différence est bien évidemment considérable.

En règle générale, les communiqués officiels doivent être considérés avec circonspection, étant donné que, comme nous venons de le voir, comparer des entreprises du luxe en termes financiers peut s'avérer assez difficile.

➤ Un personnel en nombre limité

Le fait que la plupart des entreprises soient petites ou de taille moyenne a une conséquence évidente : leur personnel est en nombre limité. En Chine par exemple, les marques de luxe les plus performantes ont des équipes de 200 à 300 personnes, la plupart d'entre elles travaillant dans les boutiques. L'aspect « petite entreprise » est encore amplifié par le fait que les entreprises doivent avoir une présence mondiale. Il est probablement vrai de dire qu'il y a plus de responsables du marketing dans des entreprises comme Procter & Gamble ou Nestlé que dans la totalité du secteur du luxe.

Plusieurs éléments expliquent cette situation.

D'abord, certaines entreprises ne sont pas seulement petites : elles peuvent être très petites. Certaines marques fonctionnent uniquement avec un petit studio de création qui examine les tendances et conçoit les produits, tout le reste des activités étant confié à des partenaires sous licences et à des distributeurs. Et donc, après le studio de création, le domaine d'activité le plus important est celui du service juridique, qui peut relever d'un conseil externe à l'entreprise, et qui prépare et assure le suivi des contrats avec les partenaires externes à l'entreprise. Certaines entreprises dans le domaine de la mode ont des effectifs mondiaux ne dépassant pas 15 à 30 personnes. Ainsi, la marque Ungaro ne possède qu'un studio de création et un nombre limité de boutiques, la fabrication et la distribution étant entièrement sous-traitées.

Cette tendance à sous-traiter les activités de production constitue la seconde caractéristique très particulière du secteur du luxe. Chanel ne possède pas ses propres usines fabricant son prêt-à-porter ou sa maroquinerie. La plupart du temps, les entreprises du luxe ne possèdent qu'une ou deux usines réalisant des prototypes et quelques gammes de produits. Le reste est soigneusement contrôlé, mais réalisé par des sous-traitants. C'est ainsi le cas de la plupart des montres de luxe, dont les éléments sont produits par différentes entreprises, la marque se chargeant de l'assemblage final.

Pour un fabricant d'automobile, tout est question d'usines, de machines et d'équipement ; pour les marques de luxe, en revanche, c'est affaire de création et de communication d'un message. Où les produits sont-ils fabriqués ? Qui les fabrique ? Combien de consommateurs savent que certaines entreprises du groupe LVMH, que Bally ou Prada font fabriquer leurs produits ou des éléments de produits en Chine ou en Inde ? Quels sont les défis à relever, de ce fait, au niveau de la production ? Il semble que cette question ne soit jamais posée.

Enfin, outre l'activité de création, l'élément le plus important dans les processus de l'industrie du luxe, c'est la distribution physique. Chez Lancôme, ce sont sans doute 80 % des employés du monde entier qui se tiennent derrière un comptoir. Chez Gucci, une partie importante du processus se passe dans les boutiques. Pour faire carrière chez Prada ou Salvatore Ferragamo, il n'est pas inutile de démarrer dans une boutique – car c'est là que se fait le contact avec le consommateur. Très peu des employés d'une marque de luxe sont basés au siège de l'entreprise, la majorité de l'effort en termes de personnel ayant lieu dans les boutiques. Le siège du groupe Ferragamo, le Palazzo Feroni à Florence, sert aussi de boutique d'exception d'envergure mondiale et de musée, ce qui en fait un important outil de communication en direction du consommateur.

La majorité des entreprises évoluant dans le secteur du luxe est donc de petite taille. Les chiffres d'affaires comprennent des éléments difficiles à évaluer et à comparer. Beaucoup d'activités sont sous-traitées, tant au niveau de la fabrication que de la distribution, et les équipes sont très réduites.

Les caractéristiques financières

Lorsque l'on étudie les différentes entreprises du secteur du luxe, et nous le confirmerons plus loin dans ce livre, on remarque qu'un grand nombre de ces entreprises est déficitaire. Dans tout autre secteur industriel, une entreprise perdant de l'argent est rapidement éliminée et fusionne avec l'une de ses concurrentes ou bien fait faillite. Dans le luxe, nous pouvons citer des marques perdant de l'argent depuis 5, voire 10 ans et qui survivent au sein d'un groupe du luxe ou en tant qu'activité diversifiée au sein d'un groupe industriel. La société Bic a longtemps possédé l'entreprise de luxe Guy Laroche, et celle-ci a été déficitaire pendant plus de dix ans de suite avant d'être vendue. Charles Jourdan a également perdu de l'argent pendant de nombreuses années lorsqu'elle appartenait aux propriétaires d'un grand cimentier suisse. Christian Lacroix n'a semble-t-il jamais généré de bénéfices pendant toutes les années où il a fait partie du groupe LVMH.

Pourquoi des dirigeants intelligents et raisonnables accepteraient-ils de perdre de l'argent pendant si longtemps ? Sans doute pour deux raisons : la première est la valeur de la marque. Même déficitaire pendant de nombreuses années, Guy Laroche continue d'exercer une certaine attraction sur les consommateurs et la marque jouit d'une très grande notoriété. La seconde raison est que les marques prospères sont si prospères et si rentables qu'elles peuvent en peu de temps compenser des années de pertes. Le groupe Eurostaf a mené, en 1994, une étude sur les entreprises de prêt-à-porter de luxe en France. Il ressortait de cette étude que Chanel, prise seule, était plus rentable que tout le reste du secteur. Sur 14 entreprises étudiées, 10 étaient déficitaires. Le fait que Chanel fût aussi rentable pouvait conduire les autres marques à imaginer qu'elles aussi avaient le potentiel pour se développer et générer les mêmes dividendes pour leurs actionnaires. De plus, les marques de luxe interviennent sur un terrain très direct pouvant conduire au statut de marque de « style de vie » qui peut, à son tour, conduire à une capacité de croissance très élevée grâce à la diversification des produits. Nous examinerons ce phénomène de plus près au chapitre 6.

À cet égard, on peut considérer que le marché du luxe est d'une certaine façon une « loterie » avec la possibilité de toucher le « gros lot » : non qu'il soit imprévisible et que les choses n'y soient dues qu'au hasard, mais parce que les marques qui sont rentables sont quelquefois très rentables.

Cette différence incroyable entre les entreprises déficitaires et celles étant extrêmement rentables, semble résulter de deux particularités :

Tout d'abord le marché du luxe est un marché au seuil de rentabilité très élevé.

Enfin, les besoins de liquidités sont relativement réduits.

➤ Un point mort très élevé

Dans tout secteur, le point mort est plus où moins élevé en fonction des coûts fixes de production et de distribution. Dans le secteur du luxe même les plus petites marques, doivent paraître solides, puissantes et riches et, du fait des dépenses qu'elles engagent à cette fin, ont un point mort particulièrement élevé.

Chaque marque doit être présente dans le monde entier : si le touriste japonais ne trouve pas de boutique Givenchy ou Aquascutum lorsqu'il visite Milan ou New York, il peut en tirer la conclusion que ces marques sont faibles et décider de ne plus acheter leurs produits au Japon.

Au début, une marque peut ne se trouver qu'en un seul lieu, comme le Caffe Greco à Rome. Mais dès qu'elle se développe à l'international, les consommateurs s'attendent à la trouver partout. Or, pour chacune des boutiques de par le monde, il faut couvrir des frais fixes – loyer, personnel et autres – avant même de réaliser la première vente.

En outre, dans le monde du luxe, tout, de la fabrication à la vente, doit être de première qualité. Le service doit être parfait, et les clients, où qu'ils soient dans le monde, doivent partir avec un sac luxueux et caractéristique (chez Bottega Veneta, par exemple, les anses sont de cuir), sur lequel figurent le logo et la couleur de la marque. Souvent, avant même d'être mis dans le sac, le produit est emballé dans quelque écrin de qualité, et tous ces moules de verre onéreux, ces boîtes en carton, ces rubans ou ces sacs doivent être fabriqués. S'il est un domaine où il peut s'avérer dangereux de réduire les coûts, c'est bien celui-là, car tous ces éléments contribuent à l'impression de luxe et au caractère exceptionnel de l'achat.

Souvent, ce sont des dépenses non rentables qui déterminent le standing d'une marque. Par exemple, une marque du secteur de la mode doit commencer la saison deux fois par an par un défilé onéreux, où les produits présentés ne sont pas identiques à ceux vendus en boutique : pour un modèle donné, les épaules ont souvent été taillées un peu plus large, la taille est plus serrée et la jupe est un peu plus courte sur le podium. Le coût afférent à la réalisation de ce modèle particulier ne sera peut-être jamais amorti car la robe ne sera sans doute jamais vendue. La haute couture à Paris est un autre exemple d'une activité faite pour assurer la promotion de l'image d'une marque et la mettre en lumière, plutôt que pour gagner de l'argent.

Un autre investissement très onéreux consiste à ouvrir des magasins de prestige (*flagship stores*) dans la ville dont la marque est originaire : ces magasins sont toujours très grands et toujours très luxueux car chacun essaie de faire mieux que ses concurrents. Pour de très grandes marques, cela ne pose pas trop de problèmes, mais pour une marque de taille moyenne c'est beaucoup plus difficile et jamais rentable.

Tout ceci explique en grande partie pourquoi le point mort est aussi élevé et pourquoi il est si difficile pour une nouvelle marque de s'établir et de développer sa crédibilité avant d'avoir des volumes de ventes suffisant pour compenser les investissements initiaux.

➤ Un besoin réduit de liquidités

Dès qu'une marque a atteint le point mort et réalise un chiffre d'affaires supérieur à ce niveau, la vie devient beaucoup plus facile. Les marges brutes dans ce secteur d'activité sont souvent élevées, et lorsque tous les coûts fixes sont couverts, une grande partie de la marge devient du bénéfice.

Dans l'industrie, lorsque les ventes augmentent, il devient nécessaire d'investir dans de nouvelles usines. Dans le luxe il est toujours possible de sous-traiter tout ou partie de la production. Dans la plupart des secteurs, les comptes clients constituent un autre problème, alors qu'une marque qui gère elle-même ses boutiques est payée en espèces, ou par des moyens de paiement recouvrables immédiatement.

Qu'en est-il alors du stock ? En fait, la marge brute étant assez élevée, les stocks à prix coûtant ne sont pas trop difficiles à financer lorsque le niveau des ventes est satisfaisant. La principale difficulté financière consiste à s'assurer que les produits du catalogue sont disponibles partout dans le monde, dans toutes les boutiques de la marque ou de ses distributeurs. Mais cette contrainte est bien évidemment considérablement plus grande pour des entreprises moyennes que pour de très grandes marques.

Une autre difficulté, dans le secteur de la mode, concerne les retours : à la fin de la saison, certains articles peuvent être invendus et retournés. Pour les petites marques, ceci correspond à un problème majeur car elles doivent commencer la saison avec un grand nombre de produits, pour offrir de la variété à ses clients : avec un faible volume de ventes, les soldes représentent un pourcentage très élevé. Un distributeur de mode sait que pour des marques très puissantes, il vend 80 à 85 % de la collection au prix fort et 15 % à 20 % à prix réduit, et que pour des marques difficiles, il peut se retrouver à vendre de 60 à 65 % de son volume total à des prix soldés. Les petites marques doivent gérer ceci si elles veulent faire en sorte que leurs distributeurs achètent leurs articles la saison suivante. Il s'agit souvent de leur accorder des remises spéciales pour éviter d'avoir à accepter les retours, sachant que les produits retournés sont soit vendus en magasin d'usine, soit détruits. Ceci est un problème majeur pour les marques petites et moyennes. Pour les grandes marques, les retours représentent une faible part du volume global et peuvent généralement être écoulés *via* des soldes privés ouverts au personnel ou aux journalistes.

Les seuls besoins importants de trésorerie correspondent aux ouvertures de magasins possédés en propre. Pour les parfums et les cosmétiques, les vins et spiritueux et l'horlogerie, ce besoin de trésorerie n'existe d'ailleurs pas. Il est néanmoins essentiel pour une marque de mode ou d'accessoires.

La conclusion est très simple : le luxe est une activité très rentable pour ceux qui réussissent, et très difficile pour les autres. Il est très facile aussi de passer d'une situation de rentabilité à de lourdes pertes, dès que les ventes baissent et que les produits ne sont plus adaptés aux consommateurs ou, pour quelque raison que ce soit, plus à la mode.

Le luxe se résume donc à une forme de quitte ou double : tout va très bien pour les marques puissantes et rentables ; les choses sont beaucoup plus difficiles pour les marques essayant de se faire un nom. C'est un cauchemar pour celles qui n'ont pas les moyens d'ouvrir une boutique d'exception à Paris, Milan, New York ou Tokyo et qui maintiennent des activités souvent déficitaires pour continuer à faire rêver.

Le cadre temporel

Dans l'industrie automobile tout le monde essaie de réduire le temps de développement d'une nouvelle voiture afin que les modèles puissent se renouveler plus rapidement. Dans de nombreux secteurs il est possible de redresser une entreprise en difficulté en un peu plus d'un an. Parfois pour les produits de grande consommation, il est possible de lancer un produit, d'avoir immédiatement une idée précise du potentiel de ce produit et de couvrir, grâce aux ventes, les investissements initiaux en moins de six mois.

En général, dans le monde du luxe, les lancements requièrent plus d'investissements et plus de temps. Pour lancer un nouveau parfum, il est nécessaire d'avoir une ligne complète allant des extraits à l'eau de toilette, et même à une ligne de produits de bain, et pour chaque article il faut mouler à grands frais flacons et bouchons. La réalisation des moules peut prendre de 6 à 12 mois. Puis une grande quantité de produits doit être fabriquée pour que le nouveau parfum puisse être disponible immédiatement dans un grand nombre de pays à travers le monde. Le délai total de production peut aller de 18 à 24 mois. En outre, il n'est pas rare, la première année, de dépenser en publicité et promotion, une somme équivalente aux prévisions de vente. Il faudra souvent patienter trois à quatre ans avant de commencer à gagner de l'argent.

Dans le secteur de l'horlogerie aussi, le facteur temps est crucial. La conception et la fabrication doivent être terminées à temps pour les foires de Genève ou de Bâle qui se déroulent entre janvier et début mars. Si ce délai ne peut être tenu le lancement doit être repoussé à l'année suivante.

➤ Le cycle de la mode

Dans le cas de la mode, tout revient au « cycle de la mode », tel que décrit dans le tableau 2.1.

Le cycle débute lorsque les fabricants de tissus présentent leurs nouveaux échantillons de matières. Ils proposent de nouvelles couleurs, de nouveaux styles et de nouveaux touchés ainsi que de nouveaux motifs. En septembre ou octobre de chaque année, tous les stylistes viennent à Paris (Première Vision) et en Italie (Idea Como) pour visiter les stands des fabricants de tissus. Ils choisissent alors les couleurs et le style qu'ils utiliseront pour leurs prochaines collections automne-hiver. Pour obtenir l'exclusivité sur un motif donné, ils doivent s'engager à acheter un métrage minimum du tissu qui donnera leur originalité à leurs collections de l'année suivante.

Tableau 2.1 – Cycle de la mode pour une collection automne-hiver

Engagement d'exclusivité sur les tissus	Septembre-octobre, année t–1
Développement des prototypes et utilisation des tissus	Septembre année t–1, février année t
Défilé	Février-mars, année t
Prise de commande des magasins multimarques	Mars, année t
Livraison aux boutiques	Juillet, année t
Ventes à prix normal	Septembre-décembre, année t
Vente en soldes	Janvier-février, année t+1

Les stylistes se mettent alors au travail : ils préparent les collections qui seront présentées lors des défilés de février/mars auxquels assisteront, bien sûr, les journalistes, mais surtout les acheteurs des grands magasins du monde entier. Ces acheteurs disposent de budgets précis pour chaque marque et s'engagent sur des commandes fermes pour les articles qu'ils pensent pouvoir vendre dans leurs magasins.

Les modèles sont ensuite fabriqués et livrés au plus tard en juillet pour devenir la « nouvelle collection Automne-Hiver ». Ce n'est qu'à la fin de la période des soldes, c'est-à-dire à la fin du mois de février que l'on peut savoir si la collection s'est bien vendue : combien d'exemplaires ont été vendus au prix standard, combien d'unités ont été écoulées pendant les soldes et combien de pièces il reste à la fin du processus.

Le cycle de la mode dure donc 18 mois. Pendant cette même période, bien entendu, une nouvelle collection Printemps-Eté sera engagée, choisie, présentée et livrée ; et les résultats ne seront connus qu'à la toute fin du cycle. C'est pourquoi lorsqu'une entreprise décide de changer de styliste, le nouveau venu aura besoin d'un minimum de deux ans pour affirmer un nouveau style, définir son point de vue sur la marque et réussir.

Quelques marques ont tenté de s'extraire de cette « camisole de force », en lançant des collections supplémentaires (les collections « croisières ») dans les intervalles, mais le système demeure assez rigide. Quelques nouveaux venus sur le marché de masse, comme Zara, ont refusé le système traditionnel et développent 26 collections par an. Cependant, à moins qu'elles ne commandent de très gros volumes, ces entreprises ont du mal à obtenir l'exclusivité sur les tissus et sont donc obligées, le plus souvent, de présenter des collections réalisées principalement avec des tissus simples ou unis.

Le cadre temporel force donc les marques de mode à planifier très en amont, et ce n'est pas avant longtemps que les consommateurs peuvent voir dans leurs magasins les changements majeurs survenus dans le style ou le positionnement d'une marque.

➤ Le temps nécessaire à un changement d'orientation

Pour toutes les raisons évoquées ci-avant, les décisions stratégiques majeures n'ont, dans le secteur du luxe, que très peu d'impact à court terme. Dans certains cas, pour une marque de mode, les conséquences d'un changement de styliste ne seront visibles que trois ou quatre ans plus tard.

De leur côté, les marques elles-mêmes ne peuvent pas être modifiées du jour au lendemain. Elles ont une identité particulière dans l'esprit du consommateur et celui-ci n'est pas prêt à modifier son point de vue. Nina Ricci est une marque très féminine et chaque fois qu'un parfum pour homme ou des produits masculins ont été lancés, les résultats ont été décevants. Paco Rabanne est curieusement un styliste pour femmes, mais la marque est principalement connue pour ses parfums homme : leurs parfums féminins n'ont jamais été une réussite. Quelques marques sont modernes, d'autres sont perçues comme étant classiques. Il est très difficile de changer ce genre d'image. Chanel est une marque pour femmes, mais elle a aussi des parfums pour hommes, des cravates, ainsi qu'un modèle de montre pour homme. Pour l'instant, elle n'a pas de prêt-à-porter homme. Cette activité sera certainement développée un jour. Mais cela supposera un changement majeur par rapport à l'image actuelle de la marque, changement que Chanel prépare en présentant ses modèles pour homme lors des défilés de prêt-à-porter femme. L'idée est de convaincre la clientèle du fait que Chanel est une marque pour homme comme pour femme. Cela peut prendre du temps et ces modèles pour homme ne sont pas encore disponibles en magasin : ils le seront lorsque les consommateurs auront changé d'avis.

Il faut du temps pour redresser une marque, comme le montre l'exemple d'Yves Saint Laurent. Lorsque la marque a été rachetée par le groupe Gucci, tout le monde pensait que tout allait changer très vite et que l'entreprise redeviendrait vite rentable. Après avoir accumulé des pertes se montant à plusieurs centaines de millions d'euros et avoir atteint un point mort passager en 2008, la marque va probablement perdre de l'argent pendant encore quelques années avant de négocier le virage.

Les conséquences de cette situation pour les investisseurs sont assez claires : acheter une marque qui a perdu son image et réalise un chiffre d'affaires minime, la transformer et la développer, ne sont jamais choses faciles. Cela est peut-être possible pour les montres ou les vins et spiritueux, mais dans le cas de la mode et des parfums, cela est presque impossible. Le paradoxe est que si une marque n'est pas performante il faut relancer les ventes, mais sans doute aussi modifier une identité qui ne correspond plus au goût contemporain. Or, lorsque les gens modifient l'identité d'une marque, les consommateurs ont le sentiment que son histoire a été trahie : au final personne n'est satisfait… à moins que l'on dispose de beaucoup de temps, d'énergie et d'argent.

Bien sûr, comme nous l'expliquerons plus tard, il a été possible de prendre des marques comme Gucci ou Burberry, qui fonctionnaient encore très bien, et de les transformer au fil des années en augmentant substantiellement leurs chiffres d'affaires. Mais pour des marques plus petites, comme Jacques Fath ou Popy Moreni, qui ont perdu de leur charme, de leur intérêt et de leur raison d'être, il n'y a plus grand-chose à faire pour les ramener sous les feux de la rampe.

Ce cadre temporel explique pourquoi les spécialistes en capital investissement ou les financiers individuels investissent rarement dans de petites marques de luxe. Il existe des exceptions bien sûr – Loewe, Hugo Boss et Odiot – mais les redressements se produisent rarement.

C'est sans doute pour cette raison que le luxe est traditionnellement un secteur d'entreprises familiales. Les entreprises familiales ont du temps et peuvent accepter de mauvais résultats quelques années de suite avant de croître et de gagner à nouveau de l'argent. Beaucoup sont dans cette situation y compris Chanel, Salvatore Ferragamo, Armani, Versace, mais aussi Laurent-Perrier, Pernod Ricard et Bulgari. N'oublions pas non plus que trois des plus grands groupes du luxe, LVMH, Richemont et PPR Gucci sont également sous contrôle familial.

La clé du succès dans le secteur du luxe

Sur ce sujet, le professeur Bernard Dubois commençait en évoquant le paradoxe des produits de luxe (tableau 2.2). Pour réussir dans ce secteur, disait-il, il faut faire exactement le contraire de ce qui est enseigné dans les cours de marketing traditionnel.

À première vue il est vrai que des prix et des coûts élevés, peu d'investissements en matière de production et de fabrication et une distribution réduite ne ressemblent pas à des pratiques marketing normales. Mais le processus est fondé sur la création d'une rareté qui doit être contrôlée. Le produit doit être connu et visible mais il doit aussi apparaître cher et légèrement hors d'atteinte. Les consommateurs doivent sortir des sentiers battus pour le trouver. On pourrait dire que l'on se trouve dans le cas d'une approche marketing de « niche » qui fonctionne lorsque la marque a une forte identité et une vraie raison d'être. Cela nécessite également un concept esthétique particulier : le produit doit être facilement reconnaissable. Les produits de la marque doivent être en phase avec l'air du temps et les tendances spécifiques de la mode.

Tableau 2.2 – Le paradoxe du marketing des produits de luxe

Prix élevé
Coût élevé
Savoir-faire artisanal
Distribution réduite
Faible activité promotionnelle
Publicité sans *copy-strategy* sophistiquée

Source : Extrait de Bernard Dubois, *L'Art du Marketing*, Village Mondial, p. 292.

La nécessité d'une forte identité

Nous revenons de nouveau à l'identité de la marque. Celle-ci part le plus souvent du nom d'une personne ; elle doit être ensuite élargie et il faut sans cesse lui apporter des valeurs additionnelles et de nouvelles raisons d'être.

La plupart des marques de luxe reprennent le nom d'une personne ; celui d'un artisan différent des autres qui se distinguait dans sa manière de faire les choses. Louis Cartier fabriquait des montres et des bijoux, Sotirio Bulgari se servait de l'art grec et romain pour ses créations d'orfèvrerie tout en leur donnant une note contemporaine. Cette origine reposant sur un individu devient ensuite une référence pour les consommateurs ainsi qu'une garantie que les objets portant le nom du fondateur resteront des objets exclusifs et de qualité. C'est Salvatore Ferragamo qui fabriquait des chaussures pour les actrices, Coco Chanel qui faisait des robes pour ses amies les plus raffinées. C'est Giorgio Armani ou Valentino Garavani qui ont démarré leurs propres collections de prêt à porter féminin. Boucheron, Chaumet, Van Cleef & Arpels, sont tous également des noms de famille.

Quelques marques ne portent pas le nom de leur fondateur. C'est le cas de Lancôme qui fut créé par la famille Petitjean. Dans le cas de Ralph Lauren, le nom a été inventé par le fondateur avant de devenir, petit à petit, le sien. Cet acte en lui-même est une reconnaissance de l'importance d'un nom de famille et d'une identité individuelle pour une entreprise du luxe. Il semble manquer quelque chose aux marques, qui, comme Aquascutum ou Escada, n'ont pas ce type de nom ; elles semblent avoir une identité au contenu moins fort. Le nom de famille incarne aussi un héritage et rappelle le fait que, au moins au début, les produits ont peut-être été fabriqués pour un très petit cercle d'amis.

➤ Extension de la marque et légitimité

Comme nous l'avons vu, on part souvent d'un nom pour établir une marque. Mais le nom peut parfois limiter le champ de la marque au seul domaine d'expertise du fondateur : Ferragamo et Prada font des chaussures, Gucci fabrique des sacs à main, Louis Vuitton des sacs de voyage, Christofle des couverts en métal argenté...

Pour développer une entreprise à part entière, il devient nécessaire d'élargir et de diversifier l'offre produits afin d'accroître le chiffre d'affaires sur lequel l'on communique. Par exemple dans les années 90, si Calvin Klein bénéficiait d'une grande notoriété aux États-Unis, il était presque inconnu en Europe ou en Asie avant que sa gamme de parfums ne fasse l'objet de campagnes publicitaires importantes et ne devienne un succès. Fort de ce succès, il a été possible d'ouvrir des boutiques de mode en France et au Japon.

Ce processus d'extension de gamme – passer d'une catégorie de produits à une autre – est particulièrement délicat pour les produits de luxe. Il a fallu sept ans avant que la première montre Bulgari ne se vende. Une période à peu près équivalente a été nécessaire pour que les montres Boucheron commencent à être appréciées. Bien que la distance psychologique existant entre un bijou et une montre semble très réduite, il faut beaucoup de temps au consommateur pour la parcourir.

Certaines extensions de gamme semblent avoir été beaucoup plus rapides et sans problème apparent. Lorsque Prada passa des chaussures aux sacs à main, puis au prêt-à-porter féminin, enfin au prêt-à-porter masculin, cela a presque toujours bien fonctionné. Les extensions de gamme de Gucci semblent également avoir été assez faciles.

D'autres cas ont été plus difficiles. Dans les années 90, Christofle, considérant que le marché des arts de la table avait une croissance beaucoup trop faible, décida d'élargir le champ de ses activités. Se souvenant de ses origines d'orfèvre, la marque décida de lancer une ligne de bijouterie, optant pour l'or blanc. Après le lancement de la première collection, la marque créa une montre, également en or blanc. Trop éloignée du domaine d'expertise traditionnel et souffrant d'un investissement publicitaire insuffisant, l'extension se révéla un échec cuisant pour la marque. Mais la tentative a été reprise plus récemment.

Lorsque Chanel décida de se tourner vers la bijouterie, ce fut avec bien plus de prudence. Un premier modèle de montre fut lancé dans des boutiques indépendantes spécialement ouvertes à cette fin Place Vendôme et Avenue Montaigne, à Paris. Ce fut un succès. La marque attendit encore quatre à cinq ans avant d'acquérir une très grande bijouterie Place Vendôme, le meilleur endroit à Paris pour les principaux joailliers. De nouveau, ce fut un succès.

Baccarat est une autre histoire intéressante. La marque vendait des verres en cristal et se trouvait donc face aux mêmes problèmes que Christofle : les difficultés du marché des arts de la table. Elle décida de se concentrer sur les chandeliers, les lustres et les objets de décoration et de se lancer dans les bijoux en cristal. Elle investit substantiellement, donna les meilleurs emplacements à ces objets dans ses boutiques, et, aujourd'hui, les produits résultant de ces diversifications représentent approximativement la moitié des ventes totales de la marque.

Les conditions nécessaires pour qu'une extension de gamme soit un succès peuvent se résumer ainsi :

- ne jamais penser que cela sera facile ;
- réaliser des investissements publicitaires et promotionnels substantiels ;
- ne pas commencer comme une petite activité auxiliaire ;
- ne pas penser que le consommateur sera convaincu immédiatement. Lui donner du temps ;
- mettre un fort accent sur le style et l'homogénéité ;
- expliquer pourquoi cette nouvelle ligne de produit est en adéquation avec la marque.

Bien sûr avec beaucoup de temps et d'argent, tout est possible. Mais il faut bien comprendre les différences d'une catégorie de produits à une autre et comment la raison d'être de ces nouveaux objets peut être communiquée aux consommateurs.

Des produits identifiables

Lorsqu'on voit dans la rue une Mercedes cabriolet ou une BMW, quel que soit le modèle on peut immédiatement l'identifier comme étant une Mercedes ou une BMW. C'est le résultat d'un travail au niveau du style, de la présentation et de la conception de ces voitures.

Lorsqu'un consommateur fait l'effort d'acheter un produit de luxe, il s'attend à un service irréprochable et à un produit de bonne qualité qui doit se rapprocher le plus possible d'un objet unique, fabriqué de façons artisanales et soigneusement préparé pour lui. Mais il lui faut quelque chose de plus. Chaque objet doit faire partie d'une famille de produits homogène et être clairement identifiable. Chaque marque doit posséder son propre code esthétique et garder une forte cohérence entre tous ses différents produits. Un flacon de parfum Chanel est classique, simple et sophistiqué. Un flacon de parfum Yves Saint Laurent doit être romantique, baroque, luxueux et féminin. Ce qui explique sans doute pourquoi le parfum NU fut un échec : il était à angle aigu, rectiligne et moderne, avec un flacon en plastique de couleur. Une veste pour femme d'Yves Saint Laurent ne doit ressembler à aucune autre veste. Elle doit être reconnaissable immédiatement.

➤ La primauté du style

Le style est essentiel dans toutes les activités de luxe. Il doit être considéré comme la priorité des priorités. Ceci est bien sûr évident pour une marque de mode, mais c'est aussi le cas pour une montre, ou pour un parfum. Pour un parfum en réalité deux équipes distinctes de créatifs sont impliquées : « le nez » qui développe le parfum et un designer qui crée le flacon en verre.

Pour les parfums il doit aussi y avoir une homogénéité et un air de famille entre les différents produits de la marque. Les parfums de Guerlain, par exemple ont tous en général une note vanillée et un cœur assez puissant. Tous les flacons ont également des formes baroques et traditionnelles.

Chaque produit issu de la même marque doit être en homogénéité avec les autres et apporter une valeur ajoutée supplémentaire à l'ensemble. Un costume pour hommes de chez Yves Saint Laurent doit avoir des points communs avec les robes de la même maison et faire partie du même environnement.

C'est pour cela que dans le secteur du luxe, les Dirigeants doivent être capables de communiquer avec les équipes de style, de travailler avec eux et de les gérer et de les contrôler. Il leur faut établir un langage commun entre eux, et une relation fructueuse et constructive.

➤ La raison d'être de chacun des produits

Chaque élément doit pouvoir contribuer à l'image de marque de l'ensemble et avoir sa propre raison d'être. Lorsque Armani réalise des lunettes, celles-ci ne doivent pas être simplement des lunettes standards, portant la marque Armani : il doit y avoir quelque chose en plus. Cela nécessite que pour chaque nouvel objet, la catégorie de produit soit réinventée, que l'on trouve quelque chose de nouveau lui donnant un sens et qui soit en accord avec les composants éthiques et esthétiques de la marque, comme nous l'expliquerons plus tard dans le chapitre 6.

C'est pour cela que l'époque de ce que nous appelons les « fausses » licences, correspondant à l'apposition d'une marque sur un produit standard sans aucun apport, aucune compétence, ni aucune crédibilité de cette marque, est pratiquement révolue. Des exemples historiques de ces « fausses » licences viennent à l'esprit : pendant de nombreuses années, Rochas qui était à l'origine une marque entièrement dédiée à la mode et qui s'était peu à peu transformée uniquement en un parfumeur, avait une licence de prêt-à-porter féminin au Japon. Lancel, de son côté, connu quasi exclusivement en France comme maroquinier disposait au Japon d'une gamme complète de produits sous licences, qui allait du prêt-à-porter féminin aux sous-vêtements, aux chaussures, aux chaussettes et aux chemises et costumes pour hommes. Cela ne posait pas de problème dans les années 60 et 70, lorsque les consommateurs de produits de luxe voyageaient moins et que les informations sur les marques étaient moins disponibles. Aujourd'hui ces « fausses » licences deviennent plus difficiles à gérer. Les consommateurs qui connaissent bien la marque refuseraient d'acheter ces articles et ils ne trouveraient grâce que pour des consommateurs peu informés et peu exigeants. On se rapprocherait ainsi dangereusement du marché de « moyenne gamme ».

Il faut revenir ici au concept de fabrication artisanale mentionnée plus haut, car ce qui fait la différence entre un produit de luxe et un produit de masse, c'est peut-être ce que l'objet de luxe a d'exceptionnel.

Un objet de luxe doit être réalisé de façon artisanale et dessiné avec un très grand soin. C'est bien sûr le cas pour une robe ou pour une veste. Mais c'est aussi le cas pour un parfum de luxe : ce dernier doit être présenté dans un flacon de verre de qualité et d'un certain poids. Son parfum doit être subtil, complexe et raffiné. Chaque élément du produit doit avoir été soigneusement réfléchi : l'emballage extérieur doit être distingué, prestigieux et de bon goût. Le carton ondulé retenant le flacon ne doit pas être de couleur blanche mais de la même couleur que l'emballage extérieur. Le bouchon ne doit pas donner l'impression d'avoir été fabriqué en plastique bon marché : il doit être lourd et donner au consommateur, chaque fois qu'il le garde dans ses mains pour utiliser le produit, une sensation de raffinement et de qualité. Il est facile de comprendre comment un produit de luxe doit se différencier d'un produit de grande consommation. On peut comparer par exemple les pots utilisés pour les crèmes antirides Plénitude de L'Oréal et Lancôme. Les deux produits appartiennent à la même société. Les formes, le poids de l'un et de l'autre, et les finitions sont très différents.

Mais la difficulté, c'est que les produits de grande consommation améliorent au fur et à mesure la qualité de leurs packagings. Les produits de luxe doivent maintenir la distance et s'améliorer sans cesse.

Ce soin du détail existe également pour les vins et spiritueux. Les cognacs haut de gamme doivent être composés par un maître de chais qui apporte un goût différent et une spécificité à la marque pour laquelle il travaille. C'est la même chose pour les champagnes et les whiskies de haut de gamme.

En conclusion l'objet qui portera une marque donnée, doit avoir toutes les valeurs éthiques et esthétiques appartenant à cette marque.

Les produits doivent faire partie de l'environnement social et culturel du moment

Mais cette dimension éthique et esthétique de l'industrie du luxe a une autre conséquence. Cela l'intègre à des tendances artistiques et culturelles. En cherchant de nouvelles formes, de nouvelles couleurs, de nouvelles sensations ou de nouveaux modes de consommation, elle adhère à l'environnement artistique et culturel du moment. Comme nous l'avons dit précédemment la publicité pour une marque de luxe ne fonctionne pas sur la base d'une *copy strategy* classique et sur la recherche d'une « proposition unique de vente » originale et efficace. Elle recherche un environnement esthétique particulier ainsi qu'une connivence artistique avec sa cible de consommateurs. C'est la fonction de miroir culturel que doivent fournir les produits de luxe.

➤ Comment rester en phase avec les tendances de la société ?

Certaines marques réussissent très bien à un moment donné et beaucoup moins à un autre. Il y a quelque temps le positionnement « sexy chic » de Gucci rencontrait une forte approbation de sa cible de consommateurs. À ce moment-là, Versace fonctionnait très bien avec un concept fondé sur un érotisme un peu voyant, aussi bien dans ses collections de prêt à porter que dans ses communications publicitaires. Aujourd'hui l'approche « sexy chic » semble moins en phase avec le consommateur et Gucci est revenu à un positionnement plus classique. Versace n'a pas vraiment changé et ses ventes ont beaucoup baissé.

Paco Rabanne, avec ses robes métalliques, a personnalisé une certaine libération sexuelle dans les années 1968, et il rencontra alors un grand intérêt de la part du public : Jane Fonda et Brigitte Bardot venaient le voir pour qu'il leur crée des modèles. Pour Jane Fonda porter une robe Paco Rabanne, signifiait un engagement particulier et la participation à un certain mode de vie. Pendant très longtemps les magazines présentaient ses modèles et ses dernières créations, et l'interrogeaient sur ce qu'il pensait des nouvelles tendances de la société ou sur tout autre sujet. À cette époque le public s'intéressait à son opinion. Aujourd'hui qui serait intéressé par une interview de Paco Rabanne et par sa vision du monde ? Sans doute peu de gens...

En utilisant un produit de luxe, le consommateur veut affirmer qu'il est différent des autres et qu'il se distingue. Mais il ne veut surtout pas donner l'impression qu'il se place en dehors de son groupe de référence ou de la société. Il veut sans doute faire partie de ceux qui sont un peu à la mode, qui sont les premiers à identifier les nouvelles tendances et qui veulent apparaître comme faisant partie de leur temps.

Dans l'industrie du luxe, il faut donc toujours rester en phase avec les tendances artistiques et esthétiques de la société. Lorsque les gens s'intéressaient au retour à la nature et à une société très peu sophistiquée, ils appréciaient Per Spook, un styliste suédois à l'époque très célèbre, qui fabriquait de grosses vestes en laine tricotées avec des mailles énormes ainsi que des jupes de coton beige. Lorsque les gens ont eu envie d'une atmosphère beaucoup plus sexy, ils ont choisi Versace. Lorsque l'époque devient plus traditionnelle, conservatrice, et donne plus de pouvoir aux femmes classiques, Chanel propose un choix plus adapté.

Dans le temps, certaines marques se sont développées très rapidement puis ont décliné. Ce n'était pas nécessairement parce que les dirigeants étaient moins efficaces, et que les équipes marketing ne comprenaient plus le marché qu'elles ont connu des difficultés. Peut-être que tout simplement leur produit ne plaisait plus, parce que l'époque avait changé. Bien sûr un bon marketing est supposé permettre à l'entreprise d'être en permanence en phase avec les tendances des consommateurs. Mais jusqu'où doit-on aller pour ajuster le positionnement du produit et de la marque pour rester en phase avec les changements de la société ?

➤ Une marque doit-elle changer lorsqu'elle n'est plus à la mode ?

Nous avons évoqué précédemment Paco Rabanne, qui, lorsque la marque était en phase avec les fortes tendances du moment, a connu une période de forte croissance. Aujourd'hui la marque ne semble plus très « à la mode ». Paco Rabanne aurait pu en fait se positionner sur le créneau du « sexy chic » et de nombreuses robes en métal faites par Versace, auraient pu être créées par lui. Mais il ne l'a pas fait. Ce n'était pas son style et la société des années 90 et 2000 était très éloignée de sa vision du monde. Aurait-il dû faire autre chose ? Sans doute… mais il n'en a pas ressenti le besoin.

Salvatore Ferragamo est également un cas intéressant. Pour sortir des chaussures, l'entreprise s'est diversifiée dans les cravates et les foulards : elle a développé une collection avec de magnifiques twills de soie imprimée. Une cravate de chez Ferragamo est immédiatement reconnaissable par ses belles couleurs et son impression avec des motifs très soignés et très fins, sortant presque d'une gravure ancienne de livre perse. Mais maintenant la mode est aux cravates en soie tissée aux couleurs unies ou ton sur ton. Salvatore Ferragamo vend beaucoup moins de cravates et de foulards. Doivent-ils changer leur philosophie sur ces produits ? Ils ont mis en effet sur le marché quelques cravates en jacquard de soie mais ils ont du mal à se différencier de leurs concurrents : leur spécificité et leur raison d'être en matière de textile ont en partie disparu.

Nous souhaitions terminer cette partie sur les conditions succès dans cette industrie, sur la mode et les tendances culturelles pour que lecteur comprenne que rien n'est jamais acquis sur ce marché. De temps en temps une entreprise connaît un taux de croissance impressionnant et ses dirigeants pensent que c'est exclusivement grâce à eux. Peut-être ont-ils simplement eu de la chance. Quelquefois certains dirigeants changent de poste et passent d'une société ou ils ont été brillants et efficaces à une autre société où ils sont incapables de développer leur nouvelle marque. Peut être que leur style de management était plus adapté à la première marque qu'à la seconde. Peut être aussi que l'environnement social et culturel a changé ou n'est pas adapté à la seconde marque : nous oublions tous qu'il existe des temps meilleurs pour une chose que pour une autre.

Les acteurs principaux

Dans ce chapitre introductif il est important de présenter les principaux acteurs du secteur. On lit des articles expliquant que la tendance va vers de grands groupes et que les sociétés indépendantes n'ont aucune chance de survivre à long terme. Est-ce vraiment le cas ?

Quelle est la taille du marché du luxe ?

Comme indiqué précédemment, dans ce secteur, la taille est un concept relatif. Mais au niveau des sociétés impliquées dans ces activités et sans prendre en compte les distributeurs au niveau international, les franchisés ou les grands magasins, il est nécessaire de donner une estimation de la taille du marché dans son ensemble.

Peu de réelles données sont disponibles, excepté une étude du Comité Colbert, quelques travaux d'Eurostaf et de Price Waterhouse Coopers, ainsi que celles de quelques analystes financiers londoniens. Mais nous souhaitons fournir nos propres estimations.

Tout dépend bien sûr de la manière dont nous considérons le luxe, soit dans son champ le plus réduit (mode, accessoires y compris la maroquinerie, produits cosmétiques et parfums, vins et spiritueux, etc.) ou si nous prenons aussi en compte par exemple les voitures de luxe et les voyages. Si nous incluons les voitures et les voyages le chiffre d'affaires global de ces sociétés fabriquant des produits ou fournissant directement un service, serait approximativement de 250 milliards d'euros. Dans sa définition la plus réduite les ventes seraient de l'ordre de 200 milliards d'euros et les grands secteurs d'activité peuvent être répartis comme indiqué dans le tableau 2.3.

Tableau 2.3 – Estimation de la taille du marché en 2010 (en milliards d'euros)

Prêt-à-porter	20
Accessoires et maroquinerie	20
Parfums et cosmétiques	35
Spiritueux et champagnes	30
Vins	50
Montres	10
Bijouterie	30
Arts de la table	5
TOTAL	**200**

Source : Estimations des auteurs pour 2010 fondées sur des discussions avec les professionnels des différents secteurs.

Cette estimation du marché nous permet par exemple de comparer la taille relative des entreprises françaises et italiennes du secteur.

➤ La place des Français et des Italiens

Afin de comparer les situations particulières de la France et de l'Italie, nous devons à nouveau fournir nos propres estimations. Elles sont présentées dans le tableau 2.4. Les chiffres sont bien évidemment arrondis en raison du manque de précision de ces estimations. Mais c'est sans doute à cet égard le plus loin que nous puissions aller.

Pour le Prêt à porter de luxe, il est très clair que l'Italie est loin devant la France. Nous avons laissé 20 % pour les autres concurrents comme l'Angleterre et les États-Unis, mais si nous parlons seulement de luxe et que nous ne prenons pas en compte des marques comme Liz Clayborne, Gap ou Banana Republic, les États-Unis ne sont pas un pays très puissant dans ce secteur.

Tableau 2.4 – Estimations de la répartition entre France et Italie

	Total en milliards d'euros	Français	Italien	Autres
Prêt-à-porter	20	20 %	60 %	20 %
Maroquinerie	20	60 %	30 %	10 %
Spiritueux et champagnes	30	30 %	5 %	65 %
Parfums et cosmétiques	35	40 %	10 %	50 %
Montres	10	10 %	5 %	85 %
Bijouterie	30	10 %	5 %	85 %
Arts de la table	5	40 %	10 %	50 %
TOTAL	**150**			

Pour les spiritueux et le champagne, nous n'avons pas inclus les vins qui représentent une catégorie séparée d'un montant de 50 milliards d'euros et ou l'Italie est très forte. La majorité du secteur des spiritueux trouve son origine aux États-Unis et au Royaume-Uni avec les vodkas, gins et whiskies, mais la France conserve une certaine position grâce aux cognacs et aux champagnes ainsi qu'à des groupes solides que nous étudierons plus tard.

Pour les montres, le marché est manifestement surtout suisse et un peu français et les Italiens ne sont que des acteurs de second plan.

Après avoir additionné les différentes activités, nous trouvons 45 milliards d'euros pour les marques françaises et 25,5 milliards d'euros pour les marques italiennes. La France est plus puissante que l'Italie grâce à sa très forte position dans les parfums, où l'Italie semble avoir été incapable d'imposer des marques fortes, à l'exception d'Armani, qui est une licence de L'Oréal et Gucci, Dolce & Gabbana et Laura Biagotti qui sont des licences de Procter & Gamble. Dans les spiritueux l'Italie n'a pas de présence forte au niveau international, alors qu'elle est très puissante en vin. Le fait d'avoir supprimé le marché des vins de nos calculs, car nous ne les traiterons pas dans cet ouvrage, a bien sûr porté préjudice à l'Italie dans cette estimation.

Mais la force de l'Italie dans la mode est très visible. Si nous prenons les méga-marques françaises, c'est-à-dire des marques avec un chiffre d'affaires supérieur à 700 millions d'euros la France en possède cinq (Louis Vuitton, Cartier, Chanel, Hermès et Dior) avec deux d'entre elles dont le cœur de métier est dans le monde du prêt-à-porter, alors que l'Italie en possède huit (Gucci, Prada, Armani, Max Mara, Salvatore Ferragamo, Bulgari, Dolce&Gabbana et Versace) dont sept sont issues du monde du prêt-à-porter et du monde de la mode.

Cette prédominance de la mode italienne aura des conséquences inattendues sur le long terme, car les marques de parfums sont souvent bâties sur la force des lignes de prêt-à-porter. Si un jour les parfums Gucci, Prada, et Versace atteignent le niveau des parfums Chanel, Dior et Yves Saint Laurent, alors l'Italie deviendra l'acteur mondial numéro un du luxe.

Pour des raisons qui seront étudiées plus loin dans ce livre, les Français ont été très lents à développer des marques de mode et de prêt-à-porter depuis ces 20 dernières années. Les trois dernières grandes créations de marque française dans la mode datent de l'époque d'Yves Saint Laurent, de Kenzo et, plus près de nous, de Christian Lacroix, mais cela ressemble quelque peu à de l'histoire ancienne.

➤ Ce marché est-il un oligopole ou un marché ouvert ?

On peut lire régulièrement dans la presse que le luxe est devenu le champ d'activité de grands groupes et qu'il n'y a pas de place pour les petits acteurs. Si nous étudions le tableau 2.5 la situation réelle est assez différente.

Tableau 2.5 – Les principaux acteurs du luxe en 2009/2010 (en millions d'euros)

LVMH	12 520	Total 17 053.
Diageo	8 907	Bière Guiness retirée et estimée à 2 512.
Pernod Ricard	7 081	Tient compte de la marque Absolut rachetée en 2008.
Estée Lauder	5 856	
Richemont	5 176	
L'Oréal	4 080	Total 17 473. Curieusement, depuis le rachat de Yves Saint Laurent (+ 652), la croissance de la division a été très faible et on retrouve en 2009, un chiffre proche des 3 928 de 2007, soit avant rachat.
Chanel	4 000 (E)	
Bacardi	3 500 (E)	
PPR Gucci	3 396	
Rolex	2 000 (E)	
Tiffany	2 000	
Hermès	1 914	
Fortune Brands	1 830	Le groupe dans son ensemble réalise un chiffre d'affaires de 6 694 millions de dollars.
Hugo Boss	1 562	
Burberry	1 510	
Autres	140 477	
TOTAL	**200 000**	

Sources : Rapports annuels ou estimations des auteurs.

En fait, comme nous l'étudierons plus tard, les petits acteurs qui possèdent le seuil critique pour être nettement présents à l'international peuvent très bien réussir.

Les trois grands groupes

Dans le domaine du luxe, les gens parlent en général de seulement trois grands groupes et cela comprend LVMH, Richemont et PPR Gucci. En fait, PPR Gucci dans sa division luxe, est plus petite que la division luxe de L'Oréal, et Richemont et PPR Gucci sont plus petits qu'Estée Lauder mais aussi que des grands groupes de vins et spiritueux comme Diageo et Pernod Ricard. Mais nous nous limiterons dans ce domaine à ces trois sociétés. Les autres sociétés seront amplement décrites dans le chapitre suivant.

➤ LVMH

Dans le tableau 2.4 nous avons pris un chiffre d'affaires de l'ordre de 12,5 milliards d'euros car nous avons soustrait les activités de distribution du total de 17 milliards d'euros pour l'année 2009. L'activité globale est présentée dans le tableau 2.6.

Tableau 2.6 – LVMH : CA et résultats pour 2009 (en millions d'euros)

	CA	Profit opérationnel	Profit/CA en %
Vins et spiritueux	2740	760	27,7 %
Mode et maroquinerie	6302	1986	31,5 %
Parfums et cosmétiques	2741	291	10,6 %
Montres et bijouterie	764	63	8,2 %
Distribution sélective	4533	388	8,6 %
Divers	(27)	(136)	
TOTAL	**17053**	**3352**	**19,7 %**

Comme nous pouvons le constater LVMH est un groupe très impressionnant avec presque la moitié de son activité de luxe réalisée dans la mode et la maroquinerie. Il est aussi frappant de remarquer que la mode et la maroquinerie contribuent à 51 % du total du bénéfice opérationnel.

Ce groupe a manifestement des résultats contrastés pour 2009 qui a été pour tout le monde une année de crise. 2010 sera au contraire une excellente année, avec un chiffre d'affaires très supérieur à 19 milliards d'euros. Mais les années se suivent sans se ressembler. En 2001 le chiffre d'affaires global était de 12,2 milliards d'euros, 12,7 en 2002, 12,0 en 2003, et 12,6 en 2004. Certains analystes se sont interrogés alors sur les performances de ces années-là, mais toutes les autres sociétés européennes ont connu le même phénomène. Ces sociétés vendent des produits qu'ils fabriquent en euros sur des marchés liés au dollar. Lorsque le dollar baisse il devient très difficile de faire des bénéfices et d'avoir une croissance rapide. Puis la croissance a été très rapide de 2005 à 2008. La crise de 2009 a été particulièrement forte, mais le rebond de 2010 montre la solidité du groupe, de ses marques, et de cette industrie.

Pour résumer la performance de LVMH nous pouvons étudier le tableau 2.7.

Tableau 2.7 – Tableau de bord des résultats LVMH (en millions d'euros)

	2009		2008	
Chiffre d'affaires	17053	100 %	17193	100 %
Résultat d'exploitation	3352	19,7 %	3628	21,1 %
Résultat net	1973	11,6 %	2026	11,8 %

À 11.6 % pour une année de crise, le résultat net est un des plus élevés de l'industrie. Mais lorsque nous étudions les différences entre le résultat d'exploitation et le résultat net nous voyons que cela représente 8.1 % du chiffre d'affaires de 2009. Et ce pourcentage a un autre intérêt : si nous utilisons ce pourcentage de 8.1 %, qui correspond à la somme des frais fixes et des frais financiers de LVMH au niveau du chiffre d'affaires des parfums, tel qu'il figure dans le tableau 2.6, nous pouvons estimer que l'activité parfums, avec un chiffre d'affaires de 2741 milliards d'euros et un résultat d'exploitation de 291 millions d'euros obtient probablement un bénéfice net que l'on peut estimer à 69 millions d'euros. En d'autres termes, le secteur des parfums et des cosmétiques de LVMH n'est pas très loin du point mort.

Dans les secteurs du luxe de LVMH, seules deux activités sont fortement rentables : le département mode et maroquinerie (31,5 %) ainsi que celui des vins et spiritueux (27,7 %). Les résultats de la mode résultent en grande partie de ceux de la marque Louis Vuitton, alors que dans le département vins et spiritueux les marques sont sans doute plus homogènes et le groupe possède de nombreuses marques très rentables comme par exemple Dom Pérignon, Krug, Moët et Chandon, Veuve Clicquot et Hennessy, etc.

Dans le département mode et maroquinerie, les marques sont nombreuses y compris Louis Vuitton, Donna Karan, Fendi, Loewe, Céline, Marc Jacobs, Givenchy, Thomas Pink, Pucci, Berluti, Rossimoda et Stefano B. La question ici est de définir à quelles marques il faut donner la priorité dans cette longue liste : manifestement Fendi et Donna Karan se verront attribuer des moyens importants pour se développer. Mais qu'en est-il du futur des autres marques si elles ne sont pas ou peu rentables ?

En termes géographiques le groupe est bien équilibré comme cela est montré dans le tableau 2.8.

Tableau 2.8 – Répartition géographique LVMH (2009)

France	10 %
Reste de l'Europe	21 %
USA	23 %
Japon	10 %
Reste de l'Asie	23 %
Autres marchés	9 %
TOTAL	**100 %**

Bien sûr cette répartition géographique varie d'un département à un autre et d'une marque à l'autre.

➤ Richemont

La Compagnie Financière Richemont basée à Genève avec un chiffre d'affaires de 5.2 milliards d'euros est le second acteur principal de ce marché dans la mode, la bijouterie et les montres. Les résultats des années 2002 à 2005 ont été ternes sans doute en raison de la faiblesse du dollar américain, puis les années 2006 à 2009 ont été excellentes. Le tableau 2.9 donne le chiffre d'affaires et les bénéfices pour les dernières années.

L'année fiscale de Richemont se termine en mars, et l'année 2010 est comparable aux résultats de 2009 des autres sociétés. Pour 2010 le résultat d'exploitation est sensiblement inférieur (– 15 %) au niveau de celui de 2009. Les résultats par lignes de produits sont présentés dans le tableau 2.10.

Comme pour LVMH les chiffres ne sont pas donnés par marque mais groupes de marques pour chaque catégorie. Ce que l'on peut dire c'est que les maisons de bijouterie (Cartier, Van Cleef & Arpels) représentent 55 % des ventes et 81 % du résultat d'exploitation du groupe, Cartier étant le plus gros sinon le seul, à apporter sa contribution. Les montres de spécialistes (ce qui inclut Vacheron Constantin, Baume et Mercier, Jaeger LeCoultre, Lange & Söhne, Officine Panerai, IWC et Piaget) se comportent également très bien.

Le résultat de Montblanc (avec Montegrappa inclus dans les chiffres) est aussi certainement très impressionnant.

Tableau 2.9 – Chiffre d'affaires et bénéfices de Richemont (en millions d'euros)

	CA	Résultat d'exploitation	Résultat net
2010	5 176	830	600
2009	5 418	982	1 076
2008	5 302	1 118	1 564
2007	4 827	916	1 329
2006	4 308	713	608
2005	3 717	505	414
2004	3 375	246	320
2003	3 651	259	728
2002	3 860	489	331
2001	3 684	712	528
2000	2 924	534	357

Tableau 2.10 – Résultats Richemont par lignes de produits (en millions d'euros)

Lignes de produits	Chiffre d'affaires			Résultat d'exploitation		
	2010	2009	2008	2010	2009	2008
Bijouterie	2 688	2 762	2 657	742	777	765
Montres de spécialistes	1 353	1 437	1 358	231	301	374
Stylos	551	587	637	79	69	126
Maroquinerie et accessoires	584	294	309	– 36	– 10	– 5
Autres activités	*	338	321	*	– 1	16
Non attribué		–	20	– 186	– 140	– 158
TOTAL	**5 176**	**5 418**	**5 302**	**830**	**982**	**1 118**

* Pour 2010, les deux catégories « maroquinerie et accessoires » et « autres activités » ont été fusionnées.

La mauvaise nouvelle c'est que la maroquinerie qui comprend Dunhill et Lancel est la seule catégorie à la croissance la plus lente, avec sur une période de six ou sept ans une perte de plus de 150 millions d'euros.

Dans un sens nous pouvons dire que Richemont est un joaillier et un horloger. Ils ont une marque phare avec Cartier, une marque très forte avec Montblanc et de gros problèmes avec Lancel et Dunhill. Mais on ne sait jamais : si ces deux marques retrouvent un bon positionnement et se concentrent sur un nouvel objectif de marque, elles peuvent devenir en dix ans le fleuron du groupe. C'est ce qui donne beaucoup de sel à ce marché.

➤ PPR Gucci

Ce groupe fut créé par le rachat par PPR d'une participation d'abord minoritaire dans Gucci en 1999 et l'achat immédiat de la mode Yves Saint Laurent ainsi que du groupe beauté YSL puis la prise de contrôle de Gucci. Depuis, le groupe a effectué de nombreux achats de marques, y compris Bottega Veneta, Boucheron et Balenciaga, et c'est aussi un des rares groupes ayant racheté des marques existantes mais ayant développé aussi les siennes dès le départ comme avec par exemple Alexander McQueen ou Stella McCartney.

Pour PPR Gucci, les résultats du département luxe sont difficiles à obtenir. Le tableau 2.11 résume les données existantes.

Tableau 2.11 – PPR département luxe : résultats (en millions d'euros)

	Chiffre d'affaires			Résultat d'exploitation		
	2009	2008	2007	2009	2008	2007
Gucci	2 266	2 206	2 175	618	625	647
Bottega Veneta	402	402	366	92	101	92
Yves Saint Laurent	237	263	221	– 10	0	– 32
Autres	484	509	435	– 75	5	24
TOTAL	**3 390**	**3 380**	**3 867**	**625**	**731**	**731**

Ce que l'on peut dire est que, hormis Gucci et Bottega Veneta, les chiffres ne sont pas si bons, sans parler bien sûr des conséquences directes de la crise de 2008-2009. Pour YSL mode les ventes sont aujourd'hui faibles et les pertes accumulées sur 6 ou 7 ans très élevées. Le périmètre de PPR Gucci a d'ailleurs encore évolué car en janvier 2008, le Groupe a vendu sa division YSL beauté à L'Oréal pour se concentrer sur la seule activité de mode et de joaillerie. Il a racheté une marque de diffusion mondiale, Puma, mais cette activité n'est pas intégrée comptablement à PPR Gucci.

Une entreprise mono-marque peut-elle survivre ?

La réponse à cette question est assez simple. Oui cela a du sens d'être un *pure player* dans cette industrie, de n'avoir qu'une marque unique et de la gérer le mieux possible. Armani, Hermès, Bulgari ou Tiffany sont des exemples à cet égard et chacune d'entre elles peut affirmer qu'il est possible de survivre et d'obtenir de bons résultats avec une marque unique.

Dans le cas d'un portefeuille multimarque avec une, deux, trois marques phares, les dirigeants doivent décider où investir ; les marques considérées comme des investissements de basse priorité connaîtront des périodes difficiles. D'un autre coté, les marques à fort potentiel, qui réalisent des efforts, ne peuvent pas investir autant qu'elles le souhaiteraient car elles doivent compenser les pertes des plus petites marques.

Prenons comme exemple Tiffany. Le tableau 2.12 donne le tableau de bord de cette entreprise.

Tableau 2.12 – Tableau de bord Tiffany (en millions de dollars)

	2009	2008	2007	2006
Chiffre d'affaires	2 709	2 848	2 939	2 648
Résultat d'exploitation	440	394	587	415
Résultat net	264	220	321	254

On remarque que le résultat d'exploitation correspond à 11.9 % du chiffre d'affaires dans une année très difficile pour la joaillerie et avant le rebond de 2010, ce qui est sans doute moins que pour Cartier mais toujours impressionnant. Enfin le pourcentage de différence entre le bénéfice d'exploitation et le résultat net est de 6.5 % du chiffre d'affaires.

Il apparaît donc que les grands groupes diversifiés ne sont pas nécessairement plus rentables que des marques individuelles (comme Chanel ou Prada par exemple). Il est vrai que les groupes fournissent une occasion inespérée aux petites marques de trouver un moyen de financer leur croissance. L'idée étant que les nouvelles marques apporteront un jour à l'ensemble de l'entreprise la croissance future et les bénéfices... En sera-t-il ainsi ? Peut-être pour certains groupes mais pas pour d'autres.

Pour conclure ce deuxième chapitre, le marché du luxe est un marché différent avec des règles de jeu particulières et qu'on ne retrouve pas dans les autres secteurs d'activité. Le rôle du temps, les contraintes financières ou l'importance de la taille sur les activités sont nettement différents que pour les autres secteurs. Les conditions de succès sont également spécifiques. Enfin, même si les groupes multimarques sont puissants, il est possible pour une société mono-marque, de rester indépendante et rentable et de se développer sans gros problèmes.

On peut se demander comment ces différents groupes ont réagi à la crise de 2008-2009. En fait, bien que de nombreux experts aient passé l'année 2009 à expliquer que « tout dans l'industrie du luxe devait changer en conséquence de la crise », l'activité a fait preuve d'une très grande résilience et de beaucoup de puissance. Il est vrai que les chiffres d'affaires 2009 ont baissé de 7 à 15 % selon les marques, mais l'année 2010, avec des croissances de toute l'industrie entre 10 et 25 %, va permettre de faire oublier les difficultés passées et de repartir d'un très bon pied.

Dans le chapitre suivant, nous décrirons les différentes sociétés de cette industrie, mais cette fois, dans le cadre d'une analyse de chacun des principaux secteurs qui la composent.

Chapitre 3

Les grands secteurs du luxe

Nous sommes tellement habitués au concept de marques de luxe que nous ne réalisons pas toujours qu'il est relativement récent. Pendant de nombreuses années, les activités que nous incluons maintenant dans le secteur du luxe, étaient considérées comme étant totalement distinctes et représentées par différentes fédérations : la fédération du prêt-à-porter, la fédération de la maroquinerie, la fédération des parfums et cosmétiques et bien d'autres. Il existe en fait peu de choses en commun entre une bouteille de champagne et une robe, tant au niveau des enjeux industriels que de la distribution. La bouteille de champagne est fabriquée grâce à un processus automatisé et remplie à l'aide d'un outillage très moderne. Elle est ensuite vendue chez des cavistes ainsi que dans des supermarchés ou hypermarchés. Au contraire, une robe est parfois réalisée à un très petit nombre d'exemplaires, essentiellement à la main, et mise en vente dans des magasins de luxe exclusifs, quelque part dans le monde.

Les Français furent sans doute les premiers à réaliser le fait qu'une bouteille de champagne et une robe élégante avaient quelque chose en commun. C'est pourquoi le Comité Colbert, association destinée à promouvoir le concept de luxe, fut créé en 1954.

Les valeurs affichées par le Comité Colbert peuvent être une introduction au concept global de luxe : ses membres partagent les mêmes idées d'un certain art de vivre contemporain, et à travers leur diversité le développent et l'enrichissent en permanence. Ils partagent une vision commune sur l'importance d'une ambition internationale, d'un savoir faire authentique, ainsi que des standards élevés en matière de style, de créativité et d'éthique professionnelle. Ses membres sont issus de 10 métiers :

- haute couture et accessoires ;
- parfums ;
- bijouterie ;
- arts de la maison ;
- hôtel et gastronomie ;
- vins fins, champagne et cognac ;
- édition ;
- décoration.

Lorsque le Comité Colbert fut créé et que se développa le concept d'industrie du luxe, il n'était pas évident que ces métiers aient beaucoup de choses en commun. Comme peut en témoigner le titre de ce livre, cela est devenu aujourd'hui banal.

Alors que nous allons commencer à analyser ce qui unifie ces activités, il est intéressant de décrire les principaux secteurs appartenant au monde du luxe. On remarque que le Comité Colbert dans sa liste de métiers ne prend pas en compte le secteur des voitures de luxe, sans doute parce que la France n'en fabrique pas. Les hôtels de luxe sont cités, mais nulle mention des croisières de luxe, des activités aériennes ou des agences de tourisme culturel.

Dans ce chapitre nous décrirons le monde du luxe par secteurs individuels afin que leurs spécificités relatives et les facteurs clés de réussite puissent être clairement identifiés.

Les activités de prêt-à-porter

Parler de prêt-à-porter est sans doute trop restrictif alors que nous voulons étudier en même temps, le prêt-à-porter féminin, mais aussi la haute couture et le prêt-à-porter masculin. Dans le chapitre 2, nous avons estimé que ce marché pèse environ 20 milliards d'euros en volume.

Mais ce marché de la mode de luxe est aussi le plus important en termes d'image. À travers ses défilés, son renouvellement permanent, son innovation et son influence en matière de nouvelles tendances, de nouvelles formes, de nouvelles couleurs, il reste le secteur le plus fréquemment cité dans la presse et le plus étroitement associé au monde artistique.

Comme cité précédemment, les autres activités comme les parfums et cosmétiques, ou les vins et spiritueux, sont plus importants en chiffre d'affaires, mais la mode reste comme un aimant suscitant le plus grand intérêt et la plupart des commentaires sur l'industrie du luxe.

Cette activité est malheureusement assez réduite en termes d'effectif. Les étudiants dans le secteur du luxe veulent tous en priorité évoluer vers les activités de la mode, mais on peut estimer que moins de 20 % des emplois dans le luxe appartiennent à ce domaine. Les équipes se limitent quelquefois seulement à « un studio et à un avocat » et la plupart des effectifs se trouvent dans les boutiques, occupés à présenter et à vendre la marchandise. Les équipes marketing sont relativement réduites, la production est en général sous-traitée et nous ne trouverons nulle part au monde, « une usine de prêt à porter Armani » ou quelque chose y ressemblant. Dans un sens c'est par nature, l'indication que tout dans ce milieu est centré autour de la création et de la mode.

C'est également un domaine où la rentabilité est malheureusement difficile à atteindre. Le marché de la mode reste déficitaire pour de nombreuses marques. Nous essaierons d'en donner les raisons.

Nous décrirons dans cette partie le marché spécifique de la mode, les principaux facteurs de réussite ainsi que la structure organisationnelle la plus fréquente de ce secteur du luxe.

Le marché de la mode et son système de fonctionnement

Nous reviendrons dans ce paragraphe sur les différentes nationalités travaillant dans ce domaine, puis nous décrirons comment développer une marque. Nous étudierons enfin les contraintes économiques propres à ce secteur et la raison pour laquelle il est difficile de gagner de l'argent.

➤ Les différentes nationalités

Les entreprises italiennes sont de loin les plus importantes avec un chiffre d'affaires mondial que nous estimons aux alentours de 12 milliards d'euros.

Les Italiens ont investi ce marché du luxe bien plus tardivement que les Français. Leurs marques principales (Armani, Gucci, Prada, Valentino et Versace) sont apparues dans le milieu des années 70 et 80. Elles se trouvent mieux positionnées que les marques françaises dans leur cycle de vie. Elles sont toujours perçues comme étant nouvelles et offrent un choix d'une très grande variété. Ces entreprises ouvrent de nouvelles boutiques dans les grandes villes du monde entier et si elles n'étaient pas si nombreuses et si fortes, on pourrait presque les considérer comme de nouvelles venues. Les consommateurs aiment cette impression de nouveauté que les Italiens ont réussi à construire autour de leurs marques et cela les attire. Il y a vingt ans, dans une galerie commerciale de luxe comme l'Imperial Tower à Tokyo ou le Peninsula Hotel à Hong Kong, la plupart des boutiques présentaient des marques françaises. Aujourd'hui les marques italiennes représentent la majorité : elles sont bien plus présentes et bien plus puissantes. Elles attirent l'œil du consommateur par leur raffinement et la qualité de leurs produits.

Beaucoup des grandes marques italiennes, curieusement, n'ont pas débuté par le marché de la mode. Guccio Gucci, le fondateur de la société du même nom, était un fabricant de sacs à main, Salvatore Ferragamo un chausseur, Edoardo et Adele Fendi des spécialistes de la fourrure et Mario Prada dessinait et vendait des sacs à main, des chaussures, des malles et des valises. Ils furent capables très tôt grâce à leur savoir faire artisanal, de lancer des lignes de prêt-à-porter féminin intéressantes, créatives et à la mode.

À cet égard, il faut citer le cas de Fendi. Fendi était sans doute en tant que marque de fourrure, dix fois moins connue et puissante que Revillon. Mais alors que Revillon ne resta qu'un *pure player* dans la fourrure, ne vendant presque exclusivement que celle-ci dans un marché en déclin, Fendi commença à distribuer des chaussures, puis du prêt-à-porter en cuir, et avec beaucoup de réussite, des sacs à main. Dès les années 70, ils engagèrent Karl Lagerfeld pour concevoir les collections de prêt-à-porter féminin. Ces collections se vendirent très peu au début. Mais ils persévérèrent et maintenant avec un chiffre d'affaires d'environ 400 millions d'euros en 2009, Fendi est une marque à part entière, forte dans la maroquinerie et le prêt-à-porter. Revillon de son côté ne s'éloigna de la fourrure qu'à partir des années 90, mais le fit sans y mettre suffisamment de fermeté, d'intelligence ou de persévérance : la marque a presque totalement disparu aujourd'hui. Si elle existe toujours un tout petit peu, son chiffre d'affaires est certainement de 50 à 100 fois inférieur à celui de Fendi.

Alors qu'elles s'éloignaient de leurs activités de base (chaussures, sacs à mains, fourrure ou autre catégorie de produits) pour se lancer dans le prêt-à-porter, les marques italiennes trouvèrent une communauté locale très réceptive, avec de bons fabricants de tissus, de nombreux sous-traitants de prêt-à-porter, des petits ateliers de production ainsi qu'un environnement créatif, ouvert et prêt à prendre des risques. Pendant de nombreuses années le prêt à porter Fendi était réalisé grâce à un accord de licence et le chiffre d'affaires était minime. Ce n'était sans doute pas toujours rentable, mais la maison Fendi y apporta tout son soutien, avec détermination et intelligence. Cela a maintenant tout son sens.

L'Italie n'a jamais fait la promotion de la haute couture même si quelques marques italiennes comme Armani ou Valentino sont heureuses de faire partie des défilés de haute couture de Paris. Les marques croient davantage en un prêt-à-porter féminin créatif qui se vend en boutique. Elles font la promotion de collections de prêt-à-porter somptueuses, où deux fois par an elles mettent tous leurs efforts. Et les produits se vendent.

Les Italiens ont moins développé de licences que les Français, mais comme nous l'expliquerons plus tard, ils en réalisent un certain nombre et les choisissent avec beaucoup d'attention. Le marché est très ouvert sans position dominante pour l'un ou l'autre. Le secteur industriel est dynamique et réactif. Prada fait des collections de Prêt-à-porter depuis moins de 20 ans maintenant, mais cela ne l'empêche pas d'être perçue comme une marque de mode très forte comme s'il en avait été toujours ainsi.

Depuis le tout début, les marques italiennes ont été gérées avec un mélange de talent créatif et de fortes compétences de gestion. Franco Moschino développa sa propre affaire avec un Directeur Général brillant, Tiziano Gusti ; Gianni Versace développa sa marque avec un camarade de classe, Claudio Luti, gestionnaire et homme d'affaires averti ; Giorgio Armani lança son activité en 1975 avec Sergio Galeoti, jusqu'à ce que celui-ci disparaisse : il est maintenant devenu à la fois un très grand styliste et aussi un très grand homme d'affaires, ce qui est rare.

Les entreprises françaises sont plus traditionnelles avec les marques les plus fortes comme Chanel ou Dior, créées avant ou immédiatement après la Seconde Guerre mondiale. Les Français furent en fait à cette époque des innovateurs, car Dior initia le système de la licence qui devint la raison d'être de nombreuses marques, y compris Pierre Cardin. Ils furent les premiers à développer le marché du parfum en se servant de leur nom et de leur image : Coco Chanel dès 1921, puis juste après la guerre, Carven et Dior. Jusqu'à ce jour et parce qu'elles ont commencé avant les autres, les marques de mode françaises sont très fortes dans le secteur du parfum. Elles sont aussi les seules à posséder de la haute couture.

Mais dans un esprit français bien traditionnel, les Français inventèrent également les barrières à l'entrée. Il était très difficile dans les années 70 et 80 de créer en France une nouvelle marque de mode. On devait tout d'abord réaliser une collection de haute couture ce qui, au début, était onéreux et difficile. À cette époque les fabricants ou les sous-traitants français de prêt-à-porter étaient peu nombreux et ne souhaitaient pas s'occuper de nouvelles petites marques. Les nouvelles marques n'avaient alors pas d'autre choix que de faire réaliser leur prêt-à-porter en Italie.

La seule position pour de nouveaux venus en France, c'était de démarrer en opposition avec tout le monde, de refuser le dictat de la haute couture et de commencer directement une collection de prêt à porter très créative et en tant que « créateur indépendant ». Depuis 25 ans, seuls Jean Paul Gaultier et Kenzo ont réussi à se lancer et à créer des marques de mode d'une taille aujourd'hui significative. Thierry Mugler a réussi à développer de la notoriété et une activité très forte dans le domaine des parfums, mais pas d'activité viable dans la mode. Claude Montana a été sans aucun doute un des créateurs le plus talentueux de sa génération, mais son activité n'est plus aujourd'hui que marginale. D'autres créateurs talentueux comme Angelo Tarlazzi, Myrène de Prémonville, Azzedine Alaïa ou Hervé Léger ont leur raison d'être mais ils ont été incapables d'établir des marques qui disposent d'un poids économique suffisant pour se maintenir.

Une nouvelle génération de stylistes, comme Regina Rubens ou Paule Ka, fait maintenant son apparition, avec le sens des affaires et le respect des règles économiques. Peut-être créeront-ils à long terme une nouvelle génération de marques mondiales fortes ?

Dans les tableaux 3.1 et 3.2 nous avons mis les marques de mode faisant partie de deux catégories : En premier lieu les marques réalisant un chiffre d'affaires supérieur à 500 millions d'euros. Cette taille permet de réaliser de gros investissements publicitaires, d'avoir le volume nécessaire pour ouvrir de nouvelles boutiques un peu partout dans le monde, et d'avoir un accueil suffisamment fort du consommateur pour que ces boutiques soient rentables. Les marques faisant un chiffre supérieur à 500 millions d'euros se trouvent donc en général dans les principales galeries commerciales de luxe du monde entier.

Dans la seconde catégorie, le niveau de 100 millions d'euros est aussi une étape majeure. Avec cette taille, il est possible d'avoir des boutiques rentables à New York, Hong Kong et dans les dix grandes capitales du luxe du monde entier. En dessous de ce niveau de chiffre d'affaires, les marques ne peuvent avoir qu'une présence nationale, ou forte dans deux ou trois pays, mais elles ne peuvent pas avoir une présence directe avec leurs propres boutiques sur les marchés internationaux importants.

Notre première idée en réalisant ces deux tableaux était de n'inclure que les marques de mode. Nous n'aurions eu dans le tableau 3.1 que Chanel ou Dior pour la France. Cela aurait été un peu injuste alors que des marques comme Louis Vuitton et Hermès qui figurent parmi les marques françaises les plus fortes avec également des activités de prêt-à-porter, mais qui étaient principalement dans la maroquinerie, auraient été oubliées. Nous avons donc rajouté dans les deux tableaux des marques de maroquinerie comme Louis Vuitton ou Hermès, mais aussi Longchamp, Furla et Bottega Veneta.

Ce qui frappe dans ces tableaux, c'est la suprématie des marques italiennes sur les marques françaises, en taille, en variété et en puissance. Mais il ne faut pas oublier que dans la maroquinerie, les Français avec leurs deux marques principales se situent au-dessus de tout le monde et possèdent un très net avantage.

Tableau 3.1 – Origine des grandes marques de mode (avec un chiffre d'affaires supérieur à 500 millions d'euros)

France	Italie	
Chanel Dior Hermès Louis Vuitton	Armani Dolce & Gabbana Ermenigildo Zegna Gucci	Max Mara Prada Salvatore Ferragamo

Tableau 3.2 – Origine des marques de mode (avec un chiffre d'affaires de 100 à 500 millions d'euros)

France		Italie	
Agnès B. Céline Chloé Jean Paul Gaultier Kenzo	Lacoste Lanvin Longchamp Sonia Rykiel Yves Saint Laurent	Alberta Ferretti Bottega Veneta Blumarine Brioni Etro Fendi Ferre Furla Krizia La Perla Laura Biagiotti Loro Piana	Les Copains Mariella Burani Mariella Rinaldi Marni Missoni Miu Miu Moschino Nazareno Gabrielli Roberto Cavalli Trussardi Valentino Versace

D'autres nationalités font aussi partie de cette activité mais elles ne peuvent pas être comparées avec les deux mentionnées ci-avant. Les Américains ont plutôt bien réussi avec Ralph Lauren, Calvin Klein et Donna Karan. Ils ont développé un nouveau concept de marques « style de vie » avec des produits ciblés pour un style donné et particulier : Le créateur est aussi un homme d'affaires et il développe des produits de prêt-à-porter qui se vendront dans ses boutiques, s'adressant à un genre particulier de clientèle. Ralph Lauren réussit cela très bien avec son style traditionnel Old England et New England, qui convient à une certaine clientèle aisée recherchant des produits nostalgiques et une atmosphère de campagne pour des vêtements destinés à être portés dans un environnement très urbain.

Mais pour être efficace, le concept américain de « style de vie » nécessite d'importants budgets publicitaires. Les Américains ont créé d'une certaine façon, une barrière à l'entrée, ce qui rend difficile pour de nouveaux venus, de faire partie de ce groupe élégant et raffiné.

La Grande Bretagne, peut être à cause de son climat, est le lieu de deux grandes entreprises reposant à l'origine sur les imperméables : Burberry et Aquascutum. Les Anglais sont aussi très performants avec des marques à forte connotation masculine comme Paul Smith, Dunhill ou Daks. Ils ont aussi Jaeger, une marque avec un positionnement de milieu de gamme qui débuta par le tricot. Les nouveaux venus comme Vivienne Westwood apportent bien évidemment quelque chose d'intéressant, mais comparés aux standards mondiaux, restent toujours petits.

L'Allemagne possède aussi quelques marques, la plus performante étant Escada, mais également dans une autre catégorie, Hugo Boss. Deux marques sont particulièrement intéressantes par leur originalité : Jil Sander tout d'abord, qui très tôt a développé une collection appréciée, destinée à des femmes d'affaires et Joop qui a développé une marque très forte dans les pays de langue allemande en s'appuyant exclusivement sur des contrats de licence.

En Espagne il faut citer Loewe, Purificación Garcia et Adolfo Dominguez qui sont connus en dehors de l'Espagne. D'autres créateurs comme Pertegaz, Victorio y Luchino, Roberto Verino ou Toni Miro sont bien établis dans leur pays, mais n'ont jamais réussi à se développer à l'extérieur.

Il faut mentionner également les stylistes belges d'Anvers comme Ann Demeulemeester ou Dries Van Noten et, enfin, Akris en Suisse.

Nous avons commencé par parler de nationalité et à regarder le volume du marché dans son ensemble, parce que la mode est un business et doit être considéré comme tel. L'objectif d'une marque de prêt à porter de luxe est de devenir un succès mondial. Comme nous l'évoquerons plus loin, la nationalité du styliste a un impact fort sur le positionnement de la marque et sur sa perception en dehors de son territoire d'origine.

➤ Comment développer une marque ?

Quand une marque fait ses premiers pas au niveau local et se développe, les choses doivent dès le début, être faites correctement.

Comme nous l'avons indiqué, dans ce processus, il faut disposer à la fois d'un bon créatif et d'un gestionnaire expérimenté. Le créatif doit développer son propre style. Mais il doit y avoir à ses côtés quelqu'un en qui il puisse avoir confiance à 100 % et ayant un sens aigu du développement de l'entreprise. Cela n'a aucun sens pour le responsable d'une marque de mode de dire au créatif ce qui est bon ou mauvais, ce qui est beau ou ce qui est laid. Un créatif a besoin à côté de lui de quelqu'un qui canalise sa créativité vers des activités rentables. Si le gestionnaire est trop omniprésent ou trop écrasant, le créateur se sentira mal à l'aise et deviendra moins créatif. Mais il est nécessaire de disposer de quelqu'un qui n'hésite pas à rappeler que l'objectif, ce n'est pas seulement que les photos du défilé soient publiées dans la presse, mais aussi que le chiffre d'affaires se développe.

Nous avons déjà cité le binôme créé par Giorgio Armani et Sergio Galeotti. Un autre exemple dans le même genre est celui créé par Yves Saint Laurent et Pierre Bergé. Ce qui est sûr, c'est que de nombreux créateurs n'ont jamais trouvé un gestionnaire solide pour les aider à développer leurs marques, et ce sont eux, qui en dernier ressort ont perdu au change. Une relation forte et de confiance où le créateur et le gestionnaire apportent des réflexes et des visions complémentaires est souvent à l'origine d'une grande marque de prêt-à-porter.

Le prêt-à-porter féminin est souvent le moteur du développement de nombreuses marques. C'est ce qui lui donne une identité forte et fait sa particularité. Cela apporte une couverture presse au niveau mondial, et de la notoriété pour les revendeurs et les consommateurs. Alors que les marques se développent souvent sur la base du concept de *total look*, le prêt-à-porter est le support de ce *total look* : il est très difficile de vendre des ceintures de marque, des sous-vêtements, ou des chaussures, sans que les robes ou tailleurs n'aient une image forte.

Pour se développer, il faut être présent dans les plus grandes villes du monde. Le prêt-à-porter féminin est la voie à suivre car cela permet la création d'un réseau de boutiques au nom de la marque. Bien souvent ces boutiques vendent plus d'accessoires et de sacs à main que des vêtements. Mais c'est le prêt à porter qui rend la vitrine de la boutique attirante et l'environnement du magasin à la mode.

Il s'agit dans un sens du problème de l'œuf et de la poule : il faut un nom fort et un prêt-à-porter féminin bien établi pour vendre des accessoires et de la maroquinerie. Mais pour être capable de développer et de promouvoir un prêt-à-porter reconnu, il faut bénéficier des volumes réalisés grâce aux sacs à main et aux accessoires.

➤ Comment gagner de l'argent ?

Le paradoxe est que de nombreuses activités dans la mode féminine ne sont pas rentables. Comme nous le verrons plus tard, la mise en place d'une nouvelle collection de prêt-à-porter féminin demande des prototypes coûteux, des modèles particuliers pour les défilés et des collections différentes pour les showrooms, qui ne sont rentables que lorsque le volume est là. Il y a aussi le cas du prêt-à-porter masculin qui d'une marque à l'autre, est difficile à différencier. L'activité et le nombre des boutiques sont très dépendants du chiffre d'affaires que l'on peut y réaliser.

Comme nous l'aborderons ultérieurement, le meilleur moyen de financer le lancement et le développement d'une collection de prêt-à-porter féminin, est de développer des accords de licence dans d'autres catégories de produits.

Ce que l'on peut dire dès maintenant, c'est que de nombreuses marques perdent de l'argent dans le prêt-à-porter. Une étude d'Eurostaf a étudié la rentabilité de 21 marques françaises de prêt-à-porter féminin pour l'année 1994. Sur 21 marques, 11 étaient déficitaires et 3 parvenaient juste au point mort : en d'autres termes, sur 21 marques, 7 marques seulement étaient vraiment rentables. Seul Chanel avec à cette époque, un bénéfice net de 67 millions d'euros sur un chiffre d'affaires de 570 millions d'euros dans le prêt-à-porter, avait un niveau de rentabilité supérieur à celui de la totalité du secteur.

Les principaux facteurs de réussite

Dans ce paragraphe nous traiterons du processus créatif et la nécessité d'une présence internationale, puis nous décrirons les caractéristiques financières propres à ce secteur.

➤ Le processus créatif

Revenons ici sur l'élément le plus important du style : le créateur. Que peut faire le management dans ce domaine ? Imposer un plan de collection. Dans ce plan tous les vêtements dont on aura besoin seront répertoriés : combien de tailleurs avec des pantalons ? Combien de tailleurs avec des jupes ? combien de robes de soirée ? Le prix de chaque vêtement souhaité en boutique sera indiqué et sur le même document, le prix au mètre du tissu qui sera utilisé pour le réaliser. Avec ce plan de collection, et dans le cadre de ces indications, le styliste doit créer les produits correspondants et faire en sorte qu'ils puissent être vendus aux prix définis d'un commun accord.

Mais le processus créatif doit être aussi organisé pour les accessoires et les autres produits. Lorsque la ligne de produit est très large, le studio de création comprend un relativement grand nombre de stylistes. Pourtant, chaque produit portant la marque, doit être cohérent avec les autres produits et dans la mesure du possible, reconnaissable. Une cravate Dior doit être différente d'une cravate Yves Saint Laurent. Chaque produit portant un nom de marque doit avoir une qualité particulière et apporter une valeur ajoutée à l'ensemble des produits. Cela peut être obtenu par une coordination précise et des consignes de style claires.

Comment le management peut-il gérer le processus de création ? Il ne doit pas être impliqué directement, mais doit définir des règles et des procédures : Plans de collection, passage en revue des collections, harmonisation des différents produits, analyse dans les différentes lignes de produits ou articles, de ce qui s'est vendu ou pas vendu. Analyse de la qualité du produit en terme de matériaux bruts (tissus, boutons, matériel technique, doublure, etc.) et en terme de fabrication.

Personne ne va contrôler Karl Lagerfeld ou Giorgio Armani. Il faut donner des directives, des objectifs, et imposer un système de comptes rendus afin que le processus créatif contribue à améliorer le standing de la marque sur le marché.

➤ La présence mondiale

L'activité pour une marque de mode comprend des éléments de « création d'image » (comme les boutiques d'exception (*flagship stores*) dans les grandes métropoles) et des activités consommatrices ou même destructrices d'image (comme les accords de licence pour les produits secondaires). Dans les principaux marchés du monde, le prêt-à-porter ne se vend pas toujours de la même façon :

- Aux **États-Unis** et au **Japon** les grandes marques de mode sont principalement distribuées dans les grands magasins. À l'époque de chaque défilé, les acheteurs de ces différents magasins viennent à Paris et à Milan et selon leurs budgets d'achat (appelés en anglais *open to buy*), ils réalisent leurs commandes pour chacune des marques qu'ils distribuent. Ils jouent ainsi un rôle essentiel dans le développement d'une marque. Mais si cette marque veut avoir une certaine force ou une notoriété qui lui est propre, elle doit aussi ouvrir ses propres magasins de prestige à New York, Los Angeles, Tokyo, Osaka, ainsi que dans d'autres villes principales.
- Dans **les autres pays** les marques européennes utilisent les services d'un importateur ou d'un distributeur qui aura sur un territoire donné, la responsabilité de développer le chiffre d'affaires auprès, en général, de magasins multimarques. Pour ce faire, ils doivent disposer d'un showroom et

d'une collection de présentation. Les produits aboutiront dans des magasins multimarques et dans les grands magasins locaux qui ne peuvent pas acheter en direct.

- Dans quelques pays comme **Hong Kong** ou **Singapour**, l'activité est en partie menée par des magasins de mode indépendants, comme Joyce à Hong Kong ou Glamourette à Singapour. Ils cherchent à acheter avant tout le monde les nouvelles marques ayant du potentiel et les distribuent dans leur propre pays.

➤ Pourquoi est-ce difficile d'être profitable ?

Dans cette activité de prêt-à-porter tout se résume au volume d'activité que l'on crée et que l'on vend.

Si nous prenons l'exemple d'un tailleur de luxe vendu 950 euros en magasin, le prix de gros sera plus ou moins de 395 euros (coefficient de 2,4).

Tableau 3.3 – Coût de fabrication d'un tailleur en France

	Si gros volumes	Si faibles volumes
Coût de fabrication	100	300
Accessoires (boutons, doublure, etc.)	50	60
Tissu	100	115
TOTAL	**250**	**475**

Le coût de fabrication peut être multiplié par trois si l'article fabriqué a un faible volume : 90 unités par exemple, pour des tailles allant du 36 au 46, soit 15 unités par taille, est une petite quantité : dans ce cas, la coupe du tissu ne peut pas être réalisée par une machine au laser avec le tissu plié en de nombreuses couches pour faire en quelque sorte un matelas. De même, selon la façon dont les pièces individuelles sont placées sur le tissu, il va falloir plus ou moins de tissus pour réaliser le même tailleur. Enfin, si les quantités sont faibles la fabrication du tailleur devient alors 100 % manuelle et, en fin de compte, la qualité ne sera pas forcément meilleure.

L'équilibre économique global sera aussi très différent si les produits sont tous vendus au prix fort, ou si au contraire 20 %, 40 % ou 75 % doivent être soldés avec des réductions en magasin s'échelonnant de 30 à 70 % pour se débarrasser des invendus. Lorsque les lots de fabrication sont peu importants et que la plupart des produits se vendent uniquement en solde, la rentabilité ne peut pas être brillante. Il faut d'ailleurs bien avoir à l'esprit que pour une bonne saison et pour une bonne marque, seulement 60 % ou 70 % de la collection se vend normalement au prix fort.

Comment peut-on donc gagner de l'argent ? C'est à cet instant précis que les accords de licence rentrent en jeu car lorsqu'une marque démarre, ils fournissent l'argent nécessaire pour investir massivement dans cette activité de prêt-à-porter féminin et s'assurer qu'elle deviendra un succès.

Les structures d'organisation les plus fréquentes

En étudiant l'organisation des marques de mode, on se rend compte que dans de nombreux cas, le poste de directeur de marketing n'existe pas. Il est absent dans à peu près la moitié des sociétés ; lorsqu'il existe, son rôle consiste à **demander au consommateur** à quoi **la marque devrait ressembler**... ce qui pourrait remettre en cause l'autonomie du directeur de création, dont le métier est de créer **ce qu'il a décidé** que le consommateur devra porter. Lorsque le poste de directeur marketing n'existe pas, la fonction est quand même assurée mais sous des titres différents comme, par exemple « coordinateur commercial » ou « responsable de la mode féminine » ou « responsable du développement » ou d'autres titres similaires. L'essentiel c'est de disposer d'une personne qui puisse donner au styliste des directives non contraignantes, et le forcer à regarder ce qui se passe dans les boutiques. C'est un peu le poste de *merchandiser*, terme utilisé aux États-Unis et en Angleterre dans la mode et les boutiques.

Une autre particularité dans l'organisation des maisons de mode est le poste de responsable des relations publiques et/ou responsable de la communication. Cette personne dépend en général du directeur général et établit un lien précieux entre ce dernier et le styliste.

Enfin, les maisons de mode possèdent rarement leurs propres usines (il y a en général un directeur des achats ou un directeur *supply chain* responsable des produits)...

Les postes liés à l'activité des boutiques sont aussi très importants : les directeurs de magasins bien sûr, mais aussi les directeurs de zone, les responsables des magasins dans un pays, dans une zone ou au niveau mondial.

Comme on l'a indiqué, l'équipe est souvent réduite et concentrée soit autour du styliste, soit dans les boutiques. Nous aborderons d'ailleurs plus précisément dans les prochains chapitres, les aspects de la création, de la communication et de la gestion du produit.

Le marché des parfums et cosmétiques[1]

Comme nous l'avons dit dans le chapitre 2, c'est avec les vins et spiritueux l'un des plus gros secteurs du luxe, avec un chiffre d'affaires global estimé à environ 35 milliards d'euros. C'est aussi le plus grand secteur en termes d'effectifs, correspondant sans doute plus de 30 % de la totalité des employés de l'industrie du luxe. Les villes principales où se concentrent les sièges sociaux de ce secteur sont Paris, New York et Genève.

Cette activité qui consiste à vendre par grande quantité et à un prix unitaire peu élevé des produits standardisés, semble assez proche des produits de grande consommation. Comme nous l'expliquerons, il s'agit d'un marché très différent, car si dans le cas des parfums et des cosmétiques de prestige, nous sommes bien dans la catégorie des produits à achats répétés, le consommateur s'attend à trouver un objet avec un fort contenu esthétique et un positionnement très raffiné.

Dans cette partie nous décrirons le marché en général, puis nous établirons la liste des principaux opérateurs pour terminer avec les principaux facteurs de réussite et les structures organisationnelles.

Le marché des parfums et cosmétiques

Il s'agit assez curieusement d'un marché relativement récent. Pendant de nombreuses années les parfumeurs extrayaient les parfums des fleurs à l'aide d'un alambic comme cela est décrit dans le livre et le film *Le Parfum*. Les parfumeurs avaient en général une autre activité : ils vendaient aussi des gants. C'est pour cela qu'aujourd'hui, un parfumeur français développe des boutiques sous l'appellation « Parfumeur et Gantier ». L'activité actuelle qui consiste à vendre le même produit standard et identique à une cible de consommateurs importante, débuta au XVIIIe siècle dans la ville de Cologne, où fut développée l'Eau de Cologne sous la marque allemande 4711. Une société toujours en activité fut créée à la fin du XIXe siècle : Guerlain. Toutes les autres marques furent lancées au XXe siècle et très peu le furent entre 1900 et 1939 : Caron, Chanel, Patou, Lancôme et Lanvin. La plupart des grandes marques comme Estée Lauder, Dior, Armani, ou Ralph Lauren furent créées après 1950.

Étant donné qu'un produit moyen est vendu environ 50 euros et que le total du chiffre d'affaires des parfums et cosmétiques atteint 35 milliards d'euros, et

1. Cette section a été écrite en partie grâce aux conseils de Maurice Alhadève.

comprend des produits vendus au prix de gros, mais aussi au prix export, il y a sans doute plus de 1 ou 2 milliards d'unités de produits de parfumerie sélective fabriqués chaque année et achetés par le consommateur. Dans les principaux marchés développés, la pénétration des produits atteint 80 % des foyers avec une fréquence minimum d'achat de 1 à 2 unités par an pour les parfums, et bien plus pour les cosmétiques. Nous sommes face à un marché immense.

➤ Les attentes du consommateur

Lorsqu'ils achètent un parfum, les consommateurs sont à la recherche d'un plaisir narcissique : le plaisir d'avoir entre les mains, chaque matin, un flacon joliment dessiné et d'appliquer un parfum agréable sur la peau en tant que touche ultime de la présence matinale dans la salle de bains. La nuit, le même plaisir narcissique s'applique lorsqu'on se prépare à sortir... Mais les consommateurs recherchent également une sorte de réconfort social : ils veulent paraître raffinés, « sentir bon » ou être dans le coup. Les parfums fournissent ainsi un rêve personnel du luxe, à un prix abordable. Il est agréable de pouvoir s'offrir pour moins de 50 euros, le luxe et le raffinement des marques Chanel ou Yves Saint Laurent.

Les attentes des consommateurs sont quelque peu différentes pour les cosmétiques. Pour les produits de maquillages, qu'une femme porte souvent dans son sac à mains, les produits ont une forte connotation sociale qui va au-delà de l'apparence : ouvrir son sac à mains pour trouver un rouge à lèvres Chanel, ne véhicule pas les mêmes valeurs sociales que si l'on sortait de ce même sac, un rouge à lèvres Bourjois. Pour les produits de soin de la peau les attentes sont encore une fois différentes, car elles sont en rapport avec un investissement à long terme sur sa propre physionomie, tout comme le besoin de paraître en forme, avec l'espoir de le rester longtemps.

Ce qui est évident, c'est que les consommateurs recherchent bien plus que ce qui est contenu dans le flacon. C'est pourquoi les *knock offs* (ces parfums bon marché, en vente à 1 ou 2 dollars dans les supermarchés américains avec comme accroche : « si vous avez aimé Youth Dew d'Estée Lauder, vous aimerez ce parfum N° 17 ») n'ont jamais vraiment pris, même aux États-Unis, le seul endroit où ils sont autorisés. Le parfum est bien sûr un élément important de l'acte d'achat, mais la perception de la qualité du flacon, sa valeur esthétique, et le réconfort social qu'il apporte, sont sans doute bien plus importants.

Les consommateurs sont en fait bien plus intéressés par l'environnement du produit que par le produit lui-même.

➤ Les types de produits

Ce qui est très particulier à l'activité des parfums et des cosmétiques sélectifs, c'est que l'on peut trouver dans la distribution de masse, des parfums assez proches ou des produits cosmétiques fournissant des promesses quasiment identiques.

Pour les parfums, le segment de marché de masse n'a jamais vraiment fonctionné. Presque 80 % des parfums sont vendus via des canaux exclusifs et seulement 20 % sur le marché de masse du type des hypermarchés. Depuis 25 ans ce faible pourcentage pour les marchés de masse n'a pas varié. Les principaux responsables des chaînes, d'hypermarchés, de supermarchés ou de magasins populaires ont essayé de développer leurs gammes de produits à petit prix. Pour le moment, ils n'ont pas vraiment réussi. Quel que soit leur niveau de revenus, la plupart des femmes préfèrent acheter un parfum à 50 euros de chez Dior dans une parfumerie raffinée ou dans l'environnement d'un grand magasin, plutôt qu'un parfum à 10 euros de marque inconnue que l'on trouve dans son supermarché habituel et que l'on jette négligemment dans son Caddy avec ses achats d'alimentation.

Pour les maquillages, la catégorie doit être divisée en deux sous-parties. Pour les maquillages « sociaux », c'est-à-dire le genre de produit qu'une femme met dans son sac à mains et qu'elle utilise devant les autres (rouge à lèvres ou produits pour le visage) elle les achète et va continuer de les acheter dans un environnement raffiné avec une marque sélective. Au contraire pour les produits de maquillage « intimes » comme les vernis à ongles, la plupart du volume se fait aujourd'hui dans les supermarchés ou les hypermarchés ou chez les autres distributeurs de masse qui représentent 75 % du volume unitaire.

Enfin, les produits de soin de la peau sont un cas à part. Dans les années 50 ou 60 la plupart des produits se vendaient dans les grands magasins et dans les parfumeries, car les consommateurs avaient besoin de conseils et voulaient savoir par exemple quels étaient les produits les mieux adaptés à leur type particulier de peau. Aujourd'hui les consommateurs sont beaucoup plus au courant des caractéristiques de ces produits. La plupart des quantités achetées, environ 80 %, s'achètent déjà en grandes surfaces et les marques de marché de masse, comme par exemple Plénitude de L'Oréal ou Oil of Olaz de Procter & Gamble, ont fait un très bon travail en alimentant un tel marché.

Les 35 milliards d'euros que nous avons mentionnés ne correspondent bien sûr qu'à la partie sélective de ce marché. Comment cela va-t-il évoluer dans le temps ? Cela reste à déterminer mais cela dépendra entièrement de la différence de qualité des produits dans les deux systèmes de distribution et de la diversité et de l'originalité de l'offre dans le secteur sélectif. Ce que l'on peut remarquer pour un parfum ou un cosmétique sélectif c'est que les consommateurs s'intéressent beaucoup aux valeurs esthétiques du flacon, à son bouchon, à l'emballage, à son positionnement particulier, ainsi qu'au rêve véhiculé par le concept du produit, tous ces éléments dont le seul objectif est d'enrichir l'expérience d'achat et le plaisir d'utilisation.

Les consommateurs s'intéressent à l'environnement d'achat. Ils souhaitent que les produits soient facilement disponibles mais valorisent également l'impression de rareté qui leur donne presque l'impression que ces produits ne sont disponibles que pour eux. Bien sûr, cette impression n'est pas facile à obtenir pour des produits qui se vendent chaque année à des milliards d'unités.

Le concept de « luxe accessible » dans un environnement raffiné pour de grandes marques sélectives, restera la clé du développement de ce marché pour les prochaines années.

➤ L'aspect financier

Le principe de base des parfums et des cosmétiques sélectifs est que le même produit fabriqué généralement dans un seul lieu, ou tout au plus dans deux ou trois endroits, doit être disponible dans le monde entier aux différents consommateurs locaux, avec la même présentation luxueuse.

Les produits doivent donc être expédiés partout, payer des droits de douane quand cela est nécessaire, et être disponibles dans le monde entier. Le même produit doit alors passer par différentes phases pour être présent partout. Le tableau 3.4 donne l'exemple d'un même produit vendu par différents canaux de distribution.

Tableau 3.4 – Structure de coût pour le même produit vendu dans différents pays

	France	Chili	Coefficients pour le Chili
Prix magasin	100,00	100,00	675,76
Prix de gros	50,00	55,00	371,62
Marge du distributeur ou de l'agent		27,50	185,81
Budget de publicité local		8,25	55,74
Coût à l'arrivée *(landed)*		19,25	130,00
Départ usine Paris		14,80	100,00

Nous avons pris l'exemple d'un même produit qui sera vendu en France et au Chili avec le même prix de vente en boutique. En France, les choses sont simples :

la société fonctionne avec sa propre force de ventes et la facturation se fait au prix de gros : pour chaque produit vendu 100 euros en magasin, l'entreprise touche 50 euros. Les choses sont un peu plus compliquées au Chili : Le produit est en général vendu par un distributeur local, travaillant avec une marge de 50 % de la valeur du prix de gros. Un budget de publicité local correspondant à 15 % de la valeur du prix de gros est mis de côté pour les investissements médias locaux et les activités de promotion. Le coût à l'arrivée au Chili (prix à quai ou *landed cost*) sera donc de 19,25 euros. Il faut retirer à ce montant les droits de douane et le transport et l'assurance entre Paris et Santiago : le parfumeur français ne touchera que 14,80 euros pour chaque vente de 100 euros au prix de détail dans ce pays. Le système nécessite donc de fortes marges brutes en France pour que les activités au Chili soient rentables. Il faut donc au départ travailler avec une marge brute d'au moins 70 %, voire 80 %.

Dans cette catégorie, avoir le même produit dans le monde entier à des prix presque identiques nécessite de très grosses marges.

Dans cette activité, les budgets de publicité et de promotion sont très élevés et peuvent atteindre de 15 à 25 % des prix de gros. La publicité dans les différents médias est bien évidemment nécessaire, mais il faut aussi disposer d'échantillons, de flacons testeurs, de présentoirs pour les boutiques et réaliser d'autres activités de relations publiques afin que le consommateur soit au courant du produit et soit motivé par son achat.

Les principaux opérateurs

Nous allons étudier d'abord les marques individuelles, puis les principaux groupes. Nous regarderons ensuite s'il y a toujours de la place dans cette activité pour les plus petites marques ou pour les nouveaux entrants.

➤ Les marques principales

Comme dans toutes les activités, la taille joue un rôle important. Pour avoir une forte présence au niveau mondial il faut avoir au moins un chiffre d'affaires de 300 millions d'euros. Les marques au-dessus de 100 millions d'euros, de leur côté, peuvent avoir un début de présence mondiale sur le marché. Pour les petites marques les choses sont un peu différentes.

Au-dessus du niveau de 300 millions d'euros de chiffre d'affaires, nous avons les marques figurant dans le tableau 3.5.

Tableau 3.5 – Marques avec un chiffre d'affaires supérieur à 300 millions euros

Armani
Biotherm
Calvin Klein
Chanel
Clinique
Dior
Estee Lauder
Gucci
Guerlain
Hugo Boss
Lancôme
Sisley
Yves Saint Laurent

Seules 13 marques appartiennent à cette catégorie, qui est quelque peu injuste car elle comprend à la fois des marques supérieures à 1 milliard d'euros (Estée Lauder, Chanel, Dior, Armani, et Lancôme) ainsi que des marques moins puissantes. Mais le fait est que ces marques peuvent disposer de gros budgets publicitaires (supérieurs à 100 millions d'euros dans la plupart des cas) qui leur permettent une présence forte dans le monde entier.

Ces marques interviennent aussi dans les différents segments de l'industrie : parfums, soins de la peau, et maquillage. C'est bien sûr le cas pour Estée Lauder, Chanel, Clinique, Dior, Guerlain et Lancôme. Seulement deux marques ne fabriquent et ne distribuent que des parfums : Gucci et Hugo Boss.

Entre et 100 et 300 millions d'euros nous avons le second groupe de marques avec une présence mondiale toujours relativement forte. Ces marques figurent dans le tableau 3.6.

C'est un groupe de marques (19) très important, quelques unes à la croissance forte, d'autres au contraire sur le déclin. La plupart de ces marques se développent et ont pour objectif de passer dans la catégorie supérieure, ce qui n'est évidemment pas facile.

Le groupe de marques en dessous de 100 millions d'euros correspond à un certain nombre de cas particuliers. Les situations et la dynamique de marques comme Boucheron et Van Cleef, ou aussi Hermès, Paloma Picasso et Salvador Dalí sont en effet difficilement comparables.

Tableau 3.6 – Marques avec un chiffre d'affaires de 100 à 300 millions d'euros

Azzaro
Bulgari
Burberry
Cacharel
Carolina Herrera
Davidoff
Dolce and Gabbana
Givenchy
Issey Miyake
Jean Paul Gaultier
Kenzo
Lacoste
Lancaster
Nina Ricci
Paco Rabanne
Ralph Lauren
Salvatore Ferragamo
Shu Uemura
Thierry Mugler

➤ Les grands groupes

En fait, cette industrie malgré sa dimension créative, son côté international et son apparente dispersion, est vraiment concentrée : 10 sociétés représentent environ 60 % de la totalité du secteur. Le tableau 3.7 présente les différentes sociétés évoluant dans cette activité.

Estée Lauder basé à New York a commencé avec la seule marque Estée Lauder. C'est aujourd'hui un groupe très diversifié, avec la marque Estée Lauder, mais aussi Clinique, Aramis, Prescriptive, MAC et de nombreuses autres marques, comme par exemple Donna Karan sous licence LVMH, ou Joe Malone. Ces dernières années, le groupe a développé de nouveaux positionnements, décalés et modernes comme par exemple avec Origins ou Joe Malone. L'entreprise, toujours sous contrôle familial mais cotée à la Bourse de New York, est très rentable.

Tableau 3.7 – Chiffre d'affaires et bénéfices des principales sociétés de parfums et cosmétiques, pour l'année 2009, en millions d'euros (1)

	Statut	Chiffre d'affaires	Résultat exploitation	Résultat net	Chiffre d'affaires total groupe
Estée Lauder	Société indépendante (cotée en Bourse)	5 856	334	174	5 856
L'Oréal Produits de luxe	Division de L'Oréal (cotée en Bourse)	4 080	617	478 (E)	17 473
LVMH Parfums et cosmétiques	Division de LVMH (cotée en Bourse)	2 741	291	69 (E)	17 053
Procter and Gamble Produits de prestige	Filiale de P&G (cotée en Bourse)	1 400 (E)	300 (E)	200 (E)	63 225
Chanel	Filiale de Chanel (privée)	1 400 (E)	NA	NA	4 000 (E)
Coty Prestige	Filiale de Coty Beauty & Prestige (privée)	1 344	NA	NA	2 800
Puig	Société indépendante (privée)	1 036	120 (E)	83	1 036
Clarins	Société indépendante (privée)	1 000 (E)	NA	NA	1 000 (E)
Shiseido Europe (2)	Filiale Europe Shiseido (cotée en Bourse)	900	54 (E)	25 (E)	5 600
Sisley	Société indépendante (privée)	550 (E)	95 (E)	50 (E)	550 (E)
L'Occitane	Société indépendante (cotée en Bourse)	537	130 (E)	60	537

1) Les chiffres indiqués par un E sont les estimations des auteurs.

2) Pour Shiseido nous avons pris les chiffres présentés dans le rapport annuel pour leur filiale européenne. Cela comprend Beauté Prestige International (Issey Miyake, Jean Paul Gaultier et Narciso Rodriguez) et Decleor (qui comprend aussi Carita). Nous avons aussi tenu compte des produits selectifs Shisheido vendus dans le monde.

L'Oréal, Produits de Luxe, basé à Paris, est également un opérateur majeur. Il possède des marques dirigées depuis Paris, comme Lancôme, Armani, ou Biotherm mais il possède aussi des marques dirigées depuis New York, comme Ralph Lauren ou Kielh's, ainsi qu'une marque, Shu Uemura, gérée depuis Tokyo. Cette division luxe est très puissante en matière de cosmétiques en partie grâce à Lancôme. Les lignes de parfums incluent Paloma Picasso, Guy Laroche, Cacharel et beaucoup d'autres. **YSL Beauté,** racheté en janvier 2008 produit et vend principalement YSL. Ce groupe possédait beaucoup de petites marques. Il avait essayé de lancer des marques de parfums correspondant à des marques de mode comme Alexander McQueen ou Stella McCartney, mais jusqu'à maintenant avec un succès limité.

La filiale parfums et cosmétiques de LVMH est le troisième plus gros groupe grâce à Dior qui représente à peu près la moitié de l'ensemble. Guerlain est une grande marque, mais plus connue en France qu'à l'étranger. Givenchy avait plutôt de bons résultats mais a connu ces dernières années des problèmes qui semblent avoir été résolus. Kenzo est une marque à la croissance intéressante. En termes financiers, la performance globale de la division n'est pas si bonne. Nous devons supposer que Dior est assez rentable et il faut alors en conclure que quelques-unes des autres marques, n'ont pas des résultats financiers très brillants.

La filiale Produits Prestige de Procter&Gamble est le résultat de lancements directs (Hugo Boss, Laura Biagotti) du rachat du groupe allemand Wella (Gucci, Rochas, Montblanc et autres) et d'autres rachats (Lacoste et Patou en premier lieu, puis Escada et plus tard Dolce et Gabbana). Cette division a débuté plutôt petit, mais possède maintenant quelques-unes des plus belles marques du marché, comme Gucci, Hugo Boss, Escada, Dolce et Gabbana, mais aussi des marques moins raffinées et un peu plus « marché de masse », comme Naomi Campbell, Gabriela Sabatini, ou dans une autre catégorie, Anna Sui, très forte en Asie. Cette activité basée à Genève ne publie aucun chiffre : les ventes sont incluses au sein d'une très grande division beauté qui comprend aussi les shampoings ou des produits de grande consommation comme Oil of Olaz.

Chanel, une société privée basée en Suisse, ne communique aucun chiffre, ni d'indication sur les bénéfices. Son activité se résume essentiellement à Chanel, avec néanmoins, dans le domaine de la mode, les marques Holland et Holland et Eres. Le groupe s'occupe aussi de la marque Bourjois qui se positionne sur le marché de moyenne gamme en France et sur un marché plus haut de gamme à l'étranger.

Coty Prestige basé à Paris, New York et en Allemagne, est le résultat de la fusion du Groupe Coty toujours puissant aux États-Unis et en Australie, avec un groupe de marques de parfums créé il y a 15 ans en Allemagne, dans le cadre de la diversification du groupe lessivier Benckiser. Ce groupe a été capable de lancer ou d'acquérir quelques-unes des plus belles licences de l'industrie, comme Chloé, Davidoff, Calvin Klein, Lancaster, Jil Sander, Yoop ou Vera Wang. Il possède aussi des parfums de célébrité comme Jennifer Lopez ou Sarah Jessica Parker. Il dispose aussi de la licence Marc Jacobs, le styliste du prêt-à-porter de Louis Vuitton. Il s'agit d'un groupe privé se développant très vite et beaucoup plus puissant en parfums qu'en cosmétiques (sans doute d'ailleurs le premier opérateur sur le seul marché des parfums).

Puig est un groupe espagnol très puissant en Espagne, mais qui dispose des marques Nina Ricci et Paco Rabanne en France et de Carolina Herrera aux États-Unis ainsi que d'une joint-venture avec Prada pour les parfums Prada.

Clarins fut créé à Paris il y a 25 ans en tant que marque de soins de la peau. C'est devenu un groupe très puissant avec Clarins, mais aussi avec les parfums Thierry Mugler qu'ils créèrent et Azzaro qu'ils rachetèrent. Ils ont récemment lancé des parfums de niche comme Porsche ou David Yurlman.

Shiseido Europe est un groupe qui a lancé les marques Issey Miyake, Jean Paul Gaultier et qui a très bien réussi avec Decleor. Ils ont acheté Decleor et Carita mais alors qu'ils réussissent très bien avec Decleor ils n'ont jamais réussi à développer Carita.

Sisley a été créé par Hubert d'Ornano qui avait vendu l'ancienne société familiale Orlane. C'est une société familiale privée qui s'est développée régulièrement depuis ces dix dernières années, essentiellement en cosmétiques.

L'Occitane a connu un développement accéléré au cours des dix dernières années. Il s'agit d'une marque vendue presqu'exclusivement dans des magasins à l'enseigne et qui développe un concept de produits traditionnels provençaux. Cette société a connu par le passé des accords avec Clarins qui lui ont permis de développer des produits de soin de très bonne qualité et de se positionner en Asie comme une véritable marque de soin, ayant sa place dans les meilleurs grands magasins.

Ces 11 sociétés, qui représentent 60 % du volume de cette industrie, possèdent des marques très fortes. deux groupes sur ces onze ont démarré de presque rien il y a 20 ans, ont signé de nombreux accords de licence et ont ainsi créé des activités remarquables : Coty et Procter & Gamble. Les Français semblent n'avoir pas été capables de développer un volume nouveau sur la base d'accords de licence. La seule exception est sans doute Inter Parfums (Burberry, Céline, Van Cleef, Lanvin entre autres) mais l'entreprise avec un chiffre d'affaires de 327 millions d'euros en 2009, est encore de taille réduite et appartient à une autre catégorie.

➤ Y a-t-il de la place pour de nouveaux entrants ?

Après l'étude des très grands groupes de cette industrie, on peut se demander si la barrière à l'entrée n'est pas trop élevée et s'il y a vraiment de la place pour de nouveaux entrants.

Tout dépend en fait de la façon dont les consommateurs vont réagir à un nouveau produit. Si le produit suscite très tôt un intérêt de la part des consommateurs et qu'il est adopté, il peut très bien démarrer tout seul ; et comme les marges sont très élevées, il est possible de lancer un nouveau parfum avec assez peu de moyens financiers.

Mais comme le risque d'échec est très élevé, les sociétés aux ressources limitées ne peuvent lancer qu'un produit à la fois et si cela ne réussit pas, elles éprouveront des difficultés à réessayer une seconde fois avec la même marque.

On peut dresser la liste des marques lancées de façon indépendante avec des ressources limitées, mais qui ont réussi à atteindre de grands succès : Bulgari, Lolita Lempicka ou Kenzo, avant d'être acheté par LVMH, ou par exemple, MAC, avant d'être acheté par Estée Lauder.

Les principaux facteurs de réussite

Dans cette sous-partie nous décrirons en quoi ce secteur est différent en matière de marketing. Nous étudierons aussi l'aspect international de cette activité et nous terminerons par l'étude des réseaux mondiaux de distribution.

➤ Un marketing raffiné

Le marketing des produits cosmétiques et des parfums, est en fait assez différent de celui des produits de masse. Pour une simple raison : un parfum peut être détesté par la plupart des gens et, s'il est quand même très apprécié par 3 ou 4 % de la population, devenir un grand succès mondial. Pour réussir, un parfum doit être différent et le fait de n'être apprécié que par un tout petit nombre de personnes constituant un noyau dur de consommateurs, peut constituer un grand avantage. Dans cette industrie, les produits qui ont de très bons résultats en tests de parfums (tests aveugles ou tests avec la marque apparente) ne sont pas nécessairement ceux qui se vendront le mieux, lorsqu'ils seront lancés. Sans être trop excessif, on peut dire que dans les tests de parfums, le produit qui obtient les meilleures performances, c'est l'Eau de Cologne : personne ne la rejette, même si personne ne s'emballe à son sujet…

Cela ne veut pas dire qu'il ne faut rien tester. En fait, les tests de produits doivent être menés afin de déterminer si un parfum suscite un fort rejet ou s'il a une faiblesse particulière qui n'a pas été décelée. Mais il faut toujours rester prudent et ne jamais arrêter son choix sur les seuls résultats de tests de parfums et de tests de produits.

Une autre difficulté des tests de marché, est qu'un très gros succès mondial peut correspondre seulement à un taux de pénétration globale de 2 à 3 % sur une population donnée : il est donc difficile de trouver des utilisateurs et de les interviewer. Par exemple, avant de modifier l'emballage de « Pour un Homme de Caron », il avait été décidé d'interroger des utilisateurs français sur l'opportunité de ce changement. Mais trouver des utilisateurs français d'un produit qui est acheté par moins de 0.5 % des hommes en France ce n'est pas si facile : pour en interviewer 200, il aurait fallu un échantillon original de 40 000 personnes. L'entreprise décida de demander à des parfumeurs détaillants de relever l'adresse des acheteurs de ce produit qui acceptaient d'être interviewés, mais bien évidemment l'échantillon n'était pas vraiment représentatif, ni de la population totale, ni même des utilisateurs français.

Malheureusement, à cause de telles restrictions, un marketing très ciblé est également assez difficile. Les segmentations sont difficiles à étudier, cibler, mesurer.

Le marketing des parfums sélectifs ressemble un peu au marketing de la mode. Une partie est *top down*, c'est-à-dire qu'un responsable doit décider à un moment précis, comment le produit s'inscrit dans une tendance donnée de la mode : la forme, le parfum et même les couleurs de l'emballage ne sont pas choisis par hasard. Ce choix résulte souvent d'une analyse à long terme des tendances de la mode et de l'esthétique. Demander aujourd'hui au consommateur ce que devrait être un produit de demain, certains considèrent que ce serait une erreur. Les études de marché vont être très utilisées pour prendre des décisions tactiques sur les formes du produit, sur l'accroche publicitaire ou sur une campagne à la télévision. Mais pour la stratégie produit et son positionnement, c'est souvent le patron qui décide tout seul.

➤ Publicité mondiale et promotion

Contrairement à ce qui se passe pour les produits de grande consommation, les consommateurs de parfums et de cosmétiques sélectifs s'attendent à trouver dans le monde entier, la même campagne publicitaire et le même positionnement pour leurs produits. Dans un marché de masse, il est possible d'adapter le concept et la communication à des besoins locaux ou à des situations de concurrence locale.

Pour les parfums et les cosmétiques sélectifs, la même plateforme de marque doit s'appliquer partout.

Cela ne signifie pas qu'il ne doit pas y avoir de changements particuliers pour s'adapter à un pays ou à un autre. Au Japon par exemple, les lignes de parfums pour hommes doivent avoir des produits pour cheveux (lotions capillaires et toniques pour cheveux). Ces produits sont manifestement demandés dans ce pays. De la même façon, pour une ligne de cosmétiques, si le même genre de publicité doit être international, certains produits doivent être adaptés aux besoins des consommateurs asiatiques, des consommateurs américains ou des consommateurs européens. Sur certains marchés les gens préfèrent les flacons, dans d'autres marchés, ils préfèrent des tubes, ou des flacons doseurs. Dans certains marchés, la note de parfums qui se trouve dans un produit cosmétique doit être légère, voire inexistante : il faut s'adapter localement à de telles situations, mais sur la base d'une plate-forme commune.

Pour les activités promotionnelles il faut aussi savoir s'adapter car il y a quatre types de pays ou de distribution différents :

- Les pays ou les petites parfumeries sont le canal de distribution le plus répandu : Espagne, Italie, Argentine et Brésil.
- Les pays avec de grandes chaînes de parfumeries où les ventes et les négociations pour une promotion sont totalement centralisées et où un travail de merchandising doit être effectué dans les magasins individuels : France et Allemagne.
- Les pays où les grands magasins réalisent plus de 50 % du volume global : États-Unis, Japon, Mexique, Australie.
- Les activités de *duty free* qui représentent, en particulier pour les parfums, une très grosse partie des achats mondiaux, avec en particulier les ventes dans les magasins *duty free* des aéroports, mais aussi les ventes réalisées en vol.

Le plan de promotion doit être différent pour chaque type de point de vente : pour les pays avec des grands magasins, il faut offrir des cadeaux aux consommateurs pour les attirer vers une marque donnée : les *gifts with purchase* (cadeau à l'achat) ou *purchase with purchase* (prix promotionnel avec l'achat d'un article du catalogue) sont une partie très importante d'un plan marketing. Dans les pays disposant de grandes chaînes de distribution, le merchandising devient primordial. Dans les magasins *duty free* il faut également adapter les programmes de promotion.

Tout ce qui compte se résume à une plateforme marketing très forte et généralisée avec des adaptations spécifiques au niveau local.

➤ Gestion des réseaux de distribution

Ce sujet sera abordé en détail dans le chapitre 9 mais on peut affirmer à cette étape que presque tout le monde utilise un mélange de filiales détenues à 100 %, des distributeurs locaux et dans certains cas des agents payés à la commission. Tout comme dans les différentes typologies de distribution physique de différents pays, les programmes de marketing doivent être adaptés à ces différentes configurations. Dans certains cas la marchandise reste tout du long la propriété de la marque, dans d'autres, les distributeurs achètent les produits directement et là aussi les plans de marketing doivent en tenir compte.

Les structures d'organisation les plus fréquentes

La structure d'organisation dans une entreprise de parfums et de cosmétiques, est assez semblable à ce qui existe pour une société vendant des produits de grande consommation. Le marketing est une fonction importante et dispose d'équipes élargies. Ceci est d'ailleurs encore plus vrai dans le cas des cosmétiques. Le chiffre d'affaires international est très important, et il faut donc avoir sur le terrain, partout dans le monde des responsables de secteur et des responsables de promotion. La formation est aussi très importante puisqu'il est nécessaire de former toutes les équipes se retrouvant derrière un comptoir de vente. Ceci est évident lorsqu'il s'agit de magasins ou de comptoirs exclusifs pour une marque donnée. Mais c'est aussi le cas des équipes de vendeuses de parfumerie traditionnelle : Elles doivent être familières avec les produits de chacune des marques, sinon elles évitent d'en parler et ne sont pas enclines à les présenter.

Lorsque nous évoquerons le pouvoir des marques et le positionnement, les parfums et les cosmétiques seront traités exactement comme les accessoires de mode ou les vins et spiritueux. Il était nécessaire à ce stade, d'expliquer les différences et les particularités de cette dernière catégorie de produits.

Les vins et spiritueux

Les vins et spiritueux, indépendamment du fait qu'il s'agit du plus gros marché de luxe, sont un cas particulier. C'est le seul cas dans le luxe, où les produits sont vendus dans les supermarchés et en hypermarchés (consommation à domicile) ou dans les clubs, bars et restaurants (consommation hors domicile). C'est aussi un marché où l'activité des *duty free* est très importante et représente dans certains cas, de 20 à 40 % du volume global.

Ce secteur est considéré comme faisant partie du monde du luxe parce que ses produits sont raffinés et leur positionnement quelquefois assez subtil et aussi parce qu'ils doivent être présents partout dans le monde. C'est aussi une catégorie de produits avec des problématiques d'image de marque importantes, comme cela sera décrit un peu plus loin.

À ce stade nous décrirons le marché et ses consommateurs, nous parlerons des différents groupes impliqués, puis nous évoquerons les principales conditions de succès et nous décrirons les types d'organisation adaptés à ce secteur.

Le marché des vins et spiritueux

Ce marché est estimé à environ 30 milliards d'euros mais ce chiffre ne tient pas compte des vins fins qui appartiennent bien évidemment au monde du luxe, mais que nous n'étudierons pas ici.

Ce marché se caractérise par des types de produits très différents : les alcools bruns (principalement whisky et cognac) les alcools blancs (vodka, gin et tequila) les alcools bruns et blancs (le rhum) et une catégorie distincte également à part, qui est le marché du champagne.

➤ Les alcools bruns

Ce groupe représente à peu près 10 milliards d'euros. Chacun des deux segments, whisky et cognac, représentant environ la moitié du total.

Ces deux catégories traversent malheureusement une mauvaise passe et sont sur le déclin : à cause de la forte tendance à mélanger les spiritueux avec des boissons non alcoolisées, les gens sont réticents à mélanger un spiritueux ayant sa propre couleur, avec, par exemple, une boisson gazeuse ou très colorée.

Les cognacs sont néanmoins un groupe de produits bien installés, se comportant plutôt bien en Europe, avec deux marchés principaux ayant des types de consommation différents : Tout d'abord, un marché asiatique très rentable (principalement Japon et Chine) où le cognac est un symbole fort, où les gens achètent les produits les plus vieillis, comme le cognac XO. En second lieu, un marché de milieu de gamme (principalement aux États-Unis), avec un fort volume de VS (*Very Superior*) et VSOP (*Very Superior Old Pale*), où les gens préfèrent acheter des produits plus économiques, mais où ils ont une consommation très élevée.

Le marché asiatique du cognac a été marqué par un autre phénomène : les Japonais et les Chinois avaient l'habitude d'en consommer pur lors de leurs repas, mais ils passent maintenant de plus en plus souvent à des vins importés.

Le whisky est également une catégorie majeure mais sans grandes perspectives de développement, là aussi parce que les gens répugnent à le boire avec du jus d'orange ou du tonic. La tendance est pour les producteurs de proposer de plus en plus des produits chers, ayant parfois plus de dix ans d'âge et cette constante amélioration a été bénéfique à cette catégorie de produits. Un groupe de connaisseurs a également permis le développement de nouvelles catégories (comme par exemple les whiskies Irlandais ou américains). Aujourd'hui, les conditions spéciales de distillation et de maturation en font de véritables produits de luxe.

Les cognacs et whisky se vendent beaucoup dans les boutiques de *duty free* et dans les boîtes de nuit, mais pour obtenir une présence forte au niveau mondial, ils doivent également être vendus en hypermarché et chez les cavistes.

➤ Les alcools blancs

Leur chiffre d'affaires est d'environ de 10 à 15 milliards d'euros, chaque groupe de produits, vodka, gin et tequila, pesant chacun environ 5 milliards d'euros. L'unique différence étant que seule la vodka a une croissance soutenue grâce au fait que c'est le produit idéal pour les *mixed drinks*. La vodka est la boisson préférée des jeunes générations. De 1999 à 2003 la vodka a eu une croissance de 40 % en volume, soit une moyenne de 9 % par an. Le gin est en légère baisse mais reste une catégorie de produits solide.

La vodka, le gin et le rhum possèdent un certain avantage : il n'est pas nécessaire de faire vieillir ces produits et le seul élément de différenciation, c'est le marketing et le positionnement de la marque et du produit. Dans un sens ce sont des produits idéaux pour le marketing, la publicité étant réglementée comme pour toutes les autres boissons alcoolisées. L'essentiel c'est donc la qualité et la validité du positionnement : Rien de mieux en effet pour maintenir la notoriété et conserver de l'intérêt pour un produit donné.

Le rhum qui est à la fois un produit blanc et un produit brun peut être ajouté à cette catégorie avec un chiffre d'affaires de 5 milliards d'euros réalisé presque exclusivement aux États-Unis et en Amérique latine. Le tableau 3.8 donne la répartition des marques internationales de rhum dans les marchés principaux. Le rhum est très souvent mélangé avec des *soft drinks* comme le célèbre « Cuba libre » avec du Coca-Cola.

Tableau 3.8 – Répartition du chiffre d'affaires des marques internationales de rhum

États-Unis	42 %
Espagne	10 %
Canada	7 %
Mexique	7 %
Royaume-Uni	4 %
Allemagne	3 %
Italie	3 %
Asie	1 %
France	1 %
Autres	22 %

Note : ce tableau ne prend en compte que les marques internationales de rhum. Les marques locales, très fréquentes en Amérique latine, ne sont pas répertoriées.

Source : Le Figaro, 11 janvier 2007.

➤ Le champagne

Il s'agit encore d'un marché au chiffre d'affaires d'environ 5 milliards d'euros : il se vend chaque année 350 millions de bouteilles. Le nom « Champagne » n'est pas un terme générique : il s'applique exclusivement à un produit extrait de raisins venant d'une toute petite région de France, située près des villes de Reims et d'Epernay. Les produits venant d'une autre partie du monde doivent se rabattre sur des appellations de mousseux ou de vins pétillants. La production est très limitée : on estime qu'il est possible de produire un maximum de 360 millions de bouteilles avec le raisin de la région. L'élargissement des terrains où il est possible de produire du raisin pour le champagne, réalisé en 2008, devrait permettre à terme de produire 400 millions de bouteilles Mais la contrainte géographique entraîne les producteurs dans un vaste mouvement de montée en gamme afin d'apporter de la valeur ajoutée à leurs produits.

Aujourd'hui, assez curieusement, la moitié du champagne consommé dans le monde est consommé en France, suivi du Royaume-Uni et des États-Unis.

Comme le cognac et le whisky, le champagne est un produit complexe qui doit vieillir, avec des possibilités de mélange de différents vins, issus de différents cépages de la région et de différents types de raisin (pinot noir, blanc ou chardonnay, par exemple).

➤ Les autres catégories

Les autres catégories estimées à plus ou moins 5 milliards d'euros comprennent tout le reste comme les brandys, mais aussi des produits particuliers comme les liqueurs de Grand Marnier, le Cointreau, ainsi que des produits régionaux spécifiques comme le Calvados, l'Armagnac et les produits anisés comme le Pastis en France. Cela comprend aussi les liqueurs de fruits, la Metaxa de Grèce, le Bols des Pays-Bas, etc.

Les principaux opérateurs

Là encore nous étudierons en premier les marques, puis ensuite les grands groupes.

➤ Les marques principales

Chaque année, une étude menée au Royaume-Uni par « Intangible Business » détermine les marques de vins et spiritueux les plus fortes. Cette étude n'est pas simplement fondée sur les volumes ou les chiffres d'affaires, mais à travers un tableau de bord complexe qui comprend les éléments suivants :

- Part de marché : mesure fondée sur la part de marché en volume.
- Croissance de la marque : prévision de croissance basée sur l'historique des dix dernières années.
- Positionnement prix : mesure de la capacité de la marque à imposer son prix.
- Taille du marché : nombre de zones géographiques sur lesquels la marque a une présence significative.
- Notoriété de la marque : combinaison du taux de notoriété spontané et du taux de notoriété assisté.
- Pertinence de la marque : capacité des consommateurs à s'identifier à la marque et propension à l'achat.
- Héritage de la marque : longévité de la marque et évaluation de son enracinement dans la culture locale.
- Perception de la marque : fidélité à la marque et rapport entre la notoriété de la marque et le désir de la posséder.

Ce qui est frappant dans le tableau 3.9, c'est qu'au niveau mondial, les marques, qui ne sont pas forcément consommées partout dans le monde entier comme Jack

Daniels, Tequila Cuervo ou Gallo, conservent toujours une clientèle fidèle et une forte notoriété dans certaines parties du monde.

Si nous ne regardions que le volume, Smirnoff serait la marque numéro 1 (171 millions de litres vendus) suivie de Johnnie Walker, une autre marque du groupe Diageo, et Absolut, la seconde marque de vodka, ce qui correspond encore malgré tout à 117 millions de litres.

Dans ce top 20 des marques, on note huit marques de whisky, trois marques de vodka et deux marques de rhum. Il s'agit bien évidemment de catégories de produits très fortes.

Tableau 3.9 – Les marques de vins et spiritueux les plus fortes au niveau mondial

		Propriétaire	Pays d'origine	Secteur	Score total
1	Smirnoff	Diageo	Russie	Vodka	93,6 %
2	Johnnie Walker	Diageo	Écosse	Whisky	74,0 %
3	Bacardi	Bacardi Martini	Cuba	Rhum	72,7 %
4	Martini	Bacardi Martini	Italie	Apéritif sucré	51,6 %
5	Hennessy	LVMH	France	Cognac	38,2 %
6	Jack Daniels	Brown Forman	États-Unis	Whisky	37,7 %
7	Absolut	Pernod Ricard	Suède	Vodka	37,2 %
8	Chivas Regal	Pernod Ricard	Écosse	Whisky	28,6 %
9	Captain Morgan	Diageo	Puerto Rico	Rhum	27,8 %
10	Ballantine's	Pernod Ricard	Écosse	Whisky	26,3 %
11	Jose Cuervo	Diageo	Mexique	Tequila	25,5 %
12	Balley's	Diageo	Irlande	Liqueur	23,9 %
13	Jaegermeister	Mast-Jaegermeister	Allemagne	Apéritif	20,7 %
14	Gallo	Gallo	États-Unis	Vin doux	18,5 %
15	Jim Beam	Beam Global	États-Unis	Whisky	18,2 %
16	Deward's	Bacardi Martini	Écosse	Whisky	16,5 %
17	Concha y Toro	Concha y Toro	Chili	Vin	16,1
18	Moët et Chandon	LVMH	France	Champagne	15,5 %
19	J & B	Diageo	Écosse	Whisky	15,1 %
20	Ricard	Pernod Ricard	France	Anis	14,6 %

Source : Intangible Business (2010).

➤ Les grands groupes

Dans le tableau 3.10 nous donnons le nombre de marques vendues par les grands groupes au cours de l'année 2010 et qui figurent dans le top 100.

Tableau 3.10 – Nombre de marques dans le top 100 des différents groupes

	Nombre de marques dans le top 100
Pernod Ricard (France)	19
Diageo (Royaume-Uni)	12
Bacardi (Bahamas)	9
Beam Global (États-Unis)	6
Constellation (États-Unis)	5
Brown Forman (États-Unis)	4
Campari (Italie)	4
LVMH (France)	4

Le tableau 3.11 donne pour ces entreprises quelques indications sur leurs performances en termes de chiffres d'affaires et de bénéfice.

Diaego, avec 12 marques dans le Top 100 et un chiffre d'affaires et des bénéfices énormes, est le leader de ce domaine. Ses marques phares comprennent la Vodka Smirnoff, le whisky Johnnie Walker, Bailey's, le whisky J&B, le Rhum Captain Morgan, la Tequila Cuervo, Tanqueray et le gin Gordon's. La société cotée en Bourse est le résultat de la fusion entre deux opérateurs déjà très importants : Guiness et Grand Metropolitan. On peut néanmoins remarquer que le groupe le plus puissant, Diageo ne possède pas de grandes marques de cognac ou de champagne. Cela s'explique par une raison historique. Pendant de nombreuses années, Guinness, puis Diageo, furent associées à LVMH dans un joint-venture de distribution pour commercialiser leurs produits dans le monde entier. Les produits Diageo sont souvent distribués avec le cognac Hennessy et quelques grands champagnes de chez LVMH.

Pernod Ricard a commencé en France par la vente d'un produit local : le Pastis. Puis le groupe a grossi en procédant à des acquisitions : il racheta 38 % des activités de Seagram en 2001 et en 2005, fit l'acquisition, avec Diageo, de la majorité des marques d'Allied Domecq. Le groupe possède maintenant un grand nombre de marques y compris le whisky Chivas Regal, le whisky Campbell, le rhum Havana Club, le whisky Jameson's, le cognac Martell, le gin Seagram, le whisky Ballantine's, le gin Beefeater, le rhum Malibu, la vodka Stolichnaya, en plus du classique Pastis 51 de Ricard. Il a racheté Absolut Vodka en avril 2008. Le groupe détient également une ligne de champagne assez forte, avec les marques Perrier Jouët et Mumm et les vins Jacobs creek d'Australie (la première marque mondiale de vin). Comme nous pouvons le voir, Pernod Ricard est un groupe solide, assez rentable, avec quelques marques ayant un bon potentiel de croissance.

Tableau 3.11 – Résultats des différents opérateurs (2009 ou 2010)

	Chiffre d'affaires	Résultat opérationnel	Résultat net	Commentaires
Diageo	10 107 (E)	2 362 (E)	1 359 (E)	En estimant que la bière Guiness est une activité au chiffre d'affaires de 3 357 millions d'euros et que la rentabilité des deux secteurs est identique.
Pernod Ricard (1)	7 081	N.A.	978	
Bacardi	3 500 (E)	N.A.	N.A.	Société privée ne donnant aucun chiffre.
LVMH	2 740	760	539 (E)	
Brown Forman	2 431	579	338	
Constellation	2 376	N.A.	281	L'activité totale, y compris la distribution et la bière, réalise 3 250 millions d'euros.
Beam Global	1 862	N.A.	182	
Campari	1 008	401	137	
Rémy Cointreau	808	140	83	

Note : (E) indique nos propres estimations fondées sur des discussions avec les professionnels du secteur. (1) Le chiffre Pernod Ricard intègre Absolut Vodka racheté en avril 2008.

Bacardi est un groupe privé sur lequel peu de données sont disponibles. Le groupe est issu de la fusion entre Bacardi Rum, une société ayant fait ses débuts en Argentine et qui s'est développée autour du marché du rhum aux États-Unis, et la société Martini qui démarra en Italie. Le siège social du groupe est basé aux Bermudes.

LVMH est un très gros groupe avec le cognac Hennessy et s'affiche comme le leader sur le champagne (Dom Pérignon, Krug, Moët et Chandon, Veuve Clicquot et beaucoup d'autres) et dispose d'un système de distribution mondiale puissant. Le groupe a des accords de distribution en joint-venture avec Diageo pour assurer sa présence dans le monde entier et semble se restreindre uniquement au cognac et champagne. Néanmoins, LVMH a fait l'acquisition en 2005 du whisky Glenmorrangie et cela indique peut-être pour LVMH, le début d'une nouvelle stratégie dans cette branche.

Brown Forman fut créé aux États-Unis par un pharmacien de Louisville dans le Kentucky. Ses marques les plus fortes sont Jack Daniel's, Southern Comfort, le whisky Tennessee, la vodka Finlandia, tout comme de nombreux vins californiens, italiens et français. La société est cotée Bourse.

Constellation Brand avec un chiffre d'affaires de 2 376 millions d'euros dans les spiritueux, fait partie d'une grosse société avec un chiffre d'affaires global supérieur. Quelques pans de leur activité comme la bière et les boutiques, se trouvent dans une autre catégorie de produits. Constellation Brands est néanmoins le leader en vins avec 240 marques et une part de marché de 25 % sur le vin aux États-Unis. Il est aussi très présent dans le whisky, le gin ou le rhum, en particulier avec la marque Barton.

Beam Global développe une activité de vins et spiritueux autour de la marque de bourbon Jim Beam, numéro 1 mondial. En 2005, il racheta au groupe Allied Domecq, le cognac Courvoisier ou le « whisky canadien », Canadian Club. Il se considère comme le « quatrième acteur mondial de ce secteur », ce qui doit être exact si on ne considère que les *pure players.*

Campari est une société italienne cotée à la Bourse de Milan mais toujours sous le contrôle de la famille fondatrice. Le groupe vend également le Campari, Cinzano, Cynar, et un spiritueux dénommé Sella & Mosca.

Rémy Cointreau est le troisième groupe français dans ce secteur. Il fabrique le cognac Rémy Martin, mais aussi la liqueur Cointreau et quelques marques de champagne comme Charles Heidsieck et Piper Heidsieck. Le bruit court en novembre 2010, que le groupe s'apprête d'ailleurs à mettre en vente ses champagnes. Se recentrerait-il stratégiquement sur le Cognac ?

En faisant la description de ces groupes, on se rend compte qu'ils sont tous très puissants. Presque toutes ces sociétés sont le résultat de fusions successives et cela n'est sûrement pas terminé : chaque année ou tous les deux ans, un groupe est mis en vente et celui qui a les moyens financiers nécessaires à son acquisition et qui est dans une position favorable pour l'emporter, sera très heureux de faire une offre pour conclure l'affaire. Ces dix dernières années, la croissance externe a été une grande partie de la stratégie de chacun de ces groupes.

Les principaux facteurs de réussite

Il existe ici quatre principaux problèmes de management : la nécessité de négocier avec des acheteurs de grandes surfaces et les opérateurs de *duty free*, le besoin d'une structure mondiale, le financement des stocks, et une forte activité de « pull » marketing.

➤ La négociation avec les acheteurs de grande surface

Tout ce qui compte, est de s'assurer qu'une bouteille de Courvoisier se retrouve bien dans le monde entier, sur les rayonnages de tous les supermarchés qui peuvent exister et à un prix justifié. Dans ce cas, le produit doit d'abord être vendu à des acheteurs très exigeants, puis ensuite être soigneusement géré dans les magasins par la visite régulière de *merchandisers* énergiques qui organisent des promotions, des dégustations, des ventes avec coupons ou des mises en avant. Un produit seul ne peut supporter le coût de cet effort local de merchandising : il est absolument nécessaire d'avoir un système de distribution pouvant couvrir les coûts, en vendant de nombreux autres produits complémentaires. L'idéal est de distribuer à la fois une marque de vodka, une marque de whisky, un bon cognac et quelques marques de champagne. Le système en lui-même requiert des associations entre les différentes marques pour qu'elles obtiennent une présence globale.

C'est aussi le même problème pour les boîtes de nuit, les bars et les restaurants qui sont difficiles à prospecter, mais qui sans vendre nécessairement de grosses quantités de produits, sont très importants en termes d'image et nécessitent également des équipes promotionnelles adaptées.

Les *duty free* sont également un type de réseau de distribution très important pour les vins et spiritueux, car ils peuvent représenter jusqu'à 20 à 40 % du volume mondial et où la disponibilité des produits dans le monde entier est un élément très important de la forte image que chaque marque doit communiquer.

➤ Nécessité d'une structure mondiale

C'est pour cela qu'une marque doit être présente et forte dans le monde entier. Nous avons cité la joint-venture entre Diageo et LVMH. Une autre structure de distribution en joint-venture, Maxxium, fut créée par Rémy Cointreau, Jim Beam (Beam Global) Absolut Vodka (alors Vin&Sprits) et Famous Grouse, une marque de whisky (du groupe écossais Erington). Cette structure a disparu en 2007, chaque marque reprenant son indépendance…

En fait chaque acteur majeur a dans un pays donné, une ou plusieurs de ses marques distribuées par un concurrent local bienveillant bien que la tendance actuelle soit au renforcement des structures exclusives.

➤ Financement des stocks

Une partie délicate de cette activité est le « vieillissement » des produits avant qu'ils ne soient commercialisés. On considère qu'un champagne doit attendre en moyenne 44 mois avant qu'il ne soit suffisamment vieilli pour avoir un goût soutenu et exclusif. Pour le cognac la moyenne est encore plus élevée : 68 mois, soit presque six ans. Ce vieillissement a un coût financier pouvant représenter 40 % du prix unitaire du produit fini. Les whiskies ont aussi besoin d'une longue période de vieillissement.

Comme nous l'avons expliqué précédemment, les alcools blancs ont un net avantage car ils n'ont pas besoin de vieillir et possèdent donc, une meilleure structure de coût.

➤ Nécessité du « pull » marketing

Lorsqu'un produit atterrit quelque part dans les rayonnages d'un supermarché, il doit ensuite être choisi par le consommateur et cela nécessite que le produit soit connu et apprécié.

La marque doit s'assurer que le produit ne va pas rester sur le rayon. Elle va essayer par tous les moyens de le faire connaître et de le promouvoir.

Mais la publicité pour les vins et spiritueux comporte deux restrictions :

La première, est que dans de nombreux pays, la publicité n'est pas autorisée à la télévision afin d'éviter les abus de consommation d'alcool. La publicité se limite donc en général, à la presse, à la radio et l'affichage.

Une seconde restriction vient du fait que les produits se ressemblent beaucoup et sont perçus par les consommateurs comme étant identiques. Le seul élément faisant la différence est le contenu perçu de la marque. Nous en parlerons plus tard dans ce livre. Il s'agit sans aucun doute d'un défi très complexe de marketing créatif et de positionnement.

Les structures d'organisation les plus fréquentes

Dans cette catégorie tout comme pour les parfums et les cosmétiques, le marketing et la distribution mondiale sont les activités essentielles. Les entreprises ont dans le monde entier, des effectifs très importants au sein de leurs sociétés de distribution, soit en direct, soit en joint-venture. Nous trouvons ici des directeurs par pays, des responsables de zone, des spécialistes de *duty free*, et des promoteurs vendant la marque ou une sélection de marques dans le monde entier.

Le marché des montres et de la joaillerie

Dans cette partie, nous décrirons en premier lieu la situation du marché de la joaillerie, puis celle du marché des montres. Ils sont en fait assez semblables, mais ils correspondent à des attentes différentes de la part des consommateurs et à des pratiques de marketing distinctes.

Le marché

➤ Le marché de la joaillerie

Dans le chapitre précédent, nous avons estimé ce marché à environ 30 milliards d'euros, ce qui correspond en général au chiffre donné par les dirigeants de ce domaine d'activité. Mais ce montant prend en compte deux activités différentes : le secteur des produits sans marque qui est le plus important (environ 20 milliards d'euros) et qui correspond au travail de « bijoutiers de famille » ayant la confiance de leurs clients et réalisant pour eux des objets sans aucune indication d'origine ni de marque. Dans ce cas, les produits sont souvent vendus en fonction du poids de l'or ou de l'argent utilisé pour l'objet. Les pierres précieuses sont quelquefois achetées directement par le client sur le marché libre, où elles ont une cotation quotidienne selon leur taille, leur pureté et leur forme. On peut acheter un diamant de deux carats d'une certaine pureté, d'une certaine couleur, l'apporter à un bijoutier de confiance qui le montera sur une bague ou sur un collier dont on a choisi le modèle.

Nous avons mentionné le terme « bijoutiers de famille » car de tels bijoutiers travaillent quelquefois avec plusieurs générations de la même famille. Ils fabriquent souvent eux-mêmes les pièces de joaillerie. Ils sous-traitent parfois la production, mais dans tous les cas, ils bénéficient de la confiance de leurs clients et peuvent apporter plusieurs modifications à la même pièce de joaillerie, pour l'adapter au fil du temps, aux souhaits des différentes personnes. De tels « bijoutiers de famille » sont assez nombreux aux États-Unis, en Chine, en Inde et dans de nombreux autres pays.

Le marché de produits de marque est deux fois plus petit que le marché des « bijoutiers de famille » (10 milliards d'euros) et correspond à un type d'achat très différent. En général, lorsqu'il entre dans un magasin appartenant à une grande marque de bijouterie, le client ne connaît personne à l'intérieur et c'est le nom figurant sur la porte qui lui donne confiance... Bien que ces magasins vendent en général des produits standards, ils font aussi quelquefois, pour leurs bons clients, du reconditionnement de vieux bijoux ou par exemple l'ajout d'une nouvelle pierre sur un bracelet ou sur un collier.

• *Les attentes des clients*

Étant donné le prix des différents bijoux, et le risque pour le client d'acheter un produit qui soit faux ou à un prix abusif, celui-ci a besoin de se reposer sur une personne en qui il a confiance. Comme indiqué ci-avant, cette confiance peut provenir de la marque d'un bijoutier reconnu, ou d'une relation individuelle, dans laquelle le joaillier joue un peu le même rôle qu'un médecin de famille.

Les attentes des clients varient selon l'occasion pour laquelle ils effectuent l'achat. Une grande partie du chiffre d'affaires est réalisée lors d'événements particuliers : Tiffany par exemple est très connu aux États-Unis pour ses bagues de fiançailles. C'est un moment très important et aux États-Unis tout comme au Royaume-Uni, la plupart des femmes mariées, quel que soit leur rang social, ont une bague en diamant. D'autres événements peuvent être des anniversaires de mariage, ou la naissance d'un enfant. Ce sont des événements privés et familiaux, pour lesquels les gens sont à la recherche d'un objet particulier. Ils se rendent généralement dans plusieurs boutiques avant de décider de leur choix et de l'endroit où ils vont acheter.

Pour certains autres événements, les clients vont avoir un comportement particulier. Lorsqu'un entrepreneur vend sa société et reçoit une grosse somme d'argent, il peut être tenté de s'acheter une pièce de joaillerie très chère et de l'offrir à une personne proche. Cela peut être aussi le cas lorsqu'une personne vend un bien immobilier important. Dans ce cas les gens sont assez au courant des produits et des prix, savent ce qu'ils souhaitent acheter, mais peuvent aussi se rendre dans plusieurs boutiques avant de se décider pour celle où ils ont le plus fort sentiment de confiance.

L'activité d'un bijoutier est en fait un mélange des occasions d'achat mentionnées plus haut et d'autres de moindre importance. On pourrait aussi mentionner le cas des cadres supérieurs féminins qui viennent de recevoir une prime importante et se font plaisir en achetant un bijou.

Quand ils achètent des bijoux pour des événements ordinaires ou particuliers, les clients attendent une qualité de service irréprochable, et une relation confiante et attentionnée aussi bien au moment de l'achat que dans la durée. Lorsqu'ils achètent, ils souhaitent s'asseoir pour regarder tranquillement les différentes pièces, et ils veulent pouvoir se regarder dans une glace avec tel ou tel bijou. Ils ont tout leur temps et veulent avoir le sentiment que le bijoutier qui s'occupe d'eux est complètement disponible et attentif à leurs souhaits.

• *Les gammes de produits*

Les produits sont de différents types. On peut d'abord faire la distinction entre les bijoux en or et en argent, tout en sachant que le marché est essentiellement fait de bijoux en or. On peut faire une seconde distinction, en séparant les bijoux avec pierres, des bijoux sans pierres. Les bijoux avec des pierres rencontrent des difficultés lorsqu'ils sont vendus dans le monde entier à travers une longue chaîne de distribution. Les pierres comme les diamants, ont une valeur fixe sur le marché, connue de tout le monde et partout identique. Produire et faire une bague en diamant aux États-Unis pour la vendre au Japon via un distributeur local qui la vend à un grand magasin n'est pas si simple, car les marges des uns et des autres s'additionnent et le prix final doit rester dans une fourchette raisonnable pour tenir compte du prix de ce diamant à la Bourse. C'est pour cela que les bijoux en or, sans pierres précieuses sont plus faciles à distribuer internationalement et offrent une plus grande flexibilité en matière de prix.

Un bijoutier a trouvé une solution pour contourner ce problème : H. Stern, originaire du Brésil, est le spécialiste des pierres semi-précieuses. Il met sur le marché des bijoux disposant de pierres, comme par exemple l'aigue-marine, l'améthyste, la citrine, le grenat… qui n'ont pas de valeur officielle en Bourse…

• *Les aspects financiers*

Dans cette activité le prix est un sujet très délicat. Comme indiqué précédemment pour les pierres précieuses, les joailliers ne peuvent pas fixer les prix comme ils veulent. Pour l'or il existe la mesure officielle du prix de détail : le coût par gramme d'or de différentes catégories. Il est possible de se rendre sur les différents « marchés de l'or » dans de nombreux endroits, mais par exemple à Caracas, ou à Bogota, il est possible de choisir parmi de nombreux petits revendeurs beaucoup de bijoux différents, mais avec un prix calculé au poids : lorsque l'on a terminé son choix, il suffit de mettre tous les bijoux sur une balance pour connaître le prix de l'ensemble.

Une manière simple de comparer le niveau de prix des différents bijoutiers serait de faire une liste de leurs prix en dollars, par gramme d'or… mais les grandes marques refusent d'aborder le problème de cette façon et font valoir l'argument que le travail fait sur un bijou ou sur un autre, ne peut pas être comparé et nécessite du temps et des compétences très différentes. Ils considèrent qu'ils ne vendent pas de l'or, mais des pièces de bijouterie abouties ou des objets d'art.

Au siège de l'entreprise, il faut à tout moment arbitrer entre les désirs des uns et des autres de bien gagner sa vie : L'atelier où la pièce a été réalisée par des artisans spécialisés doit avoir une marge correcte, un pourcentage important doit être consacré au marketing et aux activités publicitaires et promotionnelles, enfin le magasin qui réalise la vente doit aussi gagner sa vie correctement.

➤ Le marché de l'horlogerie

Les professionnels considèrent que le marché des montres correspond à un chiffre d'affaires de gros d'environ 10 milliards d'euros. Ce marché est plus hétérogène que celui de la joaillerie. Il se distingue en termes de segmentation de marché, de genre et de nationalité.

- *Les différents segments de marché*

Les montres à complications ont des mécanismes individuels et ne possèdent bien sûr pas de piles à quartz. Elles ont un mécanisme généralement fait à la main, qui se remonte automatiquement dès que l'on bouge le bras. Ces montres s'appellent des montres à complications car elles fournissent bien d'autres informations que l'heure : elles donnent la date, la position du soleil, des étoiles, ou des saisons, et tout ceci manuellement, grâce à un jeu d'engrenages et des ressorts. Elles possèdent aussi quelquefois une fonction de chronographe. Ces montres sont fabriquées certaines fois à l'unité ou dans des quantités très limitées, avec un numéro de garantie individuel. Comme cela apparaîtra plus loin, dans cette catégorie, nous avons regroupé toutes les marques dont le prix moyen, au niveau du prix de gros, est supérieur à 5 000 euros (soit un prix moyen en boutique de 10 000 euros), mais quelques-unes de ces montres sont souvent des objets de collection pouvant se vendre jusqu'à 100 000 ou 200 000 euros.

Les montres joaillerie et les montres de spécialistes sont moins raffinées et fabriquées dans de plus grandes quantités. Dans cette catégorie nous avons inclus toutes les montres qui se vendent au-dessus de 750 euros et à moins de 5 000 euros en prix de gros. Quelques-unes sont manuelles, mais la plupart possèdent des piles à quartz. Ce sont des objets magnifiquement réalisés qui représentent le cadeau idéal.

Les montres « mode » appartiennent à une troisième catégorie. Nous incluons ici toutes les montres qui se vendent en bijouterie entre 100 et 1 500 euros. C'est le cas des montres Tommy Hilfiger, Calvin Klein, Armani. L'idée est de développer chez le consommateur l'idée qu'il peut posséder plusieurs montres, afin de les choisir selon son humeur du moment : il peut avoir plusieurs montres de ce genre dans un tiroir, en mettre une quelques jours, avant de changer et d'en choisir une autre.

- *Hommes ou femmes ?*

Les montres sont un des rares objets de luxe que les hommes peuvent acheter et adorer. On peut affirmer qu'environ 90 % des montres à complications sont achetées par des hommes, et que certains hommes les collectionnent, achètent d'anciens modèles lors de ventes aux enchères et font cela exactement comme s'ils collectionnaient des timbres rares.

Dans le segment des montres de joaillerie, les femmes sont des clientes importantes car elles achètent ou se font offrir des montres lors d'événements particuliers. Elles représentent aussi le plus grand pourcentage d'acheteurs de montres dites de « mode ».

- *Quelles nationalités ?*

Deux nationalités doivent être distinguées : en Asie, la Chine est un très gros marché pour les montres. Les Chinois sont traditionnellement des acheteurs de produits de luxe et se font plaisir en achetant des montres chères, qui sont le signe d'une façon plus raffinée que pour les voitures, de leur réussite professionnelle et financière. En Europe les Italiens achètent des montres plus que tout le monde et sont de gros collectionneurs. Ils peuvent faire la queue toute une nuit devant une boutique Swatch pour être les premiers à acheter les nouveaux modèles en édition limitée. Les Italiens considèrent aussi que porter une montre chère de marque connue, est le signe ultime de l'élégance et du raffinement.

Les autres marchés importants sont le Japon, qui dans une moindre mesure ressemble au marché chinois, et les États-Unis. Aux États-Unis les consommateurs achètent des montres de 100 dollars (les marques « mode ») mais aussi des modèles de montres très chères. Certaines femmes par exemple, aiment les montres avec des diamants autour du cadran : elles aiment les montres onéreuses et les objets raffinés que leurs amis vont remarquer et commenter.

En Amérique latine, au Moyen-Orient et en Asie du Sud-Est, la montre est un élément important du statut de l'homme et de son code vestimentaire. Il existe aussi en fonction des régions du monde des différences entre les types de montres que les gens préfèrent. Les Européens en général portent des montres avec des bracelets en cuir, alors que les Asiatiques et les gens vivant sous les tropiques préfèrent des bracelets métalliques. Les Asiatiques préfèrent également les montres rondes qui correspondent à la plus grande part du marché global.

Les acteurs principaux

➤ Les marques de joaillerie

Tableau 3.12 – Chiffre d'affaires estimé des principaux opérateurs de joaillerie pour 2009-2010 (y compris leur chiffre d'affaires en horlogerie) en millions d'euros

Sociétés	Pays	Chiffre d'affaires global	Chiffre d'affaires montres	Propriétaire
Cartier	France	2400 (E)	1120 (E)	Richemont
Tiffany	États-Unis	2052	Sous licence	Coté en Bourse
Bulgari	Italie	927	213	Coté en Bourse
David Yurman	États-Unis	550	N.C.	Privé
Chopard	Suisse	500 (E)	200 (E)	Privé
H. Stern	Brésil	450 (E)	N.C.	Privé
Tous	Espagne	350 (E)	20 (E)	Privé
Mikimoto	Japon	300 (E)	N.C.	Privé
Lawrence Graf	Royaume-Uni	280 (E)	N.C.	Privé
Harry Winston	États-Unis	170	36 (E)	Coté en Bourse
Van Cleef	France	300 (E)	30 (E)	Richemont
Pomellato	Italie	80 (E)	N.C.	Privé
Chaumet	France	60 (E)	35 (E)	LVMH
Mauboussin	France	45 (E)	10 (E)	Privé
Boucheron	France	40 (E)	15 (E)	PPR Gucci
Buccelatti	Italie	30 (E)	N.C.	Privé
Dinh Van	France	25 (E)	N.C.	Privé
Fred	France	15 (E)	5 (E)	LVMH
Mellerio	France	8,5 (E)	N.C.	Privé
Poiray	France	8	5 (E)	Coté en Bourse

(E) indique des estimations des auteurs.

Source : Rapports annuels et entretiens avec les professionnels du secteur. Nous avons décidé de ne pas inclure Chanel et Dior dans ce tableau, nos estimations de leurs chiffres d'affaires étant trop incertaines.

Le tableau 3.12 donne nos propres estimations sur les principaux acteurs de ce secteur. Nous donnons le chiffre d'affaires global tel que nous l'avons estimé, tout comme nous prenons en considération le chiffre d'affaires des montres. Les montres pour Cartier, correspondent à environ 50 % de leur activité, alors qu'elles ne représentent que 10 % du chiffre d'affaires de Van Cleef. Mais il n'est pas possible, pour chacune des marques mentionnées dans le tableau 3.12, de se contenter de soustraire du chiffre d'affaires total, le chiffre d'affaires des montres, pour avoir une idée du chiffre d'affaires de la joaillerie. Car par exemple le chiffre d'affaires global de Cartier, comprend les foulards et la maroquinerie et le chiffre d'affaires global de Bulgari inclut également les parfums.

En étudiant de plus près le tableau 3.12, on se rend compte que seuls 10 opérateurs ont un niveau d'activité important et significatif:

- **Cartier** est la plus grande marque et est extrêmement rentable. Cartier a une forte présence dans les montres, mais a aussi été capable de développer un niveau d'activité très important en haute joaillerie. Le groupe est très puissant en Europe et en Asie, et est un acteur majeur aux États-Unis.
- **Tiffany** est presque aussi gros que Cartier mais plus faible en horlogerie. Ses forces se trouvent aux États-Unis où il apparaît clairement comme le leader, et en Asie. Il s'implante aujourd'hui en Europe. Son mix produits est particulier et hormis la haute joaillerie, Tiffany est essentiellement connu aux États-Unis pour ses bagues de fiançailles. Tiffany est aussi surtout connu aux États-Unis et en Asie, pour ses prix d'entrée de gamme à moins de 75 euros, comme ses stylos à bille, ses petites cuillères et ses gobelets de naissance ou ses médailles de baptêmes.
- **Bulgari** fit ses débuts en tant qu'orfèvre, et se diversifia lentement dans la joaillerie, puis dans l' horlogerie. Cette marque se développe aujourd'hui dans les parfums et possède une collection intéressante de cravates et de foulards, ainsi qu'une activité assez récente dans la maroquinerie. Basé à Rome le groupe a également développé les hôtels Bulgari.
- **David Yurman** peu connu en Europe et en Asie est un détaillant américain très respecté et très puissant aux États-Unis.
- **Chopard** société familiale basée à Genève, obtient des résultats très impressionnants tout d'abord en tant que joaillier, mais aussi en tant qu'horloger. Leur ligne Happy Diamond est célèbre et très appréciée. Ils possèdent 100 boutiques à travers le monde.
- **H. Stern** est une entreprise créée en 1945 par Hans Stern, âgé aujourd'hui de 82 ans, qui dirige toujours la société. Installée au Brésil là où l'entreprise fit

ses débuts, la marque possède environ 160 boutiques, situées pour la plupart en Amérique latine. Ils ont néanmoins des boutiques aux États-Unis et à Paris. Leur concept repose sur les pierres semi-précieuses très appréciées sur le continent américain.

- **Mikimoto** est le leader des perles de culture qu'ils ont développé au Japon et étape par étape, ils ont aussi développé des pièces de joaillerie originales.
- Nous pourrions poursuivre la présentation des sociétés figurant dans le tableau 3.12 mais cela deviendrait quelque peu fastidieux. Il y a quelques différences d'une société à l'autre, mais la société espagnole TOUS est la seule totalement différente. Leur concept d'or bon marché est assez particulier, tout comme la configuration de leur logistique. De nombreuses personnes vont objecter qu'ils n'appartiennent pas vraiment au monde du luxe. Ils ont tout de même 160 magasins dans le monde, y compris aux États-Unis, mais la plupart néanmoins dans le monde hispanique.

➤ Les marques de montres

Tableau 3.13 – Fabricants des montres à complications. Estimation du chiffre d'affaires 2009-2010

Entreprises	Nationalité	Chiffre d'affaires (en millions d'euros)	Ventes unitaires	Prix de gros moyen par unité (en euros)	Propriétaire
Patek Philippe	Suisse	462	42 000	11 000	Privé
Piaget	Suisse	270	30 000	9 000	Richemont
Breguet	Suisse	235	28 000	8 400	Swatch
Franck Muller	Suisse	190	38 000	5 000	Privé
Audemars Piguet	Suisse	150	26 000	7 000	Privé
A. Lange und Söhne	Allemande	140	35 000	4 000	Richemont
Vacheron Constantin	Suisse	99	18 000	5 500	Richemont
Girard-Perregaux	Suisse	91	17 000	5 350	Privé
Harry Winston	Américaine	36	3 000	12 000	Coté en Bourse
Blancpain	Suisse	45	9 000	5 000	Swatch

Source: Newsletter, Business montres et spécialistes du secteur, 2010.

Comme expliqué ci-avant, nous classerons les acteurs en trois catégories, selon leur niveau de prix. Les experts de l'industrie peuvent considérer que cette segmentation est quelque peu artificielle, mais quand on regarde les tableaux, ils donnent l'impression de correspondre à des regroupements logiques.

Dans le tableau 3.13 on peut voir tout d'abord les acteurs principaux dans les montres à complications, c'est-à-dire sur des modèles très chers. Dans cette première catégorie où le chiffre d'affaires global des dix premiers opérateurs atteint 1,5 milliard d'euros, le chiffre d'affaires global est sans doute légèrement inférieur à 2 milliards d'euros. Presque toutes les sociétés sont suisses. Pour ces objets très chers, tout semble être géré depuis la Suisse même si les clients sont éparpillés dans le monde entier y compris aux États-Unis, mais aussi en Chine et au Japon. Quelques-unes de ces marques sont encore indépendantes, mais la moitié fait partie du groupe Richemont ou du groupe Swatch qui, comme son nom ne l'indique pas, est également très fort sur le marché des montres de luxe.

Tableau 3.14 – Fabricants des montres de Joaillerie et des montres de spécialistes. Estimation du chiffre d'affaires 2009-2010

Entreprises	Nationalité	Chiffre d'affaires (en millions d'euros)	Ventes unitaires	Prix de gros moyen par unité (en euros)	Propriétaire
Rolex	Suisse	1750	700000	2500	Privé
Cartier	Suisse	1120	700000	1600	Richemont
Omega	Suisse	1000	1000000	1000	Swatch
Chanel	Franco-Suisse	360	120000	3000	Privé
Bulgari	Italo-Suisse	213	110000	1936	Coté en Bourse
Breitling	Suisse	210	120000	1500	Privé
IWC	Allemande	210	60000	3500	Richemont
Jaeger-Lecoultre	Suisse	210	60000	3500	Richemont
Louis Vuitton	Franco-Suisse	160	80000	2000	LVMH
Hermes	Française	123	130000	950	Coté en Bourse
Montblanc	Allemande	90	95000	950	Richemont
Baume et Mercier	Suisse	77	70000	1100	Richemont
Dior	Française	66	70000	950	Coté en Bourse

Source: Newsletter, Business montres et spécialistes du secteur, 2010.

Le tableau 3.14 présente les opérateurs en joaillerie et en montres de spécialistes. Le tableau commence par Rolex, une société importante du monde du luxe, qui appartient, à travers une fondation, à une famille très discrète. C'est sans aucun doute l'exemple d'une activité très rentable. Nous avons ensuite des marques impressionnantes comme Cartier, Omega et Breitling. Les marques de cette catégorie, à quelques exceptions près, comme Rolex, appartiennent aux groupes Richemont et Swatch, les deux concurrents principaux.

Le tableau 3.15 présente la dernière catégorie de montres : il s'agit toujours de montres de luxe mais avec un prix de gros moyen, inférieur à 750 euros. Cette catégorie n'est en fait pas très homogène, car nous avons en même temps des marques comme Tag Heuer ou Rado, que l'on peut considérer comme faisant partie de la seconde catégorie, et des marques comme Calvin Klein ou Tommy Hilfiger, avec un positionnement totalement différent et des prix de détail se situant aux alentours de 100 ou 200 euros.

Tableau 3.15 – Fabricants des montres « mode » (chiffre d'affaires estimé 2009-2010)

Entreprises	Nationalité	Chiffre d'affaires (en millions d'euros)	Ventes unitaires	Prix de gros moyen par unité (en euros)	Propriétaire
Tag Heuer	Suisse	565	750 000	750	LVMH
Tissot	Suisse	500	1 000 000	500	Swatch
Longines	Suisse	250	500 000	500	Swatch
Rado	Suisse	132	220 000	600	Swatch
Gucci	Italienne/Suisse	130	250 000	520	PPR GUCCI
Calvin Klein	Américaine	100	1 000 000	100	Swatch
Raymond Weil	Suisse	75	100 000	750	Privé
Tommy Hilfiger	Américaine	45	900 000	50	Privé
Armani	Italienne	45	450 000	100	Privé
Burberry	Royaume-Uni	37	200 000	180	Coté en Bourse

Source : Newsletter, Business montre et spécialistes du secteur, 2010.

Ce que l'on peut tirer comme conclusion de cette segmentation en trois catégories est qu'il y a en fait trois activités distinctes : une activité où les unités se calculent en milliers, une activité où les unités vont de 50 000 à presque un million et en dernier lieu, une activité où les chiffres sont en centaines de milliers.

Nous avons expliqué que sur le segment des montres à complications, le chiffre d'affaires global de la catégorie est sans doute un peu inférieur à 2 millions d'euros. Sur le segment des montres de spécialistes et de joaillerie, le chiffre d'affaires total est d'environ 6 millions d'euros. Dans la dernière catégorie, le segment des montres mode et tendance, même si les chiffres de vente à l'unité sont considérables, le niveau de chiffre d'affaires reste dans son ensemble relativement limité, aux alentours de 2 millions d'euros.

Il est aussi intéressant de remarquer qu'à part Cartier, Bulgari et Harry Winston, sur l'ensemble du marché des montres, les autres marques de joaillerie ne font pas des performances exceptionnelles : si les montres sont essentielles pour qu'une marque de joaillerie se développe, et atteigne plus facilement le point mort dans ses boutiques existantes et puisse en financer d'autres, le marché des montres est à part, presque toujours de fabrication Suisse, et se développe très vite.

Dans cette activité trois groupes détiennent une grosse part du marché global. Swatch grâce à sa forte dynamique d'acquisitions serait le leader, avec une part de marché de 25 %. Rolex en s'appuyant uniquement sur sa marque Rolex et sa marque Tudor au positionnement plus bas de gamme (avec un chiffre d'affaires d'environ 100 millions d'euros) et 22 % de part de marché serait second, puis le groupe Richemont y compris Cartier et toutes les autres marques de montres, avec encore 20 % de part de marché. Le marché est ainsi concentré sur trois groupes contrôlant 67 % de l'ensemble. Mais il reste quand même ouvert aux nouveaux venus qui peuvent développer une bonne idée ou de nouvelles compétences artisanales.

Les principaux facteurs de réussite

Nous aborderons ici trois problèmes de management : la nécessité d'un mix efficace des activités de vente en gros et des ventes en magasin, la difficulté du prix en joaillerie et dans les montres et les conséquences d'un seul gros client sur le futur des activités.

➤ Vente en boutique ou vente en gros ?

En joaillerie, une grosse partie de l'activité se fait dans les boutiques appartenant à la marque. Pour les montres la majorité de l'activité se fait dans la vente en gros car les produits ont besoin de visibilité et d'une présence assez large dans les différents points de vente.

À une époque, des marques comme Ebel dont l'activité concernait essentiellement les montres, tentèrent sans grand succès d'ouvrir des boutiques ; néanmoins des marques comme Rolex et Omega l'ont fait plus récemment avec succès et cette tendance semble se développer. D'autres marques ont au contraire tenté de réserver les ventes de produits horlogers à leurs propres boutiques. Ce fut au début la politique des montres Bulgari, puis ils réalisèrent qu'ils devaient étendre leur réseau de distribution pour accroître la présence et la visibilité de leurs produits.

Alors que les activités de grossiste s'étendent, les marques de joaillerie ont eu la tentation d'élargir leur distribution à des boutiques multimarques. Mais à moins qu'elles ne réussissent avec une ligne de produit très spécifique, cela ne s'est pas toujours avéré efficace. Pendant de nombreuses années Cartier a eu « Must de Cartier » et cela fut sans doute au début, très utile à la marque pour qu'elle se développe. Mais cette ligne a été supprimée puis à nouveau inscrite à leur catalogue. Bulgari possède une petite ligne de joaillerie pour les boutiques de joaillerie multimarques.

➤ Prix et gammes de produits dans la joaillerie et les montres

En joaillerie il existe différents segments de consommateurs : ceux étant prêts à dépenser 5 000 euros pour une petite pièce de joaillerie, ceux étant prêts à dépenser de 5 000 à 50 000 euros et ceux recherchant des pièces exclusives, qui se vendent bien au-dessus de ces montants.

Lorsqu'on étudie les différentes offres des joailliers, on peut remarquer chez l'un ou chez l'autre des faiblesses dans l'un de ces trois différents segments de marché. Pour corriger cette situation, il leur faut sans doute engager de nouveaux stylistes et développer des compétences particulières, pour être capable de travailler sur le segment de marché qui n'est pas occupé.

Au contraire, une marque de montres donnée, se trouvant située dans un seul des trois segments de prix et n'aurait pas intérêt à brouiller les pistes.

➤ Le risque du gros client

Nous pouvons évoquer les cas de Mauboussin, Asprey, ou encore Chaumet, où à une certaine époque, le chiffre d'affaires de l'année, ne pouvait être réalisé qu'à condition qu'ils reçoivent une commande du Sultan du Brunei ou du Roi du Maroc. Lorsque ces grosses commandes tombent, la vie devient plus facile. Mais lorsque le Sultan de Brunei représente 50 % du chiffre d'affaires annuel d'une maison de joaillerie, il faut être très prudent : que se passe-t-il s'il n'y a pas de commande l'année suivante ? Comme dans toute activité, la diversification et un bon équilibre dans la liste des clients, sont essentiels à la bonne santé d'une activité.

Les structures d'organisation les plus fréquentes

Dans la joaillerie, les structures d'organisation sont réduites, avec un responsable des ventes mondiales en boutiques et un responsable export pour la vente en gros. Le bureau de style et l'atelier de production sont évidemment importants. Il y a ensuite une équipe marketing assez étoffée qui s'occupe du positionnement produit, du positionnement de la marque, et des relations publiques.

Le marché de la maroquinerie

Nous avons parlé plus haut du prêt-à-porter et de la mode. Il faudrait parler de la totalité des accessoires de mode tels qu'ils sont décrits dans ce chapitre, mais la grande diversité de produits et de problématiques nous a fait choisir exclusivement le cas de la maroquinerie. Nous aurions pu parler « d'articles en cuir » et décrire également les chaussures, mais là encore les conditions de production sont différentes et les enjeux commerciaux sont très particuliers. C'est pourquoi nous allons nous limiter à la seule maroquinerie.

Le marché

Le marché mondial de la maroquinerie du luxe correspond à environ 15 milliards d'euros de chiffre d'affaires. Il comprend en fait trois segments différents :

➤ Les sacs à main pour les femmes

Il s'agit là d'un accessoire de mode et d'un complément de la tenue vestimentaire d'une femme : souvent d'ailleurs une robe élégante ou un tailleur particulièrement seyant peuvent être détruits par la présence, au bras de celles qui les portent, d'un sac informe, en plastique ou en cuir de mauvaise qualité. De la même façon, un tailleur, neuf et très tendance peut-être détruit par la présence à ses côtés, et en première ligne, d'un sac usé, ancien et sans forme : un sac à main, c'est vraiment un accessoire de mode. Les Japonaises sont les premières à le reconnaître, puis les Italiennes, les Chinoises et les Américaines et souvent, en dernier lieu, les Françaises. En fait un sac nouveau et à la mode peut mettre en valeur une tenue un peu ancienne ou en rehausser le style. Il s'agit d'un achat correspondant à un ticket moyen allant généralement de 200 à 2 000 euros, donc beaucoup plus abordable qu'une robe ou un tailleur, et sa durée de vie est généralement plus longue.

➤ Les bagages obéissant à une problématique différente

Lorsque les gens les prennent pour passer un week-end en voiture ou les transporter avec eux en train ou en avion, ils souhaitent des produits élégants, légers et commodes. Ils sont heureux de se présenter à leurs amis avec des bagages différents qui puissent témoigner de leur goût et de leur statut social. Au contraire, pour les bagages qu'ils enregistrent pour aller dans la soute des avions, ils souhaitent des produits solides, commodes et surtout aussi peu identifiés que possible car ils craignent qu'un bagage luxueux soit plus facilement repéré, volé ou visité par les bagagistes d'un pays ou d'un autre. Une collection de valise doit donc satisfaire à deux critères inconciliables : l'élégance et l'occasion de sortir de la masse des consommateurs d'un côté, le profil bas et l'anonymat de l'autre.

➤ La petite maroquinerie

Ces produits sont les compléments nécessaires d'une collection de sacs à main. Les portefeuilles ou porte-monnaie doivent exister dans toutes les couleurs et tous les styles des sacs à main : ils constituent un achat complémentaires habituel. Mais ils doivent être déclinés pour s'adapter à ces habitudes nationales particulières. Pour disposer de billets de dollars américains, d'euros, de yens ou de yuans, il faut une poche d'une taille différente dans son portefeuille. De même, suivant les pays, les permis de conduire ou les cartes d'identité sont de taille différente : les produits de petite maroquinerie, s'ils sont adaptés aux habitudes et aux formats spécifiques de différent pays, doivent être déclinés quasi à l'infini.

Tous ces éléments entraînent des collections très larges : quelquefois, plusieurs centaines de références par saison. Pour les fabricants, la maroquinerie correspond à des produits traditionnellement de marge plus élevées que le prêt-à-porter, donc elle peut être très rentable. Il faut dire que l'acheteur raisonne avec une durée d'utilisation plus longue que pour le prêt-à-porter. Un sac ou une valise peut très bien durer plus de 10 ans et son achat paraît correspondre à un « investissement» plutôt qu'à un achat saisonnier. C'est dans cette optique un cadeau idéal et souvent offert. Mais pour qu'un produit donné devienne un cadeau sans risque, il faut que la marque soit connue et respectée et le produit différent, reconnaissable et attractif.

Les acteurs principaux

Le tableau 3.16 présente les principaux opérateurs du secteur. La liste n'est d'ailleurs pas limitative car on a choisi de considérer la marque Prada comme une marque de maroquinerie (elle a débuté comme une marque de chaussures puis de maroquinerie) alors que Gucci n'apparaît pas dans le tableau (elle a été considérée comme une marque de prêt-à-porter, ce qui est injuste pour une marque dont le fondateur, Guccio Gucci était un fabricant de sacs de dame).

Tableau 3.16 – Principaux fabricants de maroquinerie (2009)

	Nationalité	Chiffre d'affaires (millions d'euros)	Groupe
Louis Vuitton	France	5 000 (E)	LVMH
Coach	États-Unis	2 500	Cotée
Hermès	France	1 900	Cotée
Prada	Italie	1 700 (E)	Privée
Fendi	Italie	400 (E)	LVMH
Hunting World	États-Unis	350 (E)	Privée
Longchamp	France	320 (E)	Privée
Loewe	Espagne	200 (E)	LVMH
Furla	Italie	150 (E)	Privée
Lancel	France	100 (E)	Richemont
Mulberry	Royaume-Uni	90	Cotée
Mandarina Duck	Italie	50 (E)	Privée
Valextra	Italie	40 (E)	Privée

(E) indique des estimations des auteurs.

Source : Rapports annuels ou déclarations de l'entreprise.

Ce qui apparaît sur ce tableau, c'est le fait que 3 ou 4 marques représentent l'essentiel de ce marché et disposent sans doute d'une rentabilité exceptionnelle. On remarque aussi qu'à l'exception de Fendi ou de Longchamp, les autres intervenants sur ce marché restent relativement petits et semblent avoir des difficultés à jouer un véritable rôle mondial.

Les principaux facteurs de réussite

Nous étudierons l'aspect stylistique de ce marché, puis les aspects industriels et commerciaux.

Trouver un style reconnaissable est une condition nécessaire pour réussir sur ce marché. Il ne suffit pas de créer et de fabriquer un sac. Il faut qu'il soit différent de celui des autres marques et que deux produits de cette marque aient un air de famille. Pour les produits de premier prix, cela est assez simple : il suffit de créer une toile enduite qui reprenne de façon plus ou moins discrète le logo de la marque, ou des entrelacs des lettres de la marque dans un camaïeu de couleurs reconnaissable : Louis Vuitton fait cela très bien, mais aussi Gucci, Fendi, ou encore Dior. D'autres marques comme Lancel avaient traditionnellement imposé une toile enduite reconnaissable, mais ils s'en sont éloignés. D'autres comme Longchamp sont venus avec une toile enduite beaucoup plus récemment.

Mais il faut aussi définir des collections de sacs tout cuir reconnaissables et qui apportent quelque chose à la marque. Dior, avec son sac Lady Dior a parfaitement atteint sont but. Chanel avec son modèle 1955 également. Certaines marques comme Salvatore Ferragamo ou Armani n'ont jamais réussi à mettre au point un style particulier de sacs, immédiatement reconnaissable, mais permettant une déclinaison sur des modèles différents. Yves Saint Laurent non plus. Cette approche est nécessaire pour les sacs, mais elle l'est aussi pour les bagages. Là encore, il faut définir des modèles identifiables avec un concept déclinable et évolutif.

La production est un autre domaine particulier. Il faut bien sûr partir de composants comme des toiles enduites ou des cuirs de qualité, mais il faut surtout apporter aux produits une finition très précise pour leur donner une présence forte, une élégance et une durée exceptionnelle.

Traditionnellement cette maroquinerie haut de gamme était surtout réalisée en Italie, en France et, dans une moindre mesure, en Espagne. Mais l'attrait des coûts chinois, thaïlandais et taïwanais semble avoir incité certains à basculer la production en Asie. C'est le cas par exemple de Coach qui revendique une fabrication presque exclusive en Chine. C'est dans une moindre mesure le cas pour certaines marques qui veulent absolument concurrencer des maroquineries fortement implantées en Chine comme peut l'être Carolina Herrera par exemple.

Il faut dire que sans atteindre la perfection ou le travail artisanal, la fabrication de produits en cuir s'est beaucoup améliorée en Chine ces 15 dernières années et que les produits finis peuvent être d'assez bonne qualité, surtout si la matière première, c'est-à-dire le cuir, vient d'Italie, d'Espagne ou de France.

La distribution elle aussi requiert une attention toute particulière. Elle doit être mondiale et nécessite des magasins en propre bien localisés et dont la présentation raffinée et très minimaliste ajoute encore à l'image de qualité artisanale des produits. Mais cela n'empêche pas de vendre aussi à des magasins de maroquinerie multimarques qui dans bien des cas, apportent un volume de chiffre d'affaires additionnel et une visibilité plus forte des produits. Néanmoins ces maroquiniers multimarques doivent être prudemment sélectionnés pour que les produits ne se retrouvent pas à côté d'articles de qualité très moyenne et fabriqués presque exclusivement en plastique.

Pour ce type d'articles, les magasins *duty free* sont également très importants car ils offrent à la fois de la visibilité, de l'image et du volume. Mais il faut veiller à la qualité de présentation des produits qui se trouvent souvent dans des corners bien identifiés d'un centre commercial *duty free*.

Enfin si nous avons mentionné presque exclusivement les maroquiniers, il ne faut pas oublier que pour une marque de mode comme Chanel, Dior ou Dolce&Gabbana, la vente des sacs féminins constitue une partie très importante du chiffre d'affaires et une collection bien conçue et bien établie peut souvent permettre à un magasin de mode d'atteindre le point mort : en Asie, les ventes de maroquinerie peuvent constituer 40 % du chiffre d'affaires d'une boutique. Sans cet apport considérable, beaucoup de ces magasins de mode asiatiques seraient déficitaires.

Le monde des hôtels et de l'hospitalité

Le terme d'hospitalité est plus large que celui d'hôtellerie car il comprend également les restaurants, les cafés, les bars ou les boîtes de nuit, sans parler des croisières, des agences de voyage haut de gamme ou de certaines activités d'aviation comme les jets privés, la location d'avions d'affaires ou même la vente de billets d'avion de première classe.

Mais il semblerait anormal de rédiger un livre sur le luxe sans mentionner cette activité qui a toutes les caractéristiques du luxe, de l'artisanat dans le service et de la dimension internationale.

Nous n'allons pas décrire ici ce secteur et ses nombreux intervenants souvent très prestigieux. Nous allons simplement en indiquer les particularités.

Il s'agit bien sûr d'un secteur où l'hospitalité est essentielle. Celle-ci est dans une certaine mesure tangible et mesurable. Une belle chambre d'hôtel dans un hôtel de luxe doit par exemple mesurer au moins 45 m^2, avoir une jolie vue et bénéficier de textiles (murs, rideaux, moquettes, couvre lits, fauteuils) de très grande qualité. Mais cette hospitalité est aussi intangible. Il s'agit du sourire et de la personnalité des employés à la réception, dans les chambres, aux restaurants et partout ailleurs. Ce qui fait la qualité perçue d'un séjour, c'est justement le côté exceptionnel de ces deux ou trois douzaines d'interactions avec des gens différents, avec des niveaux hiérarchiques diversifiés, mais qui constituent le service, tel qu'il est perçu pour le client.

Dans ce secteur de l'hospitalité, les valeurs d'excellence se construisent à long terme. Ce qui fait la différence, ce n'est pas nécessairement le premier séjour dans un hôtel de luxe, mais le quatrième ou le cinquième. Est-ce que le client est reconnu et salué comme un visiteur régulier ? Est-ce que ses préférences ont été mémorisées et prises en compte ? (chambre préférée, quotidien et magazine souhaité, habitudes alimentaires par exemple). Rien n'est bien difficile dans tout cela, mais ce qui crée la préférence entre un hôtel et un autre, c'est la qualité de l'exécution des tâches quotidiennes et la stabilité et la durée dans l'excellence.

Pour obtenir ce type d'atmosphère où le client se sent apprécié et valorisé, il faut que la totalité des personnels, de la cave au grenier, comprenne le style particulier souhaité par un hôtel donné et souhaite participer à cet effort qui doit être général, harmonisé et coordonné tout en paraissant naturel.

Mais il ne suffit pas de faire tout cela. Il faut aussi en mesurer régulièrement les effets en termes d'identité de marque. Un hôtel ou une compagnie de location d'avions privés sont essentiellement des marques qui doivent construire leur notoriété et leur préférence dans l'esprit des consommateurs potentiels et des clients réguliers.

Dans cette activité que nous appelons « hospitalité », il ne s'agit pas, bien sûr, d'apporter la plupart du temps ou très souvent le service et l'environnement attendu : il faut que ce service soit là tout le temps… et c'est cela qui nécessite un effort particulier.

En décrivant ce secteur de l'hospitalité, on s'aperçoit que les qualités nécessaires pour y réussir ne sont pas très loin de celles qui sont exigées dans la question de point de vente d'une marque de luxe. On est en plein dans ce qui fait la particularité de ce secteur.

Conclusion

Il est bien dommage de devoir limiter notre étude des différents secteurs de l'industrie du luxe, à ces seules six catégories. La mode masculine, ou les arts de la table auraient mérité d'être présentés. Mais il faut savoir arrêter une liste à des catégories de produits méritant une analyse particulière. Il serait également intéressant d'étudier le marché du vin que nous avons considéré comme étant la plus grosse catégorie de produits de l'industrie du luxe. Mais cela mériterait sans aucun doute une étude à part.

Dans le reste de ce livre, nous donnerons des exemples provenant de différentes parties du domaine du luxe, mais nous parlerons de cette industrie dans son ensemble, sans différencier les segments. Dans ce chapitre, nous espérons avoir convaincu le lecteur qu'il existe d'une catégorie à l'autre, de nombreuses différences, mais que le marché du luxe est une activité distincte de celle des autres marchés. Nous espérons aussi l'avoir convaincu que malgré ces différences, tous les segments du luxe sont assez semblables dans leurs aspects et leurs besoins en management.

Chapitre 4

Le pouvoir d'une marque de luxe

Jusqu'à présent, nous avons parlé plus volontiers de marques que d'entreprises : il faut dire que le luxe est avant tout affaire de marques. Quand les clients ont une préférence pour une marque, ils sont prêts à dépenser un peu plus pour cette marque et celle-ci peut donc se permettre d'être un peu plus chère. Une marque peut traverser des périodes de faiblesse sur le plan créatif, durant lesquelles ses nouveaux produits ne sont plus si exceptionnels, mais elle conservera ses clients les plus fidèles. Il existe toujours un fort investissement émotionnel lié à une marque contemporaine donnée, et ce pour des raisons historiques, affectives et sociales.

Dans le luxe, l'image de marque constitue un élément très important pour l'entreprise mais représente aussi parfois, d'une certaine manière, une contrainte. Il n'est pas possible, par exemple, pour l'entreprise de lancer un produit qui se situerait en dehors de la sphère de légitimité de la marque. Mais l'image peut également permettre d'attirer une nouvelle clientèle en la convaincant du pouvoir d'attraction et de la raison d'être d'un nouveau produit que l'on a décidé de lancer.

Comment mesurer le pouvoir d'une marque ? D'abord : cette marque est-elle très connue ou seulement connue ? Cela est facile à vérifier : il suffit d'interroger cinq cents clients-cibles. On peut commencer par leur demander : « Quelles sont les marques de montres de luxe que vous connaissez ? » Les réponses spontanées, par exemple Rolex ou Cartier, donnent ce qu'on appelle la **notoriété spontanée**. À partir des mêmes réponses, les chercheurs peuvent aussi tirer une autre information : le nombre de fois où une marque est citée en premier, ce que l'on appelle la notoriété ***top of mind*** ou première à venir à l'esprit. C'est le signe d'une position très forte pour cette marque dans la catégorie de produit concernée. Par exemple, si l'on demande à un panel de consommateurs : « Quelles sont les marques de foulards que vous connaissez ? », on sait que Hermès sera la plus mentionnée en premier, mais dans quelle proportion ? Cette proportion peut en outre varier dans le temps. Il est également intéressant de savoir quelle marque est mentionnée en deuxième position dans les réponses spontanées, et avec quel retard en termes de pourcentage par rapport à Hermès et quelle avance, éventuellement, sur une troisième marque.

Dans un second temps, la personne interrogée se voit présenter une liste de marques sur une feuille et doit indiquer quelles sont celles qu'elle connaît : c'est la **notoriété assistée**, qui mesure la proximité entre une marque et sa clientèle.

En général, les marques dominantes comme Chanel, Dior ou Armani atteignent 40 à 60 % de notoriété spontanée, selon le pays dans lequel l'enquête est réalisée. Mais elles atteignent sans doute 80 à 90 % de notoriété assistée pour les parfums ou le prêt-à-porter féminin de luxe. Les marques plus confidentielles ont généralement du mal à obtenir de bons scores en notoriété spontanée : elles tendent à n'être citées que par ceux qui utilisent leurs produits.

Dans ce chapitre, nous verrons d'abord ce que peut être la valeur d'une marque et comment on peut la mesurer, puis nous nous intéresserons aux différents points de vue d'ensemble sur la marque et enfin à ce qu'elle représente pour le public.

La valeur d'une marque

Nous allons ici examiner en détail une étude menée annuellement par le cabinet de consultants Interbrand, dont les résultats paraissent chaque année dans *Business Week* à la fin du mois de juillet ou au début du mois d'août. Chaque marque s'y voit attribuer une valeur globale, et presque toutes les marques du monde sont évaluées.

La méthodologie mise en œuvre par Interbrand

Interbrand se fonde sur un modèle spécifique de gestion de marque, que nous reproduisons sur la figure 4.1 et qui reprend, dans leur lien avec le consommateur, les différents aspects que présente une marque.

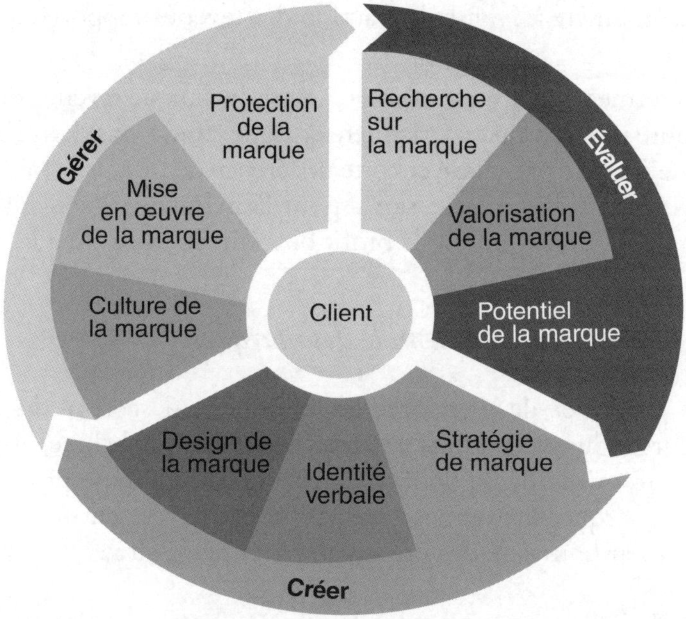

Figure 4.1 – Gestion d'une image de marque, modèle d'Interbrand

Ce modèle place le client au centre et partage le monde de la gestion de marque en trois activités : évaluation (par la recherche) des opportunités de la marque, processus de création (stratégie mais également identité verbale et visuelle de la marque) et enfin processus de gestion (culture, mise en application et protection).

Pour son enquête annuelle, Interbrand se fonde sur un ensemble de critères :

- l'entreprise doit être cotée en Bourse ;
- un tiers au moins de ses revenus doivent provenir de pays autres que son pays d'origine ;
- la marque doit appartenir à un marché concurrentiel ;
- la valeur ajoutée économique doit être positive ;
- l'entreprise ne doit pas avoir une activité purement « B to B » sans image ni notoriété auprès du grand public.

La méthodologie retenue pour évaluer les différentes marques est la suivante :

- l'estimation des **revenus actuels et futurs** attribuables spécifiquement aux produits sous la marque ;
- l'évaluation des coûts de fonctionnement, des taxes et des actifs immatériels tels que les brevets et le potentiel organisationnel sont pris en compte et

soustraits de manière à évaluer la fraction des revenus rapportée par la marque elle-même.

En d'autres termes, l'idée est d'estimer la part du flux de revenus due au fait que le produit arbore une marque particulière et ne se trouve pas dans l'anonymat : la marque justifie un prix plus élevé et cette différence de prix, une fois diminuée du montant des investissements nécessaires pour la maintenir à son niveau de notoriété, peut être considérée comme le profit brut directement dû à la marque.

Les marques de luxe dans l'ensemble des marques

Le tableau 4.1 permet de comparer les marques du secteur du luxe à celles d'autres secteurs industriels. Nous pouvons constater que le luxe, avec une valeur consolidée de 68 milliards de dollars n'arrive qu'en septième position parmi les 100 premières marques en termes valeur. Ce chiffre est en outre souvent plus faible que la valeur boursière des principaux groupes de luxe.

Tableau 4.1 – Place des marques de luxe dans le classement global des marques (2010)

Secteurs	Nombre de sociétés	Nombre de sociétés américaines	Valeur consolidée (en millions de dollars)
1. Biens de consommation courante : – alimentation ; – soins personnels (hors de la catégorie luxe) ; – boissons dont bière	20	6	233 041
2. Matériel, logiciel et services informatiques	7	6	169 498
3. Électronique grand public	12	4	163 625
4. Automobile	11	2	128 027
5. Services Internet	6	6	159 543
6. Services financiers	14	6	87 406
7. Luxe + vins et spiritueux sélectifs	12	2	68 361
8. Restaurants	4	4	46 734
9. Divers	14	7	135 113

Source : Interbrand, 2010.

Le point important, cependant, est la valeur relative des marques de luxe comparée à celle des marques de biens de consommation courante, qui est presque quatre fois plus élevée.

Une autre différence frappante est que le luxe, avec l'automobile et l'électronique grand public, constitue l'un des domaines dans lesquels les marques américaines sont très peu nombreuses et relativement marginales. C'est dans le secteur du luxe que ce phénomène est le plus net, avec seulement deux marques américaines dans un ensemble qui en compte 12. Nous retrouvons ici un commentaire que nous avons déjà fait, à savoir que le luxe est un domaine essentiellement français et italien.

Plus globalement, il est particulièrement intéressant de noter que ce n'est pas dans le secteur du luxe ou dans celui des biens de consommations courants que l'on tire le plus de profit des marques mais dans l'informatique (logiciels, équipement et services) et dans les services financiers.

Les marques de luxe figurant parmi les 100 premières marques

Le tableau 4.2 reprend les marques de luxe apparaissant parmi les 100 premières dans le classement Interbrand de 2010.

On peut faire plusieurs commentaires. Premièrement, la valeur de marque estimée de Louis Vuitton représente plus du double de celle du deuxième, Gucci. Ensuite, sur 12 marques présentes dans les 100 premières, 8 sont françaises ou italiennes, ce qui nous renvoie aux remarques du chapitre 2 concernant les nationalités du secteur.

Autre particularité de cette liste : contrairement aux critères affichés par Interbrand, certaines marques ici présentes appartiennent à des entreprises privées ou familiales – c'est le cas d'Armani par exemple. Sans doute Interbrand a-t-il dérogé à ses propres règles pour le secteur du luxe. Mais observons qu'en ajoutant aux marques appartenant à des particuliers celles qui, bien que cotées en Bourse, demeurent sous le contrôle d'une famille, nous obtenons le chiffre de 8 sur 12. La contrôle exercé par une famille, qu'il soit total ou partiel à travers la possession d'une majorité des actions de l'entreprise, même si celle ci est cotée en Bourse, constitue presque une caractéristique des marques de luxe figurant dans le haut du classement. Ceci est probablement lié au besoin particulièrement fort dans ce domaine de stratégies à long terme (nous avons déjà mentionné ce point au chapitre 2), stratégies plus faciles à mettre en œuvre dans le cadre d'entreprises familiales.

Tableau 4.2 – Classement Interbrand 2010

Position au classement général	Marques	Pays	Valeur (millions de dollars)
16	Louis Vuitton	France	21 860
44	Gucci	Italie	8 346
45	L'Oréal	France	7 981
69	Hermès	France	4 782
76	Tiffany	États-Unis	4 127
77	Cartier	France	4 052
78	Jack Daniel's	États-Unis	4 036
79	Moët & Chandon	France	4 021
89	Smirnoff	Royaume-Uni	3 624
92	Johnny Walker	Royaume-Uni	3 557
95	Armani	Italie	3 443
96	Lancôme	France	3 403
100	Burberry	Royaume-Uni	3 110

Source : Interbrand, 2010.

Quelle évolution observe-t-on au fil du temps ? Le tableau 4.3 nous donne des éléments de réponse en juxtaposant les valeurs de 2001 et 2010.

Dans ce tableau, nous voyons que huit marques sont présentes à la fois en 2001 et en 2010 : deux ont connu une hausse très rapide de leur valeur (Louis Vuitton, avec une croissance de 30 % par an de sa valeur estimée, et Armani avec 14 % par an), mais la moyenne pour les huit marques ne dépasse pas 8 % par an.

On constate néanmoins quelques anomalies dans ce tableau : Hermès et Cartier auraient dû figurer au palmarès 2001 des marques. De même, Bacardi qui était présent en 2001 n'a pu perdre tant de valeur qu'il disparaisse de la liste en 2010. Le fait qu'il s'agisse d'une entreprise familiale expliquerait peut-être cette disparition bien que, comme nous l'avons remarqué plus haut, le palmarès 2010 ne soit pas exempt d'entreprises non cotées.

Tableau 4.3 – Variation de la valeur des marques entre 2001 et 2010 (en milliards de dollars)

2001		2010	
Louis Vuitton	6890	Louis Vuitton	21,860
Gucci	5360	Gucci	8,346
Chanel	4270	L'Oréal	7,981
Rolex	3700	Hermès	4,782
Tiffany	3480	Tiffany	4,127
Bacardi	3200	Cartier	4,052
Smirnoff	2590	Jack Daniel's	4,036
Moët & Chandon	2430	Moet & Chandon	4,021
Polo Ralph Lauren	1910	Smirnoff	3,624
Johnny Walker	1650	Armani	3,443
Jack Daniel's	1580	Lancôme	3,403
Armani	1490	Burberry	3,110
Absolut	1380		

Peut-on aller plus loin que ce classement des 100 premières mondiales en termes de valeur et dresser une sorte de liste d'attente des marques qui viennent ensuite ? Pour l'Italie cela n'est malheureusement pas possible, mais pour la France les efforts conjugués d'Interbrand et du magazine *L'Expansion* permettent d'accéder à des données supplémentaires, un peu plus anciennes : une recherche des marques françaises ayant une valeur supérieure à un milliard d'euros a conduit à une liste de 23 marques. Celles du secteur du luxe ont été rassemblées dans le tableau 4.4.

Si la plupart de ces marques figurent déjà dans le tableau mondial, il y a heureusement quelques exceptions. Plusieurs marques figurant sur la liste française ne sont pas sur la liste mondiale : Chanel, Hennessy, Lacoste, Rémy Martin, Dior et Lancôme.

Les trois dernières marques du tableau sont intéressantes : Lacoste, qui apparaîtra également dans le classement RISC présenté au chapitre 5, Rémy Martin, deuxième marque de Cognac du palmarès, et, en dernière position, Dior, qui n'en est pas moins surprenante : la valeur de la marque est estimée à quatre fois moins que celle de Chanel, alors que leurs activités de parfums et de cosmétiques ont à peu près la même taille – celles de Dior sont probablement jugées moins rentables.

Tableau 4.4 – Les marques de luxe figurant parmi les 23 meilleures marques françaises en termes de valeur (en million d'euros)

Louis Vuitton	15 630
L'Oréal	5 330
Chanel	4 400
Lancôme	3 450
Hermès	3 100
Hennessy	2 870
Cartier	2 540
Moët & Chandon	2 620
Lacoste	1 310
Rémy Martin	1 300
Dior	1 190

Source : L'Expansion, juin 2006.

Lors d'une autre étude menée en France par le magazine *L'Expansion* et parue en novembre 2006, les personnes interrogées se sont vues demander quelles marques représentaient le plus, à leurs yeux, l'idée de luxe. La question, cette fois-ci, ne renvoyait donc à aucun achat hypothétique, mais seulement à la perception générale des différentes marques. Voici les réponses données, par ordre d'importance : Dior, Chanel, Louis Vuitton, Yves Saint Laurent, Cartier et Hermès, plaçant donc en tête Dior – cela voudrait-il dire que si Dior n'est pas nécessairement la marque que les gens ont envie d'acheter, elle est celle qu'ils considèrent comme la plus en phase avec le luxe et ses activités… ?

Les caractéristiques d'une marque

Mais d'où une marque tire-t-elle son pouvoir ? Cette question peut sembler très simple. Des spécialistes ont dressé une liste des principaux éléments qui font la valeur d'une marque, notamment Bernard Dubois et Patrick Duquesne[1]. Ils ont identifié les fondements suivants :

1. Une valeur mythique : sa capacité à représenter son époque, sa raison d'être.

1. Bernard Dubois et Patrick Duquesne, *Des Brevets et des marques, une histoire de la propriété industrielle*, INPI, Fayard, 2001.

2. Une valeur marchande : le meilleur rapport qualité-prix, mais en prenant en compte ici, outre les composantes habituelles de la qualité, les éléments de valeur mythique mentionnés ci-avant.

3. Une valeur émotionnelle : très différente de la valeur marchande. Il s'agit ici d'impressions, de sentiments.

4. Une valeur éthique : liée à la manière dont une marque réagit aux évolutions du marché en termes de responsabilité sociale.

5. Une valeur d'image : c'est-à-dire la manière dont les consommateurs peuvent s'approprier la marque pour dire quelque chose sur eux-mêmes.

Voyons pour l'heure les différents aspects de la marque : nous commencerons par la marque en tant que contrat, avant d'aborder la dimension temporelle, pour finir avec le rôle des marques dans la société.

La marque en tant que contrat

Lorsqu'une entreprise achète un de ses concurrents pour un montant supérieur à la valeur nette de ses actifs, une ligne notée *goodwill* figure sur le bilan consolidé établi après la fusion. Ce terme désigne, en quelque sorte, la somme, certes immatérielle mais néanmoins d'une grande valeur, des opinions et attitudes favorables des consommateurs envers l'entreprise rachetée et ses produits.

Dans le contexte de volatilité des marchés qui prévaut à l'heure où nous écrivons, le *goodwill* n'a pas très bonne presse. Et pourtant, bien qu'il puisse s'avérer difficile de l'évaluer, il s'agit d'une véritable valeur ajoutée, construite petit à petit, à mesure que les consommateurs se laissent convaincre du fait qu'une certaine marque peut leur fournir un produit supérieur en qualité et en image à ceux des concurrents.

Quand quelqu'un achète un imperméable Burberry ou Aquascutum, il n'achète pas un simple imperméable mais un article de mode, portant la griffe d'un grand nom et véhiculant une forte charge émotionnelle.

Dans la perception du consommateur, ce capital s'incarne avant tout dans un nom qui, dans l'histoire des marques de luxe, est souvent celui d'une personne. Ce nom doit servir à associer une idée de conception et de réalisation artisanales à un produit standardisé, ainsi qu'à souligner la rigueur des critères de qualité appliqués à la production. Cela paraît logique : si, comme nous l'avons dit, une marque correspond avant tout à un fort capital confiance, alors quel moyen plus simple pour un vendeur de gagner cette confiance que de mettre son nom sur un produit ? Nous sommes ici en présence d'une structure fondamentale d'un grand nombre d'interactions humaines.

Comme nous le verrons, le nom d'une marque, ou son logo, constituent un aspect visible et important d'une réalité plus complexe. Ils effectuent une médiation entre les valeurs essentielles d'une entreprise de luxe – son identité – et la perception que les consommateurs ont d'elle – son « image ».

Mais ce que le consommateur recherche derrière la marque, c'est la garantie d'une qualité particulière, généralement considérée comme supérieure et très exclusive. Cette assurance à long terme forme la base de la relation entre le consommateur et le producteur.

Il n'est pas rare d'entendre les managers parler de la marque comme d'une expression du « programme génétique » de l'entreprise – une structure stable, riche en potentiel, qui concrétise l'existence de l'entreprise, qui peut lui assurer la confiance des consommateurs, mais qui lui impose également certaines règles fondamentales strictes. Aussi parlante que soit cette image, elle demeure un peu floue et nous préférons parler des « invariants sémiotiques » d'une marque ainsi que de son éthique et de son esthétique. Comme nous le verrons au chapitre 6, les manifestations d'une marque peuvent être vues comme des « faits significatifs », et ces invariants constituent tout simplement une grammaire de base, une signature, tant formelle qu'essentielle, qui permet à l'identité de la marque d'émerger.

En fait, pour utiliser un langage plus courant, deux marques comme Armani et Sonia Rykiel n'expriment pas les mêmes valeurs et possèdent des identités de marques assez distinctes. Giorgio Armani crée une mode pour une femme traditionnelle, vêtue dans un style moderne très conservateur et au goût italien très prononcé ; Sonia Rykiel s'adresse à une femme relativement mûre et moderne, très indépendante dans ses choix et désireuse de véhiculer une image d'elle-même qui soit légèrement décalée. Cette image s'identifie d'ailleurs beaucoup à celle de Paris, et en particulier à la Rive gauche.

Produits et positionnements doivent prendre en compte les diverses représentations avec lesquelles les marques sont associées dans l'imaginaire du client. Par conséquent, celles-ci doivent adopter des stratégies sensiblement différentes afin d'être reconnues et de gagner et conserver la confiance des consommateurs.

Une marque constitue donc un contrat, implicite par nature, régissant les relations entre une entreprise donnée et sa clientèle. Cette relation est double : elle est non seulement de nature économique, mais elle investit aussi, au fil du temps, la sphère émotionnelle, où se créent des liens parfois très forts – avec des infidélités de part et d'autre, des ruptures temporaires ou définitives et, surtout, une capacité réciproque de chacune des parties contractantes à influer sur le comportement de l'autre.

La dimension contractuelle de la marque peut inclure une dimension concurrentielle. La marque n'existe que par sa capacité à se distinguer de ses plus proches concurrents, et ceci constitue une des bases de son identité. Le consommateur choisit une marque pour les qualités spécifiques qu'elle offre et, en un sens, la distinction d'une marque fait partie du contrat conclu entre les deux parties.

Parce qu'il est fondé sur la distinction, qui est la raison d'être de toute marque, un tel contrat demeure implicite. En tant que tel, il ne saurait être confondu avec les clauses standards d'un contrat commercial, qui sont les mêmes pour tous. La marque aspire à une relation d'une autre nature avec ses clients, comme le montre par exemple la politique de remboursement systématique des magasins Sak's. La marque est une promesse de qualité supérieure, de meilleur service ; en bref, elle garantit une valeur ajoutée.

Marques et durée

La durée d'un contrat est intrinsèque à la notion de garantie. Pour exister, une marque doit non seulement établir sa réputation, mais le faire dans la durée. Il est donc fondamental de prendre en compte cette perspective pour comprendre les marques.

Nous commencerons par un bref aperçu historique. En considérant les marques comme des entités abstraites, nous perdons souvent de vue le fait que, derrière elles, il ne se trouve rien d'autre qu'un vendeur soucieux de demeurer présent à l'esprit de son client. Et ce souci est aussi vieux que le commerce lui-même. Dès 2700 avant J.-C., certains artisans apposaient un signe distinctif sur leurs créations pour marquer leur originalité. Dans la Grèce et la Rome antiques, les marchands utilisaient des symboles génériques pour désigner leur commerce : un jambon pour le boucher, une vache pour les crémiers. Des « marques individuelles », sous la forme de sceaux permettant d'identifier un marchand en particulier, firent leur apparition vers 300 avant J.-C. On a ainsi référencé plus de 6000 sceaux différents utilisés par les potiers romains.

L'explosion à grande échelle des marques – c'est-à-dire l'émergence du phénomène de marque telle que nous le connaissons – résulte en grande partie de la Révolution industrielle. Devrions-nous alors le voir comme une « marchandisation » du monde ? Il s'agit plutôt d'une transformation du commerce lui-même : les échanges se standardisant, il devint nécessaire pour les fabricants d'établir par de nouveaux moyens une relation de proximité avec les consommateurs.

L'extension de la propriété industrielle au concept de marque apparaît en Europe durant la seconde moitié du XIXe siècle ; le Congrès américain vote quant à lui la première loi fédérale sur les marques déposées à la fin des années 1800 et, entre 1850 et 1890, le nombre de brevets octroyés chaque année dans les principaux pays occidentaux augmente d'un facteur 10.

Les grandes marques ont connu un développement continu entre 1900 et 1945, et ce développement s'est accéléré entre 1945 et 1990. Cependant – et contrairement à ce que suggère leur omniprésence médiatique – depuis 1990, les portefeuilles de marques des grands groupes ont tendance à se concentrer et à se réduire.

Pour comprendre ces récents développements, il nous faut considérer les choses sur une échelle plus petite. Ces tendances de fond, tout comme le destin individuel d'un secteur d'activité donné, peuvent s'expliquer par le différentiel entre, d'une part, le coût afférent au maintien et au développement d'une marque et, d'autre part, les profits immédiats et à plus long terme que l'on peut en tirer.

Le secteur de la mode a traversé différentes phases. Il a connu sa grande explosion, caractérisée par l'émergence des marques italiennes, après la Seconde Guerre mondiale. Armani, Ferre, Moschino, Trussardi et Versace ont ainsi émergé dans les années 70. Au cours de la même période, des marques légèrement plus anciennes – Fendi, Salvatore Ferragamo, Gucci – ont connu une croissance extraordinaire. Certaines marques provinciales ont quitté Florence et Milan et se sont installées dans toute l'Italie. Elles sont rapidement devenues internationales, généralement avec une présence forte aux États-Unis et au Japon. Mais en même temps, ou un peu plus tard, un grand nombre de marques françaises, comme Philippe Venet ou Per Spook, ont disparu, et d'autres, comme Grès, avaient réduit leur activité à un seul magasin dans la capitale française et à quelques contrats de licence au Japon ou en Corée du Sud, contrats dont les revenus permettent de couvrir les dépenses mensuelles. Le magasin de Paris de la marque Grès a d'ailleurs été récemment fermé…

Si l'industrie de la mode et du luxe n'échappe pas à la concentration du capital, la réduction du nombre de marques y est moins évidente, peut-être en raison de la versatilité des marchés. L'effet de nouveauté est un facteur déterminant dans les choix des consommateurs. Cela résulte en un renouvellement permanent des marques disponibles ; le nombre total a cependant sensiblement diminué. En France, il y a 20 ans, 24 entreprises françaises présentaient un défilé de haute couture deux fois par an à Paris. Aujourd'hui, elles ne sont plus que 7 marques françaises (Adeline André, Chanel, Christian Dior, Dominique Sirop, Franck Sorbier, Givenchy et Jean Paul Gaultier).

Et pourtant, une analyse des courbes d'efficacité de la publicité de mode montre l'apparition de ce qu'on appelle un « effet de seuil ». Ces études montrent que les dépenses publicitaires sur une très large cible de consommateurs ne sont efficaces qu'au-delà de 500 000 euros en France, 750 000 euros en Allemagne, et probablement 3 millions d'euros aux États-Unis. Les coûts de la publicité et de l'internationalisation ont manifestement changé les règles du jeu. Les petites marques devront rester locales sous peine de disparaître.

Mais l'histoire n'a pas encore eu le dernier mot. Il existe des marques positionnées sur un marché spécifique qui réussissent, en dessous de la masse critique, à améliorer la reconnaissance de leur nom sans publicité. Dans certains marchés très fédérés composés d'initiés, le bouche à oreille est une force puissante et constitue un avantage encore plus fort que la capacité à faire de la publicité. Dans le cas de la mode, une petite marque très innovante sera parfois extrêmement bien accueillie par la presse et les magazines ; des écrivains en feront leur découverte favorite ; on vantera son originalité. D'un autre côté, des marques de taille moyenne, plus anciennes et bénéficiant déjà de campagne de publicité, mais avec des budgets inférieurs à ceux de la concurrence, auront du mal à rester dans la course.

S'il est vrai que la mondialisation de l'économie, le progrès technologique dans les communications et les exigences en matière de volume des industries traditionnelles de production et de distribution ont rendu les marques incontournables, plus solides et moins nombreuses, nous montrerons que leur évolution dépend aussi des secteurs d'activité économique dans lesquels elles évoluent.

Marques et société

Lorsque l'on considère la présence des marques dans la société d'aujourd'hui, la première idée qui vient à l'esprit n'est pas la qualité des produits, mais l'intensité des messages.

Sur son île déserte, Robinson Crusoë n'aurait pas eu besoin de son nom, si Vendredi n'avait pas fait son apparition. Les marques n'existent que parce que nous pouvons les reconnaître. Et si nous les reconnaissons, c'est que nous percevons les messages qu'elles envoient, leurs spécificités, et une certaine constance dans le temps. Nous aurons l'occasion de revenir sur ces éléments – communication, différenciation et durée – tout au long du livre.

La dimension communicationnelle des marques fonctionne de deux manières. La marque commence par envoyer ses messages aux consommateurs qu'elle cible. Il s'agit d'abord d'un type de relation très générale, dans laquelle un vaste filet doit être lancé pour être sûr de récupérer les consommateurs ciblés. Puis, les signes, comme l'argent, circulent. Les marques exhibent elles aussi ce phénomène.

Imaginons la réaction d'extraterrestres arrivant sur Times Square à New York, Ginza à Tokyo ou via Montenapoleone à Milan. Les logos et les noms de marques sur les bâtiments et sur les vêtements portés par les passants domineraient sûrement leurs premières impressions. Ils découvriraient une civilisation où les marques jouent un rôle important dans la communication sociale. Ils découvriraient également, en comparant différentes villes, la multitude des marques mondiales, leur présence systématique dans les rues commerçantes les plus réputées, et l'apparente homogénéité des modes de vie qu'elles imposent.

L'explosion de la communication de marques que notre civilisation traverse actuellement n'aurait jamais eu lieu si elles ne jouaient pas le rôle social essentiel qui est le leur aujourd'hui. Les trois bandes sur des chaussures de sport, le joueur de polo brodé sur une chemise, le « swoosh » sur la casquette ou le sac Kelly – sans parler des voitures que les gens conduisent ou des restaurants qu'ils fréquentent – en disent souvent plus long sur la personnalité de ceux qui les portent que leur curriculum vitae.

Dans une société caractérisée par la croissance exponentielle de la communication sous toutes ses formes, il ne devrait pas être très surprenant que les marques se trouvent au cœur de la vie contemporaine. Elles orientent les achats que nous faisons, influencent notre jugement sur les produits et les gens, et nous forcent à nous positionner par rapport aux valeurs (ou à des contre-valeurs, ou à l'absence de valeurs), qu'elles véhiculent.

Ces effets ne se limitent pas, bien entendu, à l'instant isolé de la communication (l'affiche ou le spot publicitaire entrevus). La manière dont les marques sont distribuées, copiées, portées ou cooptés montre l'ampleur et la profondeur avec laquelle elles affectent notre société. En réalité, elles ont transformé notre mode de vie.

Premièrement, en revendiquant une part considérable du territoire commercial et médiatique, elles ont fortement contribué à la transformation de nos paysages urbains.

En second lieu, les marques transmettent des valeurs. Comme nous le verrons au chapitre 6, l'identité d'une marque se compose d'invariants qui expriment sa vision du monde, les valeurs auxquelles elle croit et qu'elle tente de promouvoir. Pour Nike, c'est la quête de l'excellence dans la pratique sportive ; pour Hermès, la vie aristocratique ; pour Armani l'élégance détendue dans le style italien. Les marques nous obligent, par leur présence dans les circuits commerciaux, à nous positionner par rapport à ces valeurs. L'offre de produits et des valeurs qui leur sont associées s'est fortement accrue ces dernières années, nous donnant un éventail de choix dont nos parents n'auraient jamais rêvé. Nous pouvons choisir des modes de vie temporaires comme bon nous semble et afficher nos humeurs dans notre façon de consommer.

Enfin, les marques sont à l'origine de nombreuses actions de solidarité. Que ce soit sous l'influence des consommateurs ou sous la direction de gestionnaires éclairés, elles ont considérablement accru leurs engagements pour des causes d'intérêt général. Encore une fois, nous reviendrons plus loin sur les mécanismes et les conséquences de tels engagements. Comme nous allons le voir, ils sont étroitement liés à la communication des marques. À ce stade précoce de notre étude, nous n'avons fait qu'évoquer les effets tangibles sur notre société.

La marque et ses symboles

À travers nos premières analyses, nous avons essayé de caractériser dans ses grandes lignes la présence d'une marque. Quels sont les signes à travers lesquels cette présence s'affirme ? Ils sont en fait de plusieurs ordres, bien souvent étroitement liés. Pour s'exprimer, la marque use de ces différents éléments, qui, sans être interchangeables, sont complémentaires.

Le plus important d'entre eux, bien sûr, a trait au nom de la marque elle-même. Le logo, élément incontournable de notre paysage urbain, vient bien sûr immédiatement à l'esprit. Toutefois, le nom, dans sa succession de lettres et sa dimension onomastique – comment il sonne – fait également l'objet de beaucoup de réflexion et d'attention de la part des marques.

Nous allons d'abord examiner cet aspect « littéraire », avant de nous concentrer sur le phénomène des logos ainsi que sur les autres mécanismes de reconnaissance.

➤ Noms de marques

Le nom reste le premier signe de reconnaissance d'une marque. Il n'est jamais neutre. Comme nous l'avons vu, de nombreuses marques commencent par le prénom et le nom de leurs fondateurs.

Pour les produits de luxe, le prénom, en tant qu'il identifie le créateur, demeure un élément indispensable de l'excellence et de la créativité de la marque. Saint Laurent ne vient jamais à l'esprit sans Yves, ni Ferragamo sans Salvatore. Cependant, on trouve des exceptions qui ont existé sous leur forme actuelle depuis l'origine de la marque : Gucci, dont le nom du fondateur – Guccio – aurait conduit à une maladroite allitération, ou Coco Chanel, qui a toujours préféré utiliser uniquement son nom de famille.

Mais quand un nom de marque a pris racine dans la mémoire collective, il faut se garder de changements mal avisés. Le changement de la marque Marcel Rochas en simplement « Rochas » ne fut ainsi pas du tout une bonne chose pour l'entreprise. Au début des années 90, une tentative fut menée pour revenir au nom d'origine lors de l'ouverture d'un magasin de vêtements pour hommes à Paris, mais cette tentative fut rapidement abandonnée.

Dans le domaine de la gestion des noms de marque, l'un des phénomènes les plus intéressants, ces derniers temps, a été la disparition progressive du « Christian » de Christian Dior. Jusqu'en 1995, les produits et la publicité ont toujours porté la signature complète. Le prénom a ensuite progressivement disparu. Pendant longtemps, il n'est plus apparu sur les publicités qu'en petit, en bas, et sur les emballages. Aujourd'hui, la marque apparaît généralement sans le prénom sur les enseignes des magasins et dans tout le matériel publicitaire. Comment faut-il interpréter ce changement ? Certains penseront que les responsables de la société jouent un jeu dangereux, et risquent de diminuer progressivement la composante affective de la marque auprès des clients européens traditionnels et de créer une marque complètement nouvelle, moins enracinée, parlant plus aux jeunes consommateurs asiatiques ou américains. Cependant les excellents résultats de la marque au cours des dix dernières années semblent indiquer que cette stratégie de segmentation était la bonne.

Dans l'histoire des marques, les noms de parfums édités sous les auspices d'une marque de luxe sont souvent devenus les plus symboliques. Attachés à la poétique de l'évocation, les créateurs de parfums ont donné le ton dès les années 20, avec « Shalimar » de Guerlain en 1925, et « Shocking » de Schiaparelli en 1931.

En conclusion, il faut retenir qu'il n'y a pas de nom idéal. Si c'était le cas, ce serait le nom d'une personne, facile à retenir dans toutes les langues, qui évoque les qualités du produit ou du service offert, transmet la philosophie de l'entreprise, suggère intelligence et créativité... et commence par la lettre « A » ou « Z » afin de se démarquer dans les listes.

Il reste que le nom, en soi, constitue un atout essentiel. Les entreprises s'en soucient beaucoup et investissent énormément sur ce point. Un bon nom possède deux caractéristiques : il est facile à retenir et il présente une composante émotionnelle ou un élément rationnel fort. Pourtant, sur ces deux points, le meilleur côtoie le pire – de tels jugements contiennent bien sûr un haut degré de subjectivité. Pour cette raison, nous ne prétendrons pas donner d'exemples ; nous nous contenterons de rappeler le beau discours de Juliette dans Shakespeare :

> « Qu'est-ce qu'un nom ?
> Si par un autre nom l'on désignait la rose,
> Son parfum pour cela serait-il moins exquis ? »

Cela peut être le cas pour le nom d'une fleur, mais certainement pas pour le nom d'une marque.

➤ Logos

« Logo » est l'abréviation de « logotype ». Le mot comprend le radical grec *logos* (« parole, discours ») et le suffixe « type », qui évoque ici le processus d'impression (comme dans la typographie).

À l'origine, pour les typographes, ce mot désignait un groupe de signes imprimés en une seule fois, faisant tous partie du même caractère typographique. Plus tard, le terme a commencé à désigner tout groupe donné de signes graphiques représentant une marque, un produit ou une entreprise.

La codification est une composante essentielle d'un logo. Pour être facilement reconnaissable, il doit présenter une grammaire visuelle invariante, où la forme des caractères, la taille du symbole et les couleurs utilisées sont rigoureusement définies et protégés par des brevets. Notez également que le simple fait de codifier l'orthographe du nom d'une marque, même sans symboles visuels l'accompagnant, constitue déjà un logo.

Le logo n'est donc pas la marque, mais une manière particulière d'écrire la marque. Les logos sont les blasons des temps modernes - une combinaison de lettres ou de signes, une image, un idéogramme, ou un groupe d'éléments graphiques.

- *Les fonctions du logo*

Le logo, un signe unique et reconnaissable, a toujours servi pour marquer l'appartenance à une catégorie spécifique d'un objet, d'un travail ou d'un bâtiment. Les logos semblent avoir toujours existé. Les tailleurs de pierre apposaient leur marque sur leur travail, de même que les grands ébénistes. Les esclaves romains étaient tatoués du signe de leur maître, et l'aristocratie et les armées arboraient écussons et étendards. Le terme de « marque » en anglais désignait à l'origine le signe imprimé dans la peau des bovins.

Communiquer à travers des symboles – la langue, les signes mathématiques, les panneaux de signalisation – est une caractéristique de l'homme. Les logos sont à la communication et à la consommation modernes ce que les chiffres sont aux mathématiques ou les mots à la langue : ils constituent une nouvelle typologie des signes conventionnels. D'une certaine manière, les logos sont le nouvel alphabet d'une société qui « sur-communique ». Ce sont les symboles de notre temps.

Le logo joue un rôle dans les relations sociales pour deux raisons complémentaires : d'une part, pour le contenu informationnel qu'il communique au consommateur avant l'achat ; d'autre part, pour la perception qu'il induira de ce même consommateur après l'achat, quand il sera associé à la marque.

Il n'est pas étonnant de voir les logos occuper une place aussi prépondérante dans notre société sur-médiatisée. Ils viennent souvent combler un besoin de synthèse communicative poussée à l'extrême : un maximum d'informations en un minimum de signes. L'expressivité synthétique de signes aussi différents les uns des autres que le « swoosh » de Nike et la croix chrétienne est remarquable ; indépendamment de leurs référents, ils accomplissent une fonction sémiotique analogue. En quelques traits, on résume un nombre maximal de valeurs ou une vision du monde.

Il est difficile d'établir une typologie stricte des logos, car ils empruntent à un grand nombre de procédés expressifs. L'un des fondateurs de la sémiotique, le philosophe Charles Sanders Peirce, a proposé une classification des signes en trois catégories : les icônes, les indices et les symboles. Chacun des trois évoque un type particulier de relation entre le signe et la chose qu'il représente.

L'icône, dit Peirce, est une représentation de type « littérale », fondée sur la notion de similitude. Par exemple, pour représenter une pomme, nous dessinons le contour d'une pomme.

L'indice correspond, lui, à une relation plus imaginaire, bien que très forte, entre le signe et la chose. Il est une trace, un effet ou un élément de la chose, qui en indique la présence sans la moindre ambiguïté. Par exemple, si nous voyons de la fumée à l'horizon, celle-ci ne « dessine » pas un feu, mais en signifie très fortement la présence (« Il n'y a pas de fumée sans feu. ») Dans ce cas, l'association est fondée sur des critères objectifs de correspondance, en ce sens qu'ils sont garantis par des lois qui sont les mêmes pour tout le monde : à Tokyo comme à New York, le feu dégage généralement de la fumée.

Les symboles, enfin, correspondent à la création d'un lien « arbitraire » entre le signe et la chose : par exemple, le lion de la République de Venise. La force du symbole repose sur la création d'une culture commune. Il n'y a pas de similitude graphique entre l'un et l'autre, pas plus qu'il n'y a de lien « objectif » d'une nature physique ou logique. Un étranger ne sera pas en mesure de décoder les symboles ; en revanche, pour tous les membres d'une communauté donnée, leur signification sera évidente. On pourrait dire que le symbole est un élément fédérateur. En grec, *symbolon* désignait les fragments d'une tablette d'argile brisée. Les pièces étaient ensuite distribuées aux membres d'un groupe, qui reformaient la tablette à chacune de leurs réunions. Quand Nike fait un spot publicitaire sportif signé de son « swoosh », sans même donner son nom ni un slogan, elle joue sur la dimension symbolique et fédératrice de son logo ainsi que sur sa renommée.

Ces catégories sont abstraites. Dans la pratique, les logos sont souvent hybrides, faisant appel aux trois à la fois. Il pourrait donc être préférable de parler des différentes fonctions de ce signe. Prenons l'exemple du logo initial d'Apple, que Jean-Marie Floch a analysé en détail en le comparant au logo d'IBM[1]. Il peut être considéré comme une icône, puisqu'il représente une pomme ; comme un indice (en extrapolant un peu), puisque le creux indique clairement que la pomme a été mordue ; et enfin comme un symbole, la pomme entamée étant chargée de riches suggestions, et l'arc-en-ciel du logo original renvoyant au mélange culturel de la société californienne.

Néanmoins, la fonction symbolique est de loin la plus sollicitée. Cela n'a rien de surprenant. Dire qu'un logo fonctionne comme un symbole pour une marque revient à décrire la notion de consommateurs appartenant ou ayant accès à un club particulier et prestigieux. Notez que les logos qui sont purement typographiques (manière très particulière d'écrire la marque – police, taille des caractères, espacement, etc.) participent également de cette fonction symbolique. En fait, ils se fondent sur un ensemble de conventions visuelles. Par exemple, l'empattement des caractères aura tendance à donner une connotation classique ou néoclassique, comme dans le cas de Bulgari ; une police linéale[2] évoquera par contre la modernité, comme en témoigne le logo de Lancel.

Idéalement, un logo cherche aussi à assumer des fonctions indiciaires. Une marque rêve, bien sûr, que son logo la représente d'une manière aussi élémentaire que la manière dont la fumée signifie le feu – même si une telle ambition est utopique. On trouve des exemples très intéressants de cette fonction indiciaire sur les boîtes d'allumettes distribuées par les producteurs de cigarettes en France. Un règlement très strict interdit l'affichage de leur nom, de leur marque, de leur devise, ou de tout autre signe distinctif sur l'emballage, mais ils ont tout de même réussi à développer des grammaires visuelles très abstraites, tirées de leurs logos, et qui font passer leur message. C'est une sorte de devinette graphique, et essayer de les décoder en « aveugle » fournit une bonne indication du renom graphique d'une marque.

- *Quelques formes de logos*

Dans ce rapide survol, nous ne saurions prétendre être exhaustifs ni même proposer une typologie cohérente. Nous consacrons l'essentiel de nos efforts à des logos fortement graphiques, espérant donner à voir la diversité de cet univers.

1. Jean-Marie Floch, *Identités visuelles*, PUF, 1995.
2. En typographie, l'empattement d'un caractère est le trait plus ou moins épais qui se trouve aux extrémités des jambages. Une police sans empattement est dite linéale (sans serif en anglais).

Comme les sceaux des anciens, la plupart des logos se composent d'une image ou de lettres entrelacées.

Par le passé, certains logos se sont exprimés en trois dimensions : Rolls-Royce a choisi la Victoire de Samothrace ; Jaguar a utilisé le « Leaper » – une statuette de métal représentant un jaguar bondissant – comme ornement sur ses voitures de sport.

Certains logos ont une fonction plus iconique. Dans la catégorie des images, les plus fréquentes sont celles des animaux. Cela renvoie à la tradition héraldique, les animaux ayant été une des sources premières d'inspiration pour les armoiries de l'aristocratie.

Le plus souvent, nous sommes dans le registre symbolique, où l'animal est une allégorie pour les vertus que la convention lui attribue. Le choix du nom de la marque « Jaguar », avec son logo stylisé mais figuratif, est évidemment associé à l'aspiration à de telles vertus. Et la liste est longue ! Il y a ainsi Ferrari et son cheval cabré, expression d'une vitalité indomptable. L'emblème a été donné à Enzo Ferrari par la famille d'un héros national, l'aviateur Francesco Baracca, qui l'arborait sur son avion quand il a été abattu au-dessus de Montello au cours de la Première Guerre mondiale. Pour l'énergie et la vitesse, il y a le requin de Paul et Shark ; l'éléphant de Hunting World. Pour la persévérance, il y a la tortue de Morabito ; pour la ténacité et l'intelligence, le crocodile de Lacoste. Mais de nombreuses autres images figuratives existent : le carrosse de Hermès, le joueur de polo de Ralph Lauren…

Une autre catégorie très répandue de logos s'inspire plus de l'histoire de l'écriture et des signatures. Il s'agit notamment de « monogrammes », composé des initiales de la marque et de leurs dérivés. Ce qui vient à l'esprit immédiatement, ce sont évidemment les deux C entrelacés de Chanel et Cartier ; le G de Gucci ; l'YSL d'Yves Saint Laurent et le crabe de Loewe, avec son L réfléchi dans deux axes.

Enfin, il y a les logos d'un caractère plus abstrait, où c'est l'arbitraire du symbole qui prédomine. Ce n'est pas un phénomène nouveau. Comme pour le choix des noms de marque, la tendance est à l'abstraction depuis quelques décennies. Il en est ainsi avec Tommy Hilfiger et son rectangle rouge, blanc et bleu, extrapolation du drapeau américain ; ou le carré rouge et blanc de Bally.

Indépendamment des choix effectués, un bon logo doit avoir le pouvoir d'exprimer et de synthétiser les caractéristiques de la marque, posséder une force symbolique et être facile à retenir, par le biais d'une relative simplicité formelle. Réussir tout cela n'est pas aussi simple qu'il peut paraître, mais y parvenir confère à une marque un avantage compétitif considérable.

- *La gestion des logos*

Les modes graphiques et formelles passent. Ceux, au sein des entreprises, qui sont responsables de la création d'éléments graphiques sont plus sensibles que d'autres à ces questions et demandent souvent qu'un logo soit transformé ou rajeuni. Ils ont rarement gain de cause. Cette question est un véritable cauchemar pour les décideurs. De nombreuses marques préfèrent se contenter d'un logo perçu comme quelque peu daté plutôt que de prendre le risque de nuire à leur réputation. L'évolution graphique des logos des grandes marques s'étale sur des décennies, et chaque étape du processus est souvent presque imperceptible.

Les exemples sont légion. La marque britannique Burberry's a décidé de modifier son nom pour le rendre plus accessible à une clientèle internationale et, en général, rendre la marque plus compétitive en lui donnant une connotation plus moderne. Cela impliquait de supprimer l'apostrophe et le possessif « 's ». (Cette forme est très répandue en anglais dans les noms de marques et de restaurants, mais il est moins facilement perceptible, pour les autres cultures.) Ainsi « Burberry's » est devenu « Burberry ». Le retrait de l'apostrophe et du « s », au-delà du changement orthographique, contribue à la modernisation de la marque, ainsi qu'à son internationalisation, sans aucun doute, mais il a pu quelque peu déstabiliser une partie de la clientèle anglo-saxonne. De telles décisions ne peuvent être prises à la légère.

Les logos sont donc toujours extrêmement délicats à gérer. Leur création, leur évolution esthétique et leur utilisation doivent être précises et organisées de manière à correspondre à la stratégie générale de la marque.

Les opérations de retouche de logos deviennent assez fréquentes. En France par exemple, les logos de Citroën, de Peugeot, d'Air France ont été revus récemment. Par contre le nouveau logo de Gap a été retiré en octobre 2010, après une semaine d'existence sous la pression des réseaux Internet.

Que se passe-t-il quand il n'y a pas de logo, ou du moins aucun emblème graphique ? C'est le cas, par exemple, avec Armani, Tiffany, Ferragamo ou Bulgari, entre autres. En général, l'entreprise essaie d'en trouver un, mais ce n'est pas chose facile surtout pour une marque bien établie et dotée d'une riche histoire. Au début des années 90, Ferragamo a voulu styliser le nom de la marque, pour le raccourcir et rendre la signature du fondateur plus lisible. Il est vrai que le logo baroque des origines était très daté et peu utilisé. Le groupe souhaitait également y adjoindre un emblème graphique. De nombreux essais ont été effectués : un dessin avec six chevaux, rappelant les six enfants du fondateur, ou une reproduction du palais Feroni, siège social de l'entreprise. Mais les meilleures intentions ne sont pas toujours couronnées de succès, et la marque continue aujourd'hui d'utiliser la signature de Salvatore Ferragamo, dont la calligraphie et, surtout, la longueur, contribuent à une reconnaissance facile.

Certaines marques n'ont tout simplement pas d'emblème, et s'en passent. Le nom de la marque, avec ses couleurs, son graphisme et parfois sa calligraphie, demeure le premier élément de reconnaissance. Le « U » romain de Bulgari possède une telle force qu'il rend superflue toute recherche d'un logo emblématique.

➤ Logomania

Les logos sont quasi omniprésents. Répandre ces « totems » dans tous les registres de la communication constitue un moyen facile d'universaliser la représentation de la marque. Ils sont visibles sur les produits de telle manière qu'ils deviennent des signes concrets de valeur ajoutée, en particulier dans le domaine de la mode.

La logomania est cyclique. Dans les collections automne-hiver 2002, on a pu observer une nette diminution du nombre d'articles couverts de logos. Mais il semble que, depuis 2004, les logos sont de retour. Il faut prendre en compte ce que cela implique : la mode change chaque saison et peut rendre obsolète un élément fortement lié à l'identité même de la marque.

Il en va de même pour les logos des sponsors, publics ou privés ; ils ont proliféré au cours des dernières années sur les affiches et les panneaux d'affichage d'événements sportifs et culturels. Leur présence et, très souvent, leur taille sur l'affiche sont imposées contractuellement. Les graphistes se plaignent souvent à ce sujet, en soulignant que ces signes supplémentaires, auxquels ils sont parfois tenus de consacrer jusqu'à 20 % du visuel, peuvent avoir un impact négatif sur la pertinence de leur communication ; et ils n'ont pas tort.

Nous avons dit que les logos, comme les symboles, présupposent une communauté culturelle, et la prise en compte des spécificités locales semble être un facteur déterminant dans l'instauration d'un seuil de tolérance.

Les perceptions varient énormément d'un pays à un autre. Les logos sont beaucoup mieux reçus au Japon qu'aux États-Unis ou en Europe. Et si une majorité d'Européens refuse de porter une cravate arborant l'acronyme d'une marque, cela ne pose pas de problème aux Américains, et une telle pratique pourrait bien devenir une véritable mode au Japon.

La majorité des marques nourrissant des ambitions mondiales ont la sagesse de prendre ces différences culturelles en compte et les ont intégrées. Louis Vuitton, par exemple, propose à sa clientèle japonaise des sacs fortement « monogrammés » ; pour les consommateurs européens, la marque propose un tissu dans les mêmes couleurs, mais avec un motif damier, ou bien des cuirs Épi ou Taïga, où le monogramme n'apparaît qu'épisodiquement.

Et les consommateurs, à Paris comme à Tokyo, sont très satisfaits de leurs articles Vuitton. Ils ont fait l'effort d'acquérir un produit cher et ont le sentiment que le logo de prestige, qui renvoie une bonne image d'eux, est la récompense de cet effort, à condition que cela reste dans les bornes de leur tolérance. Une consommatrice de Louis Vuitton estime qu'en portant un sac monogramme en public, elle met en avant les valeurs qu'elle recherche (une certaine élégance, peut-être), sans courir le risque d'évoquer celles qu'elle rejette (le mauvais goût).

Le logo, en tant qu'ultime synthèse de la communication menée par la marque, doit séduire l'œil, le cœur et l'intelligence.

Un logo n'est pas une condition nécessaire et suffisante de succès, certes, mais ne pas avoir de logo adéquat c'est se priver d'une occasion formidable de communiquer plus efficacement.

➤ Autres signes de reconnaissance

Les signes de reconnaissance ne s'arrêtent pas au nom de la marque ou à son logo. Certaines marques ou certains produits ont réussi à s'approprier d'autres éléments de différenciation et de reconnaissance, souvent par hasard ou par une utilisation répétée. Néanmoins, ils gèrent de près ces autres éléments distinctifs.

Des slogans viennent de plus en plus fréquemment compléter un logo qui n'explicite pas toujours suffisamment la nature de la marque. Certains slogans publicitaires, répétés et entendus si souvent en association avec la marque, sont devenus des extensions fonctionnant comme des synonymes : le *Connecting people* de Nokia, l'*Invent* de HP, ou le *Go create* de Sony en sont de bons exemples. Face à la difficulté de trouver un logo et un nom capable de synthétiser l'identité de la marque, il peut suffire d'ajouter quelques mots pour que le tour soit joué. Intel avait illustré ceci, en profitant d'un changement de logo en 2006 pour ajouter les mots *leap forward*, pour le transformer à nouveau cette année 2010 en *sponsors of tomorrow* traduit sur le site en français de la façon suivante : « Des innovations qui font avancer le monde. »

Dans le luxe, les marques ont souvent utilisé des expressions telles que « l'art de... », qui font plus « vintage » que « tendance », et semblent avoir abandonné le thème de la créativité aux entreprises de haute technologie.

Il existe des exemples de produits cultes qui deviennent emblématiques d'une marque, comme le sac Kelly Hermès ou les mocassins Gucci. Il existe aussi certaines caractéristiques très spécifiques, telles que l'allure métallique mate utilisée dans la plupart des accessoires développés par Porsche. La couleur est un autre élément important : une voiture de sport rouge ne peut être qu'une Ferrari. Ferrari possède en fait un tel monopole sur cette couleur, qu'il semble un peu présomptueux d'acheter une voiture de sport d'une autre marque dans la même teinte rouge. C'est pareil pour Ducati en ce qui concerne les motos. Même une sonorité spécifique peut être un élément d'identification : Porsche, Harley-Davidson et Ducati font de très gros efforts pour conserver le bruit de moteur très spécifique de leurs véhicules – ils ont même tenté de déposer des brevets en la matière.

L'emballage aussi peut être un élément de reconnaissance. La boîte bleu clair de Tiffany et la boîte orange d'Hermès constituent des éléments esthétiques forts de leur identité individuelle, elles accompagnent les produits et font partie intégrante du cadeau.

Les étiquettes, également. Elles comptent beaucoup dans des catégories telles que le prêt-à-porter, mais on est en train de découvrir que, au-delà de leur fonction initiale d'information, elles peuvent être un important élément créatif. Par exemple, la marque argentine La Martina, très tendance, attache – à l'intérieur et à l'extérieur – toutes sortes d'étiquettes sur ses célèbres polos, tee-shirts et accessoires en cuir, et ceci est devenu un élément fort de son image de marque.

Que ce soit par des noms, des logos ou d'autres éléments, les signes d'une marque doivent être identifiables, expressifs et faciles à retenir. Ils doivent créer un sentiment de proximité, de familiarité, et même d'humanité. Ils doivent communiquer un message d'appartenance, et non pas seulement à la marque (au premier niveau), mais aussi à son univers et à ses valeurs. Ce dernier point est ce qui fera la distinction entre une marque qui renvoie du sens et une dont la signification est vague. Enfin, ces signes doivent rester à leur place, ne pas être une nuisance, et toujours se garder d'une imprécision sémantique qui pourrait en compliquer le décodage. Leur principal rôle consiste à « parler » de la marque et de son univers, avec élégance et concision. Il est de la responsabilité de la marque de suivre de près ses signes, leur nature et la fréquence de leurs apparitions.

Aspects juridiques et protection d'une marque

Il existe des centaines de très bons ouvrages sur la protection des marques, écrits par des experts juridiques. Dans cet ouvrage, il serait impossible pour nous ne serait-ce que de résumer ce qui a été dit sur le sujet. Néanmoins, cela revêt une telle importance pour les produits de luxe – notamment pour les montres, les parfums et la maroquinerie – qu'il est nécessaire ici de donner au moins des indications sur les modes opératoires disponibles pour traiter le sujet.

Protection de la marque

➤ Enregistrement de la marque

La première étape pour toute nouvelle marque est de la déposer. Cette inscription doit se faire par pays et par catégorie. Le tableau 4.5 donne la liste généralement admise des catégories de marques. Pour déposer une marque de mode, les catégories 25 et 24 sont essentielles, de même que la catégorie 18 pour les articles en cuir, 9 pour les lunettes, et 16 et 34 pour les instruments d'écriture et les briquets. Cela fait au minimum un total de six catégories. Pour les activités de parfumerie, l'enregistrement dans les catégories 3 et 5 est indispensable ; et si le but final est de sortir des articles promotionnels tels que peignes ou brosses, il est également souhaitable de s'intéresser à la catégorie 21. Bijoux et montres disposent de leur propre catégorie, la 14.

L'idéal pour une nouvelle marque serait d'être déposée dans 10 catégories. Mais cela coûte cher. Déposer une marque dans un pays coûte de 1 000 à 2 000 euros (en tenant compte des honoraires des avocats ainsi que des taxes prélevées par les autorités nationales d'enregistrement). Pour 100 pays et 10 catégories, cela pourrait coûter entre 1 et 2 millions d'euros. Ce n'est pas facile pour une marque qui démarre.

Au départ, il n'est pas nécessaire qu'une marque soit déposée dans le monde entier ; en effet, pour la plupart des pays européens qui ont signé la Convention de Madrid une seule inscription suffit. Mais l'enregistrement aux États-Unis, au Japon et en Chine, ainsi que dans les pays d'Amérique latine, est essentiel : ne pas le faire revient à laisser la voie libre à des entreprises locales peu scrupuleuses susceptibles de déposer le nom à des fins de contrefaçon (voir tableau 4.5).

➤ Renouvellement de l'enregistrement

Le dépôt n'est pas éternel. Il peut, selon le pays et la législation en vigueur, durer de cinq à dix ans. Cela signifie que chaque année, il est nécessaire de renouveler environ 20 % de tous les enregistrements pour un coût allant de 200 000 à 400 000 euros pour chacune des dix catégories mentionnées ci-avant.

Mais pour renouveler l'enregistrement dans une catégorie donnée, les autorités locales vont demander une preuve d'utilisation. Si personne ne mène une action en justice pour absence d'utilisation ou annulation du dépôt d'origine, les choses devraient aller sans heurts. Si de telles actions sont intentées, toutefois, les tribunaux peuvent être très exigeants.

Tableau 4.5 – Catégories d'enregistrement des marques

1	Produits chimiques
2	Peintures, vernis
3	Parfums, savons, cosmétiques
4	Huiles, bougies
5	Produits pharmaceutiques, désinfectants, cosmétiques
6	Outils métalliques
7	Machines-outils
8	Outils, rasoirs
9	Instruments techniques, produits optiques, verres
10	Produits médicaux et vétérinaires
14	Joaillerie, horlogerie
15	Instruments de musique
16	Papeterie, instruments d'écriture
17	Produits en plastiques
18	Articles de cuir
19	Matériaux de construction
20	Meubles
21	Ustensiles de cuisine, céramiques, peignes, brosses
22	Cordes, sacs en toile et textile
23	Fil
24	Articles en toile textile
25	Vêtements, chaussures, chapeaux
26	Broderie
27	Tapis
28	Jouets
29	Viande
30	Nourriture
31	Produits agricoles
34	Tabac, briquets

Par exemple, dans les années 80, Paco Rabanne était leader au Brésil dans le domaine des eaux de toilette pour hommes. Il bénéficiait de larges campagnes publicitaires et jouissait d'une grande notoriété locale. Mais, comme les droits de douane sur les parfums étaient très élevés, le distributeur local faisait entrer les produits en contrebande. Lorsque les magistrats ont demandé des preuves de paiement des droits de douane, celles-ci ne purent être produites. En conséquence la Cour jugea que la marque n'avait jamais été officiellement présente au Brésil et prononça l'annulation de l'enregistrement dans les classes 3 et 5. La marque fut alors immédiatement déposée par quelqu'un que les Français considéraient comme un faussaire mais que la Justice continua à considérer comme le véritable détenteur de la marque pendant de nombreuses années.

Les marques très connues peuvent, dans ce genre de situation, se défendre en s'appuyant sur leur renommée mondiale et, dans certains cas, sur le fait que la marque est le patronyme d'une personne, et que les opérateurs locaux connaissaient la marque sur le plan mondial lorsqu'ils l'ont déposée et ne sont donc pas de bonne foi. Paco Rabanne est ainsi finalement parvenu à récupérer son nom au Brésil, grâce au fait que la marque est le nom officiel de M. Paco Rabanne, mais il a fallu six ou sept ans pour obtenir ce jugement et le faire appliquer.

Dans leurs activités principales, les entreprises du luxe ne rencontrent en général pas trop de difficultés pour protéger et renouveler les dépôts de leurs marques. Mais ce n'est pas aussi simple que cela dans leurs activités secondaires. Par exemple, pour se protéger contre les actions pour non-utilisation dans les catégories 24 et 25, Cartier a développé une gamme de foulards. De même les très grandes marques qui ne fabriquent pas de parfum sont bien avisées d'en sortir un tous les trois à cinq ans et de l'adresser à leurs filiales ou distributeurs à l'étranger afin de s'assurer une preuve minimale d'utilisation, sous la forme de reçu du paiement des droits de douane, dans la plupart des régions du monde.

Les dangers potentiels de ne pas protéger les droits d'inscription apparaissent de manière évidente dans une autre affaire impliquant Cartier. Au Mexique, une personne a ainsi déposé la marque Cartier avant le groupe, a ouvert un magasin et y a vendu des montres Cartier fabriquées localement, avant que l'entreprise ne recouvre pleinement ses droits d'enregistrement. Depuis de nombreuses années, Lacoste connaît des problèmes à Hong Kong et en Chine avec une marque déposée localement, « Crocodile », arborant le même emblème. Les marques sont finalement parvenues à un accord aux termes duquel la société chinoise modifierait son logo de manière telle à ce qu'il ne puisse être confondu avec le crocodile Lacoste.

Même s'il peut s'avérer difficile, coûteux et fastidieux, le dépôt est absolument nécessaire pour toutes les marques, et l'est encore plus pour les maisons de parfum. Dior, par exemple, dépose à la fois sa marque et chacun de ses produits – Poison, Dolce Vita, J'adore, Fahrenheit, Eau sauvage, Capture et bien d'autres.

➤ La première inscription

Il n'est pas facile de déposer une nouvelle marque, ne serait-ce que parce que pour des parfums, des noms comme Romance ou Romantique ont probablement déjà été enregistrés et sont déjà utilisés quelque part dans le monde. Généralement, les noms de marque sont obtenus dans des groupes de discussion ou des sessions créatives, à l'issue desquelles peut-être 50 noms sont retenus pour être examinés. Un premier tour sur Internet va probablement en éliminer la plupart, sinon la totalité : les noms sont déjà utilisés ou peuvent avoir des « preuves d'utilisation » suffisamment acceptables juridiquement pour en décourager l'adoption. Parfois un courrier exprimant le désir d'entamer une action en justice pour défaut d'utilisation et annulation de la marque déposée peut aboutir à la possibilité de se procurer cette marque. Lorsqu'il n'y a pas de véritable preuve de l'utilisation, cela peut être négocié pour 10 000 à 20 000 euros. Si les inscriptions sont mondiales et qu'il existe des preuves convaincantes d'utilisation, cela peut coûter entre 200 000 et 500 000 euros. De toute façon, il ne s'agit jamais d'un sujet très simple.

Quand Paco Rabanne a lancé son parfum « La Nuit », il a été possible de le vendre partout dans le monde, sauf au Venezuela. En effet, Caron avait précédemment essayé d'y obtenir l'autorisation de vendre son parfum « Nocturne », mais avait échoué car un fabricant local commercialisait une eau de Cologne enregistrée sous le même nom. Caron avait alors tenté d'acheter le nom ou au moins de négocier un accord de coexistence avec le fabricant local, mais en vain. Le « Nocturne » de Caron a donc été commercialisé au Venezuela sous une étiquette spéciale « La Nuit ». Caron était cependant disposé à libérer le nom de « La Nuit » si Paco Rabanne parvenait à obtenir un accord de coexistence à l'échelon local permettant à Caron de vendre son « Nocturne » sous cette appellation. Paco Rabanne a essayé, mais n'a jamais réussi, et son parfum « La Nuit » n'a jamais été commercialisé au Venezuela.

La lutte contre les contrefaçons

Certaines activités sont considérées comme légales dans certaines parties du monde et comme illégales dans d'autres. Nous examinons d'abord certaines de ces activités, avant de nous pencher sur le cas de la Chine, puis de passer à ce que nous appelons les pays « laxistes ».

➤ Copies et tableaux de correspondance

Aux États-Unis, les supermarchés vendent des parfums bon marché avec des étiquettes qui proclament : « Si vous avez aimé Youth Dew d'Estée Lauder, vous aimerez notre N° 36 », ou « Si vous avez aimé Chanel N° 5, vous aimerez notre N° 17 ». Dans la plupart des pays, ces produits – connus sous le nom de *knock off* – seraient interdits parce qu'ils n'existent qu'en se nourrissant de la notoriété et de l'attractivité de marques établies. Ailleurs, leur commercialisation serait considérée comme un acte de concurrence déloyale ou, pour être plus précis, comme des actions de parasitisme commercial, mais aux États-Unis les groupes de défense des consommateurs estiment que ces produits offrent au client un bon rapport qualité-prix et redonnent leur juste valeur aux maisons de parfums : des fabricants d'une odeur qui peut être copiée.

Chaque pays a son propre système et ses propres caractéristiques. Les tables de correspondance sont l'équivalent allemand des copies. Ici, les parfums sont vendus sous un numéro qui correspond à la marque habituelle, plus chère, du client. Donner ouvertement le lien entre une marque et le produit numéroté meilleur marché qui lui correspond est interdit par la loi, et serait considéré comme un acte de concurrence déloyale. Mais les entreprises allemandes ont trouvé un moyen de contourner ce problème : aussi longtemps qu'en Allemagne la correspondance directe entre un parfum de marque et un produit de l'entreprise n'est jamais écrite, ni jamais utilisée avec des phrases du type « ce produit est la même chose que... », il n'y a pas lieu de sanctionner ces pratiques. Là encore, les défenseurs des consommateurs sont tout à fait en faveur de ces produits et de cette approche, et les ventes sont importantes.

Que peuvent faire les marques sur ce point ? La réponse est, avec les copies comme avec les tables de correspondance, absolument rien. Dans d'autres pays, de telles pratiques seraient très fermement combattues.

Cela n'est pas sans rappeler les T-shirts thaïlandais avec le nom de Chanel, Dior ou Prada brodé sur la poitrine. Ces contrefaçons sont clairement et nettement perçues comme telles par les clients éventuels. D'une certaine manière, elles sont la rançon du succès pour une marque. Qu'il faille lutter contre cela est discutable : les consommateurs qui achètent ces produits sont bien conscients d'acheter des copies.

➤ Contrefaçons chinoises et coréennes

Le touriste déambulant à Séoul ou à Shanghai sera assez fréquemment arrêté par des personnes lui proposant de « fausses montres, chaussures ou sacs à main ». S'il montre quelque intérêt, il est conduit à un magasin dans une petite rue isolée et se voit ensuite proposer plus de copies de montres de luxe qu'il pourrait en espérer. Il semble que la moindre marque de montre soit représentée, de même qu'un nombre sans fin de sacs à main. Si les montres ne fonctionnent parfois guère plus de deux ou trois minutes, les sacs à main sont plus ou moins « sans risque », même si les finitions ne correspondent pas à celles des produits authentiques.

Encore une fois, certains diront qu'il n'est pas nécessaire de lutter contre ce type de contrefaçon, parce que ceux qui les achètent savent que ces produits sont faux et n'auraient peut-être jamais acheté le vrai. Le produit de marque authentique et le faux appartiennent en fait à deux segments de marché distincts. Un Japonais ou un touriste originaire d'un autre pays d'Asie ne s'intéressent pas aux produits contrefaits : ils accordent une trop grande valeur à la légitimité des produits originaux pour cela. Les Américains non plus ne sont pas intéressés par autre chose que l'original. Les seuls qui soient vraiment intéressés sont les Européens, qui se croient malins et pensent pouvoir faire une bonne affaire et qui croient que personne ne va voir la différence… ce qui n'est presque jamais le cas.

La lutte contre la contrefaçon n'est jamais tâche facile. Elle exige à la fois de la volonté et les moyens de s'attaquer à l'ensemble de la chaîne de distribution, en partant de ceux qui proposent les contrefaçons dans la rue, jusqu'aux grossistes et manufacturiers, en passant par les boutiques clandestines. Même si le fabricant est identifié et poursuivi, son équipement est souvent tout simplement déménagé ou vendu à une autre entreprise, et le cycle recommence.

Bien que cette lutte puisse paraître sans fin, elle est néanmoins nécessaire si l'on veut juguler le développement de ce commerce de contrefaçons et en réduire le volume.

➤ Les pays « laxistes »

Dans certains pays, les autorités sont peu motivées par l'idée de freiner une activité qui crée localement des emplois et rapporte des devises. Le Maroc en est un bon exemple. Il est possible d'y acheter des copies de tout article de cuir de marque, un commerce qui, de toute évidence, crée des emplois chez les spécialistes locaux du cuir.

L'Italie est un autre exemple de pays où, peut-être, les autorités peuvent parfois fermer les yeux lorsqu'il s'agit de contrefaçon. À Vintimille ou à Rome, par exemple, on peut trouver des copies de toutes les marques de luxe françaises – Chanel, Louis Vuitton, Dior… Curieusement, toutefois, il est beaucoup plus difficile de trouver des copies de Salvatore Ferragamo ou de Gucci. Là encore, le gouvernement italien et la police pourraient être plus actifs et plus efficaces. Nous ne pouvons qu'espérer que l'Union européenne saura exercer la pression nécessaire pour contrecarrer ces activités avec plus d'efficacité que les simples discussions bilatérales en ont eu à ce jour.

Ce qui rend le commerce de contrefaçon si intéressant est le fait que les marges sur les produits de luxe sont très élevées. Plus la force d'une marque est grande, plus il est intéressant d'entrer sur le terrain. La contrefaçon est, à sa manière, une indication claire de la puissance de la marque originale et du désir qu'elle suscite.

Chapitre 5

Le client des produits de luxe

Dans les chapitres précédents, nous avons parlé à plusieurs reprises du consommateur. Ceci est en fait une erreur. Un consommateur, comme son nom l'indique, consomme les produits qu'il achète. Or, nous avons déjà vu, au chapitre 2, que dans le domaine du luxe il n'y a pas de produits : il n'y a que des objets particuliers que les clients désirent acquérir et garder. Quelqu'un qui achète une montre Rolex ou un sac Hermès ne va pas consommer le produit puis retourner au magasin pour en acheter un nouveau.

Le client acquiert des objets hautement symboliques dans des circonstances spéciales, et il le fait dans un certain état d'esprit. Même des achats répétés tels que des bouteilles de parfum ou de champagne restent des événements exceptionnels, chargés d'une signification émotionnelle et sociale.

Dans ce chapitre, nous commencerons par nous demander qui sont les clients du luxe. Nous étudierons ensuite la manière dont ces clients se comportent avant d'examiner les différences entre les comportements nationaux.

Qui sont les clients du luxe ?

Les clients du luxe sont en fait les très riches ainsi que… tout un chacun… Nous commencerons par nous intéresser à quelques-unes des études quantitatives qui ont été menées, essentiellement aux États-Unis, afin de cerner qui sont vraiment ces clients qui achètent une bouteille de champagne ou une montre de luxe.

Les riches, les très riches, ou tout un chacun ?

De nombreuses analyses des classes très aisées ont été menées. Selon les résultats de l'une d'entre elle, conduite par EuroRSCG, il y avait, en 2002, 7,2 millions de gens dans le monde possédant des actifs nets supérieurs à un million de dollars. Un tiers d'entre eux vivaient aux États-Unis ; des pays comme la France, le Royaume-Uni et, étonnamment, la Chine comptaient chacun environ 300 000 millionnaires.

Un rapport des Nations Unies paru en 2006 indiquait que 1 % de la population mondiale (soit quelque 66 millions de personnes) possédaient des actifs dépassant les 500 000 euros. Si les devises utilisées sont différentes, les deux études n'en sont pas moins complémentaires.

Évidemment, posséder un million en dollars en Chine n'est pas tout à fait la même chose que posséder le même montant aux États-Unis, où le coût de la vie est très différent et où le revenu disponible l'est également. Mais s'acheter une bague Tiffany à 10 000 dollars revient à peu près au même dans un cas comme dans l'autre.

Chaque année, Cap Gemini Merill Lynch publie un « World Wealth Report » qui répertorie toutes les personnes possédant plus de 1 million de dollars américains en actifs financiers. Ils étaient 10 millions dans le monde en 2006 dont 3,1 millions d'Américains, 1,6 million de Japonais, 860 000 Allemands, 448 000 Britanniques, 930 000 Chinois.

Chaque année, le magazine *Forbes* publie la liste des personnes les plus riches de la planète, avec une section spéciale pour les Chinois. Il y aurait aux États-Unis 170 milliardaires en dollars. Le magazine suisse *Bilan*, quant à lui, dénombre 286 résidents helvétiques possédant des actifs supérieurs à un milliard d'euros. Mais faut-il être milliardaire pour acheter un sac à main Chanel ? N'importe quel cadre intermédiaire d'un foyer DINK (deux revenus, pas d'enfants – en anglais, *Double Income, No Kids*) peut s'en offrir un.

Les chercheurs ont essayé de s'intéresser, plutôt qu'aux très riches, à ceux pouvant s'offrir un ou plusieurs articles de luxe. Don Ziccardi identifie quatre segments :

Les fortunes du millénaire : Dans cette catégorie, incluant ceux qui ont fait fortune autour de l'an 2000, entrent les célébrités et les sportifs, de même que ceux qui sont devenus riches grâce au développement d'Internet.

Les vieilles fortunes : Il s'agit de la catégorie traditionnelle de ceux qui ont reçu leur fortune en héritage et ne travaillent pas vraiment, ou bien dirigent une entreprise qu'ils ont reçue en héritage ou bien encore ont peut-être une vie professionnelle mais avec un niveau de vie sans rapport avec leur salaire.

Les nouveaux riches : Cette catégorie inclut ceux qui ont fait fortune eux-mêmes. Contrairement aux membres du groupe « fortunes du millénaire », ils ne sont pas forcément jeunes et n'ont pas amassé leur argent facilement. Eux ont travaillé dur et continuent de travailler dur. Prudents, ils semblent connaître la valeur de l'argent.

Les fortunes moyennes : Cette catégorie est celle de la classe moyenne supérieure, qui est très prudente avec l'argent. Ses revenus proviennent d'activités salariées et professionnelles et les dépenses doivent être raisonnables.

Quand l'économie va bien, toutes ces catégories achètent des articles de luxe. Quand l'économie est en récession, la majorité de leurs membres ne voient pas leurs salaires diminuer significativement et leurs revenus disponibles ne varient pas vraiment. Mais leurs actifs, constitués essentiellement de propriétés immobilières et d'investissements financiers, se déprécient : ils se sentent alors moins enclins à dépenser leur argent et se montrent prudents et modérés. Bien sûr, la catégorie moyenne réagit plus fortement que les autres à ces circonstances, mais le phénomène n'en est pas moins général et s'observe partout.

Donc, les millionnaires ou les membres de ces quatre catégories sont-ils les seuls clients du luxe ? Manifestement, non. Nous avons remarqué plus haut que l'ensemble du secteur du luxe représentait environ 190 milliards d'euros, avec une partie correspondant à des prix de gros ou d'exportation. Si les millionnaires étaient les seuls clients, chacun achèterait pour plus de 20 000 euros d'articles de luxe chaque année. Bien que le segment des grandes fortunes soit une cible privilégiée pour les pièces d'exception des joailliers ou pour Porsche et Ferrari, il ne reflète pas avec justesse l'ensemble des clients du luxe.

À la question : « Avez-vous acheté un produit de luxe au cours des 24 derniers mois ? », 63 % des personnes interrogées dans les pays développés répondent : « oui ». Voilà en fait la véritable clientèle du luxe : plus de la moitié de la population des pays développés. Et la croissance rapide de ce secteur (une moyenne annuelle de 8 %) résulte du fait que chaque année un nouveau groupe de consommateurs issus des « classes moyennes » des pays développés ou en développement peut s'offrir, pour la première fois, une bouteille de champagne, un sac à main à 1 000 euros ou une montre à 1 500 euros. Ces biens devenant de plus en plus accessibles, le luxe entre dans le quotidien d'au moins 63 % des gens dans les pays développés.

On est encore bien loin, évidemment, des 4 000 femmes du monde qui peuvent s'offrir une robe haute couture, ou même des 7,2 millions qui peuvent s'offrir un bijou de grande valeur. Le client du luxe est presque M. Tout-le-monde ; mais il ne s'offre que très rarement un article de luxe.

Les « excursionnistes »

Le terme d'« excursionniste » a été lancé par Bernard Dubois et Gilles Laurent en 1999 suite à leur examen des résultats d'une enquête menée dans les pays développés par la société Risc Consumers, basée à Paris. Le tableau 5.1 en présente les résultats.

Tableau 5.1 – Répartition des clients du luxe dans les pays développés

N'ont pas acheté de produit de luxe au cours des 24 derniers mois	37 %
Ont acheté un produit de luxe au cours des 24 derniers mois	63 %
Ont acheté plus de 5 articles	12 % (soit 20 % des acheteurs)
Nombre moyen d'achats	2

Leurs résultats montrent que, à part les *happy few* (12 %) qui ont acheté plus de cinq articles dans les deux dernières années et qui représentent évidemment une très grande part du marché total, le groupe le plus nombreux (51 % de la population) s'est acheté entre un et cinq articles. (Ce qui vient immédiatement à l'esprit ici, ce sont des parents de la classe moyenne inférieure, qui font très attention à leurs dépenses en général et guettent les promotions au supermarché, mais décident d'acheter une montre Cartier à leur fils pour son bac ou une petite bague de fiançailles chez Tiffany pour leur future belle-fille).

Dubois et Laurent utilisent le terme d'« excursion » pour décrire la manière dont ce groupe approche l'achat d'articles de luxe. Entrer dans un magasin Cartier ou Tiffany est, pour ces clients, un peu comme faire une promenade en bateau ou visiter un musée. La question intéressante que Dubois et Laurent se sont posée est de savoir ce que ces « excursionnistes » attendent de leur « visite » dans une boutique de luxe. Ils ont donc enquêté plus avant, en demandant aux personnes interrogées : « Qu'en attendiez-vous ? » ; les réponses qu'ils ont reçu des « excursionnistes » sont les suivantes :

- Ils attendent de l'article qu'il soit d'une **qualité** exceptionnelle, tant au niveau du matériau qu'au niveau du service. Cette visite n'est pas comme aller au supermarché : c'est une expérience très particulière qui doit être gratifiante pour eux.

- Ils attendent de l'article qu'il soit **cher**. Au vu de la fonction qu'il assume, l'article de luxe doit appartenir clairement à autre gamme de prix élevée : un tel achat n'est pas « naturel » ni « habituel » et le prix doit refléter cela.
- Ils veulent être sûrs que l'objet qu'ils acquièrent est **rare, difficile à trouver** et accessible seulement à **un très petit nombre d'individus**.
- Ils attendent de l'achat qu'il procure une expérience **multisensorielle** : lorsqu'ils entrent dans le magasin, en traversant l'épais et large tapis qui recouvre le seuil, ils veulent être plongés dans une ambiance musicale sophistiquée, être entourés de beaux objets et savoir ainsi que ce qu'ils s'apprêtent à faire en vaut vraiment la peine. Et, bien sûr, ils attendent du personnel de vente qu'il les traite comme des gens qui accomplissent quelque chose d'exceptionnel.
- Ils s'attendent à entrer dans un monde qui plonge **ses racines dans le passé**. Ils veulent effectuer un achat qui soit intemporel. Ils veulent que leur acte d'achat s'inscrive dans un environnement qui a toujours existé et existera toujours.
- Ils savent que leur achat n'est pas très raisonnable sur le plan économique mais cela leur convient. Ils acceptent le fait que ce qu'ils font est **légèrement futile ou superflu**. Ils parlent d'un bijou ou d'un parfum à la manière dont d'autres parlent, par exemple, d'une Jaguar : le moteur ne les intéresse pas plus que les caractéristiques techniques, c'est du luxe de l'habitacle qu'ils parlent.

L'« excursion » doit être quelque chose de mémorable et de différent. C'est pourquoi le service en boutique revêt une telle importance dans le secteur du luxe. Ayant décrit le modèle « excursionniste », il est important de se souvenir qu'il participe d'un mouvement plus large cherchant à analyser les processus de marketing et de consommation non pas en termes de segments d'individus mais en termes d'une diversité de situations et de circonstances de vie, et d'une explication des différentes attitudes de consommation.

Le nouveau consommateur

Les nouveaux clients apprécient et achètent les produits en fonction de leur situation personnelle. Par exemple, une femme peut acheter le même jour un jean Zara, une veste Celine et des collants Wolford avant de terminer ses emplettes chez Carrefour pour y acheter du café en promotion. Ce comportement en apparence changeant est précisément ce que les spécialistes ont essayé de comprendre : aujourd'hui, les consommateurs ont de nouvelles attentes et de nouveaux types de comportements.

Les nouvelles attentes des consommateurs

Les clients ne sont pas rationnels lorsqu'ils achètent un objet de luxe. Ils ne prétendent d'ailleurs pas l'être. Plus que tout, c'est le contenu affectif et esthétique de leur achat qu'ils apprécient et c'est à travers cette grille de lecture qu'ils perçoivent les différentes gammes de produits qu'on leur propose.

L'affectif joue dans leur comportement, car ils considèrent que leur propre plaisir importe plus que tout autre critère rationnel. Juger un produit sur des critères rationnels réduirait pour eux le plaisir de l'achat. Quand ils comparent différents produits, ils prennent en compte des éléments intangibles tels que le raffinement de l'atmosphère du magasin ou l'occasion d'aller dans une partie de la ville où ils peuvent rencontrer des gens et même mieux, des gens célèbres. Même le type de musique qu'ils entendent dans une boutique donnée peut conditionner leur perception des produits d'une certaine marque et, *in fine*, leurs achats.

Cette composante affective du processus d'information du consommateur est utilisée dans la publicité, comme nous le verrons au chapitre 8. La publicité du luxe ne se fonde pas seulement sur l'information. Elle repose également sur un effet de surprise, sur un pouvoir d'attraction et sur une capacité à communiquer un état d'esprit particulier.

Une seconde attente découle d'un **besoin de beauté**, d'une croyance en la nécessité de juger d'un objet sur sa forme, son toucher, sa prise en main, sur les « références créatives » utilisées par la marque ou sur la valeur esthétique de sa nouvelle campagne de publicité.

C'est une des raisons pour lesquelles les éléments esthétiques d'une marque revêtent une telle importance dans son développement. Les gens associent à chaque marque des valeurs esthétiques particulières. Gucci et Yves Saint Laurent appartiennent ainsi à des univers complètement différents, et cela doit être perceptible dans la forme des bouteilles de parfum, le concept des boutiques de prêt-à-porter et les sacs que l'on donne aux clients pour transporter leurs achats.

Les nouveaux comportements

Les clients sont **éclectiques**. Ils veulent se distinguer de la masse et indiquer clairement à tout le monde qu'ils savent ce qu'ils font. Patrick Hetzel parle d'une « boîte à outils » avec laquelle ils peuvent définir ce qui convient le mieux à leur humeur du moment ou à leur style. Ils ne veulent pas s'en remettre à une seule marque : le « total look » (tout Chanel ou tout Versace) apparaît aujourd'hui totalement démodé – il ne permet pas d'afficher son identité ni les choix que l'on a fait par et pour soi-même. En revanche, un bon mélange de Givenchy et de Zara montre que l'on a du goût et que l'on est créatif.

Néanmoins, l'éclectisme a ses limites, Les clients veulent toujours appartenir à un groupe et être reconnu par ce groupe pour les choix qu'ils ont faits. Il y a quinze ans, les gens voulaient être identiques à leur groupe de référence ou à leurs amis proches (à l'école, les élèves voulaient tous porter la même marque) ; ce n'est plus le cas aujourd'hui. Aujourd'hui, ils veulent ressembler à un très petit nombre d'individus qu'ils ont choisis comme faisant partie de leur tribu. La norme sociale existe encore et demeure très forte, mais sa base s'éparpille en une myriade de sous-groupes qui s'organisent autour d'activités ou de comportements différents.

Les consommateurs recherchent également des valeurs **hédonistes**. Ils placent leur propre plaisir au-dessus de tout. Ici encore, ils ne s'intéressent pas aux attributs fonctionnels d'un produit mais au monde imaginaire qu'ils ont eux-mêmes créé et qui est devenu le leur, conduisant à une vision du luxe en général et à des marques de luxe spécifiques en particulier.

Ceci nous ramène à la dimension culturelle décrite au début du chapitre 2. La vision particulière qu'a chaque client d'une marque donnée intègre des valeurs esthétiques et culturelles, relevant souvent d'une atmosphère nationale spécifique et de ce que cette marque peut et ne peut pas faire.

Les attentes et les comportements des consommateurs peuvent être fragmentés et changer rapidement au cours du temps.

Les implications pour la gestion des marques du luxe sont assez évidentes : les ventes évoluent rapidement et les marques qui réussissent sont celles qui sont capables de conférer une valeur ajoutée culturelle, esthétique et hédoniste à leur identité générale.

Les clients des différents pays sont-ils similaires ?

La question qui se pose maintenant est de savoir s'il existe ou non une clientèle mondiale, si des personnes de nationalités différentes se comportent de la même manière.

Pierre Rainero, directeur du marketing et de la communication chez Cartier, a l'opinion suivante :

> « Les Italiens aiment les montres légèrement voyantes et veulent un mouvement mécanique. Ils les collectionnent et peuvent en changer plusieurs fois par jour. Les Allemands préfèrent les montres à quartz au design simple : rigueur et efficacité. Les Français ont une préférence marquée pour la montre "ingénieur" : sport et pleine de cadrans de chronomètres... »

Les Européens ont également des comportements différents en ce qui concerne la joaillerie :

> « En Allemagne, les femmes qui sont cadres supérieurs achètent elles-mêmes leurs bijoux et les arborent avec un certain triomphalisme. Pour ce qui est du style, elles recherchent la pureté des matériaux bruts et aiment que la pierre soit montée d'une manière très naturelle. Les Italiens recherchent le mouvement et aiment donc les pièces "baroques". Ils s'intéressent aux lignes du diamant et à la manière dont l'or est travaillé. Les bagues ont des formes qui se meuvent comme des morceaux de tissu. Au Japon, mais aussi en France ou en Espagne, la pression du groupe est plus forte que les goûts individuels. Les Français, qui craignent les critiques, recherchent des bijoux "raisonnables" qui doivent être "équilibrés" et paraître "de bon goût". »

Ainsi, même sans quitter le continent européen, on observe déjà de grandes différences. En étendant le champ au monde entier, les différences deviennent encore plus prononcées.

Différences nationales dans les attitudes de consommation

Global Refunds est une société scandinave spécialisée dans la gestion des remboursements de TVA pour les touristes. Quand un touriste effectue un achat dans une boutique de luxe, la boutique remplit un formulaire et l'envoie à Global Refunds qui se charge d'additionner l'ensemble des achats détaxés et de rembourser à chaque touriste le montant approprié une fois qu'il a quitté le pays en question. Global Refunds est donc dans la meilleure position qui soit pour évaluer ce que les touristes des différents pays achètent en France. Le tableau 5.2 en présente les détails (basés sur un achat d'une valeur moyenne après détaxe de 675 euros).

Certaines différences sont frappantes : les Japonais achètent trois fois plus d'articles en cuir que les Américains. Les Américains effectuent des achats plus diversifiés mais acquièrent sensiblement plus de bijoux et d'articles de grands magasins (y compris sans doute des parfums). Les touristes japonais concentrent 59 % de leurs achats sur le prêt à porter féminin et les accessoires en cuir.

Tableau 5.2 – Répartition des achats effectués par des clients américains et japonais à Paris

Achats des Japonais		Achats des Américains	
Vêtements femme	34 %	Vêtements femme	22 %
Cuir et fourrure	25 %	Horlogerie bijouterie	16 %
Vêtements homme	14 %	Vêtements homme	12 %
Horlogerie bijouterie	10 %	Grands magasins	11 %
Grands magasins	6 %	Cuir et fourrure	8 %
Autres	11 %	Souvenirs	5 %
		Verre et porcelaine	5 %
		Hi-fi/électronique	1 %
		Autres	20 %
TOTAL	**100 %**	**TOTAL**	**100 %**

Source : Global Refunds Newsletter, 2001.

➤ Prêt-à-porter et accessoires

La catégorie du prêt-à-porter est, en un sens, la spécialité des Japonais. Les achats japonais représentent en général 30 à 40 % du volume mondial des marques haut de gamme françaises et italiennes, ce qui fait du marché japonais le premier au monde, loin devant les États-Unis qui ne représentent que 10 à 15 %.

C'est pourquoi le Japon constitue un marché clé pour les marques de mode mais aussi pour les articles en cuir, le pourcentage que représente le marché japonais pour ces derniers étant probablement encore plus élevés que celui cité ci-avant.

L'intérêt des Japonais pour la mode s'étend à l'Asie du Sud Est, en partie parce que celle-ci constitue souvent une zone détaxée importante pour les touristes japonais mais aussi parce que les citoyens de Hong Kong, de Singapour, de Taïwan et de Thaïlande, bien qu'ils disposent généralement de moyens financiers moindres que ceux des Japonais, s'intéressent aussi beaucoup à cette catégorie de produits.

La situation en Chine est légèrement différente. En 2010, la contribution de la Chine au volume mondial des ventes de prêt-à-porter et d'accessoires était inférieure à 10 %. Comme les Japonais, les Chinois s'intéressent beaucoup aux marques de mode, mais le secteur reste relativement plus faible en Chine qu'au Japon même s'il croît de 30 à 50 % par an. Avec un tel taux de croissance, la Chine représentera probablement environ 30 % des ventes mondiales en 2015 – soit toujours deux fois moins que le Japon.

En outre, les produits vendus en Chine sont assez différents de ceux vendus au Japon. Au Japon, les femmes achètent elles-mêmes les articles. En Chine, ce sont les hommes, principalement, qui achètent. Ce qui explique pourquoi les marques pour hommes y réussissent généralement très bien et en tout cas bien mieux que les marques féminines. Quand les hommes achètent des articles de mode pour leurs femmes ou leurs amies, ils achètent en général beaucoup moins de prêt-à-porter et se limitent à des choses simples comme des hauts ou des vestes, par exemple. Ils achètent également une plus grande proportion d'accessoires et de sacs à main, avec une préférence marquée pour les produits « icônes » qui apparaissent dans les publicités et qui seront, croient-ils savoir, le cadeau idéal.

Pour la mode, les marchés européens restent solides, avec une grande proportion des achats effectués par les femmes cadres supérieurs. C'est dans cette niche que des marques telles qu'Armani ou Jil Sander conservent une forte implantation.

➤ Parfums et cosmétiques

À l'opposé du prêt-à-porter, les parfums ne représentent pas un marché important au Japon, avec des ventes n'excédant pas 1 % de la consommation mondiale. Au Japon, les parfums sont le plus souvent perçus comme des produits superflus ne servant qu'à couvrir ou masquer l'odeur naturelle du corps. Ils sont parfois ressentis comme une intrusion, quelque chose qu'une femme impose à son environnement. Dans de nombreuses entreprises, il existe une règle officielle ou informelle interdisant l'usage des parfums sur le lieu de travail, et ils ne sont pas mieux reçus dans le métro ou tout autre lieu public. Les adolescents portent du parfum pour tenter de s'affirmer mais nombreux sont ceux qui perdent cette habitude quand ils entrent dans la vie active. Dans certaines régions du Japon, une rumeur persistante veut que les parfums soient mauvais pour la santé des bébés, ce qui conduit beaucoup de mères à ne plus en porter du tout.

Les marques de parfum tentent d'en développer l'utilisation au Japon en promouvant le raffinement du produit et le moyen qu'il constitue d'exprimer sa personnalité lors de fêtes ou d'évènements exceptionnels.

Les États-Unis et le continent américain en général sont des marchés solides pour les parfums : ils représentent près de 30 % de la consommation mondiale. Le Moyen-Orient est également une région du monde dans laquelle les parfums sont particulièrement appréciés et consommés en grande quantité.

Pour les cosmétiques, les choses sont différentes et le Japon est un marché très important. Le marché Chinois, quant à lui, bien que toujours relativement petit en volume, est présent à la fois pour les cosmétiques et pour les parfums.

Le marché des parfums est également très segmenté géographiquement, et les fragrances sont peu nombreuses à connaître un succès mondial. Les femmes des pays latins tendent à aimer des notes fraîches et florales – des fragrances citronnées ou à la lavande qui ne sont guère appréciées ailleurs. Les Anglo-saxonnes préfèrent des parfums lourds, possédant un cœur très prononcé et une présence très forte. Les femmes asiatiques sont partagées : les Japonaises aiment les parfums très légers, si bien qu'un produit comme Tartine et Chocolat, conçu pour les bébés et les très jeunes filles, y est un *best-seller* chez les femmes mûres. Les Chinoises aiment les parfums plus puissants.

Le défi à relever lorsqu'on lance un nouveau parfum et que l'on a des ambitions mondiales est donc de trouver une note suffisamment légère pour séduire les Japonaises, suffisamment forte pour plaire aux Américaines et aux Allemandes et suffisamment fraîche et florale pour satisfaire les Latines. Les produits qui connaissent un succès mondial sont ceux qui parviennent à transcender ces préférences et à trouver une note complètement neuve. Ce n'est pas chose facile.

➤ Vins et spiritueux

En termes de bilan financier, le marché des vins et spiritueux est plus ou moins équilibré géographiquement, avec environ un tiers du volume total réalisé dans chacun des trois grands marchés : Amériques, Europe, Asie. Mais, comme nous l'avons vu au chapitre 3, il existe des différences considérables entre les types de produits que chacun préfère.

C'est essentiellement dans les Amériques que l'on consomme du rhum, tandis que le gin est surtout une boisson américaine et britannique. Environ 60 % du volume mondial de champagne est bu en France, et une part très importante du reste dans les autres pays européens. Par contre, whisky et vodka se vendent partout dans le monde et les ventes sont à peu près également réparties.

Le cognac est également un produit vendu dans le monde entier, mais avec des différences nettes dans le type de produit consommé selon les régions.

Ce qui est clair à ce stade, c'est que le comportement des consommateurs varie d'un point à l'autre du globe.

Différences d'attitude selon les nationalités

Dans cette section, nous décrivons et discutons les résultats d'une étude menée en 1996 par Bernard Dubois et Gilles Laurent, pour laquelle ils ont interrogé 86 consommateurs dans chacun des 12 pays suivants : Allemagne, États-Unis,

Norvège, Autriche, Danemark, Pologne, Australie, Pays-Bas, Espagne, Belgique, Hong Kong et France. Le questionnaire, en anglais, a été adressé à des étudiants en école de commerce et il s'agissait de répondre à des affirmations telles que « je n'achète presque jamais de produits de luxe » ou « le luxe est agréable », etc. (Il y avait 34 affirmations, le tableau 5.3 en reprend 13 parmi les principales.).

Tableau 5.3 – Les différentes typologies de la perception du luxe par les consommateurs (pourcentage des personnes interrogées d'accord avec l'assertion)

	Élitisme	Démocratisation	Aversion	Détachement
Attitudes envers le luxe				
Le luxe est plaisant.	88	88	7	68
En général, j'aime les produits de luxe.	84	66	4	27
Le luxe est en réalité superflu.	7	4	71	20
Le luxe ne m'intéresse pas.	4	4	77	30
Vision du luxe				
Peu de gens ont vraiment des produits de luxe.	66	6	51	59
Un vrai produit de luxe ne s'achète pas au supermarché.	83	8	43	76
Les produits de luxe sont nécessairement très chers.	80	43	26	80
Les produits de luxe ne peuvent pas être produits à la chaîne.	81	36	34	66
Il faut être assez snob pour acheter des produits de luxe.	37	7	74	47
Comportement				
Je n'achète presque jamais de produits de luxe.	17	20	58	56
Je ne m'y connais pas beaucoup en produits de luxe.	11	9	53	43
Le luxe améliore la vie.	78	54	24	33
Le luxe est trop cher pour ce que c'est.	39	29	22	71

Source : Dubois and Laurent.

Bien que les questions aient été posées à des étudiants, qui ne sont pas nécessairement les meilleures personnes que l'on puisse interroger au sujet du luxe, on peut néanmoins observer que quatre groupes distincts – assez homogènes et assez différenciés dans leurs réponses – émergent :

➤ Les élitistes : le luxe traditionnel

Dans cette catégorie, les gens sont clairement favorables au luxe (seuls 4 % d'entre eux disent ne pas être intéressés, tandis que 88 % trouvent le luxe agréable). Ils pensent que le luxe est nécessaire et ils l'aiment.

En tant que consommateurs, ils sont aussi particulièrement bien disposés. Ils considèrent que les produits de luxe améliorent la vie et 83 % d'entre eux disent acheter des articles de luxe (seuls 17 % disent ne jamais le faire). En termes d'attitude et de comportement, ils sont clairement favorables à ce secteur et se perçoivent comme des consommateurs, actuels ou potentiels, du luxe.

Dubois et Laurent attribuent à ce groupe l'étiquette « classique » et « élitiste » car ses membres considèrent que le luxe n'est en fait destiné qu'à un très petit groupe d'individus – les *happy few* – dont, naturellement ils font partie. Ils disent par exemple que « peu de gens possèdent un vrai produit de luxe » et qu'« un vrai produit de luxe ne peut pas s'acheter au supermarché ». Ce faisant, ils oublient, ce qui est bien pratique, que l'on peut acheter un bon champagne – un produit de luxe – au supermarché.

➤ Les démocrates : le luxe ouvert à tous

Pour ce deuxième groupe, les attitudes et les comportements révélés dans le tableau 5.3 sont quasi identiques à ceux du premier groupe : seuls 4 % disent ne pas être intéressés par le luxe et seuls 20 % disent « ne jamais acheter de produits de luxe ».

C'est par sa « vision » du luxe que ce groupe diffère. Ses membres considèrent que le luxe est pour tout le monde (seuls 6 % disent : « peu de gens possèdent un vrai produit de luxe ») et seuls 8 % d'entre eux pensent qu'« un vrai produit de luxe ne peut pas s'acheter au supermarché ».

En fait, tandis que les « Élitistes » ont une vision « sac Kelly Hermès » ou « rivière de diamants Van Cleef » du luxe, les « Démocrates » pensent plutôt à une bouteille de parfum ou de Dom Pérignon. Pour les « Démocrates », le luxe peut-être produit en masse, et c'est d'ailleurs manifestement le cas pour les parfums, les cosmétiques et le vin.

Chez les « Élitistes », le concept d'artisanat évoqué au chapitre 2 figurerait probablement en bonne place dans l'image du luxe.

➤ Les « anti » : opposés au luxe

Dans cette catégorie, les gens sont très fermement opposés au luxe : seuls 7 % disent que « le luxe est agréable ». (*Quid* alors des 93 % restants ? Que trouvent-ils de désagréable et pourquoi ?) Seuls 4 % disent aimer les produits de luxe et leur comportement est en phase avec cela : 58 % d'entre eux déclarent « n'acheter quasiment jamais de produits de luxe ».

Pour ce qui est de sa vision du luxe, ce groupe a une position très étrange. Relativement peu nombreux (26 %) sont ceux de ces membres qui considèrent que « les produits de luxe sont nécessairement très chers » et la moitié trouve que « presque tout le monde possède des produits de luxe » ; mais, d'autre part, 74 % considèrent qu'« il faut être sérieusement snob pour acheter des produits de luxe ». Donc, en fait, ils savent que les produits de luxe sont accessibles, qu'ils peuvent être achetés en supermarché et que presque tout le monde peut se les offrir, mais leur rejet de ce secteur est si fort qu'il englobe tous ceux qui acquièrent ces produits. Il s'agit plus là d'une position idéologique que d'autre chose.

➤ Les détachés : « loin du luxe »

Les membres de ce groupe ne s'opposent pas aussi fortement au luxe que ceux du groupe précédent. En fait, 68 % d'entre eux considèrent que « le luxe est agréable », et ils savent que la plupart des gens s'offrent des produits de luxe. Ils n'ont rien contre cette catégorie de produits (seuls 20 % disent n'être pas intéressés), mais il leur semble que ces objets ne sont pas pour eux.

Quand « 71 % » disent que « le luxe est trop cher pour ce que c'est », ce qu'ils disent en réalité c'est : « C'est fantastique, ce n'est pas superflu, mais personnellement je n'en ai pas besoin. » Comme c'était déjà le cas avec le groupe précédent, une majorité des gens de cette catégorie déclarent ne presque jamais acheter de produits de luxe.

Ces catégories sont intéressantes parce qu'elles fournissent une typologie des attitudes et des comportements ; typologie que l'on peut ensuite utiliser pour analyser n'importe quel autre groupe de consommateurs : ces quatre positions forment des motifs sous-jacents que l'on peut retrouver dans maints autres groupes, y compris dans le même pays.

Mais le but de l'étude de Dubois et Laurent était de mettre au jour les différences de perception parmi les différents groupes nationaux. Le tableau 5.4 résume leurs résultats.

Tableau 5.4 – Fréquence des catégories par pays (%)

	Démocrates	Elitistes	Détachés	Opposés
Danemark	84	8	8	0
Pays-Bas	68	20	12	0
États-Unis	53	27	20	0
Norvège	68	7	24	1
Autriche	38	33	29	0
France	14	56	26	4
Allemagne	32	33	34	1
Pologne	17	56	26	1
Hongrie	8	47	45	0
Belgique	31	21	45	2
Espagne	12	36	48	4
Australie	0	1	2	97

Source: Dubois and Laurent.

Le résultat le plus marquant est la différence très nette entre l'Australie et tous les autres pays. Il est clair que les Australiens ont une culture très spécifique et il semble qu'ils aient une attitude très négative envers les produits de luxe en général et une opinion très négative du concept même de luxe. Le monde du luxe est un monde assez différent du mode de vie habituel des Australiens. Cela n'empêche pas, bien sûr, les cadres supérieurs australiens de porter des cravates Hermès ou des montres Rolex, même s'ils ne veulent pas le faire remarquer.

Un groupe de quatre ou cinq pays, comprenant le Danemark et l'Autriche, a une attitude très positive vis-à-vis du luxe. Si, en moyenne, 20 % des gens se sentent détachés du luxe, personne n'y est opposé. Dans ces pays, le luxe est perçu non seulement comme positif, mais aussi comme accessible et démocratique : chacun peut en profiter. Au Danemark et en Norvège, très peu de gens appartiennent à la catégorie élitiste. Aux États-Unis, les gens sont plutôt favorables au luxe mais se répartissent avec un rapport quasiment de 1 à 2 entre le groupe « élitiste » et le groupe « démocratique ». En un sens, aux États-Unis, tout comme en Autriche ou en Allemagne, deux visions très claires du luxe cohabitent dans la même population, En d'autres termes, c'est un marché très segmenté, dans lequel les différents groupes doivent entendre des discours légèrement différents pour être convaincus. Sans doute est-il vrai aussi que sur ces marchés, lorsqu'on les interroge sur le luxe, certaines personnes pensent à une rivière de diamants et d'autres à un parfum.

Dans le second groupe représenté dans le tableau 5.4, il apparaît clairement que nous avons affaire à des pays comptant un nombre relativement important de personnes « détachées », qui ont une attitude positive mais ne se considèrent généralement pas comme clients du luxe. Mais le fait est qu'il y a un groupe de pays, dont la France, dans lesquels le luxe est perçu comme un marché élitiste et l'apanage des *happy few*. L'Espagne compte beaucoup de « personnes détachées », ce qui est cohérent avec le fait qu'elle possède un nombre relativement faible de marques de luxe nationales. La Belgique, quant à elle, offre un paysage dans lequel coexistent, comme en Allemagne ou en Autriche, un groupe pour et un groupe contre l'élitisme dans le luxe, mais dans le cas de la Belgique on note également la présence d'un important segment « détaché ».

Ainsi, à la question : « Des gens de nationalités différentes se comportent-ils de la même manière et ont-ils des positions similaires ? » la réponse est clairement : « Non ».

Un des points faibles de cette étude est qu'elle n'inclut pas deux marchés du luxe très importants : les Italiens et les Japonais, sans parler des Chinois et des Britanniques. Néanmoins, elle très utile en ce qu'elle souligne les différences qui existent entre une culture et une autre.

L'étude RISC

RISC International est une entreprise de conseil spécialisée dans les études de marché et le marketing des marques. Elle a été pionnière dans la recherche consacrée aux attitudes vis-à-vis du luxe dans différents pays.

RISC effectue chaque année des enquêtes dans les trois grandes zones : les États-Unis, le Japon et cinq pays européens (France, Allemagne, Italie, Angleterre et Espagne). Elle conduit des études supplémentaires en Chine, en Corée et en Inde. Les résultats de ces études ne sont pas rendus publics, mais nous avons pu avoir accès à ceux de 2003, basés sur 18 500 questionnaires (hommes et femmes).

L'avantage des études de RISC, c'est qu'elles donnent non seulement une analyse détaillée des attitudes envers le luxe en général, mais vont également un peu plus loin en rassemblant des informations relatives à la notoriété, à la pénétration et au « rêve » (« Si vous deviez recevoir un beau cadeau demain matin, de quelle marque aimeriez-vous qu'il fût ? ») pour une liste de 40 marques.

Elles enregistrent également les achats effectués au cours des trois dernières années dans les catégories suivantes :

- Montres (d'un prix supérieur à 550 €).
- Joaillerie (à partir de 400 €).
- Vêtements haute couture (à partir de 2 000 €).
- Vêtements pour hommes et femmes (à partir de 500 €).
- Chaussures (à partir de 250 €).
- Sacs (à partir de 550 €).
- Accessoires en cuir (à partir de 250 €).
- Autres accessoires (à partir de 200 €).
- Lingerie (à partir de 100 €).
- Parfums (à partir de 40 €).
- Lunettes de soleil (à partir de 120 €).
- Accessoires pour l'écriture (à partir de 175 €).

Ainsi, à l'exception des vins et spiritueux, la plupart des catégories de produits sont représentées ici.

Sur les 40 marques, Armani, Burberry, Cartier, Chanel, Dior, Gucci, Hermès, Hugo Boss, Kenzo, Lacoste, Louis Vuitton, Ralph Lauren, Rolex, Yves Saint Laurent, Calvin Klein, Bulgari, Prada, Dolce & Gabbana et Cacharel sont étudiées dans les sept pays que comprennent les trois grandes zones. Les autres marques sont modulées selon les divers marchés, avec, par exemple, Loewe en Espagne et au Japon, Max Mara en Italie et au Japon et Moschino en Italie, en Espagne et au Japon.

L'intérêt global suscité par une marque (« le rêve ») est donné dans le tableau 5.5.

Nous pouvons observer que seules deux marques – Rolex et Gucci – apparaissent dans les trois zones. Peu nombreuses, parmi les autres, sont celles qui apparaissent dans plus d'une zone. Nous voyons ici ressortir une fois encore les différences de perception et de statut des marques d'un pays à l'autre.

Au Japon, quelques marques emblématiques concentrent l'attention, avec des pourcentages très élevés. Aussi, parmi les six premières marques, seule Gucci est vraiment une marque de mode ; toutes les autres sont des marques de haute joaillerie, de montres ou d'accessoires en cuir.

Tableau 5.5 – Les marques de luxe « qui font le plus rêver » (pourcentage de citation)

Japon		États-Unis		Europe	
Rolex	40,9 %	Rolex	39,3 %	Armani	21,6 %
Hermès	31,1 %	Tiffany	32,6 %	Chanel	20,1 %
Bulgari	30,2 %	Calvin Klein	27,3 %	Calvin Klein	18,1 %
Gucci	29,1 %	Gucci	25,7 %	Hugo Boss	16,5 %
Louis Vuitton	28,5 %	Armani	25,5 %	Dior	14,8 %
Tiffany	27,6 %	Tommy Hilfiger	25,1 %	Rolex	12 %
		Ralph Lauren	24,7 %	Cartier	10 %
		Cartier	24,4 %	Gucci	10 %

Note : Les personnes interrogées ne pouvaient donner que cinq marques de leur choix.

Source : RISC International, 2003.

Aux États-Unis, Rolex enregistre une performance très similaire à celle qui est la sienne au Japon, mais les autres résultats sont moins nets. Les marques américaines représentent la moitié de celles qui sont citées, le reste étant constitué de deux marques italiennes – Gucci et Armani – et d'une marque française – Cartier. On trouve aussi un mélange de marques « sport », comme Tommy Hilfiger et, dans une certaine mesure, Ralph Lauren, et une seule marque de mode haut de gamme raffinée : Gucci, qui, aux États-Unis, doit probablement son renom à ses mocassins, ses foulards et ses sacs à main.

En Europe, la situation est encore plus complexe, les marques obtenant des pourcentages nettement plus petits et les résultats s'en trouvant d'autant plus éparpillés. Pour comprendre cela, il est nécessaire de regarder les détails des performances pays par pays, telles que montrées dans le tableau 5.6.

Ces chiffres révèlent une forte préférence nationale. En France, aucune marque italienne ne fait rêver les gens, semble-t-il, tandis qu'en Italie n'apparaissent, hormis les marques « institutionnelles » comme Chanel et Calvin Klein, que des marques italiennes.

Au Royaume-Uni, Calvin Klein arrive en tête d'un classement dans lequel la Britannique Burberry et une autre marque américaine, Ralph Lauren, apparaissent aussi, au milieu de marques françaises et italiennes. Yves Saint Laurent conserve une très bonne image, tout comme en France, malgré des ventes assez faibles – la marque espère d'ailleurs que celles-ci vont repartir à la hausse.

Tableau 5.6 – Les marques de luxe « qui font le plus rêver » en Europe (pourcentage de citation)

France		Royaume-Uni		Allemagne		Espagne		Italie	
Yves Saint Laurent	31 %	Calvin Klein	29 %	Hugo Boss	26 %	Adolfo Dominguez	27 %	Armani	38 %
Chanel	28 %	Armani	26 %	Joop	17 %	Armani	22 %	Valentino	23 %
Dior	25 %	Chanel	23 %	Chanel	17 %	Chanel	19 %	Dolce & Gabbana	22 %
Lacoste	21 %	Gucci	20 %	Calvin Klein	17 %	Lacoste	19 %	Versace	18 %
Hugo Boss	19 %	Yves Saint Laurent	20 %	Armani	14 %	Dior	17 %	Calvin Klein	16 %
JP Gaultier	19 %	Burberry	16 %	Jil Sander	12 %	Hugo Boss	15 %	Rolex	16 %
Cacharel	18 %	Hugo Boss	16 %	–	–	Calvin Klein	13 %	Chanel	15 %
Kenzo	14 %	Ralph Lauren	13 %	–	–	Cacharel	11 %	Lacoste	12 %
Calvin Klein	14 %	–	–	–	–	–	–	Prada	12 %

Source : RISC International, 2003.

En Allemagne, une triplette de marques allemandes – Boss, Joop et Jil Sander – obtient un bon score, de même que Chanel, Calvin Klein et Armani.

En Espagne, dans un marché relativement ouvert, une marque espagnole, Adolfo Dominguez, arrive en tête. Quatre marques françaises, dont Dior, sont présentes dans la liste.

Le tableau 5.7 expose une autre approche du marché européen, en comparant les résultats de la même enquête menée en 1996 et en 2003.

De nombreux commentaires sont à faire ici :

- À l'exception de Lacoste, les marques du « luxe accessible » – Calvin Klein, Hugo Boss, Cacharel et Ralph Lauren – ont toutes vu leur position s'améliorer. Elles ouvrent des magasins, font des campagnes publicitaires, proposent en général différentes collections dans différentes gammes de prix, et cela marche. Si cette stratégie est payante, il faut voir que les résultats sont fortement corrélés à la réponse masculine. Le luxe est normalement plutôt associé aux femmes, qui représentent plus des deux tiers des achats dans le secteur. L'étude RISC étant basée sur un échantillon comprenant autant d'hommes que de femmes, les réponses sont biaisées en faveur des marques masculines ou des marques que les hommes aiment et ne devraient donc pas être prises comme une indication du marché potentiel pour ce qui est des marques pour hommes et pour femmes.

- Les « institutions » françaises et en particulier Dior (de 20,9 % à 14,8 %) et Cartier (de 20,8 % à 10 %) perdent de leur attractivité. Ceci peut être dû à leur positionnement et à leurs options publicitaires. Une seule marque française maintient son bon résultat : Chanel, qui arrive dans les trois premières places du classement dans quatre des cinq pays européens.
- Les marques qui se sont trop concentrées sur un seul produit, comme Rolex (de 21,4 % à 12 %) et Cartier (de 20,8 % à 10 %), n'arrivent plus à être en phase avec les rêves et les aspirations de leur clientèle, ou n'ont peut-être pas pris en compte le fait que les consommateurs ont changé.
- La tendance générale est un passage des « marques institutionnelles » très connotées à des marques internationales plus décontractées, sans affirmation forte de leur pays d'origine.

Tableau 5.7 – Les marques « qui font le plus rêver » : tendances en Europe (pourcentage de citations)

1996		2003	
Chanel	22,4 %	Armani	21,6 %
Armani	21,4 %	Chanel	20,1 %
Rolex	21,4 %	Calvin Klein	18,1 %
Dior	20,9 %	Hugo Boss	16,5 %
Cartier	20,8 %	Dior	14,8 %
Lacoste	17 %	Rolex	12 %
Calvin Klein	12 %	Lacoste	12 %
Hugo Boss	10 %	Cartier	10 %
Gucci	8 %	Gucci	10 %
Ralph Lauren	4 %	Dolce & Gabbana	9 %
Louis Vuitton	4 %	Cacharel	7 %
Dolce & Gabbana	4 %	Ralph Lauren	6 %

Source : RISC International, 2003.

Les enquêtes RISC vont bien plus loin qu'une simple présentation des scores de chacune des marques, elles permettent d'expliquer les grands mouvements que l'on observe et l'évolution de ces scores. Elles permettent également de comparer les différences et les tendances socioculturelles, dans chaque zone, entre ceux qui sont clients du luxe et ceux qui ne le sont pas, comme le montre le tableau 5.8. Les réponses des clients du luxe y sont comparées à un indice de référence qui vaut 100 pour le niveau d'intérêt déclaré par le consommateur moyen. Si nous prenons par exemple le premier chiffre, 148, celui-ci signifie que si les Japonais interrogés expriment en moyenne un intérêt pour la mode de 100, ceux qui achètent des produits de luxe sont proportionnellement 48 % de plus à exprimer un tel intérêt.

Tableau 5.8 – Chiffres restreints aux clients du luxe (indice 100 pour les consommateurs moyens)

	Japon	États-Unis	Europe
Intérêt pour la mode	148	181	156
Réussite personnelle	154	141	158
Identité multiple	134	137	142
Genre	173	173	140
Amateur de défis	142	158	140
Mobilité culturelle	138	169	139
Personnalisation	138	141	139
Soin du corps	142	139	137
Impression personnelle	136	148	137
Célébrité et fortune	142	122	134

Les différences entre les trois zones sont peu marquées. En effet, s'il peut apparaître, à première vue, que les Américains s'intéressent plus à la mode que les citoyens des autres pays, la « clientèle du luxe » est en fait moins grande, en proportion, aux États-Unis qu'au Japon, par exemple. Elle se distingue donc plus du reste de la population qu'au Japon, où l'intérêt pour le luxe est plus répandu.

De ces résultats, il ressort que les clients du luxe veulent tous :

- Être des individualités. Ils recherchent épanouissement et liberté individuelle, créativité personnelle et autonomie.
- Mélanger les genres. Ils jouent avec les codes et intègrent des modes de vie étrangers.

- Être des « gagnants ». Ils s'affirment socialement, recherchent les défis et aiment faire des expériences.
- Se distinguer. Ils veulent être différents des autres et affirmer leur individualité. Ils lancent des modes, en se servant des apparences pour exprimer leur différence, leur modernité et leur créativité, et pour réaliser leurs ambitions sociales.
- Avoir une meilleure apparence et de meilleurs résultats. Ils se soucient de leur corps, en prennent soin en tant que source de sensations et de plaisir, le considère comme associé à leur réussite.
- Rester dynamiques – physiquement, mentalement et émotionnellement.

Cette analyse du profil type d'un client du luxe pourrait être très utile pour définir un positionnement et une plate-forme publicitaire efficace.

Nous sommes bien loin maintenant de l'idée **classique, conventionnelle et institutionnelle** selon laquelle un produit de luxe est rare et cher.

C'est une tout autre partie qui se joue ici. Nous sommes dans le royaume de l'***avant-garde***, de la ***tendance***. La marque et le produit doivent jouer avec les **émotions**, avec la **sensualité** et un « **aspect physique** », avec l'**ailleurs**, la **réussite**, la **performance**, l'**optimisme** et l'**éphémère**. Ce n'est plus le produit qui est rare et cher : c'est l'**individu**.

Sur cette base, il est possible de formuler des objectifs très pertinents en termes de positionnement et de communication, comme nous le verrons au chapitre 8.

Dernier avantage des résultats de RISC : ils permettent d'établir une comparaison entre les types américains et européens de marques de luxe. C'est ce que nous montre le tableau 5.9.

On voit clairement dans ce tableau que les marques américaines sont très en phase avec des consommateurs américains eux-mêmes très engagés socialement. Ce sont en fait des « marques marketing », en ce sens qu'elles sont clairement « tournées vers le client ». À partir des besoins du consommateur américain, elles ont défini un style, accessible, ouvert, décontracté, « sport ».

Les marques européennes sont, elles, clairement définies par la créativité, en ce sens que le créateur se voit confier, semble-t-il, une autorité totale sur le contenu et la personnalité de la marque. Elles mettent en avant l'esthétique et ce qui fait appel au sens. La fonction vient pour elle après l'émotion suscitée. Elles veulent maintenir une distance aussi grande que possible entre les valeurs culturelles de la marque et le consommateur : ces valeurs doivent être de celles auxquelles les consommateurs aspirent, espérant par là rejoindre les *happy few*, espérant par leurs achats intégrer un jour cette élite.

Tableau 5.9 – Différences entre le luxe américain et le luxe européen

États-Unis	Europe
Motivations sociales	**Motivations individuelles**
Réalisation des rêves sur le plan social	Réalisations des rêves personnels
Ambition : qu'aimerais-je être ?	Réalisations des désirs émotionnels
Parfum : accessoire social, nom de marque	Parfum : moi, mon identité, ma sensibilité
Relations	**Relations émotionnelles**
Pratique, utilité, fonctionnalité	Esthétique, sensorialité, style
Vêtements toujours confortables	Futilité
Marques orientées vers le client	**Marques définies par le créateur**
Marques faciles à aborder, décontractées	Excentricité, pas de réelle utilité, pas de limite
Tout terrain	Distance
Service	Prolonger le rêve, fantasme
Exclusivité : prix et rareté	**Élitisme**
Des prix très élevés sont le meilleur signe du luxe	Prix
En donner pour son argent à l'acheteur	Codes culturels (Hermès)
Styles de vie	**Concepts intellectuels**
Nouvelle Angleterre	Manières d'être
Passe-partout	Marques françaises

Source : RISC International, 2003.

La tendance actuelle est favorable aux marques américaines, tournées vers le consommateur, mais cela peut changer.

D'après ce que nous avons vu dans ce chapitre, il est clair que lancer une marque qui puisse séduire tous les consommateurs du monde constitue un vrai défi. Voilà pourquoi il est indispensable de conduire des études de marché, à condition que celles-ci soient fondées sur les attitudes et les attentes des consommateurs. Nous regarderons cela de plus près au prochain chapitre, consacré en partie à l'identité des marques.

Maintenant que nous arrivons au terme de notre examen de la clientèle du luxe, il doit être clair que dans cet environnement très fort en termes de marketing, dans lequel les valeurs affectives ont un impact prépondérant sur la réceptivité et l'attractivité d'un produit, les études de marchés, menées dans différentes régions du monde, constituent un outil indispensable.

Dans le chapitre suivant, nous nous intéresserons à d'autres outils d'analyse et de gestion qui permettent de contrôler l'un des éléments les plus précieux d'une marque de luxe : son identité.

CHAPITRE 6

Modèles analytiques des marques

Deux grandes catégories d'instruments analytiques vont être abordées dans ce chapitre : il y a ceux relatifs au cycle de vie des marques et ceux qui peuvent aider à la gestion de l'identité de la marque.

Le cycle de vie des marques car, appliqué aux marques et en dépit de son apparente simplicité, il reste un instrument de gestion stratégique de base.

L'identité parce qu'elle est un véritable « principe fédérateur » de toutes les activités de l'entreprise et qu'elle permet une approche sémiotique des mécanismes de création de sens, facteur essentiel du monde de la consommation.

Le cycle de vie des marques[1]

Les marques font partie de notre histoire la plus intime. Leur histoire ne se confond pas tout à fait avec celle de l'entreprise qui les a fait exister ; intégrées à notre imaginaire, elles y survivent parfois bien après la disparition de l'entreprise.

Le parcours d'une marque fait se succéder des phases de forte expansion avec des phases de stagnation relative, voire de déclin plus ou moins rapide. Une telle

1. Ce chapitre reprend, en partie, le chapitre 5 de l'ouvrage des mêmes auteurs : *Pro Logo*, Éditions d'Organisation, 2003.

situation ne diffère pas vraiment de celle d'un produit ou d'une entreprise, pour lesquels il est courant de parler d'un « cycle de vie ». Comme nous le voyons sur la figure 6.1, la vie d'une marque peut être représentée sur un graphique. L'axe du temps sera celui des abscisses ; en ordonnées, on portera une estimation de la « force » de la marque, obtenue selon une convention donnée.

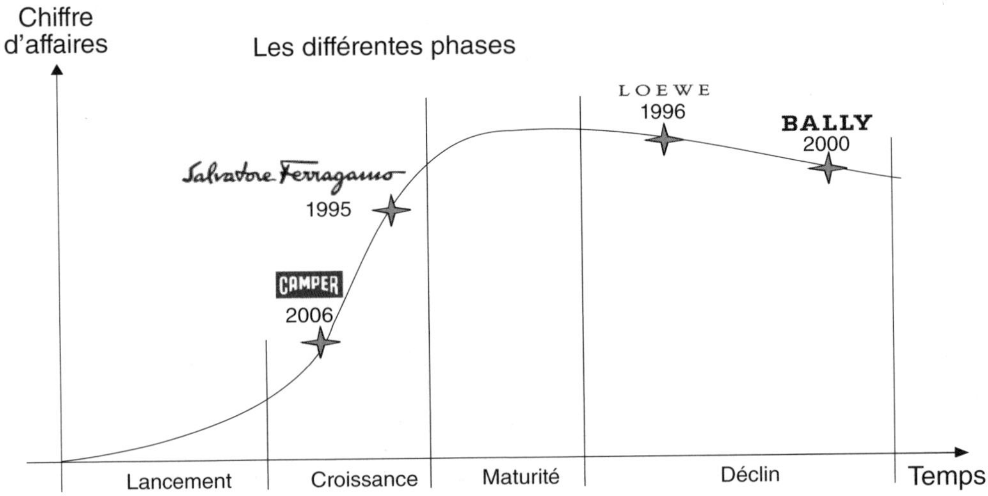

Figure 6.1 – Cycle de vie des marques : phases et exemples de positionnement

On retrouve, sur le graphique obtenu, les mêmes phases de lancement, développement, maturité, déclin, relance ou disparition qui caractérisent le cycle de vie d'un produit. À chacune de ces étapes, il va de soi que les problèmes rencontrés par le directeur de la marque se posent en termes spécifiques.

Le secteur des marques est particulièrement préoccupé par le problème de la relance, qui devient d'actualité pour une majorité de marques qui sont en phase de maturité ou de déclin. Le plus spectaculaire exemple de relance est celui de Gucci. Nous pouvons voir sur le graphique suivant (Figure 6.2) qu'une première relance d'envergure a eu lieu en 1995 et 1996. Les événements de septembre 2001 ont affecté négativement les résultats 2002, de même que la lutte entre les groupes LVMH et PPR pour la prise de contrôle de la marque. Les départs, en avril 2004, de MM Ford et de Sole (respectivement directeur de la création et PDG), n'ont pas affecté les résultats 2004 et 2005 qui ont été très bons. et continuent de l'être sous la direction de Patrizio di Marco (CEO depuis 2009 après les passages de Giacomo Santucci et Mark Lee) et de Frida Giannini comme directeur créatif depuis 2006. La courbe ressemble un peu à des montagnes russes, certes, mais elle reflète la capacité de la marque à rebondir. On y voit clairement un premier cycle avec une relance en 1995, puis après le déclin de 2002 puis une nouvelle relance en 2004.

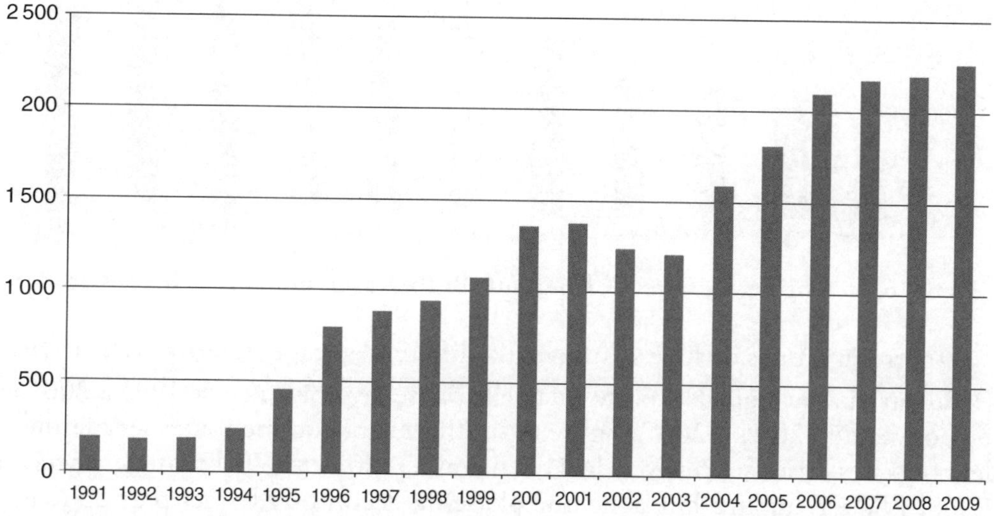

Figure 6.2 – Chiffre d'affaires de la marque Gucci (en millions d'euros)

Une relance peut aboutir à la création d'un nouveau cycle de vie pour la marque, bien qu'elle soit rarement aussi heureuse que celle-ci. Le premier bond de 1995-1996, illustre ce que nous appellerons plus loin « le saut périlleux » : celui-ci implique un repositionnement drastique de la marque, de son identité et, dans le cas présent, de sa cible. C'est comme donner un second souffle à la marque, en s'appuyant sur des valeurs nouvelles, de préférence compatibles avec les valeurs précédentes.

Autre marque de luxe ayant fait l'objet d'une grande relance : Burberry. La marque est clairement entrée dans la phase de croissance d'un nouveau cycle, après à un grand bond en 2001, lorsque les revenus de licences en Espagne sont devenus des revenus directs, suite au changement de nature de ses activités dans la péninsule ibérique (figure 6.3). Elle a traversé la crise sans difficultés particulières.

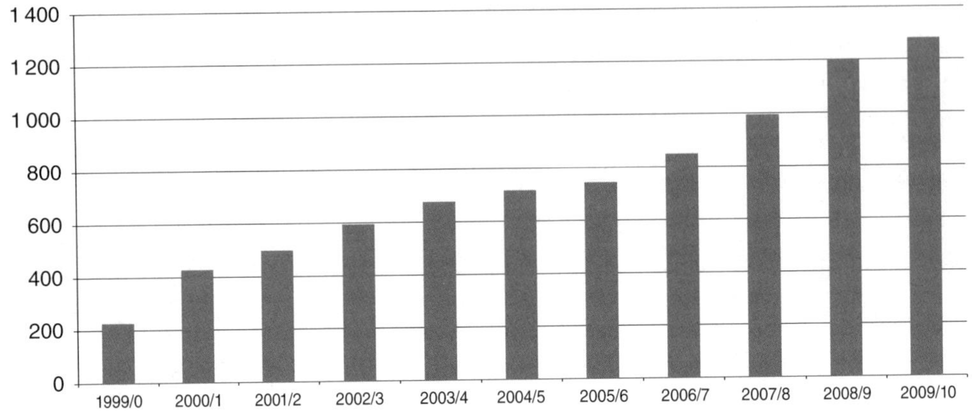

Figure 6.3 – Chiffre d'affaires de la marque Burberry (en millions de livres sterling)

D'autres marques de luxe se trouvent à différentes étapes de leur cycle de vie.

Bulgari, par exemple, a connu une belle phase de croissance de 1993 à 2001 et de nouveau de 2004 à 2007 (figure 6.4). Elle a subi comme toutes les marques, les effets des crises successives du 11 septembre 2001 et de Lehman Brothers en 2008. Elle est aujourd'hui dans une phase de déclin qu'elle met plus de temps que d'autres marques de luxe à dépasser.

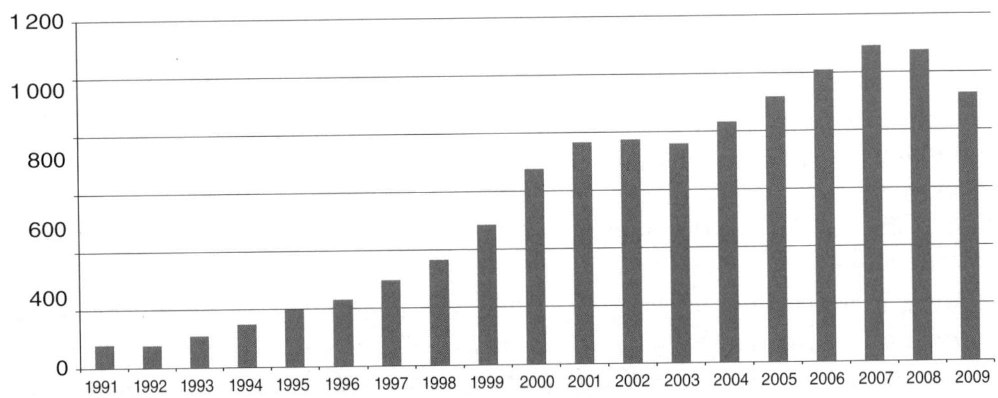

Figure 6.4 – Chiffre d'affaires de la marque Bulgari (en millions d'euros)

Hermès, marque plus que centenaire, témoigne d'une croissance relativement constante depuis le début des années 90 et semble peu affectée par les diverses crises conjoncturelles, comme si l'attraction pour le luxe authentique poursuivait son évolution indépendamment des crises économiques. On note quand même sur la figure 6.5, comme pour Bulgari, un léger déclin en 2003, mais sa croissance a depuis retrouvé le rythme qui était le sien dans les années 90. La marque aristocratique française n'a pas encore atteint la maturité, elle est encore en phase de croissance.

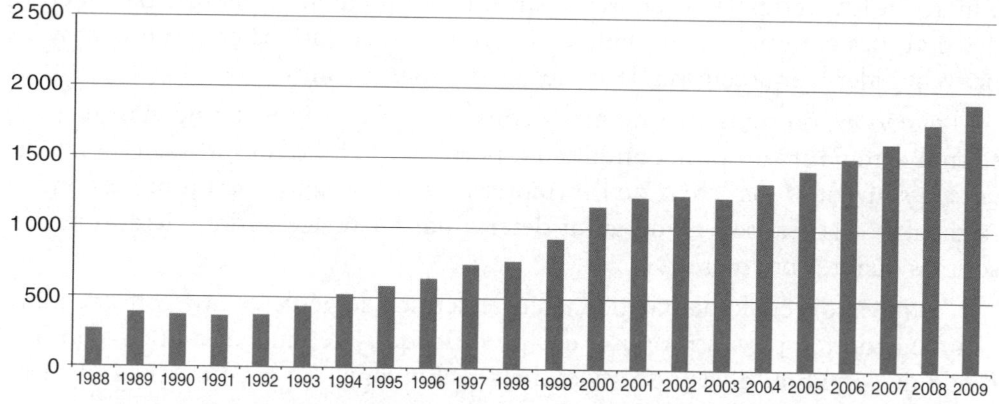

Figure 6.5 – Chiffre d'affaires de la marque Hermès (en millions d'euros)

Ferragamo, en revanche, semble être entrée dans sa phase de maturité. La discontinuité de l'année 2000 correspond à la consolidation des ventes de la filiale de distribution japonaise après son rachat. La courbe du chiffre d'affaires est en fait très proche du profil théorique du cycle de vie. Comme le montre la figure 6.6, le chiffre d'affaires oscille autour du niveau de 600 millions d'euros depuis l'année 2000. Le déclin pourrait guetter la marque si de nouvelles dimensions compétitives ne sont pas mises en œuvre pour restaurer les taux de croissance des années 90.

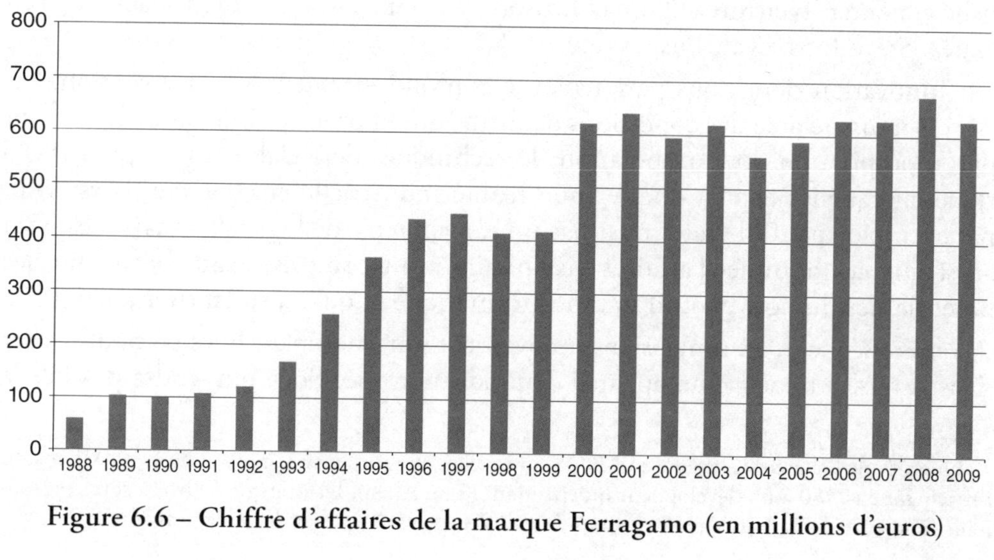

Figure 6.6 – Chiffre d'affaires de la marque Ferragamo (en millions d'euros)

La naissance d'une marque

Comment naissent les marques ? Nous entendons ici les marques fortes, appelées à marquer leur temps. Une chose est sûre : la notoriété ne se planifie pas. Il en va des marques comme des individus : si certaines dispositions et certains moyens peuvent aider leur ascension, le succès n'est jamais garanti.

A posteriori, on n'aura pas de mal à constater qu'à l'origine d'une marque forte se trouve toujours un projet ambitieux, porté par la foi d'un individu de talent : ce sera souvent le fondateur de l'entreprise. La confiance en sa propre vision, en sa capacité à la réaliser, est un atout déterminant. Audace, vision, détermination sont les qualités premières.

L' innovation est le deuxième facteur essentiel : le génie créatif consiste à lire l'humeur du temps et à proposer des produits qui y répondent d'une façon inédite, que ce soit au niveau du style, de la technologie, ou encore dans l'identification d'un nouveau besoin.

Dans le domaine de l'innovation stylistique, on retrouve tous les grands noms de la couture et des accessoires : Coco Chanel, Christian Dior, Yves Saint Laurent, Salvatore Ferragamo, Giorgio Armani... Ces créateurs ont su, à un moment donné, exprimer des idées nouvelles qui ont intéressé un grand nombre de personnes – suffisamment, en tout cas, pour justifier le lancement d'une activité économique durable.

Dans le domaine de l'innovation technologique, on retrouve tous les grands pionniers de l'automobile : Ford, Ransom Olds, Bugatti, Panhard, Renault. On peut y ajouter, bien sûr, Thomas Edison, William Hewlett, Dave Packard, Bill Gates, Steve Jobs, Walt Disney, etc.

L'innovation dont nous parlons ici se confond rarement avec l'invention, car elle est indissociable des conditions de diffusion du produit. Elle procède souvent par appropriation ou extrapolation de techniques déjà élaborées au plan théorique, auxquelles elle va donner une réalité industrielle et concrète. Il est vrai, par exemple, que Bill Gates n'est pas un « inventeur » de logiciel [1] ; mais il est vrai aussi que cet homme d'affaires visionnaire avait compris, avant beaucoup, les potentialités du nouvel outil micro-informatique et qu'il a su en tirer parti.

Par conséquent, les dimensions innovatrices sont multiples. Elles peuvent résider dans la mise au point d'un appareil de production spécifique qui rendra possible la

1. On sait que la base du système MS-DOS, qui devait aboutir au système Windows de Microsoft, fut achetée en 1980 à un développeur indépendant (Tim Allen). La stratégie de Microsoft s'est toujours fondée sur la mobilisation de ressources collectives plutôt que sur le génie individuel.

diffusion en masse d'un nouveau produit. L'innovation peut aussi consister à révolutionner la production ou la distribution d'un produit existant, la manière de conduire les activités, les services associés. Benetton, outre que la société tricotait en blanc et teignait sur demande, est né d'un système de distribution innovateur; Zara, d'une organisation logistique et d'une capacité exceptionnelle à lire les besoins des marchés. Ces atouts permettent à la marque de livrer, en dix jours, les produits là où ils sont demandés. Ray Kroc a fondé McDonald's en 1955 et inventé le *fast-food*. Prada a commencé à se faire un nom grâce à l'utilisation du nylon pour fabriquer ses sacs.

La communication est aussi devenue une dimension innovatrice importante comme le démontre l'exemple récent de Sony qui envahit les rues américaines en « taggant » des murs pour la campagne de sa dernière console portable PSP ou plus généralement toute la communication interactive qu'internet rend maintenant possible.

Dans le milieu de la mode, des personnages illustres comme Louis Vuitton, Carl-Franz Bally, Enrique Loewe et Guccio Gucci ne furent pas des créateurs au sens stylistique ou technologique du terme, mais des artisans, qui développèrent leur vision industrielle et commerciale dès le milieu du XIXe siècle.

À quel moment exact une marque devient-elle une marque? La question est un peu rhétorique, mais on peut mentionner quelques indices couramment employés :

- quand le créateur de la marque disparaît et qu'elle continue à prospérer;
- quand on n'a plus besoin de faire de publicité pour vendre les produits;
- quand on atteint un chiffre d'affaires supérieur à 35 millions d'euros;
- quand on peut développer avec succès de nouvelles catégories de produits;
- quand plus de 50 % du grand public connaît l'existence de la marque dans un pays donné;
- quand on est présent en Europe, aux États-Unis et en Asie.

Toute activité économique porte en elle l'embryon d'une marque qui se développera si les conditions lui sont favorables. Combien de marques sont parties des activités de petits artisans ou commerçants? D'ailleurs de nombreuses marques non mondiales et de faible notoriété continuent à prospérer.

La croissance d'une marque

En phase de croissance, une marque va mettre en œuvre une stratégie d'expansion à la fois quantitative et qualitative. La plupart des marques qui connaissent aujourd'hui le succès sont dans cette phase de développement[1], caractérisée par des taux de croissance à deux chiffres.

Sur le plan quantitatif, la marque va chercher à s'implanter sur de nouveaux marchés géographiques, tout en approfondissant sa présence dans les marchés existants. Les logiques de volume se signalent avec plus de force dans cette phase : il faut vendre plus pour absorber plus facilement les coûts fixes ; mais les budgets de communication étant en général calculés en pourcentage des ventes, plus on vend, plus on peut communiquer.

Sur le plan qualitatif, la marque va optimiser son appareil de production et de distribution ; éventuellement améliorer son produit ; mettre à profit sa notoriété grandissante pour se lancer dans de nouveaux domaines. Ces extensions par lancement de nouvelles catégories de produits sont bien sûr un facteur de croissance, mais elles augmentent aussi la notoriété de la marque en la rendant plus présente, grâce à une distribution plus large. Elles sèment ainsi les graines d'une légitimité dans de nouveaux secteurs. Le budget de communication et de renforcement de l'identité de marque sert alors d'ombrelle à plusieurs catégories de produits et se rentabilise plus facilement.

Les axes de développement sont donc multiples : cela explique que cette phase puisse se prolonger pendant plusieurs dizaines d'années. On peut distinguer cinq grands axes : la croissance sectorielle, l'expansion géographique, l'introduction de nouvelles catégories de produits, l'optimisation des processus internes, le repositionnement de la marque. Tous, à l'exception du premier, permettent à la marque de prendre des parts de marché sur ses concurrents les plus significatifs.

➤ La croissance du secteur

Le cas le plus récent d'expansion sectorielle est l'explosion du marché des plaquettes électroniques de type iPad qui suit celle des *notebooks* et des téléphones portables.

Mais ce seul axe de croissance ne permet pas une croissance stable sur des marchés volatils ou atteignant une saturation rapide.

➤ L'expansion géographique

Dès qu'un produit a réussi dans un pays, il est logique de penser qu'il devrait se vendre ailleurs. Les tentatives en ce sens sont variées et prennent une grande diversité de formes.

1. Surtout si l'on élimine les facteurs purement conjoncturels comme la crise financière de 2008, les attentats de septembre 2001, ou la guerre du Golfe en 1991.

Dans un certain nombre de cas, c'est le même produit, avec la même stratégie de communication qui va s'imposer. Telle est par exemple la stratégie mondiale de Coca-Cola ou de Pepsi-Cola. Ce que nous avons dit de « l'universalité impossible » en matière de communication de marque reste néanmoins valable, même dans le cas de ces produits qui s'appuient sur des populations cibles fédérées par des valeurs transnationales (jeunesse, dynamisme, décontraction face aux adultes). En matière de publicité, pour certains gros annonceurs, les équipes centrales de marketing diffusent un kit complet et modulable : par exemple, plusieurs films publicitaires correspondant à la même stratégie mais avec des exécutions différentes. Chaque équipe nationale pourra choisir la campagne particulière qui sera la plus applicable dans son environnement.

C'est aussi ce qui se passe pour la totalité des marques de mode ou de parfums, où une partie importante du chiffre d'affaires est réalisée avec des consommateurs qui ne sont pas dans leur pays de résidence : la publicité sera en général identique. Dans certains cas, pourtant, il faudra la modifier légèrement, par exemple pour la diffuser dans les pays du golfe Persique.

Dans d'autres cas, les cosmétiques par exemple, le produit sera identique, mais la communication variera selon les pays. C'est ce qui se passe quand, d'un lieu à un autre, le produit ne remplit pas tout à fait la même fonction. Aux États-Unis, une moto Yamaha 125 cc est un objet de loisir ; à Taïwan, c'est un moyen de transport. Dans de tels cas, la publicité sera différente.

Il existe aussi des cas où le produit est différent tandis que la communication reste globalement identique. On pense, par exemple, à un shampooing pour lequel la communication mondiale – utilisant une actrice universellement connue – sera diffusée partout dans le monde, mais dont la formule devra s'adapter ici ou là. Dans les pays où l'eau est calcaire, il faudra développer un certain type de formulation ; dans d'autres à l'eau plus douce, cela ne sera pas nécessaire. Dans certains pays, le flacon standard est de 8 ou 12 onces (236,5 ml et 320 ml) ; dans d'autres, il sera seulement de 100 ou de 125 ml.

Enfin, il y a des cas (les produits détergents par exemple) où à la fois le produit et la communication diffèrent. Ces cas n'appartiennent en général pas à l'univers du luxe et se situent donc en dehors du champ de notre étude.

Cette diversité de situations traduit bien les multiples difficultés auxquelles peut se heurter l'exportation d'une marque. Les cas d'échec à l'expansion géographique sont légion. Si l'on met de côté les dysfonctionnements organisationnels liés à une méconnaissance des spécificités locales, il peut arriver que ce soit tout simplement la marque, ou son produit, qui se révèlent inexportables.

Il existe ainsi des produits cultes dans un pays donné, mais dont le potentiel à l'étranger reste limité : le Pastis 51 ou la Suze, produits de terroir français très consommés en France, sont difficilement exportables. Autres marques qui ont beaucoup de puissance dans leur pays, mais d'une exportation difficile : les grands magasins. L'exemple récent de Marks & Spencer en Europe continentale s'est soldé par un échec. On peut aussi se demander pourquoi les Galeries Lafayette n'ont pas réussi à s'implanter ailleurs, que ce soit à New York, à Singapour, à Bangkok ou à Berlin. L'explication est simple : ce qui fait la réussite des Galeries Lafayette, c'est un certain art de vivre à la française, représenté par un ensemble de marques françaises, bénéficiant de l'adhésion d'un public français. À Berlin ou à New York, le public français fait bien entendu défaut et les marques censées représenter le chic français ne sont pas nécessairement disponibles. S'il s'agit de marques très fortes, elles ont déjà une présence sur place et cette présence passe souvent par des accords d'exclusivité avec d'autres grands magasins locaux. La gageure, c'est donc de créer un style français à l'étranger, sans clients français et sans les principales grandes marques françaises. Il est difficile de trouver une forte raison d'être avec un tel schéma… Les seuls cas d'exportation réussie de grands magasins sont la présence des magasins japonais (Sogo, Daimaru, par exemple) en Asie du Sud-Est. Mais ces derniers bénéficient sur place du soutien de très nombreux résidents ou touristes japonais. Quant au magasin Le Printemps à Tokyo, ne pouvant bénéficier d'à peu près aucune grande marque française, il a réinventé un « style français » destiné aux jeunes filles : il propose des marques nouvelles, inconnues au Japon et parfois même en France, ou réalisées spécialement pour le magasin.

Zara est un cas à part. La croissance de la société se fait sans aucune communication publicitaire, sur la base de l'ouverture de nouveaux points de vente en dehors de l'Espagne, en s'appuyant sur sa capacité de lecture des tendances et sa rapidité de réaction logistique. En 25 ans, Armancio Ortega a créé le groupe Inditex, propriétaire de la marque Zara, qui possède 4 607 magasins dans 74 pays, avec un chiffre d'affaires de 11,5 milliards d'euros en 2009.

En conclusion, si l'expansion géographique semble constituer la dimension la plus naturelle de développement, elle est aussi complexe, et réclame du temps et de lourds investissements. Par ailleurs, ses résultats sont souvent aléatoires – comme en a fait l'expérience la chaîne française Sephora, qui a fermé en 2002 les magasins qu'elle venait d'ouvrir en 2000 et 2001 au Japon et aux États-Unis. De ce fait, le processus de développement au niveau international rend le jeu à la fois plus ouvert et plus difficile.

➤ Les nouvelles catégories de produits

Il est naturel de vouloir amortir ses efforts de communication sur un nombre plus grand de produits : c'est pourquoi le développement de nouvelles catégories a toujours représenté un axe d'expansion privilégié pour les marques.

Une des clés du succès réside sans doute dans une lecture pertinente des correspondances possibles et plausibles entre le produit d'origine et le domaine de diversification.

Le guide (1900) et les cartes routières (1910) Michelin offrent un exemple historique intéressant de ce type de diversification. La promotion du tourisme automobile, pour un fabricant de pneumatiques, témoigne d'un souci d' innovation, mais s'inscrit aussi dans le contexte d'une industrie naissante : la voiture reste à l'époque un loisir privilégié plutôt qu'un outil de transport généralisé.

Si la diversification paraît assez naturelle dans le milieu de la mode et du luxe, c'est que les couturiers ont pris très tôt conscience de l'importance de leur griffe. Le célèbre parfum n° 5, lancé par Coco Chanel dès 1921 et devenu un des parfums les plus vendus au monde, en reste l'une des plus belles réussites.

Durant la dernière décennie, cette tendance a pris des proportions frénétiques, avec des lancements de nouveaux produits parfois bien éloignés de la légitimité des produits d'origine.

Les marques de couture, sans s'aventurer trop loin de la matrice originelle, se sont d'abord cantonnées à des lignes secondaires : Rive gauche d'Yves Saint Laurent, Ivoire et Emanuel d'Ungaro ; Versus de Versace, « Emporio Armani », D&G de Dolce & Gabbana, etc. On peut citer aussi, pour les Américains, DKNY de Donna Karan. Elles développèrent ensuite, durant les années 90, les lignes d'accessoires (maroquinerie, chaussures, articles de soie, lunettes, etc.), secteur aux marges et taux de croissance plus élevés et vecteur efficace de communication.

Ungaro, après sa reprise par la famille Ferragamo en 1996, a lancé une ligne d'accessoires. Louis Vuitton a commencé à proposer des chaussures. Loewe aussi... pour découvrir qu'on ne s'improvise pas bottier du jour au lendemain, et que, pour réussir sur une nouvelle catégorie de produits, il faut être capable de faire percevoir à son consommateur, du sérieux et de la compétitivité non seulement en termes de qualité de produits, de richesse de l'offre, et de service au point de vente, mais surtout en termes de cohérence avec les valeurs de la marque.

Par un mouvement inverse, les marques d'accessoires (Ferragamo, Gucci, Bally, Prada, Loewe...) se sont diversifiées dans le prêt-à-porter. Les unes et les autres ont développé (généralement sous licence) une ligne de lunettes, des parfums et, souvent, des montres. Bulgari, parti de la joaillerie, développa ensuite accessoires et parfums avec le succès que l'on sait. La bijouterie et l'horlogerie ont pris de l'importance au milieu des années 90. Il semble que la lingerie et la corsetterie représentent désormais la Nouvelle Frontière : Dior et Burberry, par exemple, développent fortement leur activité dans ce domaine.

Enfin, l'hôtellerie attire les marques de luxe. Maruccia Mandelli (Krizia) ouvrit en 1987 son hôtel K Club à Barbados. La famille Ferragamo a commencé à y investir au milieu des années 90, mais sans y associer la marque. Armani, dans le sillage du lancement de ses produits et magasins Armani Casa, investit dans des hôtels en Sardaigne. Mais c'est Bulgari qui associe le plus ouvertement sa marque à cette industrie en s'associant à Marriott International Luxury Group pour créer Bulgari Hôtel & Resorts : Bulgari est chargé de la décoration et Marriott de la gestion. Citons aussi Versace, qui a ouvert le Palazzo Versace à Brisbane en 2000, et entend se développer dans ce secteur. À bien y penser, créer un lieu de vie portant les valeurs de la marque devrait être un moyen efficace – à condition qu'il soit bien exécuté et reste compatible avec les valeurs de la marque – de tendre vers le statut tant désiré de marque « style de vie » (*lifestyle brand*). L'unique diversification de Camper est d'ailleurs dans l'hôtellerie et la restauration, alors que la forte conceptualisation de sa marque permettrait un développement significatif sur des secteurs affines aux chaussures.

D'autres types d'entreprises se sont intéressés à leur tour au potentiel qu'offre la diversification. Marlboro a lancé une ligne de vêtements accordés à la mythologie des grands espaces de l'Ouest américain sur laquelle se fonde sa publicité depuis des décennies. Coca-Cola a ouvert des magasins mono marque pour vendre toute une série de cadeaux et de souvenirs : cela va du T-shirt à la tasse à café, en passant par le plateau décoré de publicités des années 30. Disney, Warner Brothers ou, même, de grands clubs de football (Manchester United, la Juventus de Turin, le Real de Madrid) ont eux aussi développé avec succès cette diversification vers des produits « cadeaux et souvenirs ».

Quant aux marques automobiles ou de motos, elles proposent des vêtements et des accessoires plus ou moins liés à l'utilisation de leurs produits de base. La marque Pirelli a été l'une des premières à se diversifier à travers les chaussures, les montres et les vêtements. Cependant, c'est l'une des marques les plus luxueuses, Ferrari, qui a réalisé la plus extraordinaire des expansions en termes de produits et de segments de marché. En 2001, elle s'est lancée dans un développement d'envergure concernant les cadeaux, souvenirs, livres, jeux, T-shirts, etc., à travers des licences et des opérations bi-marques. Elle a ouvert des magasins d'exception (20 en 2005, et 50 en 2010) et des boutiques de par le monde. Ces activités génèrent un chiffre d'affaires maintenant supérieur à celui des automobiles. L'entreprise a également ouvert un parc à thème à Abu Dhabi en 2009. Ducati suit la même stratégie, présentant sur son site Internet 38 partenaires sous licence en 2010 avec des marques comme Microsoft, Puma, Mattel, etc.

Pour certaines marques, ces incursions peuvent être perçues comme relevant encore de l'anecdotique : c'est sans doute le cas des « restaurants de marques » aux fortunes diverses (Lustucru, Eurosport...). D'autres, en revanche, ont réussi à développer au fil des ans de nouveaux territoires de légitimité qui les ont renforcées. Le temps est ici le facteur essentiel.

Dans son souci de réduire le nombre de marques de son groupe, Edwin Artz, ancien président de Procter & Gamble, haranguait ainsi ses troupes : « Trouvez la passerelle, la raison d'être, l'élément qui vous permet de vendre plusieurs produits sous la même marque. »

La deuxième clé du succès d'une stratégie de diversification de produits réside dans le degré de conceptualisation de la marque. Plus les valeurs exprimées par la marque sont conceptuelles, plus il devient facile de s'adapter à des catégories de produit en apparence différentes et même sans lien entre elles. Ainsi, l'aboutissement naturel du principe de diversification, la marque « style de vie », est en vogue aujourd'hui.

La logique est forte. Elle vise tous les objets et services qu'utilisent les gens quotidiennement : ce qu'ils portent, mangent, boivent, fument, mais aussi leur environnement sédentaire ou de voyage – meubles, literie, papiers peints, décoration, rideaux, carrelages, peinture, vaisselle, valises, etc. Le style de vie se prolonge jusqu'aux hôtels. La présence d'une seule marque-ombrelle permettra de rentabiliser tous les investissements faits sur la promotion de cette identité unique.

Pour les marques dont l'identité, à l'origine, se fonde sur un style de vie, la diversification de produits apparaît souvent aisée. C'est le cas de Ralph Lauren, qui promeut le style de vie traditionnel « WASP » de la Nouvelle-Angleterre. Tous ses produits sont très bien présentés dans ses magasins, notamment les *flagships* de New York, sur Madison Avenue, ou de Paris, boulevard Saint-Germain, où le style de vie proposé est facilement perceptible.

D'autres marques, dont l'identité est fortement liée à un produit ou à des signes spécifiques, connaissent plus de difficultés ou font preuve de plus de prudence. Missoni, qui a établi son identité sur un matériau comme la maille et sur une palette chromatique spécifique, ne s'aventure pas en dehors du vêtement et de quelques accessoires.

Du reste, les initiatives les plus originales ne sont pas forcément couronnées de succès. Il arrive qu'elles se soldent, au mieux, par un gain provisoire de notoriété pour la marque, ne rentabilisant sans doute pas l'investissement consenti. Le consommateur est là pour nous rappeler que plus les produits s'éloignent du domaine de légitimité établi, plus il est difficile de réussir rapidement.

La diversification offre donc un axe qui peut être profitable si l'on s'en tient à un principe général de contiguïté intelligente. Mais l'exercice n'a rien d'évident. Il importe de prendre toutes les précautions, de savoir faire évoluer la marque ou les caractéristiques des produits au cours du temps, et, surtout, de respecter le tempo et les limites d'évolution de l'identité de la marque.

➤ L'optimisation des processus internes

C'est un axe de développement trop souvent négligé, parce que plus difficile à affronter. Il est plus simple de concevoir et de mettre en œuvre l'ouverture de nouveaux points de vente que de diminuer le temps de développement d'un produit. C'est pourtant en optimisant les processus internes que l'on réussit souvent à prendre des parts de marché à ses concurrents les plus directs.

Dans le secteur de la mode, recevoir les produits des nouvelles collections en temps voulu permet des augmentations de chiffre d'affaires et, surtout, des augmentations de marge significatives. La diminution du temps de développement de nouveaux produits (entendue dans le sens de temps de mise sur le marché, c'est-à-dire le temps écoulé entre le concept initial et la mise à disponibilité du produit) se révèle l'arme concurrentielle absolue dans de nombreux secteurs : l'automobile, l'alimentaire, les télécommunications, l'habillement, les accessoires.

Une lecture efficace des signaux du marché, une conception de produits orientée au dépassement des concurrents et à la satisfaction des clients cibles, une fabrication qui respecte les standards de qualité, une logistique sans faille qui approvisionne les réseaux de distribution en temps voulu sont autant d'éléments qui ont un impact positif sur les performances des marques.

➤ Le repositionnement de la marque

Il faudrait en fait parler d'« ajustement ». Par repositionnement, on entend en général « le saut périlleux », qui consiste, pour une marque, à changer sa clientèle existante pour une autre, plus au goût des stratèges. Cette opération à hauts risques ne se pratique évidemment pas sous cette forme dans le cas d'une marque en croissance : comme on le verra, il s'agit d'un remède radical plus approprié aux phases de déclin.

Dans notre cas, l'action est donc plus subtile : elle vise à rendre la marque plus attractive, sans intention d'aliéner les clients existants. Au contraire, la marque peut chercher à les divertir un peu, tout en profitant de la circonstance pour « ratisser » un peu plus large.

Lorsque Marc Jacobs fut recruté par Louis Vuitton, en 1997, pour développer une collection de prêt-à-porter, il y eut de nombreux sceptiques. Le premier défilé fut accueilli fraîchement par la presse et les inconditionnels de la marque : il ne leur semblait guère y retrouver cet « art du voyage » ni cet « esprit conservateur » que l'on avait fini par associer à l'identité de la marque.

Pourtant, la mode, qui paraissait au départ incompatible avec la marque, a permis de lui impulser un dynamisme inattendu. Les défilés, l'ouverture des *global stores* ont étendu sa couverture médiatique, et les choix opérés pour les collections ont accompli le tour de force de rajeunir l'identité de la marque sans pour autant aliéner les clients existants. Le chiffre d'affaires de la branche mode et maroquinerie de LVMH – dont Louis Vuitton représente la majeure partie – est passé de 3,6 milliards d'euros en 2001 à 6,3 milliards en 2009.

Cette réussite repose sur une compréhension approfondie de l'identité de la marque et de ses perceptions : Louis Vuitton a su trouver, dans son identité historique, les éléments d'un « discours de mode ». Les valeurs de tradition associées à ses bagages ne connotent pas tant le conservatisme que l'excellence et la distinction – évocation nostalgique d'un temps où le voyage était encore une aventure et le privilège d'un petit cercle d'élus. « L'exotisme rétro » abonde aujourd'hui dans les magazines de mode, mais le style compte moins ici que le fantasme. La marque s'est largement appuyée sur ce capital imaginaire : à une époque de massification et d'homogénéisation des loisirs, où la tendance est à la recherche de l'originalité et du raffinement, de tels signes distinctifs exercent une séduction certaine. Louis Vuitton perpétue d'ailleurs cette tradition en éditant des ouvrages qui appartiennent à son territoire de marque. En 1994, la collection « Voyager avec… » proposait des récits de voyage d'écrivains. Les *Carnets de Voyage* présentent les plus grandes métropoles mondiales sous forme d'illustrations colorées. Les *Louis Vuitton City Guides*, lancés en 2005, se sont imposés comme des guides pour touristes de luxe branchés.

On retrouve ce que nous appelons « l'effet turbo » de la mode à l'œuvre dans le cas de Coach, marque de maroquinerie américaine d'origine artisanale fondée en 1941. Le styliste Reed Krakoff, en 1996, est recruté de chez Tommy Hilfiger pour donner à Coach – connue jusqu'ici pour ses solides sacs de cuir – un côté mode, et pour « inventer les classiques de demain », selon les mots de son PDG Lew Frankfurt. La marque a introduit aussi de nouvelles catégories de produits (chaussures, lunettes, montres) et le succès a suivi le talent.

Le dernier exemple en date est le succès que rencontre, depuis 2001, Burberry. De superbes campagnes publicitaires conjuguant modernité et tradition britannique, une gamme de produit à des prix adaptés, la déclinaison systématique du fameux tartan de la marque, tous ces choix stratégiques se sont révélés payants.

Dans les exemples que nous avons mentionnés, « l'effet turbo » joue pleinement parce qu'il s'appuie sur une transposition intelligente des valeurs identitaires de la marque – ses invariants –, dans la grammaire stylistique de la mode. Loin de constituer un obstacle, les connotations « traditionnelles » de Louis Vuitton ou Burberry deviennent le signe en soi d'un certain imaginaire qui peut dès lors se trouver réinventé, décliné, adapté au goût du jour. Ces ajustements réussis témoignent d'une juste appréciation de l'identité de la marque et de sa perception par les marchés. De telles stratégies, quand elles sont couronnées de succès, permettent une augmentation substantielle des taux de croissance.

➤ Conclusion sur la croissance des marques

On peut tirer quelques enseignements de toutes ces expériences de croissance :

- Moins les valeurs exprimées par l'identité de la marque sont conceptualisées, plus il est difficile de s'adapter à de nouvelles catégories de produits.
- Seul le temps confère la légitimité aux marques qui pénètrent de nouveaux secteurs de produits, mais uniquement dans la mesure où ces nouveaux produits se glissent à l'intérieur de l'éthique et de l'esthétique préexistantes de la marque (ou qu'ils la font évoluer dans le respect d'une certaine continuité) et où la marque démontre ténacité et détermination dans la nouvelle offre.
- Il vaut mieux ne se frotter qu'avec grande circonspection aux problèmes de changements drastiques d'identité de marque lorsque l'on est en phase de croissance. Lorsque l'on fait « le saut périlleux », on ne sait jamais si la nouvelle clientèle va plus que compenser celle que l'on va aliéner. C'est un exercice dangereux qui s'applique plutôt aux marques en déclin.
- Tous les axes de croissance ont leurs limites. La maturité guette les marques comme elle guette les hommes.

La maturité d'une marque

C'est le moment du meilleur *cash flow*… mais aussi celui de se réveiller.

En général, le taux de croissance est à un seul chiffre depuis plusieurs années ; le déclin approche.

En langage courant, on dirait qu'il faut trouver un « second souffle » et les gestionnaires des marques de produits de grande consommation s'y emploient. Ils essayent d'abord d'améliorer sans cesse les performances techniques de leur produit. Mais ils apportent aussi des nouveautés sous forme de déclinaison comme une version lavande et une version fraîcheur citron vert pour un assouplissant de linge ou pour un désodorisant d'atmosphère. Cette diversité entraîne bien sûr des coûts de production et de stockage additionnels et surtout un chiffre d'affaires moyen diminué par les produits sous performants. Cela impose donc, parfois, de retravailler les différentes tailles existantes pour s'assurer que la diversité des emballages correspond bien aux performances de chacune des nouvelles variétés.

Chanel fait face à ce phénomène de maturité depuis plusieurs années. La marque a réagi en élargissant son offre produits et en lançant – avec beaucoup d'efforts et des résultats impressionnants – d'abord une ligne de maroquinerie, puis une ligne de montres, enfin une ligne de haute joaillerie. Mais que reste-t-il à faire ? Les produits pour homme, sans doute ; mais le côté essentiellement féminin du positionnement le permet-il ?

On retrouve, dans cette phase de maturité, les mêmes vecteurs possibles de croissance que dans la phase précédente. L'unique différence réside dans le fait que certaines marques sont capables d'anticiper leur maturité et leur déclin alors qu'elles sont encore en plein développement et que d'autres subissent leur destin.

Le déclin, la mort et la relance d'une marque

Le déclin se traduit par une perte progressive de parts de marché et la baisse des volumes de vente. Dès lors, il n'y a que trois évolutions possibles : la poursuite du déclin durant une phase plus ou moins longue, puis, à terme, la mort de la marque, ou sa relance.

➤ Le déclin continu

Il est possible tant que les ressources financières le permettent. C'est le cas relativement courant des marques qui essaient, depuis plusieurs années, d'endiguer un déclin non encore maîtrisé. Les exemples sont nombreux.

Le chiffre d'affaires de Bally diminue depuis les années 90. Treize équipes dirigeantes et trois actionnaires se sont succédés sans parvenir à relancer les ventes de manière significative. On voit que « l'effet turbo » de la mode ne fonctionne pas pour tous.

D'autres marques comme Dunhill, Loewe, Kodak essaient, depuis de nombreuses années, de redresser la barre, souvent sans résultats probants.

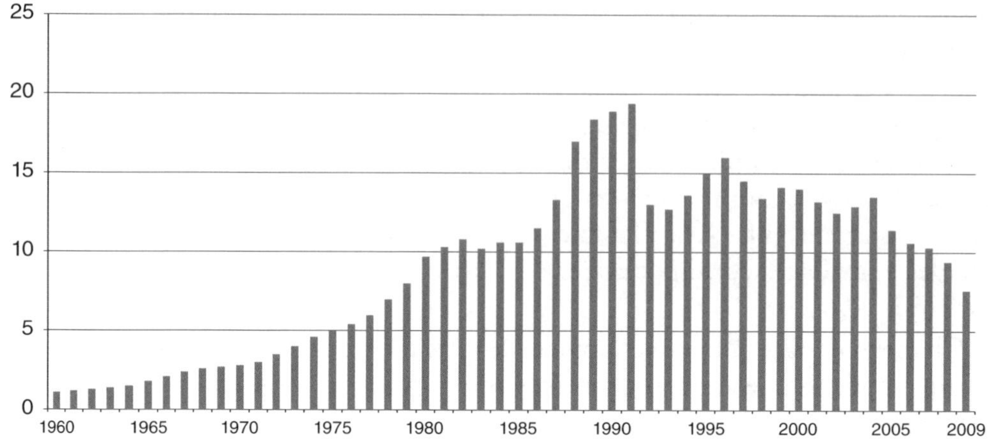

Figure 6.7 – Chiffre d'affaires de la marque Kodak (en milliards de dollars)

La courbe du chiffre d'affaires d'Eastman Kodak (figure 6.7) depuis le début des années 60, proche de la courbe théorique du cycle de vie des marques, est typique d'une marque en déclin. Dans ce cas particulier, les raisons touchent essentiellement à l'évolution technologique et à ses choix stratégiques. La stratégie adoptée ces dernières années – consistant à positionner Kodak comme une marque d'« imagerie technologique » proposant de la photographie numérique et argentique, de l'imagerie médicale, de la communication graphique, de l'affichage et des composants – a apporté une nouvelle croissance durant quelque temps, avant que les ventes ne repartent à la baisse en 2005.

➤ La mort d'une marque

La mort survient par manque de ressources financières, par effritement de la demande ou encore par décision des dirigeants. Les dirigeants peuvent condamner une marque dès son rachat. Quand la chaîne espagnole de grands magasins Corte Inglés a racheté son concurrent Galerias Preciados à des financiers vénézuéliens, elle a choisi de garder les meilleurs points de vente et de se débarrasser des autres, et elle a installé partout la seule enseigne Corte Inglés… Du jour au lendemain le nom de Galerias Preciados a disparu, comme d'ailleurs, en France, les Nouvelles Galeries après leur rachat par les Galeries Lafayette : le nom le plus puissant, le plus évocateur prend le dessus et reste seul.

C'est donc un scénario fréquent dans le cadre d'un achat d'entreprise. Mais le lancement d'un produit peut sonner le glas à terme d'un produit de qualité inférieure. Lorsque Gillette lance son nouveau rasoir Mach 3 à trois lames pivotantes et flexibles, il condamne à terme son ancien « haut de gamme » précédent : Gillette Contours et Track II. Il va falloir bien sûr continuer à fabriquer et à distribuer des lames « Contours » pour les nombreux possesseurs de rasoirs de ce type, mais, petit à petit, ils se laisseront convaincre par la nouveauté et adopteront le dernier produit.

Nombre d'entreprises ont sacrifié des marques sur l'autel de leur expansion ou de leur survie. Nous avons déjà évoqué le processus de réduction drastique dans lequel s'est engagé le lessivier Procter&Gamble. La marque La Roche Aux Fées, créée en 1926, disparaît en 1988 quand la société propriétaire fusionne avec Chambourcy ; cette dernière, créée en 1948, sera elle-même arrêtée en 1996 par Nestlé.

Ces décisions, motivées par des intérêts économiques, ne vont pas sans risques. Dans le cas notamment des produits prestigieux, dont la valeur ajoutée est grande et très apparente – la mécanique automobile ou horlogère, par exemple –, la déception des fidèles peut exposer à des sanctions cuisantes. On se rappelle l'échec du passage de Simca à Talbot pour le groupe PSA. Simca représentait une marque à part entière, appuyée sur un réseau de garagistes énergiques et efficaces, fiers de vendre ces voitures et de servir des clients « Simcaphiles ». La marque Simca était plus qu'un nom sur un capot : c'était un univers fédérateur. En remplaçant la mention Simca par Talbot sur les nouveaux modèles à partir d'une date donnée, on ne pouvait pas satisfaire tout le monde. *Quid* en particulier du client qui s'est acheté la veille une Simca neuve ? La moindre des choses aurait été de lui permettre de retourner au garage pour procéder à l'échange des marques sur le capot, sur le volant, à l'arrière du véhicule, sur les livrets de garantie et les manuels de son modèle… Devait-on faire cela pour tous les propriétaires de Simca, même vieilles de 10 ans ? Probablement ; et encore, cela n'aurait-il peut-être pas suffi.

Les dirigeants de PSA ont cru qu'il suffisait de repeindre les garages et de faire de la publicité par affichage pour que le consommateur accepte la transition. Mais le consommateur peut s'approprier les valeurs d'une marque. Par exemple, chaque fois qu'un automobiliste se trouve dans une file derrière la même voiture que la sienne, ou de la même marque, il en ressent un léger sentiment de satisfaction. Comment réagit-il quand il perd ce type de repère ?

Si les entreprises sacrifient parfois leur marque, il arrive, à l'inverse, que la notoriété de celle-ci leur survive durablement. Des marques telles que Panhard ou Hispano-Suiza hantent encore l'imaginaire de plusieurs générations, quand les usines de ce nom ont disparu depuis longtemps. Cette résilience, dans le cas des marques les plus prestigieuses, peut aussi conduire à leur résurrection (comme, par exemple, Westinghouse ou Bugatti). On peut citer le cas du célèbre Orient-Express, à présent marque déposée, propriété du groupe américain du même nom ; ou encore celui de la marque Solex, de nouveau en production, sous licence, depuis 2000, suite à un accord entre son propriétaire, Magneti Marelli, et le constructeur Impex Hungaria.

Les marques disparaissent aussi à cause d'échecs économiques ou stratégiques. La marque Hummer n'ayant pas trouvé de repreneur en 2010 meurt victime de son positionnement en opposition frontale avec les sensibilités écologiques et pacifiques du marché et de l'impact de la crise financière de 2008 sur General Motors.

Le secteur des services n'est pas non plus exempt de disparitions retentissantes. Le cas d'Arthur Andersen a été emblématique. Une marque de référence mondiale, parmi les cinq leaders du marché de l'audit des entreprises, disparaît dans le tourbillon créé par la faillite d'Enron, pour ne pas avoir trahi sa propre raison d'être.

La banque UBS annonçait en 2002 la disparition des noms financiers prestigieux de Warburg et Paine Webber. Leurs activités sont à présent effectuées sous la marque UBS de la maison mère. La marque Lehman Brothers, quant à elle, a disparu dans le tourbillon de la crise dont elle fut le catalyseur.

➤ La relance

La dernière manière de croître pour une marque est ce que l'on appelle « le saut périlleux » : jusqu'à présent, peu de marques l'ont réussi. Il s'agit en général d'un repositionnement de la marque impliquant un changement programmé de clientèle. Il s'applique à des entreprises en déclin qui ont déjà subi une forte restructuration et une amélioration de leurs processus internes sans obtenir un renversement de tendance.

Le déclin des marques se traduit toujours par une érosion de leur pertinence vis-à-vis de leurs consommateurs. La marque et ses produits n'intéressent plus ; ou plutôt, ils intéressent moins que ceux des concurrents. L'évolution de l'identité de la marque qui résulte d'un plan de relance réussi est une synthèse de la réponse donnée par la marque à ce problème.

L'un des cas les plus éclatants de relance est sans doute celui de Gucci : le chiffre d'affaires de la société Gucci N.V. est passé d'environ 140 millions d'euros en 1992 à 1,6 milliard en 2001 et à 2,3 milliards d'euros en 2009. La division des produits Gucci, qui était la seule existante en 1992, a permis l'achat d'autres marques et a atteint elle-même un chiffre d'affaires de 3,4 milliards d'euros en 2009. Après le travail préparatoire de Maurizio Gucci et Dawn Mello, le duo composé de Tom Ford, directeur de la création, et de Domenico De Sole, PDG, réalisait ainsi la plus grande opération de création de richesses en un minimum de temps, à partir d'une marque du secteur de la mode. Ce cas exceptionnel ne pourrait sans doute pas se reproduire.

La marque actuelle n'a plus grand-chose à voir avec celle qu'elle était lorsque Tom Ford a été nommé à la direction artistique en 1992. Son action a transformé l'identité de Gucci : aux valeurs traditionnelles de la marque – artisanat de qualité, jet-set italienne des années Cinecittà – telles qu'elles étaient perçues avant son arrivée s'est substitué l'univers des *swingles* hollywoodiens, noctambules mondains. La séduction est désormais centrale dans tous les discours de la marque et l'on peut dire que le styliste se l'est véritablement appropriée. La clientèle, entièrement renouvelée, a plus que compensé celle qui était en train de disparaître à la fin des années 80.

Relancer une marque est toujours un exercice difficile. La croissance a ses limites naturelles ; il paraît douteux qu'on puisse relancer indéfiniment une marque à succès. Gucci l'a bien compris et se développe désormais comme un groupe multimarque. Citons les acquisitions réalisées au cours de ces dernières années : Sergio Rossi, Bottega Veneta, Boucheron, Yves Saint Laurent et… Puma qui, s'il ne fait pas partie de la même entité, appartient aux mêmes actionnaires.

Puma est un autre exemple de relance heureuse. Après sept années de pertes, la société appelle Jochen Zeitz à sa tête. Durant les premières années, l'action de son mandat se concentre sur le retour aux bénéfices par l'amélioration des processus internes (notamment la rationalisation de l'appareil industriel). En 1998, la marque se repositionne en passant des terrains de sport à la rue ; les dépenses de communication doublent. Le chiffre d'affaires suit, doublant entre 1998 et 2001, quand les ventes de Nike stagnent et que celles d'Adidas ne croissent que de 20 %. « Nous voulons faire de Puma la marque la plus désirable pour les jeunes, représentante de leur style de vie », déclare Jochen Zeitz au quotidien *Le Monde* en février 2001. Le groupe PPR Gucci a racheté la marque en 2007. Le chiffre d'affaires consolidé est passé de 279 millions d'euros en 1997 à 2,5 milliards en 2009.

L'identité de marque

On a parfois tendance à confiner l'identité à la sphère de l'intuitif, de l'affectif, sur laquelle il semble que le projet concret et méthodique de l'entreprise n'ait plus véritablement de prise.

Il existe pourtant des outils d'analyse, souvent issus de la sémiologie, qui permettent de rationaliser l'identité d'une marque et d'en tirer des enseignements très concrets en termes de gestion. Au cours de notre carrière, il nous est arrivé d'y recourir « en situation » et avec des résultats tangibles.

Une notion encore trop peu répandue

Si la notion d'identité de marque se répand dans le langage professionnel, elle reste néanmoins assez neuve. Il est probable que peu de marques ont, à ce jour, engagé une réflexion approfondie et systématique sur leur identité.

Pour formaliser un peu plus ce concept, on peut renvoyer au dictionnaire *Le Petit Robert*, qui donne de l'identité une définition très explicite.

> « 1. Identité personnelle : caractère de ce qui demeure identique à soi-même.
> 2. Identité culturelle : ensemble de traits culturels propres à un groupe ethnique qui lui confèrent son individualité.
> 3. Caractère de ce qui est un.
> 4. Le fait, pour une personne, d'être tel individu, et de pouvoir être reconnue pour telle sans nulle confusion, grâce aux éléments qui l'individualisent. »

Ce que nous appelons l'identité de la marque correspond à une extension de la définition anthropomorphe mentionnée ci-avant. L'expression convient pourtant à notre propos, car on y retrouve deux éléments nécessaires (quoique non suffisants) pour qu'une marque existe : d'une part, la *spécificité ;* de l'autre, la *permanence.*

On pourra donc s'essayer à une définition plus précise de l'identité d'une marque :

Le fait, pour une marque, de pouvoir être reconnue comme unique, dans la durée, sans nulle confusion, grâce aux éléments qui l'individualisent.

On pourrait penser que l'attachement à ces critères d'individualité est en quelque sorte spontané chez les gestionnaires, mais l'histoire des marques n'est pas avare de contre-exemples, dus soit à l'ignorance, soit à un dédain volontaire des vertus de la réflexion sur l'identité des marques.

Prenons un cas rencontré dans le secteur bancaire qui illustre bien l'absence de considérations sur l'identité de marque dans des exercices aussi importants que la définition d'une nouvelle identité graphique. Banco Sabadell est une banque d'origine catalane, extrêmement dynamique, qui a réussi voici quelques années son introduction à la Bourse de Madrid. En 1998, elle décide de transformer son « image institutionnelle » en se dotant notamment d'une nouvelle identité graphique. Elle fait appel à Mario Eskenazi, architecte argentin établi en Espagne, lauréat de nombreux prix, auteur de plusieurs logos pour de grandes sociétés espagnoles. Il est chargé de concevoir une charte graphique, avec un nouveau logo, à destination de tous les supports de communication et aussi de la décoration des agences.

Une fois ce travail effectué, le graphiste donne une interview[1], publiée par la banque elle-même, dont voici un extrait :

> « – Que prétend transmettre la nouvelle image de Banco Sabadell ?
> – C'est une question à laquelle il est difficile de répondre sans tomber dans des phrases excessivement pompeuses. Je pense que, lorsque l'on crée une image pour une société, il est très rare de considérer d'entrée ce que l'on veut transmettre. Il est très difficile qu'une image institutionnelle puisse, d'elle-même, transmettre quelque chose. Son rôle est de faciliter une identification claire de la société. Dans ce sens, la nouvelle image de Banco Sabadell ne prétend rien transmettre… »

Peut-être s'agissait-il d'une provocation de la part du graphiste ; peut-être était-ce une façon, pour ce dernier, d'affirmer la primauté de sa créativité « intuitive » sur les savants calculs des communicants ; ou encore, d'exprimer un dédain discret pour l'idée qu'une marque commerciale puisse être véritablement « porteuse de sens ».

Dans tous les cas, ces propos desservent le travail de collaboration et de réflexion approfondie qui doit présider à un tel renouvellement d'identité. Ils confirment que la notion d'identité de marque n'est pas assez répandue dans le monde de l'entreprise et de sa communication. Sans quoi un tel discours, sous l'égide de la banque elle-même, eût été intenable.

Reconnaissons que le logo (un B blanc dans un rond bleu suivi par et un S noir deux fois plus grand) créé par Mario Eskenazi est original et graphiquement plus moderne que le précédent, mais quelle opportunité perdue de réfléchir sur les spécificités de cette banque catalane et de créer une image institutionnelle porteuse de sens !

Le cas du Crédit du Nord représente, en revanche, un bon exemple de réflexion aboutie sur l'identité d'une marque.

En 1984, le Crédit du Nord, cinquième groupe bancaire français à l'époque, introduit une nouvelle image : logo, graphisme du nom, architecture des agences, publicité et campagne de relations publiques. Cette image est tout entière fondée

1. Bulletin d'information de Banco Sabadell, premier semestre 1998, n° 11. L'entretien est traduit par nos soins.

sur le concept de clarté. Depuis dix ans, la banque souffrait d'une image indistincte de vieille banque provinciale et sérieuse ; sa fusion avec la Banque de l'Union Parisienne, banque d'affaires active dans la haute finance, n'avait pas contribué à éclaircir les choses.

L'histoire détaillée du développement, à partir du concept de clarté, d'un nouveau logo et de tous les éléments de communication a été exposée dans un livre par le sémioticien Jean-Marie Floch[1]. Celui-ci explique notamment comment l'agence de communication Creative Business, avec laquelle il collaborait, développa, au moyen d'outils sémiotiques, tous les éléments de la nouvelle communication, à commencer par l'étoile bleue, qui vint se substituer au cube orange comme logo de la marque.

Le concept de clarté, dans le domaine bancaire, fut analysé comme le choix d'un certain type de rapport entre le banquier et son client. Ce rapport se fondait sur la reconnaissance de la compétence et de la souveraineté du client. La clarté cristallisait donc une valeur touchant à l'essence même de ce que devrait être toute relation avec une banque : la confiance.

Cette notion conduisit tout d'abord au choix d'un code, c'est-à-dire d'un style : une esthétique de marque de nature résolument classique, où le logo devait contribuer à produire un effet de franchise, d'attention personnalisée.

L'étoile fut choisie parce qu'elle représente un élément visible dans un espace ouvert ; elle est aussi un repère d'orientation aux riches connotations symboliques.

La fonction créative, comme toutes les autres fonctions nécessaires au fonctionnement des marques, doit s'inscrire à l'intérieur d'une stratégie générale. L'identité de la marque est une ressource majeure et un repère dans l'élaboration de cette stratégie. Elle influe non seulement sur la création et la communication, mais encore sur la logistique, la production, la distribution, la gestion des ressources humaines, l'informatique…

À tous les niveaux de son activité, une marque aspire à devenir ce qu'elle est ; or, il existe des outils concrets qui permettent d'appréhender cette individualité.

Les outils d'analyse de l'identité des marques

Notre intention n'est en aucun cas de couvrir de manière exhaustive l'ensemble des outils existants qui permettent d'analyser l'identité d'une marque. Les quelques

1. Jean-Marie Floch, *Sémiotique, marketing et communication : sous les signes, les stratégies*, PUF, 1990.

outils que nous présenterons ont été utilisés avec succès par les auteurs à différents stades de leur carrière, et nous souhaitons simplement les mettre à disposition de nos lecteurs. Le concept même d'identité d'une marque est relativement récent.

Dès les années 20, Barton (le deuxième B de l'agence publicitaire BBDO) était à la recherche de « l'âme des entreprises ». La prise de conscience qu'une marque peut avoir du sens au-delà de ses produits et de sa publicité fera lentement son chemin et le vocabulaire s'enrichira de notions comme « essence », « raison d'être », « conscience », « âme », « code génétique » de la marque.

Mais il faut attendre les années 70 pour que le mot « identité » fasse son apparition dans la littérature spécialisée, lié en général à la notion de *corporate identity,* que l'on pourrait traduire par « identité institutionnelle ».

L'usage de *brand identity* apparaît au début des années 80[1] et se répand rapidement chez les professionnels des agences de publicité. À l'origine, le terme désigne, dans un sens restreint, tout ce qui peut identifier la marque, en la liant au contenu du matériel publicitaire. Il évolue bientôt vers une véritable personnification des marques ; les mots « personnalité », « individualité », « identité » deviennent courants. Le publicitaire français Jacques Séguéla parle de marques perçues par l'intermédiaire de leur physique, de leur caractère et de leur style. En 1980, son agence, RSCG, développe cette nouvelle méthodologie sous le nom de « marque-personne », qui deviendra par la suite la « star-stratégie ». La notion d'identité vient s'agréger, de façon indistincte, à celle d'image.

En 1984, David Bernstein, dans son ouvrage *Company Image and Reality*[2], consacre un chapitre à l'identité.

Peu à peu, la littérature spécialisée commence à étudier ce domaine : David Aaker et Jacques Lendrevie[3] s'essayent à une classification, encore hétérogène, des « actifs de la marque ». Ils distinguent la fidélité à la marque, la notoriété, la qualité perçue, l'image de marque et, enfin, les autres actifs. Le terme « personnalité » fait une brève apparition dans cet ouvrage qui entretient toutefois une certaine confusion entre la notion d'image de marque et celle d'identité de marque. Cette confusion reste courante aujourd'hui. Aussi convient-il de préciser qu'à nos yeux les deux sens ne se confondent pas :

L'image, ou plutôt les images, sont la résultante des perceptions des différents consommateurs constituant les segments des marchés. Elles sont de nature réceptive.

1. « Chrysler sharpens its brand identity », *International Business Week*, novembre 1983.
2. D. Bernstein, *Company Image and Reality, A Critique of Corporate Communications*, Holt, Rinehart and Winston Ltd, 1984.
3. David Aaker et Jacques Lendrevie, *Le management du capital de marque*, Dalloz, 1994.

L'identité est la substance de la marque exprimée à travers toutes les méthodes d'échange utilisées par la marque. Elle est de nature émissive.

Pour couper court à tout malentendu, nous éviterons ici d'utiliser le mot « image ». En revanche, quand nous voudrons parler des représentations induites par les marchés, nous parlerons non d'image mais de perception de l'identité de la marque.

C'est en fait Jean-Noël Kapferer qui introduit, en 1992[1], le premier outil analytique un peu élaboré pour aborder l'identité des marques : le prisme d'identité.

➤ Le prisme d'identité

La figure 6.8 (appliqué en exemple à la marque Chanel) fonctionne de la façon suivante : six dimensions sont positionnées autour d'un prisme.

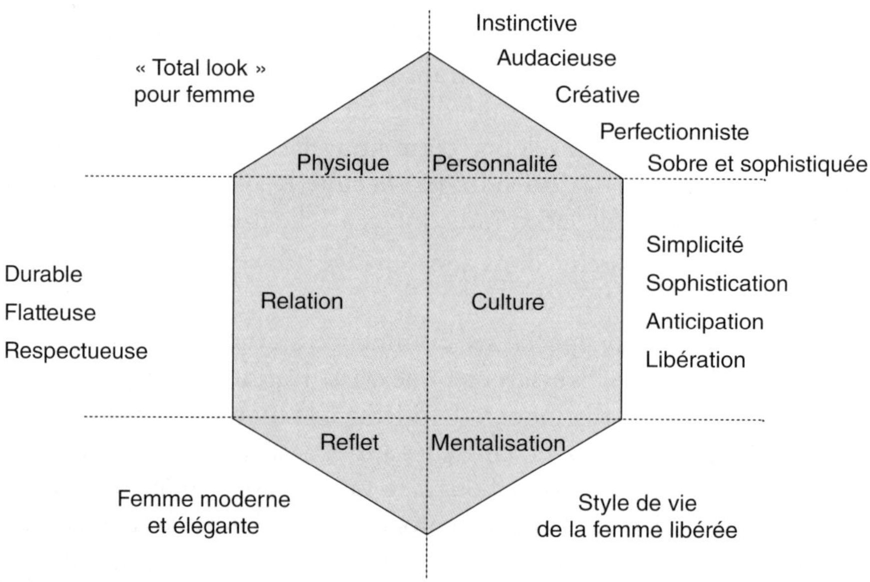

Figure 6.8 – Le prisme d'identité de marque, appliqué à Chanel (2000)

Le ***physique*** de la marque correspond à l'élément concret qui vient immédiatement à l'esprit lorsque l'on mentionne le nom de la marque. C'est un ensemble de caractéristiques sensorielles et objectives.

1. Jean-Noël Kapferer, *Les marques, capital de l'entreprise*, Les Éditions d'Organisation, 1995.

- Coca-Cola : la bouteille originelle. Un liquide pétillant et brun.
- Levi's : un blue-jean, avec des étiquettes spécifiques.
- Toblerone : un chocolat à section triangulaire, avec emballage jaune et rouge.
- Tod's : des mocassins.
- Ferrari : une voiture rouge.
- Ducati : une moto rouge avec châssis en treillis.
- Opinel : un petit couteau au manche de bois, muni d'une virole.

La ***personnalité*** de la marque s'appréhende à travers des questions telles que : Si c'était un homme, quel serait son caractère ? Professionnel, esthète, orienté vers la performance, original, comme Audi ? Incolore et inodore, comme Opel ?

La ***culture*** de la marque renvoie aux valeurs originelles de ses créateurs – souvent, la culture du pays, de la région ou de la ville où la marque a grandi : Madrid pour Loewe, la Sicile pour Dolce & Gabbana, Majorque pour Majorica, le Japon pour Shiseido... Mais la dimension géographique n'est pas la seule exprimée : Hewlett Packard, par exemple, propose l'esprit du « garage », les deux pionniers géniaux, l'esprit d'entreprise américain.

La ***relation*** renvoie à la dimension de communication sociale de la marque. Une marque identitaire influence les relations entre individus, d'abord à travers des signes d'appartenance à un groupe et bien au-delà. Que pensent les autres quand ils me voient descendre de ma Maserati ou porter le dernier costume de Lanvin ? Gucci suggère fortement la séduction ; Diesel, la provocation ; les banques, la confiance en général.

Le ***reflet*** de la marque décrit le client type que le marché pense que la marque possède. À ne pas confondre avec le client.

La ***mentalisation*** de la marque correspond au regard que pose le consommateur sur lui-même quand il utilise le produit. Quand il allume sa Marlboro, quand il monte dans sa Porsche ou qu'il endosse son costume Armani, comment se perçoit-il ?

Le prisme de Kapferer représenta une innovation majeure. Cet outil, permettait pour la première fois une étude systématique en posant toute la complexité de l'approche de l'identité des marques. Néanmoins, il n'est pas exempt de certains défauts.

Mentalisation et reflet – les « deux faces du miroir », comme les appelle Kapferer – sont de nature réceptive : elles font appel plus à la perception de l'identité de la marque qu'à cette identité proprement dite. La dimension « relation », quant à elle, appartient plus au domaine culturel. Personnalité et culture se chevauchent.

Pour l'avoir utilisé de nombreuses fois, force nous est de constater que le prisme reste d'un usage efficace mais délicat, en raison notamment d'un manque d'homogénéité dans ses catégories. Les parties les plus éclairantes du prisme restent « physique » et « personnalité ».

Ces deux notions ont été approfondies par l'approche sémiotique de Jean-Marie Floch. Ce dernier développa un certain nombre d'outils dérivés directement des méthodes de sémantique structurale, destinés à analyser les conditions dans lesquelles des significations peuvent être produites par les marques.

➤ La charnière de l'identité de marque : éthique et esthétique

Nous allons expliciter, dans les prochains paragraphes, l'importante contribution qu'apporte la sémiotique à la compréhension – et donc, à la gestion – de l' identité des marques. De tous les outils disponibles aujourd'hui, la sémiotique est, d'après notre expérience, la discipline la plus à même d'aider un responsable à définir, maintenir et défendre l'identité d'une marque de luxe. Nous aimerions, en tant que non-spécialistes mais utilisateurs convaincus, prendre un moment pour présenter cette discipline.

Son but (d'après Greimas) est de décrire, aussi objectivement que possible, le processus de production du sens, et, plus généralement, l'ensemble des pratiques signifiantes qui constituent les cultures. Si nous acceptons la validité de l'approche consistant à appliquer la sémiotique à l'étude des identités de marques, nous formulons le postulat suivant : **les marques sont des systèmes qui produisent du sens.**

Les outils que nous présentons réclament un certain degré de formalisme. Aussi voudrions-nous d'emblée assurer le lecteur de leur viabilité opérationnelle, pour y avoir nous-mêmes recouru « en situation » : s'ils ne permettent pas, bien entendu, de tout résoudre, leur utilité nous paraît néanmoins indéniable.

Le premier que nous présenterons est la « charnière de l'identité de marque » : il s'agit d'un cadre simple, développé par Jean-Marie Floch pour mettre en évidence les différents niveaux d'analyse ou de définition d'un univers de marque.

Les sémiologues, à la suite de Saussure, ont introduit une distinction entre le *signifiant* et le *signifié*. Le signifiant, c'est la partie matérielle du signe ; le signifié, c'est la représentation à laquelle cette partie matérielle est associée. Par exemple, à la succession des lettres « a », « r », « b », « r » et « e » qui est la partie signifiante, correspond l'image mentale que s'en fait le lecteur, celle d'un arbre, végétal ligneux pourvu d'un tronc, etc., le signifié.

Ces deux dimensions forment les deux faces d'une même médaille : on ne peut pas les couper l'une de l'autre.

Tout signe s'articule donc sur une *charnière* entre le signifiant (ou plan de l'expression) et le signifié (ou plan du contenu) : il en va de même, par extension, des ensembles de signes – donc des manifestations physiques des marques. Cette articulation se distribue aussi selon des critères *d'invariance* et de *variation*. L'avantage de cette approche méthodologique est double : d'une part, elle met en évidence les deux niveaux fondamentaux du discours de la marque, en séparant nettement le contenu du contenant ; d'autre part, elle met l'accent sur les éléments invariants de la marque. Or, ce sont justement ces éléments qui permettent de reconnaître la marque comme telle, dans la durée. Ils constituent les bases mêmes de son identité.

La figure 6.9 présente l'application du principe de la charnière à l'univers d'une marque.

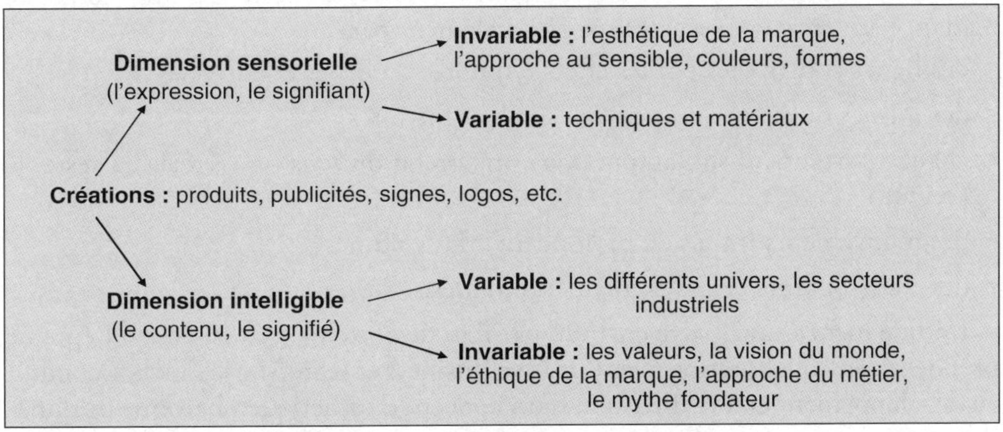

Figure 6.9 – Les niveaux d'analyse ou de définition d'un univers de marque : la charnière de l'identité de la marque

L'éthique et l'esthétique sont donc les invariants sur lesquels se fonde l'identité même de la marque.

L'utilisation de cette charnière est relativement simple. Elle vise à caractériser l'identité de la marque à travers son expression et son contenu, c'est-à-dire à donner une définition formelle à son esthétique comme à son éthique.

L'étude esthétique est assez facile à mettre en œuvre, surtout si l'on a affaire à une marque très « typée », où les couleurs, les formes, les matériaux ou toute forme de style sont utilisés de manière répétitive

Dans ce domaine, la contribution de Jean-Marie Floch, qui a remis à jour les travaux de Heinrich Wölfflin sur les expressions classique et baroque, fut essentielle.

On notera qu'en général, les marques nord-européennes – Jil Sander, Ikea, Helmut Lang, BMW – et nord-américaines – Calvin Klein, Donna Karan, Coach – ont une esthétique de type *classique*, caractérisée picturalement par :

- des lignes et des contours nets, mettant en évidence des éléments reconnaissables individuellement ;
- un espace divisé en zones facilement identifiables, ayant leur propre autonomie ;
- des formes fermées, révélées dans leur totalité : des plans ;
- des impressions de stabilité : des symétries ;
- des couleurs saturées.

En revanche, les marques méditerranéennes – Loewe, Ferragamo, Dolce & Gabbana, Rubelli, Majorica, Lamborghini, Versace, Roberto Cavalli – ont une tendance au *baroque*, caractérisée picturalement par :

- des lignes constituées par les effets d'ombres : courbes et entrelacs ;
- des formes ouvertes, qui peuvent sembler fortuites ;
- chaque partie perd son autonomie et ne prend du sens qu'associée au reste de l'œuvre ;
- des mouvements traités en profondeur : des volumes ;
- des clairs-obscurs et des couleurs profondes.

L'étude menée sur Loewe en 1996 par l'un des auteurs (qui en était à l'époque président), en collaboration avec Creative Business et Jean-Marie Floch, a conduit au développement et à la diffusion d'un concept d'esthétique « baroque minimaliste ». Ces termes apparemment contradictoires eurent beaucoup de succès dans la presse. À la fin des années 90, cette marque de mode espagnole – créée voici plus de 150 ans et souvent présentée par les Français comme l'Hermès « ibérique » – se caractérisait par la qualité de ses produits, une implantation forte en Espagne et au Japon, mais encore timide sur les autres marchés. Peinant à se mondialiser, souffrant aussi de l'absence d'un fondateur charismatique, Loewe apparaissait comme une marque un peu « fatiguée ». La définition de l'esthétique de la marque a effectivement fait ressortir l'image d'une marque fidèle à ses racines (le baroque) et ayant de fortes aspirations à la modernité (le minimalisme encore en vogue à la fin des années 90). Ce message était parfaitement cohérent avec le recrutement en 1997 du créateur Narcisso Rodriguez, lui-même étant un mélange de modernité et de respect pour la tradition.

L'étude de l'éthique de la marque est de loin la plus ardue, surtout pour les marques qui ne sont pas nées d'un créateur à forte personnalité ou qui ont dilapidé son héritage.

Certaines marques ont un positionnement si évident que la tâche est plus aisée. Prenez Nike par exemple. Depuis l'apparition de son slogan initial, *Just do it*, Nike s'est attachée à cultiver les valeurs universelles associées au sport et aux Jeux Olympiques : le fait de se dépasser, la détermination, la compétition, la réussite. Nike, souvenez-vous, est la déesse de la victoire. Voilà les valeurs de la marque, sa vision du monde.

Le lancement controversé, en novembre 2002, de la marque Mecca-Cola en France constitue un très bon exemple d'une marque affichant directement les valeurs sous-jacentes à son identité. Sur ses bouteilles et la première page de son site Internet, on lit : « Ne buvez plus idiot, buvez engagé ! » et « 10 % de nos bénéfices nets pour les enfants palestiniens, et 10 % pour des ONG locales. » Le message est clair pour tout le monde sans qu'il soit besoin de faire appel à un sémioticien pour le traduire.

Une autre marque au succès récent est Camper. Le fabricant espagnol de chaussures exprime très clairement les valeurs qu'il veut promouvoir à travers son slogan *Walk, don't run*. Toute une philosophie. Malheureusement des changements successifs l'on fait évoluer vers *Imagination walk* puis maintenant *Invente your reality* qui n'ont pas la force du slogan originel.

Partir à la recherche des valeurs permanentes que la marque exprime depuis sa naissance est très souvent un processus frustrant. Cela conduit parfois – comme ce fut le cas pour Loewe – au constat de non-existence d'une éthique de la marque sur le cours de son histoire. Devant cette constatation d'absence, il convient, bien sûr, d'en créer qui soit crédible.

➤ Le diagramme EST-ET

C'est un dérivé immédiat de la charnière de l'identité. Deux axes sont constitués à partir des deux composants de l'identité (éthique et esthétique) qui forment ainsi un diagramme en deux dimensions qui permet de positionner des manifestations de marque sur la surface ainsi créée. C'est le diagramme EST-ET qui est un outil de diagnostic applicable à toute manifestation de marque pour en mesurer l'adéquation par rapport à l'identité de marque désirée.

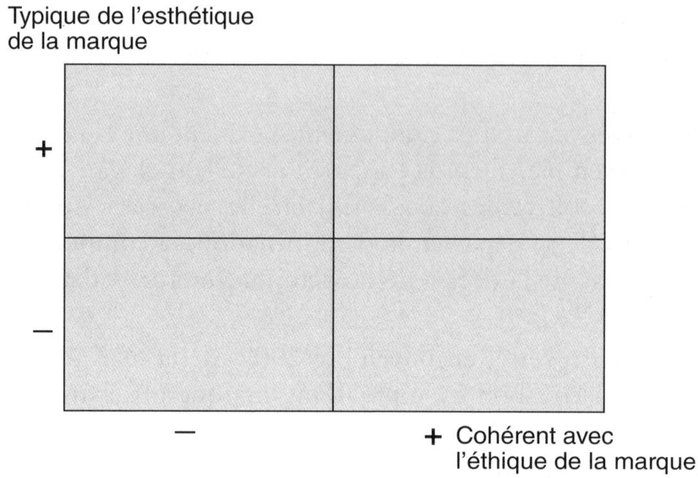

Figure 6.10 – Diagramme EST-ET : analyse de l'adéquation des manifestations d'une marque à son identité

Ce diagramme fut par exemple appliqué en 2007 à un certain nombre de voitures dessinées par Pininfarina dans le cadre d'une étude où furent formalisées les dimensions éthique et esthétique d'un projet de marque Pininfarina.

On place ainsi en haut et à droite la voiture-concept « Sintesi » présentée au salon de Genève en 2008 et développée justement comme synthèse des invariants esthétiques et éthiques formalisés par l'étude. Voiture mythique, truffée d'innovations et où la technologie a guidé un design respectueux des valeurs de la marque et de son coup de crayon. À l'autre extrémité en bas à gauche, les voitures dessinées pour certaines marques chinoises où ne sont perceptibles que peu de valeurs du carrossier, ni d'éléments de son esthétique. Le diagramme fut appliqué à toutes les manifestations (Publicités, stand de salons, design non automobile, logo, calligraphie du nom, etc.) pour faire un diagnostic complet de la cohérence de la marque.

Une définition précise des axes est nécessaire car elle détermine le résultat. Par exemple l'axe de l'esthétique peut mesurer :

- la cohérence avec l'esthétique de la marque – l'efficacité dans la transmission de l'éthique ;
- l'originalité du design ;
- le plaisir procuré, etc.

Tandis que l'axe éthique peut présenter :

- la cohérence avec l'identité de marque ;

- la pertinence dans le contexte concurrentiel ;
- l'originalité, etc.

Les choix des axes se font en fonction de la pertinence des questions soulevées.

➤ Le carré sémiotique

Après la charnière « signifiant/signifié », le deuxième outil sémiotique qui permet une analyse plus profonde de l'identité des marques est le carré sémiotique dont nous avons déjà présenté deux types dans le chapitre 1.

Lorsque Jean-Marie Floch l'utilise dans l'étude de l'identité de la marque Ferragamo en 1992, il est réellement le pionnier de l'application de la sémiotique aux marques de luxe[1]. Le carré est aujourd'hui d'utilisation courante parmi les publicitaires, les spécialistes en gestion des marques et les observatoires de tendances.

Ce diagramme a pour but de décrire une situation non pas en termes d'objets statiques, d'événements spécifiques et autres choses semblables, mais en termes de relations dynamiques. Pour dresser une analogie : lors d'un match de boxe, un commentateur peut se concentrer sur les actions, le physique et la personnalité de chacun des boxeurs, mais il peut aussi choisir de se concentrer sur le « flux » de coups échangés (contacts, accélération, décélération), les dynamiques du combat étant ce qui retient notre attention, bien plus que l'identité ou les motivations supposées des boxeurs. Même si nous en savons très peu sur ces derniers, cette approche peut être utilisée pour décrire le combat. De même, la puissance du carré sémiotique tient à sa capacité à organiser un univers abstrait de manière cohérente, en dépit du fait qu'il ne soit pas reconnu lui-même comme étant rationnel. Il peut indiquer des significations qui sont présentes, d'un point de vue logique, bien que latentes, non encore actives. Il peut aussi décrire la manière dont apparaissent les nouveaux sens.

Le carré sémiotique part de l'affirmation de Saussure (1916) selon laquelle tout système de signification est un système de relations et pas seulement un système de signes. Ces relations s'établissent entre des « pôles sémantiques » – par exemple, une chose et son contraire forment deux pôles unis par une relation – pour constituer des catégories sémantiques et des axes sémantiques dynamiques. La catégorie de « genre », par exemple, ne se conçoit que dans la mesure où « genre » s'articule comme relation entre masculin et féminin. Les relations prévalent sur les termes qui n'en sont que les intersections.

1. Précisons que Jean-Marie Floch avait déjà utilisé la même technique pour la définition du plan d'un hypermarché, dans la région de Lyon, en 1986.

Mettre l'accent sur la dynamique des effets de signification peut aider à exhumer les sens latents d'un discours. Prenez la phrase « Je ne suis pas un traître. » Si un homme la lance à un interrogateur lui demandant de trahir ses complices, c'est une affirmation forte, un refus courageux. Mais si, plus tard, il prononce cette même phrase à l'encontre de ses complices alors que personne ne l'a accusé de quoi que ce soit, il pourrait donner à ses camarades l'impression que le contraire pourrait bien être vrai. Le simple fait qu'il mentionne la trahison (même pour nier) le rend suspect. Ce qu'il nie comptera plus que ce qu'il dit. Dans cet exemple extrême, la relation d'opposition impose elle-même un autre sens, indépendamment du sens logique de la déclaration.

La maîtrise des significations latentes est une question primordiale pour les responsables d'une marque. À cet égard, l'efficacité du carré sémiotique, développé par Greimas (1979), Courtes (1979) et Floch (1983) n'est plus à prouver. L'exemple de carré le plus significatif, et le point de départ de nombreux raisonnements, est le carré relatif à l'axiologie de la consommation (figure 6.11) que nous avons présenté brièvement au premier chapitre. Si ce carré relatif aux valeurs de la consommation reste tant utilisé, c'est qu'il met en œuvre les mécanismes premiers de toute action humaine planifiée.

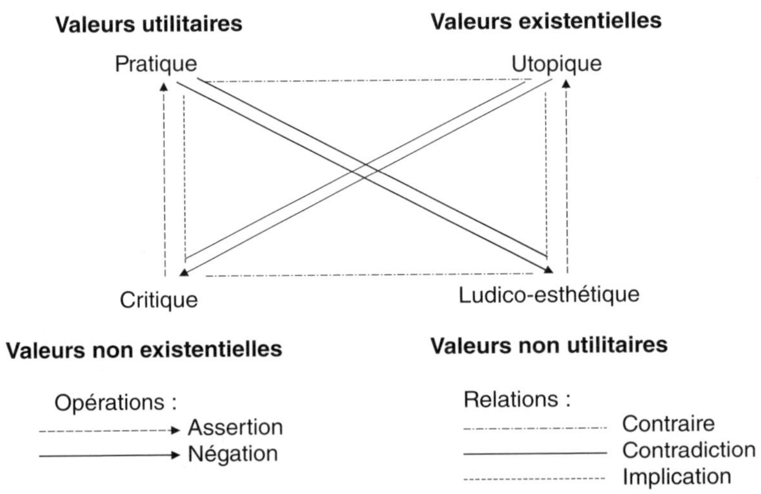

Source : Jean-Marie Floch, *International Journal of Marketing* 4 (1988) (North Holland).

Figure 6.11 – Carré sémiotique des valeurs de consommation

Les deux typologies principales (valeurs utilitaires/valeurs existentielles) présentées sur le carré relèvent de la sémiotique narrative, qui distingue, dans un récit, les *valeurs de base* (existentielles, utopiques ou mythiques) et les *valeurs d'utilisation* (utilitaires ou pratiques).

Dans toute histoire – et spécialement dans les récits mythiques ou folkloriques, qui sont le point de départ de ces travaux –, on peut en effet identifier des *valeurs de base* qui donnent un sens à la quête du héros. Ce sont en général des valeurs de nature existentielle, correspondant à une vision du monde, une morale, etc. Elles sont suffisamment universelles et profondes pour motiver les actes du héros : le bien, le beau, la gloire, le sacrifice, l'amour, la liberté... Ces valeurs sont la justification première du récit.

Les *valeurs utilitaires*, en revanche, sont secondaires et instrumentales. Elles représentent les moyens nécessaires au héros pour atteindre l'objectif sous-tendu par les valeurs existentielles. C'est, par exemple, la recherche par le héros d'une épée faite d'un alliage magique (valeur pratique) pour tuer le dragon et libérer son peuple (valeur de base).

Il faut noter que ce type d'analyse a été posé pour des histoires structurées, d'une certaine façon closes sur elles-mêmes. Pour appliquer le carré sémiotique à l'analyse des marques, il faut accepter le présupposé qu'une marque puisse représenter un micro-univers de sens.

Une fois posé cet axe sémantique composé de deux contraires (pratique et utopique), qui s'applique idéalement aux mécanismes de la consommation, le carré sémiotique permet d'en développer toutes les nuances.

Chacun des termes contraires peut entrer en relation avec un autre terme marqué par l'absence des caractéristiques du premier. Au pratique correspondra le non-pratique, c'est-à-dire le ludico-esthétique. À l'utopique correspondra le non-utopique : le critique. On retrouve alors sur le côté gauche du carré, en vertical, deux propositions où le terme critique ou non utopique implique la praticité, l'utilitaire.

Toute la puissance du carré réside dans sa capacité à organiser un univers abstrait de manière cohérente, même si celui-ci n'est pas reconnu comme rationnel. Il permet de prévoir des significations présentes, mais en latence, d'un point de vue logique, non encore actives ; il permet aussi de décrire la manière dont de nouvelles significations vont surgir.

Cet accent porté sur les mécanismes du sens ne paraît pas superflu dans le cas des marques : l'enjeu est bien ici de définir la communication sur laquelle elles appuient une large partie de leurs rapports avec le consommateur.

Nous présentons ci-après une étude qui porte sur Salvatore Ferragamo (1992) (figure 6.12). Elle fut effectuée par Jean-Marie Floch et François Schwebel, qui travaillaient alors dans le cadre de Creative Business, à un moment où la marque développait ses ambitions de marque globale.

Ce tableau permit une vision très générale et structurée de l'évolution du positionnement de la marque. Il se traduisit par un plan d'action en termes de produits et de communication : le choix fut fait d'insister beaucoup plus sur le côté droit du carré – la dimension non utilitaire de la marque. Notons que le lancement du premier parfum Ferragamo, avec son cortège de publicité, devait contribuer à renforcer cette dimension mythique et esthétique.

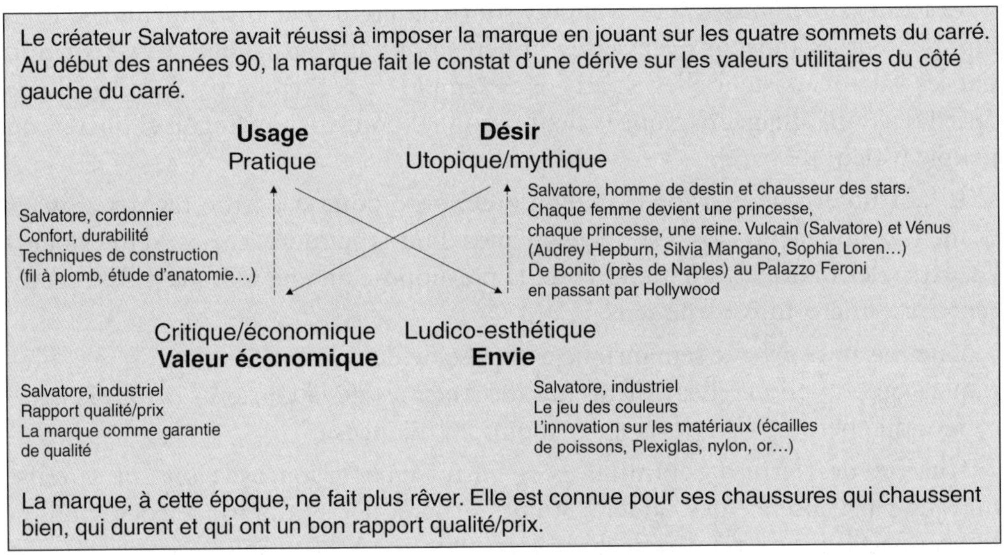

Figure 6.12 – Analyse du positionnement de Ferragamo en 1992

L'axe sémantique utilitaire/existentiel est utilisé très fréquemment, mais il est loin d'apporter des réponses à toutes les questions concernant l'identité d'une marque. Un second axe introduit par Jean-Marie Floch s'est révélé fort utile dans les cas de Loewe et Bally et peut s'appliquer à de nombreux cas actuels. On pourrait l'appeler l'axe de « l'authenticité/superficialité », la production de sens personnel contre la perpétuation des signes (figure 6.13).

Jean-Marie Floch proposa de classer les marques de luxe en deux grandes catégories : celles qui produisent leur propre sens (les marques Univers) et celles qui exploitent des signes (les marques Caution).

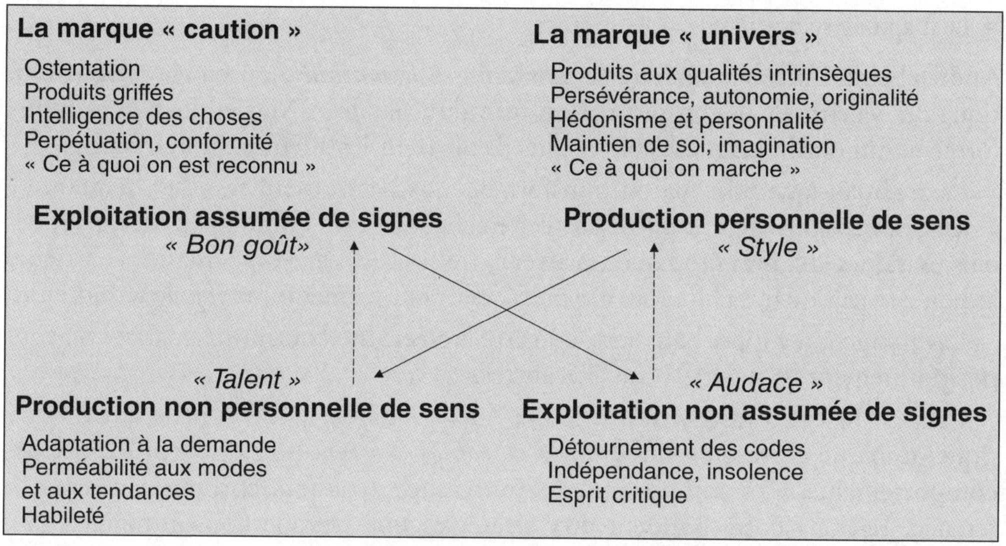

Figure 6.13 – Deux grandes conceptions de la marque

Ce carré sémiotique éclate rapidement cette opposition de base et offre une analyse très fine des positionnements respectifs de toutes les marques de luxe. Dès lors, nombre de marques souhaitant apparaître comme authentiques cherchent à se placer dans le coin supérieur droit du carré. comme peuvent se le permettre celles qui ont le privilège d'avoir un créateur original (comme Dior avec Galliano ou Chanel avec Lagerfeld). Les marques comme Louis Vuitton, Goyard et Burberry qui utilisent de manière intense des codes graphiques répétitifs et omniprésents se positionnent plutôt sur le sommet en haut et à gauche. Celles qui, comme Zara ont le talent (ou le système) de lecture de ce que désirent les marchés sont en bas à gauche. L'excentrisme de Paul Smith et Moschino les situent en bas à droite.

Les marques évoluent bien sûr dans le temps, et bien qu'elles soient toutes présentes, avec des intensités différentes, sur les quatre sommets du carré, certaines peuvent dériver d'un sommet à un autre comme Ferragamo qui était sur le sommet « Style » à l'époque du fondateur Salvatore et qui se retrouve aujourd'hui sur le sommet « Bon goût » de par la multiplication et omniprésence du *gancino* (petit crochet) sur les produits.

Pour conclure, on peut dire que le carré sémiotique, au cours des projets concrets dont nous avons fait l'expérience, a permis de formaliser des directives de positionnement général. Il est venu compléter et mettre en perspective les directives concrètes issues de la « charnière de l'identité ». Il contribue à donner des aperçus en profondeur sur des domaines trop souvent délaissés par les instruments traditionnels du marketing et de la stratégie.

➤ Le mapping sémiotique

Andrea Semprini, dans son livre *Le marketing de la marque*[1], reprend le carré sémiotique des valeurs de la consommation introduit par Jean-Marie Floch et le transforme en un outil plus malléable et plus lisible pour les adeptes du marketing.

L'axe sémantique principal se transforme en axe des ordonnées d'un diagramme à deux dimensions (figure 6.14) : sur cette échelle, toutes les nuances de valeur, des plus pratiques aux plus utopiques, peuvent être situées. L'axe des abscisses (« critique/ludique ») vient quant à lui croiser le précédent pour former un *mapping* sémiotique.

L'avantage par rapport au carré consiste à créer une continuité spatiale où tout positionnement est relatif à tous les autres.

L'auteur insiste à juste titre sur le fait que le *mapping*, à l'instar du carré « pratique/utopique », présente des *valeurs de consommation*, non des attitudes et des comportements. Ces comportements individuels (passion, enthousiasme, indifférence, rejet...) correspondent aux stratégies que chaque consommateur met en œuvre pour poursuivre les valeurs de consommation. Semprini approfondit l'analyse des quatre cadrans délimités par les deux axes.

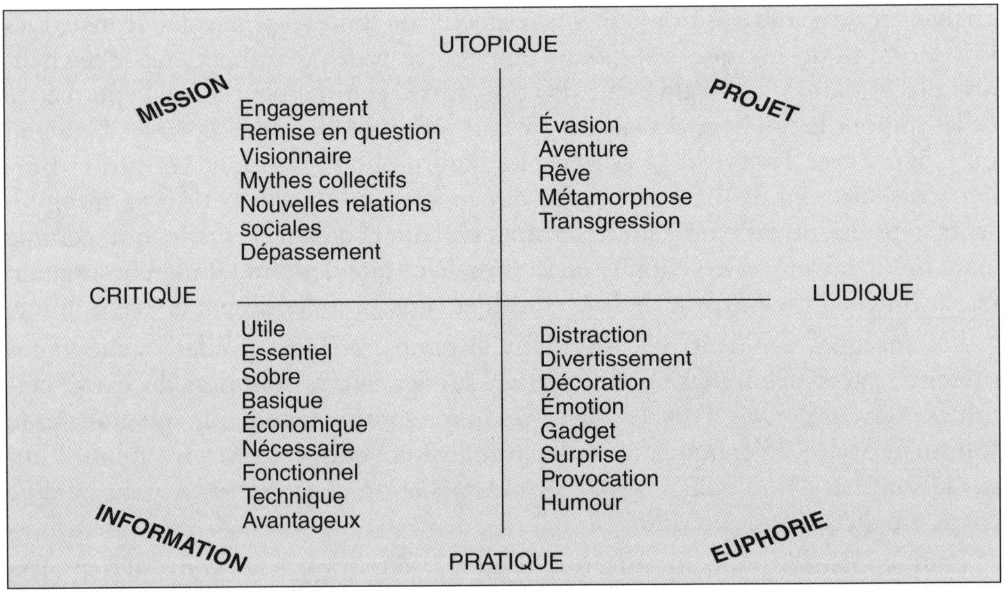

Figure 6.14 – Le *mapping* sémiotique des valeurs de consommation

1. Andrea Semprini, *Le Marketing des Marques*, Éditions Liaisons, 1992.

Les quatre quadrants ont chacun leurs spécificités.

Le cadran nord-ouest est appelé *Mission*: la convergence des valeurs critiques et utopiques y porte directement à la volonté de dépasser le présent, de se projeter dans l'avenir, d'aller vers la nouveauté. C'est la combinaison de devoir et vouloir et une tension constante vers des mondes différents. Benetton, à la fin des années 80 (au moment du lancement de la campagne « United Colors »), avec ses affiches de jeunes gens de toutes races, caractérisait ce positionnement. La marque proposait en effet un monde idéal fondé sur de nouveaux types de rapports sociaux. The Body Shop et Dove avec leur engagement pour une beauté « naturelle » sont des exemples de marque située sur ce cadran.

Le cadran nord-est est appelé *Projet*. Il conserve la dimension volontariste du premier cadran, mais l'engagement collectif précédent est remplacé par une recherche individuelle d'émotions. On y trouve une forte propension à la mise en œuvre de projets personnels, au souci de trouver des réponses à des problèmes existentiels. Des marques telles que Swatch et Ungaro y sont positionnées.

Le cadran sud-est est appelé *Euphorie*. La convergence des valeurs ludiques et pratiques sont propices à des marques comme Oasis ou Gillette, qui ont des discours positifs, rassurants, relativement pragmatiques. Ce sont des marques qui se focalisent sur les attributs intrinsèques de leurs produits: sérénité, bons sentiments, bonheur pour tous. C'est le parfum Eternity de Calvin Klein. Une variante de ce cadran est constituée par les marques qui divertissent par effet de surprise, humour et provocation, comme Moschino.

Le cadran sud-ouest est le plus immédiatement compréhensible. Au carrefour du pratique et du critique, les valeurs proposées sont résolument liées aux aspects de la qualité des produits proposés. Les logiques de l'essentiel, de l'avantageux, du strict nécessaire, du rationnel et utile y prévalent. C'est le cadran *Information*, où viennent se positionner des marques comme les magasins Leclerc.

Semprini utilise aussi son *mapping* pour analyser le discours des marques sur le temps, l'espace, les passions, les relations, etc. L'instrument se révèle tout aussi puissant que le carré, plus souple d'utilisation et versatile.

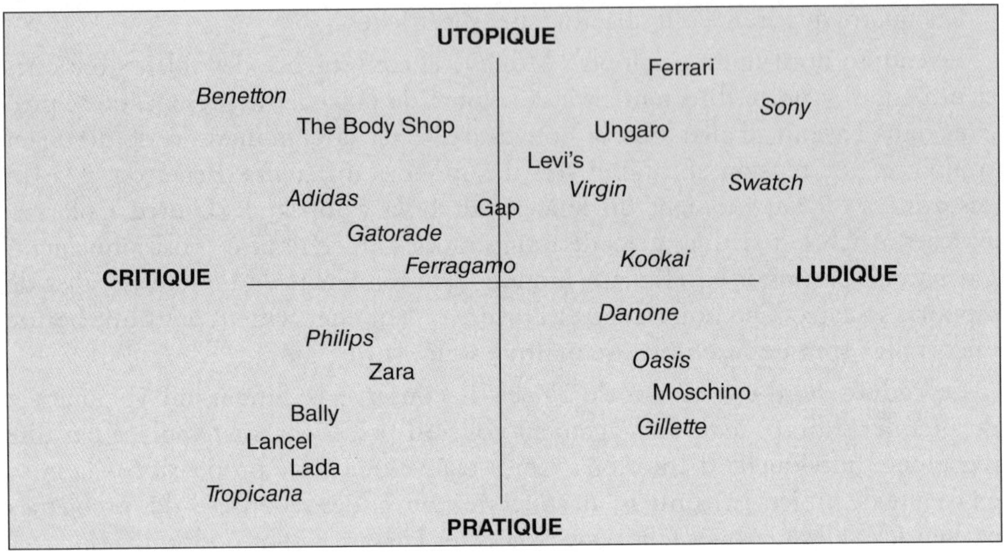

Source : Andrea Semprini.

Figure 6.15 – Le mapping sémiotique des valeurs de consommation : quelques exemples de positionnement de marques

Les ressources de la sémiotique sont loin d'avoir été épuisées dans cette courte présentation. D'autres outils peuvent trouver leur application au monde des marques.

➤ Le schéma narratif

À un moment où le *storytelling* est en passe de devenir de mode dans les milieux académiques du marketing, ce schéma développé à l'origine par Vladimir Propp (1928) pour l'analyse des contes de fées russes, peut se révéler une méthode utile à la structuration des discours de la marque.

Les conclusions de Propp innervèrent largement les travaux de Greimas et de la sémantique structurale.

Les quatre épisodes qui constituent la séquence logique de toute histoire sont : le contrat, les compétences (ou l'expertise), la performance, la sanction. Dans un premier temps, le héros s'engage (défi, promesse, départ à l'aventure) ; dans un deuxième temps, il acquiert des compétences (étape classique d'initiation) ; dans le troisième, il mène à bien son action ou son programme grâce aux compétences acquises, et dans le cadre du système de valeurs (contrat) qui a défini son action. Enfin, le héros est récompensé (ou puni) : la sanction est la mesure de performance par rapport au contrat initial. Le schéma permet de réaliser une synthèse de nombreux éléments qui avaient été développés avec la charnière et le carré. Il est en fait plus synthétique qu'analytique.

La mention du schéma narratif n'a rien de gratuit, puisque l'un des objets de la sémantique est de catégoriser les éléments invariants de toute forme de discours. Si l'on peut donc assimiler une marque à un ensemble complexe de projets ou d'actions qui se déroulent dans le cadre d'un système de valeurs, alors on se trouve en présence d'histoires, de discours, de contes, auxquels on peut appliquer les méthodes utilisées en narratologie.

Deux autres instruments sont dérivés de la sémiotique sont introduits au chapitre 8 : la chaîne de communication et la liste exhaustive des manifestations.

➤ Autres modèles analytiques

Il existe de nombreux autres modèles que l'espace de cet ouvrage ne nous permet pas de présenter. Toutefois, la rosace de Marie-Claude Sicard (figure 6.16) mérite que l'on s'y arrête car il est particulièrement en phase avec l'époque postmoderne et surtout il a cette originalité d'éliminer la notion de l'existence d'un noyau qui renfermerait l'essence de la marque.

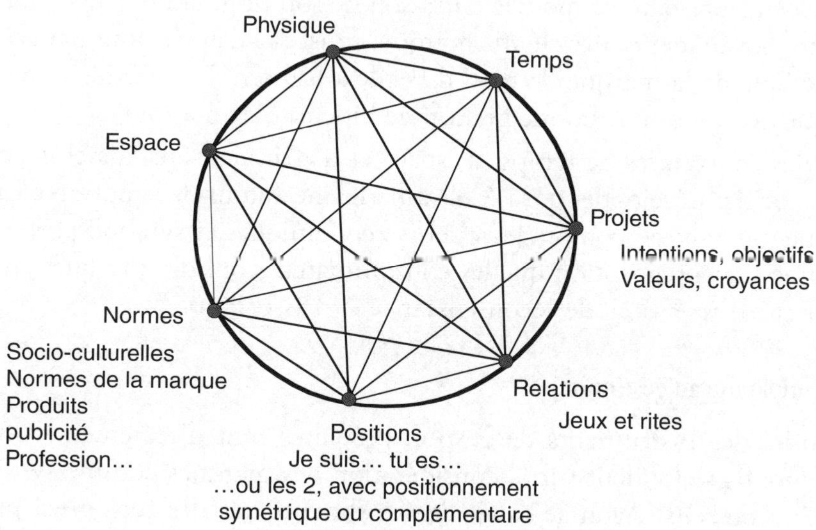

Source : Marie-Claude Sicard, *Ce que marque veut dire*, Éditions d'Organisation, 2002.

Figure 6.16 – La rosace de M-C. Sicard

Ce modèle provient des sciences cognitives, dans lesquelles chaque situation de communication résulte du chevauchement de sept contextes :

- physique et sensoriel ;
- spatial ;
- temporel/historique ;
- de position (des deux acteurs : le client et la marque) ;
- relationnel (le contexte social conditionnant les rapports entre les deux) ;
- les intentions respectives et perçues des acteurs (appelées « projets ») ;
- les normes de la marque.

Ces sept contextes deviennent des pôles d'égale importance, formant un réseau sur lequel toute impulsion touchant l'un des pôles se transmet à tout le système. Les marques doivent jouer sur au moins trois pôles, avec au moins un dans le domaine tangible et un dans l'intangible.

Plus le nombre de pôles activés est grand, plus l'identité de la marque est riche. Les marques puissantes jouent sur sept des 21 itinéraires possibles (quatre pôles au moins). L'identité de la marque naît de l'itinéraire le plus fréquemment emprunté entre plusieurs pôles sur une période significative.

Nous avons présenté ce modèle en raison de son originalité. Cependant, l'absence d'un noyau identitaire chez la marque, constitué d'après nous par les valeurs et l'esthétique de la marque, le rend difficile à utiliser. De surcroît, il ne définit pas ce que devrait être la bonne gestion de l'identité de marque.

Pour des contraintes de temps, d'espace et d'affinité, nous laisserons de côté, tous les modèles développés par l'école américaine autour de la notion d'*equity* de la marque, prenant en compte les valeurs économiques et symboliques, et fortement basée sur la perception que les consommateurs ont des marques en termes de notoriété, d'attention, de reconnaissance et d'association.

➤ Du sémiologue au gestionnaire

La majorité des instruments de gestion présentés sont directement issus de la sémiotique. Ils se fondent sur la considération des marques comme systèmes de production de sens. Avoir le souci de ces discours, et des sens ainsi produits, relève à nos yeux du professionnalisme élémentaire de gestionnaires responsables, mais aussi de la vigilance des consommateurs, destinataires privilégiés des messages émis. Le minimum de respect dû à chacun des participants *(stakehoders)* – marque, gérants, consommateurs – est que la marque « fasse sens ».

Cela paraît banal, mais c'est aussi une manière bien plus simple d'être compétitif! Dans le bombardement médiatique qui est le lot de notre civilisation actuelle, avoir quelque chose à dire d'intéressant est une condition première d'efficacité en matière de communication. De fait, sémiotique et publicité ont tout de suite entretenu un rapport privilégié. **Quelle est la tâche des publicitaires, sinon de produire intentionnellement du sens à partir de signes?**

Les outils de nature sémiotique qui ont été présentés doivent être utilisés avec la conscience de leurs limites. Il est clair qu'il ne faut pas attendre de la sémiotique ce qu'elle ne peut pas donner:

- elle n'est jamais en mesure de créer;
- elle ne peut pas inventer un style ou un « best-seller»;
- elle ne cherche pas à se substituer au génie créatif des designers et des publicistes;
- elle n'est jamais exhaustive dans son approche;
- elle ne peut pas affronter les problèmes de «gestion».

Par contre, elle s'intéresse aux mécanismes de création de sens et sert donc à:

- mettre en évidence les invariants fondamentaux de la marque, s'ils existent;
- fournir un cadre dans lequel tous les émetteurs de la marque doivent se situer: elle détermine le domaine du possible et celui du plausible;
- gérer la cohérence des différents signaux émis par la marque;
- gérer la cohérence de la marque avec son passé et son présent;
- faciliter les choix stratégiques que doivent faire les dirigeants de marques.

La sémiotique n'est jamais aussi efficace que lorsqu'on la combine à une bonne étude des tendances de fond de la société ou des segments de clientèle choisis, et avec un bon sens commercial de base. Dans le cas où l'analyse sémiotique ne livre tout d'abord aucun résultat probant quant aux invariants éthiques de la marque, il faut recourir à d'autres éléments issus de considérations de marché. La sémiologie permet ensuite de retravailler ces éléments et d'en tirer des recommandations pratiques.

Nous présenterons plus loin les notions de cohérence et de pertinence des marques: **on peut déjà dire que la sémiotique aide à la gestion de la cohérence, mais est de peu de secours dans la gestion de la pertinence.** Quoi qu'il en soit, c'est l'un des rares outils qui permettent de se dégager des enjeux subjectifs des différents acteurs pour poser, objectivement, la question de l'identité de la marque. Cela ne garantit nullement la créativité mais, dans le cadre du collectif que représente toute entreprise, c'est déjà un acquis considérable.

Considérations générales sur l'identité de marque

➤ L'identité de marque face à l'identité du consommateur

Qu'est-ce qui se joue dans le passage de l'identité à l'image ? Entre ce que je veux dire de moi-même et ce que j'en fais comprendre à mon destinataire, il existe tout un jeu de décalages, d'omissions ou de révélations inconscientes. Ces altérations inéluctables représentent la composante dynamique de tout processus de communication.

Le message identitaire, par conséquent, connaît des interprétations changeantes en fonction de ses destinataires. Or, le discours d'une marque appelle l'adhésion : sa pertinence dépend donc fortement du mode de vie, des coutumes, des valeurs et des goûts de ses consommateurs. *Comme tout émetteur de discours, la marque doit composer avec l'identité de ses destinataires* ; et, dans la mesure où la marque aspire à être adoptée par le consommateur, à se rendre compatible avec les caractéristiques de son identité, cet enjeu revêt une importance cruciale.

En termes de gestion de marque, il en découle deux conséquences importantes : en premier lieu, il faut accepter que les perceptions de la marque soient toujours multiples et que leur diversité augmente avec la notoriété. En second lieu, la société des hommes change, leur identité individuelle aussi : pour continuer à leur « parler », la marque doit, elle aussi, se renouveler, faire évoluer sa propre identité sans en aliéner pourtant la substance fondamentale. Savoir changer sans se perdre : ce défi qui se pose chaque jour à nous, en tant qu'êtres sociaux, est aussi celui qui se pose aux marques.

➤ Identité unique/perceptions multiples

J.-P. Codol et P. Tap[1] donnent la définition suivante de l'identité d'un individu : « L'identité est un système structuré, différencié, à la fois ancré dans une temporalité passée (les racines, la permanence), dans une coordination des conduites actuelles et dans une perspective légitimée (projets, idéaux, valeurs et style). »

Cette définition s'applique étroitement à l'identité d'une marque ; le vocabulaire utilisé est en grande partie le même.

La psychanalyse, l'anthropologie, la psychosociologie se sont penchées sur la notion d'identité de l'individu, mettant en lumière la dualité intrinsèque sur laquelle elle repose : le jugement personnel d'une part, la comparaison avec les autres d'autre part ; en d'autres termes, la dimension purement individuelle et l'existence sociale.

1. *Revue Internationale de Psychologie Sociale*, n° 2, 1988, p. 169.

La psychanalyse (Erik H. Erikson) soutient que l'identité se construit à la fois sur l'intériorisation de modèles culturels et sociaux et sur l'imaginaire du corps pulsionnel. L'anthropologie culturelle, quant à elle, met l'accent sur la dimension collective de l'identité : pour elle, chaque culture tend à produire des modèles de personnalité.

En termes plus sémiologiques, ces approches ont pour point commun de tempérer toute idée d'une communication universelle : je ne peux pas vraiment dire la même chose à tout le monde, du moins pas en espérant être compris de la même façon. La perception d'une identité de marque (valeurs, signes) est conditionnée par les propres valeurs, jugements, modèles développés personnellement et dans un environnement spécifique par chaque individu.

Bien entendu, on ne peut pas non plus se retrancher derrière l'idée que chacun de nous est doté d'une subjectivité irréductible. La société des êtres humains apparaît « feuilletée » par des déterminismes divers – selon la culture, la région, l'âge, le niveau de vie, etc. – que l'on peut, en partie, élucider. Mais on a beau raffiner l'analyse, la perception d'un même message par les individus d'un groupe donné ne peut pas être unique. Il s'agit donc de composer avec cette dualité constitutive de l'identité.

La génération de perceptions multiples, à partir d'une identité de marque unique, est un phénomène absolument naturel.

Toutes les marques sont confrontées à cette question, surtout dans leur extension géographique. Devant cette réalité, nous trouvons toujours deux positions extrêmes au niveau de la communication et de la création.

Il y a tout d'abord une gestion monolithique, qui considère un consommateur standardisé. C'est le cas des marques de luxe, qui produisent une campagne de communication et des collections pour le monde entier. Même dans ce cas, il existe néanmoins une segmentation implicite : la marque vise un public urbain, à haut niveau de revenus, porté sur les voyages. Elle compte sur ces déterminismes forts pour éclipser les particularités géographiques.

Il y a aussi une gestion plus souple qui adapte les produits ou les campagnes de publicité aux cultures locales. On peut citer certains alcools (cognac), dont les modes de consommation varient énormément d'un pays à l'autre, ou encore l'industrie automobile.

Un tel éventail d'identités individuelles et culturelles permet toutes les segmentations possibles. Certains groupes l'ont bien compris et multiplient les initiatives (segmentation par marques ou intra-marque) dans ce sens.

Les critères sont géographiques, démographiques, économiques, voire psychosociaux et cognitifs. La *mood segmentation* – qui découpe des marchés potentiels selon l'humeur des gens – a fait depuis peu son apparition.

Madame Consommatrice se promène sur l'avenue Montaigne, elle se sent conquérante et séductrice ou a envie de l'être, et s'achète un tailleur chez Dior. Ou bien elle est un peu dépressive, elle se sent victime, pas très bien dans sa peau, Prada lui offre un refuge adéquat. En pleine forme physique et mentale, exubérante, amoureuse de la vie, elle trouvera chez Loewe des produits qui reflètent l'énergie et la joie de vivre ibériques. Quelques jours plus tard, ayant un peu mauvaise conscience à cause des sommes dépensées, elle a envie de faire une bonne affaire, de trouver un produit qu'elle utilisera tous les jours, qui soit de bon goût et à un prix raisonnable : elle ira chez Max Mara et, pour ses pieds torturés par le shopping, s'achètera une bonne paire de chaussures Ferragamo.

C'est le client à géométrie variable, très difficile à prendre dans son filet.

Ce qui est intéressant dans cet exemple, c'est que toutes ces « images » s'adressent à la même consommatrice, qui privilégiera tantôt l'une, tantôt l'autre, selon son humeur. Le choix de Dior, par exemple, sera vécu tour à tour comme audacieux ou franchement déraisonnable. Nous touchons ici du doigt la différence entre l'identité de marque et ce qu'il est convenu d'appeler l'image de marque : une même identité se cristallise, en fonction des espaces, des milieux sociaux, des personnalités ou des humeurs, en une multitude de perceptions.

Il n'y a rien à gagner à lutter contre cette diversité. Au contraire, ne représente-t-elle pas plutôt une richesse ? Ce portefeuille d'images permet des réactions différentes aux innovations et donc aux risques pour l'entreprise.

De multiples perceptions, donc... mais pas de n'importe quoi. La sémiologie, en analysant les mécanismes de production de sens, ne connaît que trop la polysémie de ses objets d'étude ; mais ce trouble de la perception ne contredit pas la nécessité de garantir, en amont, la cohérence de l'émission. Plus l'identité est cohérente, plus elle est susceptible d'interprétations riches. Au contraire, les messages flous, soit par faiblesse structurelle, soit par souci de « tout attraper », d'agréger en eux toutes les tendances à la mode, se dissolvent d'eux-mêmes à l'interprétation.

➤ La nécessité d'évoluer

Cohérence de l'identité ne signifie pas autoritarisme identitaire. L'identité d'une marque se doit d'évoluer : combien de marques ont disparu pour ne pas avoir su répondre à cette nécessité ?

L'évolution des mœurs et la libération sexuelle ont permis le succès initial de la mode de Paco Rabane, avec ses robes en métal ; c'est la même libéralisation des mœurs qui a refroidi son image et, très vite, l'a rendue plus marginale qu'originale.

Le déclin des marques est un phénomène inéluctable si l'on ne fait rien pour le contrecarrer : les raisons, tant internes qu'externes, en sont nombreuses.

Il y a tout d'abord les erreurs dans la gestion de la marque : perte de pertinence sur un marché, inefficacité des opérations, incohérence des stratégies, investissements inadaptés...

Il y a ensuite la concurrence, toujours plus forte et plus aguerrie.

Il y a aussi ce que nous appelons « l'entropie » des marques : toute marque, à force d'utilisation de ses produits et de diffusion répétée de sa publicité, engendre une certaine démystification. Elle perd de son mystère, donc de son attrait. Dans le contexte contemporain de course à la nouveauté, l'usure du succès paraît plus rapide que jamais.

Il y a enfin l'évolution des tendances de fond de notre civilisation : besoins, modes, technologie, goûts... Nous citons souvent en exemple l'histoire de la couleur bleue, que raconte brillamment Michel Pastoureau[1] [4]. À l'époque gréco-romaine, le bleu ne joue aucun rôle dans la vie sociale, religieuse ou artistique ; il n'est que peu utilisé par les Barbares. Il faut attendre le XIIIe siècle et les vitraux de la cathédrale de Chartres pour voir le bleu commencer à prendre une place plus importante dans la vie liturgique.

En effet, une nouvelle théologie de la lumière a fait son chemin : la lumière est entendue comme émanation de Dieu, visibilité de l'ineffable. La thèse d'une identité de nature entre lumière et couleur prend le pas sur l'idée que les couleurs ne sont qu'un artifice matériel. On commence à utiliser le bleu et l'or pour représenter cette lumière. En quelques décennies, le bleu devient une couleur aristocratique ; sa place s'affirme dans les vêtements, les créations artistiques, la vie religieuse. Il devient la couleur du ciel, puis celle de la Vierge, enfin celle des rois. Le bleu ne nous quittera plus. Depuis les uniformes des soldats, des pompiers, des facteurs du siècle dernier jusqu'aux blue-jeans d'aujourd'hui, le bleu est devenu la couleur la plus portée en Occident ; c'est aussi, avant le vert, la couleur préférée des Occidentaux – les Japonais, quant à eux, préfèrent d'abord le blanc, puis le noir. Les goûts changent en fonction du temps et des pays.

Pour toutes ces raisons, une identité de marque trop rigide, définie avec trop de contraintes ou de façon trop détaillée ne permet pas de « coller » étroitement au marché. Mais cela n'implique pas nécessairement de renouveler les invariants éthiques et esthétiques de la marque. Le besoin d'évolution se fait d'ailleurs sentir différemment selon ces deux domaines.

1. Michel Pastoureau, *Bleu : histoire d'une couleur*, Éditions du Seuil, 2000.

La nécessité d'évolution est plus grande au niveau de l'esthétique. Plus que de changer les invariants, il s'agit de maintenir une esthétique au goût du jour. Par exemple, si l'esthétique de Loewe a été définie comme « baroque minimaliste » en 1996, elle peut devenir aujourd'hui « baroque dépouillé », puisque le minimalisme a quasiment disparu de la circulation dans le monde de la mode... Dans le respect de l'identité de la marque, les approches créatives ainsi impulsées permettront la même diversité de propositions aux clients.

Quant à l'éthique, il ne s'agira pas de changer les valeurs de base de la marque, mais de placer sous un éclairage plus fort celles des valeurs qui semblent le plus en phase avec l'humeur des marchés, et donc capables d'engendrer les meilleurs résultats économiques.

L'évolution ne consiste pas à transformer les invariants de façon intempestive, mais plutôt à y apporter des corrections marginales, les focalisations diverses qui permettront de garder la faveur des marchés sans altérer la substance de la marque. Plus que d'invariants permanents, on peut donc parler d'une *continuité stable* dans l'esthétique et dans l' éthique de la marque.

Remarquons enfin que les nécessités évolutives sont plus importantes pour les marques qui ont une éthique fondée sur des valeurs à la mode, par définition non pérennes. Ainsi, il y aura toujours des nouveaux riches et de vieilles fortunes : Bentley ou Hermès peuvent encore s'appuyer sur une éthique de marque privilégiant les valeurs élitistes et aristocratiques. En revanche, le tournant sera sans doute plus difficile à prendre pour Prada ou Roberto Cavalli...

Les limites de la notion d'identité : implications stratégiques et opérationnelles

Tout au long de ce chapitre, nous nous sommes efforcés de démontrer l'utilité de la notion d'identité de marque et de donner des outils pour l'appréhender. Quoique nécessaire, cette notion n'est cependant pas suffisante. En partant d'un exemple concret, nous tâcherons d'illustrer les domaines où elle peut avoir une influence directe, afin d'en cerner les avantages et les limites.

➤ Les implications opérationnelles

Une fois formalisée, l'identité de marque représente une référence qui va permettre de gérer toutes les manifestations ou presque de l'existence de la marque. Le diagramme suivant illustre le projet de réflexion sur l'identité de la marque Loewe en 1998. Il illustre tous les projets opérationnels qui en découlèrent.

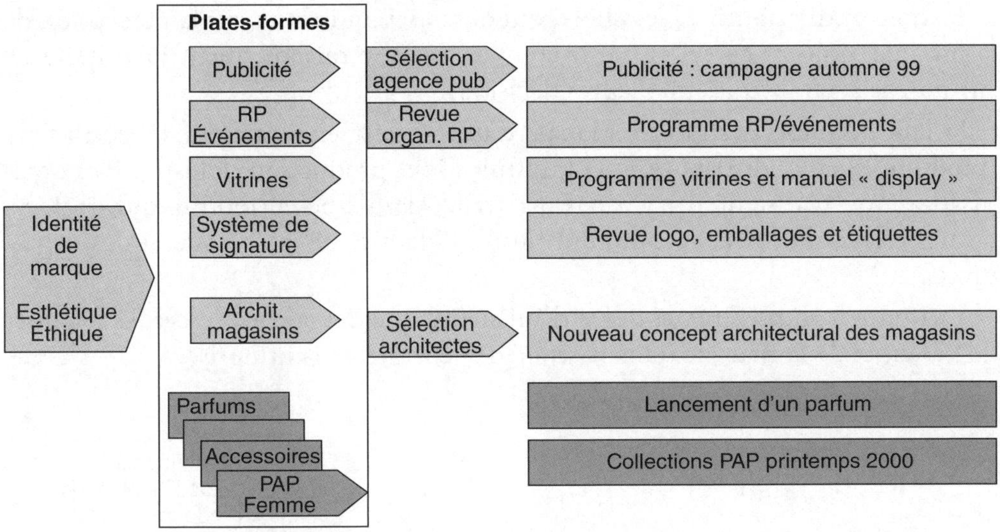

Figure 6.17 – Projet d'identité de marque : implications opérationnelles

Une étude sur l'identité permet, d'une part, de vérifier le positionnement stratégique de la marque par rapport à ses concurrents et à ses marchés cibles, et, d'autre part, de donner un langage commun et des grilles de vérification à toutes les manifestations de la marque :

- produits, choix des créatifs ;
- campagnes publicitaires, choix des médias et des modèles ;
- événements, relations avec la presse ;
- concept architectural des magasins et des bureaux ;
- concept des vitrines ;
- enseignes, étiquettes, papeterie : tout le système de signature en général ;
- uniformes des vendeurs…

C'est un cadre fédérateur qui va aider à éliminer, d'entrée, tous les éléments incompatibles avec l'identité.

➤ La place de l'identité de marque dans les stratégies de l'entreprise

Si l'on conçoit facilement que l'identité de la marque joue un rôle central dans toute stratégie de communication et de création, son influence est moins évidente sur les choix du business en termes de structure de l'offre, de détermination des prix et des marges, de choix des clients cibles, de choix organisationnels, industriels et distributifs. Ces choix, qui ont aussi un impact sur la perception de la marque, doivent certes en tenir compte, mais le raisonnement identitaire ne suffira pas à garantir les meilleures décisions.

Si l'on découpe la stratégie globale d'une société en stratégies « spécialisées » (produits, clients, distribution, communication, production, logistique et organisation), on réalise qu'il n'y a pas d'activité, dans une entreprise, qui n'affecte ou ne reflète, d'une façon ou d'une autre, l'identité de la marque, à des degrés divers.

La figure 6.18 présente le degré d'influence que devraient exercer les logiques de l'identité de la marque dans la stratégie générale de l'entreprise.

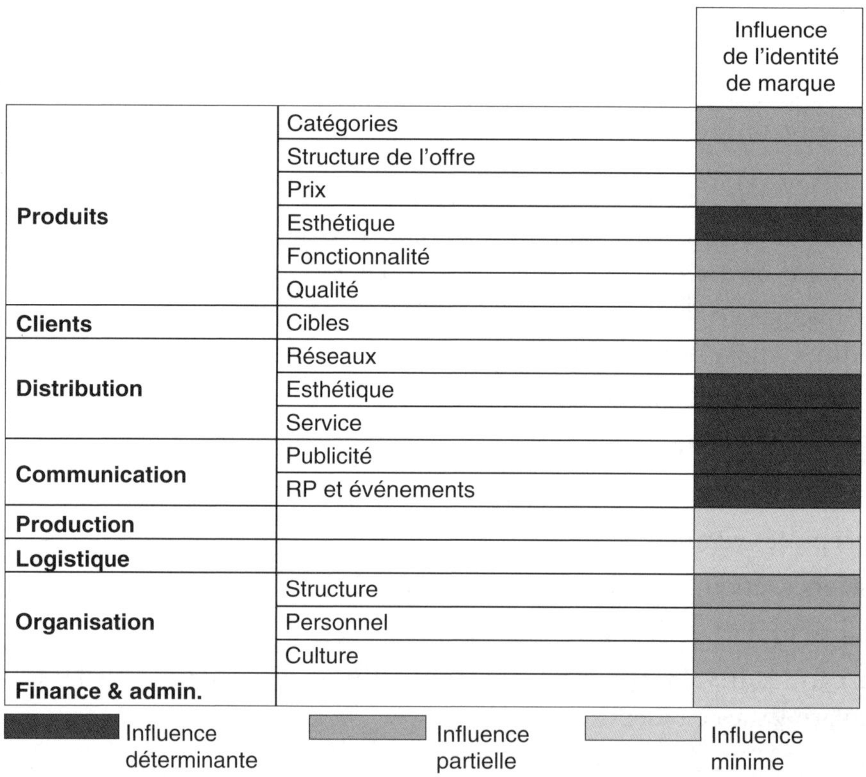

Figure 6.18 – Influence de l'identité de la marque sur les stratégies de l'entreprise

Ce degré d'influence dépendra aussi des secteurs industriels. L'identité de la marque aura probablement plus d'importance dans des secteurs de consommation de luxe que dans des secteurs industriels.

➤ Les limites de la notion d'identité

Une limitation de la notion d'identité tient au paradoxe que présente la définition de l'identité même. *Le Petit Robert*, que nous avons cité en début de chapitre, mentionne non seulement l'identité comme l'ensemble des éléments qui permettent l'individualisation de quelqu'un, mais aussi « le caractère de ce qui est identique ».

Idem et unique. Le même et l'autre. L'unique et la multitude.

L'identité serait-elle donc le fait d'être à la fois unique et semblable à d'autres ? Elle oscille entre la massification uniformisante et l'unicité radicale et n'existe probablement que dans cette tension dialectique.

Ces considérations nous ramènent indirectement à la difficulté (et l'erreur) de chercher à définir une identité qui soit complètement indépendante de la manière dont elle est perçue par les segments cibles. C'est en fait une simplification dangereuse que de chercher à définir une identité de marque en vase clos, indépendamment de considérations liées aux tendances et aux perceptions dominantes de la marque dans les marchés les plus significatifs.

Nous avons vu qu'une des conditions d'existence de la marque est la différentiation de son identité. Cela implique que cette marque existe en relation à d'autres marques dont elle se différencie. Pepsi n'existerait pas sans Coca, et Coca ne serait probablement pas aussi important sans Pepsi. Il faut trouver l'équilibre juste entre les conditions générales du marché et les degrés de flexibilité des constantes éthiques et esthétiques.

Assurer le retour sur les investissements désirés par les actionnaires, satisfaire les attentes des clients existants et celles des clients des concurrents que l'on souhaite conquérir, sans perdre l'âme de la marque : ce sont les dilemmes quotidiens des directeurs de marques.

L'approche anthropomorphique qui est la nôtre, en appliquant des logiques d'identité à des systèmes tels que les marques – dont les objectifs sont essentiellement économiques –, ouvre un champ de recherche plus approfondi sur la nature des interfaces entre identité de marque et identité de consommateurs, ainsi que sur les mécanismes déclencheurs de l'acte d'achat.

Le but de l'exercice de la gestion de la marque étant de conduire le consommateur à acheter les produits de cette marque, il faudra bien que le consommateur se positionne de façon positive par rapport aux valeurs et à l'esthétique qu'il est capable de percevoir. **Valeurs désirées ou déjà acquises ? Acte d'affirmation, de compensation, de protestation ? Projection d'une image de soi désirée et**

actuelle? Nous laissons ce champ de recherche à d'autres disciplines et d'autres ouvrages.

En attendant, la notion d'identité de marque fait son chemin. Elle devient un élément de plus en plus utilisé dans l'industrie, les agences de communication, les marques de distribution et la presse (même financière). Les programmes d'enseignement spécialisés et les recherches universitaires sur l'identité des marques et leurs significations se multiplient.

Chapitre 7

La création

Dans ce chapitre, nous nous intéressons à la créativité en matière de produits et de services. Il va sans dire que, dans tous les secteurs d'activité et dans toutes les industries, la créativité et l'innovation sont une source capitale d'avantages concurrentiels, mais c'est plus encore le cas dans le secteur du luxe, où le client est en droit d'attendre un surcroît d'originalité, dans ce qu'il perçoit comme étant les caractéristiques esthétiques de la marque. Il s'attend à ce que le produit soit reconnaissable et porte en lui une part du rêve déjà contenu dans la marque.

Chez Louis Vuitton par exemple, les variations réalisées ces dernières saisons sur le monogramme LV (graffiti, cerises, monogrammes multicolores, emploi de nouvelle matière, monogramme en relief…) ont clairement servi ces desseins et confirmé le talent créateur de Marc Jacob, tout en permettant l'ouverture de la marque à d'autres artistes innovants comme Takashi Murakami par exemple.

Gérer la créativité n'a jamais été chose facile, y compris pour les créateurs eux-mêmes. Dans ce chapitre, après avoir dressé une description de la nature des activités créatrices pour une marque de luxe, nous examinerons, en nous fondant sur des exemples réels de départements de design, les questions organisationnelles afférentes et les logiques sous-jacentes. Cela nous montrera comment la gestion des produits interagit avec le travail créatif. Cela nous donnera également un aperçu de la façon dont la notion d'esthétique de marque peut aider à résoudre quelques problèmes liés à la gestion de la créativité. Nous terminerons enfin ce chapitre en évoquant les liens entre les activités créatrices des marques et l'art en général.

La nature des activités créatrices

Le plus souvent, dans le secteur du luxe, le processus créatif commence par l'identification, par les responsables commerciaux de l'entreprise, d'une opportunité de produit dans un secteur marchand spécifique. Nous appelons « prescripteurs » les personnes qui identifient de nouveaux secteurs du marché, car leur rôle est semblable à celui d'un architecte prescrivant l'usage de tel ou tel matériau ou à celui d'un médecin recommandant un médicament. Les prescripteurs fournissent au département chargé de la création une liste des caractéristiques concernant la fonction du produit et son prix. Dans les entreprises américaines et anglo-saxonnes, les prescripteurs marketing sont appelés des *merchandisers*.

La figure 7.1 montre l'enchaînement habituel des événements pour un produit de luxe, depuis sa conception jusqu'à sa présence dans un circuit de distribution.

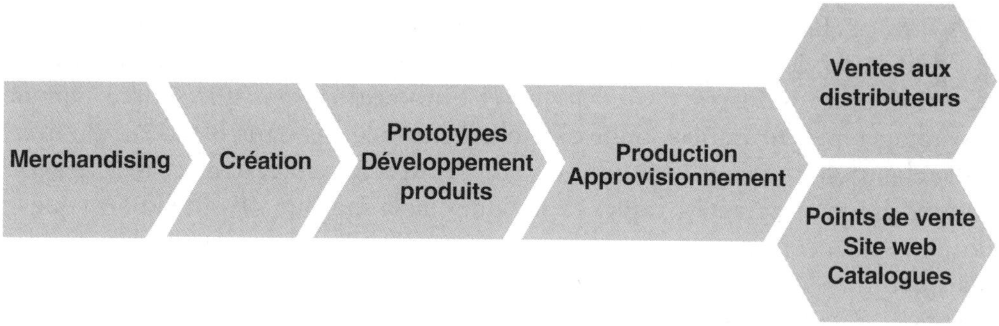

Figure 7.1 – Séquence de développement d'un produit de luxe

Pour la conception d'un produit technique, le prescripteur peut être le département marketing, le département commercial ou le président, selon le mode d'organisation de l'entreprise. Dans ce cas, la fonction créative devra être partagée entre la conception du produit et sa réalisation concrète. Pour simplifier le propos, nous suivrons le modèle montré sur la figure 7.1, qui prédomine dans le prêt-à-porter et les accessoires de luxe, où la prescription émane du *merchandiser* (pour les marques de masse, elle émane du directeur produit).

Ce qui est commun à toutes les typologies de produits, c'est que l'activité de design et de création, répond toujours et de façon systématique à une considération initialement marchande.

Cela peut paraître banal, mais il est utile de le rappeler dans l'industrie du luxe, où il est courant de croire que le génie du créateur transcende les contraintes du marché. Il a fallu toute la durée de vie de Christian Lacroix au sein du groupe LVMH – depuis la création de sa maison de couture en 1987 jusqu'à sa vente au groupe Falic en 2005, période au cours de laquelle jamais l'équilibre financier n'a été atteint et où les pertes cumulées ont atteint plus de 200 millions d'euros – pour prendre conscience qu'un talent aussi exceptionnel et reconnu avait besoin d'être encadré par un « prescripteur » compétent. Même les frères Falic n'ont pas trouvé la solution pour transformer le talent reconnu de Christian Lacroix en réalité économique durable. En 2009, la maison de couture est déclarée en cessation de paiement.

Le *merchandiser* réunit toutes les données sur la vente en gros et au détail de l'entreprise, et de ses concurrents, synthétisant le tout dans un plan de collection, qui dénombre les groupes, les modèles, les conditions d'utilisation, le volume de vente attendu, les lieux de vente et les prix auxquels le produit pourra être vendu.

Les indications de prix déterminent le coût maximum de fabrication du produit car la marge brute de la vente au détail ou en gros ne peut tomber en dessous d'une certaine valeur. Ce ne sera pas un souci pour des marques à fortes marges qui tablent sur une marge brute de 55 % dans la vente au détail et un minimum absolu de 30 % dans la vente en gros. Le tableau 7.1 illustre un schéma simple de structure de prix. Ces éléments auront un impact déterminant sur le choix de la qualité du cuir pour un sac à main ou du tissu pour un costume d'homme. Ces décisions sont prises par l'équipe de création.

Tableau 7.1 – Structure théorique des prix pour prêt-à-porter et accessoires de luxe

Prix théorique au détail	317,5	100
Marge de détail théorique	174,6 (55 %)	55
Prix de gros (au distributeur)	142,9	45
Marge industrielle minimale	42,8 (30 %)	13,5
Coûts unitaires directs	100	31,5

Le département merchandising transmet une mission précise à l'équipe de création, qui, travaillant en étroite collaboration avec le service des prototypes ou les sous-traitants, devra concevoir des échantillons du produit.

L'efficacité de la collaboration entre création et réalisation du prototype est une source de gain de compétitivité importante pour l'industrie du luxe. En effet, la plupart des concepteurs n'ayant pas aujourd'hui les compétences ou l'expérience permettant de passer d'un croquis à un objet fini, ce sont les modélistes qui deviennent irremplaçables. Les modélistes qui sont des artisans capables d'interpréter les dessins et les idées de l'équipe de création, deviennent de plus en plus rares sur le marché (nombre de grands modélistes italiens de chaussure passent leur retraite à travailler comme consultants pour des fabricants chinois.)

Les Salvatore Ferragamo ou les Cristobal Balenciaga, qui étaient capables de réaliser de leurs propres mains les objets qu'ils avaient conçus, ont disparu. Les créateurs d'aujourd'hui sont des « visuels », ils dessinent en deux dimensions et ne peuvent se passer de modélistes talentueux.

Lorsque l'activité de réalisation des prototypes est intégrée à l'entreprise, les départements création et développement sont souvent fusionnés du fait de la complémentarité de leurs compétences. La phase de développement du produit ne consiste pas simplement en la réalisation d'un prototype. Dans le cas des chaussures par exemple, le chaussant est une science en soi, jalousement protégée et rarement formalisée, maîtrisée par un petit nombre de personnes qui entreront en jeu au moment de la réalisation des prototypes ou de la pré-production des petites séries. Le département des prototypes est également chargé d'intégrer les contraintes de production comme le montre la figure 7.2.

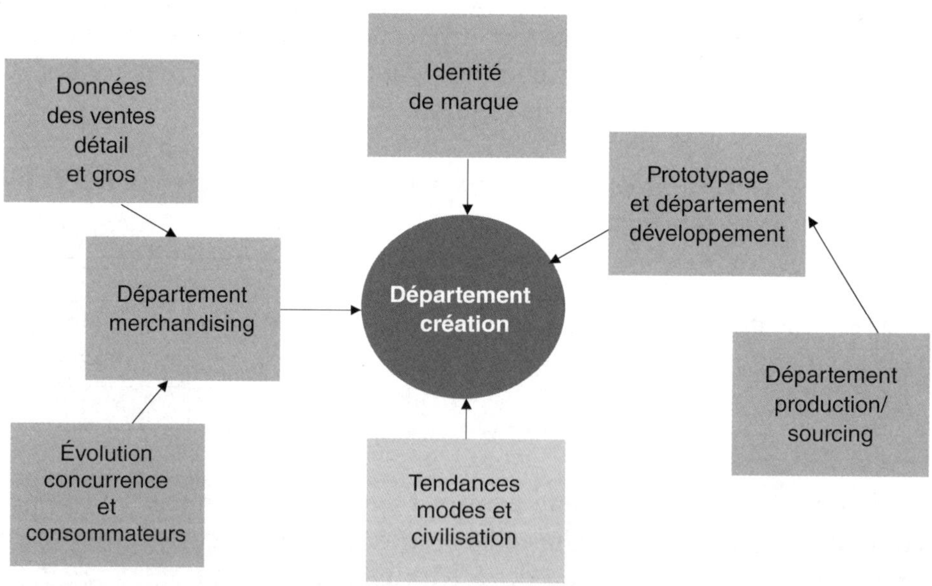

Figure 7.2 – Les multiples contraintes s'appliquant au département création

La fonction créative est le point de confluence de considérations commerciales, financières, techniques, logistiques et d'image.

Reste la contrainte la plus évidente avec laquelle le créateur devra travailler : le respect de l'identité de la marque et la constante nécessité de la moderniser. Les invariants esthétiques de l'identité de la marque sont encore rarement formalisés et sont le plus souvent laissés à l'appréciation, au talent et à la sensibilité du créateur, la maintient en phase avec la mode du moment et les tendances à plus long terme, et s'assure qu'elle continue à refléter les valeurs de la marque. Une identité de marque clairement formalisée, exprimant les éléments invariants de ce que nous avons nommé éthique et esthétique de la marque, constitue une bible que l'on devrait trouver sur le bureau de chacun des stylistes, du jeune apprenti jusqu'au directeur de la création.

À la complexité de la création dans l'industrie du luxe, s'ajoute l'énorme volume de créativité attendu des départements créatifs chez des marques multiproduits telles que Gucci, Vuitton, Loewe, Céline, Coach, Ralph Lauren ou Ferragamo. Pour une marque visant un certain prestige, le nombre minimum de produits qui doit être présenté lors de chaque collection saisonnière est réparti approximativement comme suit :

Prêt-à-porter femme	150 pièces
Prêt-à-porter homme	100 pièces
Sacs à main	50 pièces
Autres accessoires de maroquinerie	100 pièces
Soie	100 pièces
Total	500 pièces

Quel que soit le modèle, nous pouvons estimer qu'il a été réalisé au préalable trois prototypes en moyenne. Et cet événement se répète deux fois par an. **Cela signifie que pour une marque qui veut conserver un certain prestige, au moins 3 000 produits devront être conçus et 3 000 prototypes réalisés chaque année.**

Outre les coûts impliqués, créer ce volume de produits dans les délais impartis, en tenant compte des contraintes opérationnelles et culturelles, requiert une coordination rigoureuse des ressources.

Pour les marques de services (restaurant, hôtel, lieu de villégiature, croisière, transport aérien, etc.) la création se concentre davantage sur le confort offert aux clients, sur les espaces et la communication.

Organisation de la fonction créative

Il y a sur ce sujet autant d'organigrammes que de marques de luxe. Cela dépend pour l'essentiel du nombre de catégories de produits, de l'approche culturelle du design, de la simplicité de l'esthétique de la marque, de l'existence de codes graphiques aisément reconnaissables, de la réputation du designer, de la taille de l'entreprise, etc.

Pour se faire une idée de la diversité et de l'importance de l'organisation de la fonction créative, nous nous intéresserons à la façon dont fonctionne un certain nombre de marques de maroquinerie ou de chaussures, à différentes étapes de leur cycle de vie.

Les marques d'articles en cuir

Michel Vivien, « chausseur à Paris », conçoit des chaussures pour femme sous son propre nom. Il fait réaliser les prototypes et la fabrication par une usine italienne et il les met sur le marché lui-même lors des salons professionnels. Il emploie un assistant designer, auquel il donne les directions créatives, et il réalise l'essentiel de la création lui-même. Il ne se contente pas de contrôler directement les activités créatives, il dirige aussi toutes les autres fonctions. Il vend probablement moins de 50 000 paires de chaussures par an, et son chiffre d'affaires avoisine sans doute le million d'euros.

Chez Robert Clergerie, où, en 2005, le volume de chaussures produites était de quelques centaines de milliers de paires par an, et le chiffre d'affaires autour de 30 millions d'euros, le département « design et prototypes » réunissait quatre personnes, et, l'entreprise désirant se développer dans le secteur des sacs à mains et de la petite maroquinerie, avait recruté un designer externe sous contrat. L'entreprise utilisait également les services d'un consultant externe comme directeur de la création.

Christian Louboutin se situe à un niveau de développement intermédiaire entre celui de Michel Vivien et celui de Robert Clergerie.

Le chiffre d'affaires de Loewe tournait à la fin des années 90 autour de quelques centaines de millions d'euros pour des activités allant de la maroquinerie au prêt-à-porter en passant par les petits accessoires et les parfums. Tous les produits étaient conçus par la maison mère. La fonction créative partagée entre les quatre unités de production (maroquinerie, prêt-à-porter féminin, prêt-à-porter masculin et parfums), faisait travailler 20 personnes. En 1997, Narcisso Rodriguez fut engagé pour dessiner le prêt-à-porter féminin et le président faisait office de directeur de l'identité de la marque, pour coordonner les talents créateurs ainsi que les départements communication et les activités dans les points de vente.

Chez Bally, à la fin des années 90, avec un chiffre d'affaires avoisinant les 500 millions d'euros l'entreprise perdait beaucoup d'argent. Sa vente au groupe Texas Pacific, un fond privé américain, lui fournit une excellente opportunité pour se restructurer et lui permit de satisfaire son ambition de devenir une vraie marque de luxe reflétant les valeurs caractéristiques de la Suisse.

L'équipe de direction commença par définir clairement la culture d'entreprise désirée et les compétences requises pour atteindre ses objectifs. La figure 7.3 présente la logique sous-jacente au nouvel organigramme.

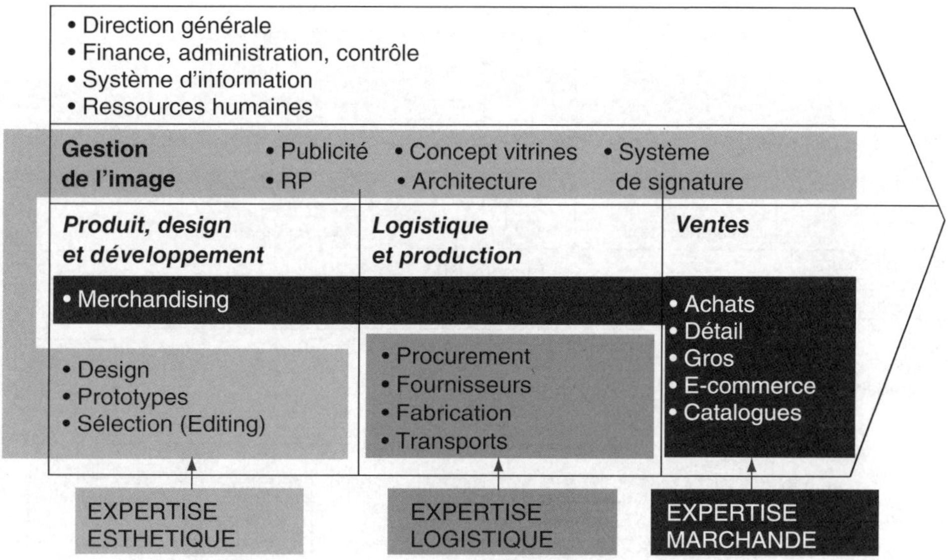

Figure 7.3 – Organisation par compétences

L'expertise marchande est le fait des *merchandisers*, qui non seulement vendent les articles dans les boutiques Bally mais aussi les placent auprès de clients multimarques ou franchisés. Ils sont également responsables de la prescription du type de collections qu'ils désirent recevoir (nombre de groupes, modèles, prix, fonction…). Derrière un tel schéma directeur, les ventes et les marges brutes sont clairement sous la responsabilité du merchandiser. Il lance le processus de développement et coordonne les différents départements impliqués en créant des équipes multifonctions. Il est important d'ériger en règle le fait que les *merchandisers* ne seront jamais impliqués dans les débats esthétiques, laissant les designers définir librement 20 % de la collection sans aucune contrainte de quelque nature que ce soit.

Les logisticiens produisent et assurent les transferts des articles. Les décisions concernant les fournisseurs, dont la sélection pourrait être d'une importance stratégique, sont prises en collaboration avec les designers et les *merchandisers*. Ensuite, toutes les activités qui requièrent une grande sensibilité esthétique, comme la création et la communication se trouvent regroupées.

Chez Bally, l'organigramme s'appliquant aux activités de création prit la configuration présentée par la figure 7.4.

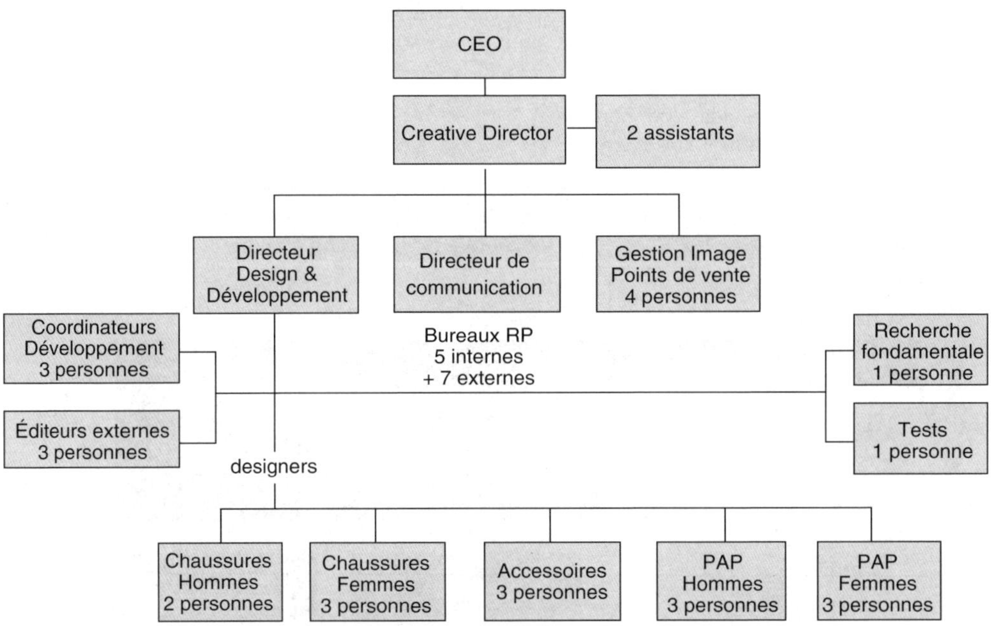

Figure 7.4 – Organigramme de la fonction créative

Les fonctions design et développement ont fusionné sous une responsabilité unique, pour assurer un maximum de collaboration entre la conception en deux dimensions et la réalisation des prototypes. Des « éditeurs » externes (*editors at large*) – personnages de référence du monde de la mode ou leaders d'opinion – ont été choisis à Paris, Hong Kong et New York pour apporter leurs conseils quant aux dernières tendances, tenir l'entreprise au courant de ce que fait la concurrence et l'informer sur la réception de ses collections, passées et actuelles. Sans compter ce personnel ou d'autres membres externalisés tels que le service des relations publiques et les départements de design pour les licences de montres ou les chaussures de golf, ce sont au total 31 membres du personnel qui sont impliqués, en interne, dans la fonction créative. L'effort financier nécessaire pour maintenir une telle stratégie multiproduits est considérable, mais c'est ce à quoi une marque de renommée internationale doit faire face.

Marque de masse et marque de luxe

Les exemples tirés des industries du cuir mettent en lumière la très grande variété des modèles qui coexistent à l'intérieur d'un même secteur. Prise dans son ensemble, l'industrie du luxe nous montre qu'il existe presque autant de solutions organisationnelles que de marques, et cela provient, à notre sens, des difficultés qui subsistent pour rationaliser la dimension esthétique des marques.

Au sein de cette apparente abondance de solutions, nous pouvons identifier deux modèles extrêmes et opposés, qui parviennent tous deux à esquiver, sans vraiment les résoudre, les problèmes soulevés par la gestion de l'esthétique intrinsèque de la marque.

Le premier modèle est celui des marques telles que Dior ou Chanel, où les clés de l'esthétique sont laissées aux mains de créateurs talentueux et expérimentés (John Galliano et Karl Lagerfeld, respectivement) ; le président a alors un pouvoir limité sur les fonctions créatives. Créateur et président se rencontrent peu… sauf peut-être lors de cocktails.

Le second modèle appartient à des marques du marché de masse comme Gap, Zara, H&M, Célio, Springfield… où l'équipe de design (une armée d'anonymes) travaille sous la surveillance étroite du directeur produit, qui impose les contraintes de prix et de tendances ; la création est alors réduite à la stricte observance d'un plan commercial rigide, tout en tenant compte des tendances les plus pertinentes du moment. Cette solution n'exclut pas des initiatives spécifiques de collaboration avec des designers de renom, comme celles orchestrées systématiquement par H&M depuis 2006 avec Madonna, Karl Lagerfeld, Roberto Cavalli, Jimmy Choo, Stella McCartney, et Sonia Rykiel en 2010.

Le directeur produit est fréquemment appelé dans ce cas « directeur de collection » ou, comme chez Cortefiel, « acheteur », ce qui met clairement en évidence l'essentiel de sa tâche. Dans ce secteur, l'organisation est assez simple. En plus des services financiers et Relations Humaines habituels, il existera couramment trois départements : le département produit (merchandising, création, approvisionnement), le département communication (publicité, relations publiques, gestion des lieux d'exposition) et le département vente au détail et franchise. La gestion de l'identité de la marque se retrouve ainsi éclatée sur quasiment toutes les parties de l'organigramme.

La différence essentielle entre ces deux solutions réside dans l'importance accordée à la fonction créative et donc au pouvoir décisionnel du designer, ce qui reflète à son tour la culture fondamentale de la marque et sa manière d'être compétitive.

Chacun de ces systèmes a produit ses légendes. Le modèle du luxe repose sur le succès de créateurs de génie comme Tom Ford chez Gucci ou Galliano chez Dior. Cela devient bien plus délicat lorsque le créateur en poste n'a pas ces talents exceptionnels. Le second modèle a donné naissance à des succès évidents, comme Zara et H&M au cours des dix dernières années ; des succès fondés pour l'essentiel sur un bon merchandising et une capacité logistique exceptionnelle qui peut réduire à dix jours le temps séparant la conception de l'arrivée d'un produit sur le marché.

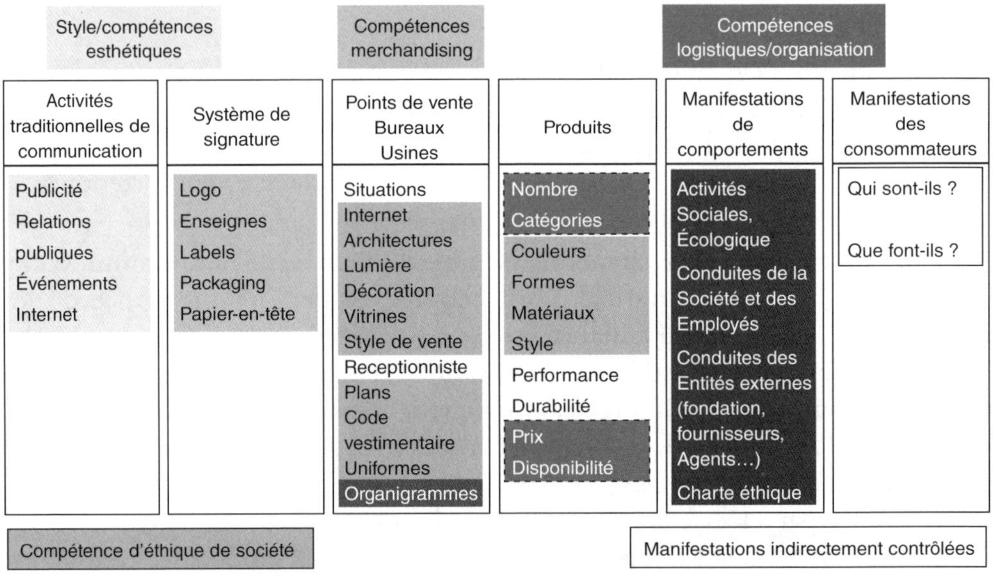

Figure 7.5 – Manifestations de l'identité de marque… compétences diverses

Néanmoins, la stratégie optimale se trouve souvent dans une solution plus nuancée où l'esthétique de marque est mieux coordonnée et orientée vers le renforcement constant de l'identité de la marque. Mais comment ces buts peuvent-ils être atteints si l'on considère la grande complexité des différentes manifestations des marques, qui sont toutes censées promouvoir l'identité, tout en étant gérées par un si grand nombre de compétences diverses, comme l'illustrent les figures 7.5 et 7.6.

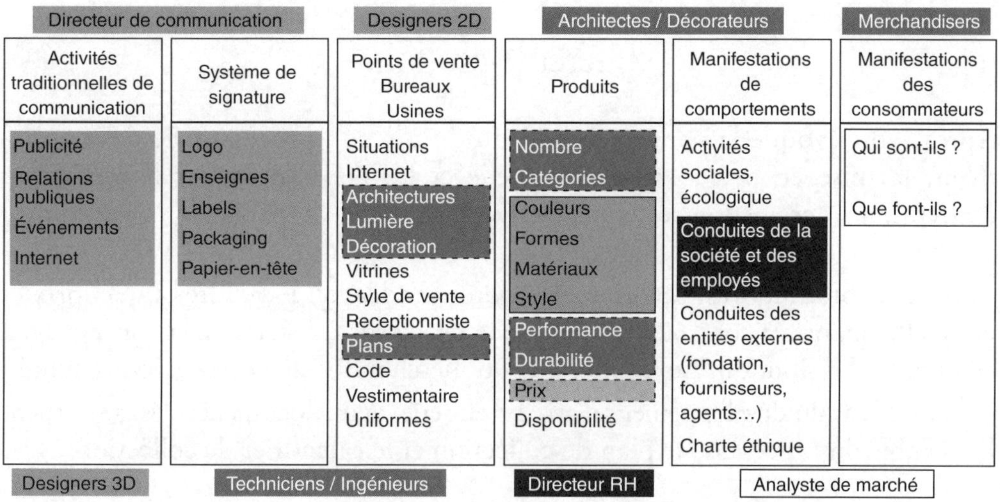

Figure 7.6 – Manifestations de l'identité de marque… organisation traditionnelle

Au final, qui est responsable de l'esthétique de la marque? Qui a une vision assez vaste pour embrasser tout l'éventail des manifestations de la marque tout en ayant le pouvoir d'agir?

En dernier ressort, c'est le président qui seul peut coordonner la gestion de l'esthétique de la marque. Il est le seul en position de pouvoir réellement peser sur l'équilibre de logiques parfois concurrentes qui opposent gestion et esthétique; lui seul peut rendre les arbitrages nécessaires entre ses deux domaines. On ne lui demande pas d'être un Giorgio Armani, de tels talents sont rares. Nous ne suggérons pas davantage qu'il soit réellement impliqué dans le design. Néanmoins, le Président devrait être capable de travailler avec ses deux hémisphères cérébraux, il devrait posséder une réelle culture et une sensibilité esthétique. Ajoutons enfin qu'une attitude constructive et transparente de la part de tous les membres de l'équipe dirigeante aiderait à produire un système de prise de décisions quasi optimal dans le champ esthétique.

Entre ces deux extrêmes – les rênes laissées libres aux créateurs dans l'industrie du luxe, et un déni de créativité dans la production de masse – il y a la place pour des solutions organisationnelles plus équilibrées dans lesquelles les logiques respectives concernant le merchandising et le processus créatif peuvent coexister et se renforcer l'une l'autre. La solution de Bally en 2000 présentée plus haut est, d'après nous, très près d'arriver à cette difficile performance d'équilibriste.

Gérer le produit

Après avoir évoqué la conception du produit et son processus de développement, la mise en place organisationnelle et les liens entre merchandising et conception, il est peut-être temps, arrivé à ce stade, de parler de la gestion du produit.

Gérer le produit, c'est savoir quel produit vendre, où le vendre, à quel prix et en quelle quantité ; contrôler en somme le processus du stade de la conception à celui de la distribution. Le responsable du merchandising a cette responsabilité.

Dans le cas du développement d'articles en série, deux documents clés gouvernent l'ensemble du processus : le plan de collection et le calendrier de collection.

Le plan de collection

Pour chaque catégorie de produit, le plan de collection devra idéalement spécifier les éléments suivants :

- Le nombre de groupes de produits, comprenant ceux conservés de la collection précédente et les nouveaux produits. (Un groupe de produits est un ensemble de produits homogènes présentant des similarités de matière, de forme, d'usage, etc.).
- Le nombre de produits dans chaque groupe, et de modèles pour chaque produit.
- Les occasions d'utilisation des différents groupes de produits.
- Le volume attendu pour chaque modèle dans chaque point de vente.
- Le prix de vente au détail attendu et par conséquent le coût de production maximal. Ici seront le plus souvent inclus des détails techniques pour la construction ou les matières voulues, car ces éléments auront un impact direct sur les coûts de fabrication et les choix du design.

Le plan de collection fournit fréquemment des analyses concrètes fondées sur les statistiques de vente des saisons précédentes, les réussites des concurrents et le positionnement respectif des différents groupes de produits.

Prenons un exemple issu du monde du prêt-à-porter masculin. Pour des raisons de confidentialité, nous appellerons cette marque espagnole « Don Juan ». Si le nom a été modifié, les données citées ci-après sont bien réelles. La marque propose une identité centrée sur ses origines hispaniques et essaie d'être « branchée », sans être perçue comme étant exclusivement focalisée sur la mode.

Un plan de collection est nécessaire pour chaque catégorie de produit. Nous nous concentrerons sur celui prévu pour les costumes hommes. Ci-après, nous présentons une série de documents conçus par le responsable merchandising pour la saison printemps 2007.

La figure 7.7 montre le positionnement de Don Juan par rapport à ses concurrents en se fondant sur des données essentielles comme les prix et la dimension « mode ». Il est important d'observer constamment le marché et de savoir où la marque veut se placer. Le tableau montre clairement que Don Juan est positionné entre les marques de masse qui se concurrencent sur les prix et les chefs de file du luxe international. Accentuant son positionnement unique dans un champ traditionnellement occupé par les marques italiennes, américaines ou anglaises, elle est la seule marque à promouvoir ses racines ibériques comme élément différenciateur de son identité.

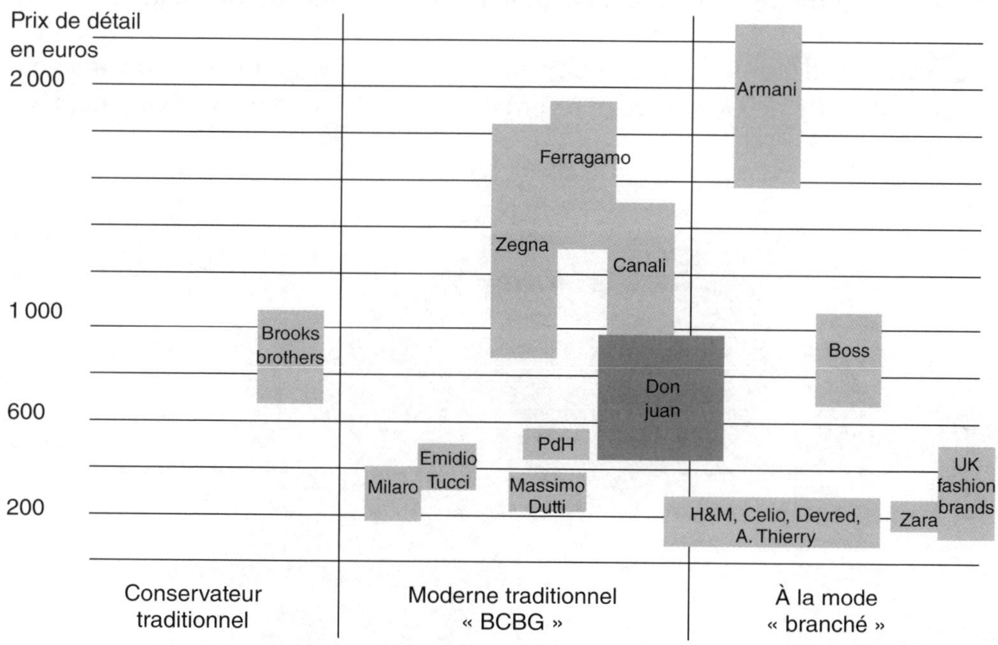

Figure 7.7 – Costumes Don Juan : positionnement prix/mode

Le deuxième document, la figure 7.9, positionne la marque par rapport à ses concurrents en termes de styles et de mode. Nous avons dit plus haut que le responsable merchandising n'était pas censé se préoccuper des considérations touchant l'esthétique de la marque. Ici, il définit le cadre de la concurrence dans lequel les produits devront s'inscrire (à savoir, la marque doit avoir un contenu stylistique plus fort). Il ne définit pas et ne conçoit pas le style.

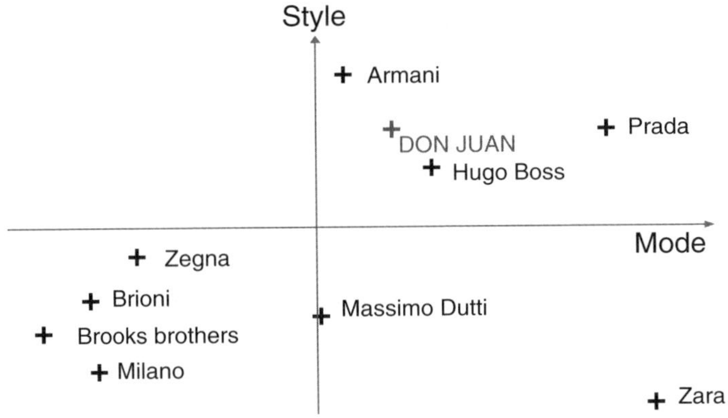

Figure 7.8 – Costumes Don Juan : positionnement style/mode

Le troisième document, la figure 7.9, positionne les cinq groupes de costumes qui composent l'offre de Don Juan au regard de leur prix et de leur contenu « mode ».

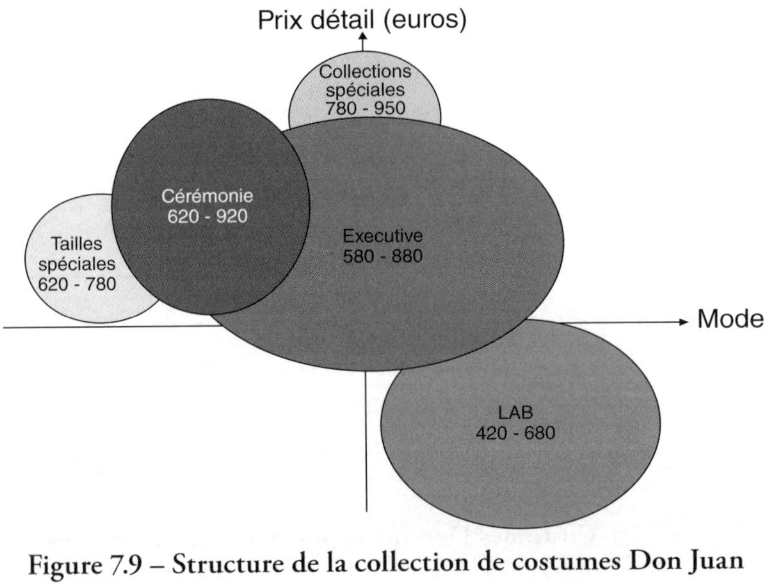

Figure 7.9 – Structure de la collection de costumes Don Juan

Un résumé général accompagne ces documents, comme indiqué dans le tableau 7.2 ci-après :

Tableau 7.2 – Orientation été 2007 pour le développement de la collection de costumes

Effort majeur d'amélioration de la qualité et d'augmentation du contenu stylistique Recherche continue pour des tissus espagnols de qualité, à ajouter aux tissus italiens et anglais. Négociations pour plus de tissus exclusifs Maintien des efforts de développement d'un style moderne espagnol, avec de nombreux détails reconnaissables sur les produits **Collection Executive :** Construction uniquement semi-traditionnelle 30 nouveaux tissus. Maintien des 5 tissus permanents Garder les modèles de veste à 2 et 3 boutons. Lancement du projet de veste croisée pour Hiver 2007 **Collection LAB :** Construction uniquement encollée 25 nouveaux tissus. 5 à 8 peuvent être communs avec la collection Executive Étendre le concept de la collection LAB de costumes à toutes les autres catégories de produits pour Hiver 2007 **Tailles spéciales** : Uniquement des costumes de bases. Les 2 constructions. Seulement 15 tissus La « Collection spéciale » de cette saison sera dessinée par le fameux architecte espagnol « X ». Une équipe de design sera constituée avec des membres des 2 parties Respect scrupuleux des 3 approvisionnements des sous-collections aux magasins

Comme il a pu être retenu de la série d'exemples concrets présentés auparavant, le responsable merchandising est la personne qui conduit vraiment l'ensemble du processus de développement de la collection ; Il a besoin pour cela des outils qui lui permettent de s'assurer que tous les départements impliqués dans ce processus sont correctement informés et collaborent entre eux. Il existe d'autres documents montrant, par exemple, le volume attendu des ventes pour chaque produit et chaque modèle pris individuellement, par point de vente. Cette information, qui ne sera tout au plus qu'une estimation, est probablement la plus délicate à quantifier et pourtant celle qui porte le plus de conséquence en termes financiers. Les engagements de commandes de tissus sont pris très tôt dans le processus et déterminent les marges brutes de l'activité. C'est dans cet exercice qu'un vrai professionnel du merchandising se reconnaît.

Le plan de collection peut varier dans sa forme et dans les informations qu'il fournit en fonction du type de marchandises. C'est un document contractuel qui relie tous les départements impliqués dans le processus de développement.

Remarquez que la décision stratégique d'ajouter une nouvelle catégorie de produits – par exemple des chaussures – à l'offre de la marque, devra être analysée par le service de merchandising.

Le plan de collection peut avoir des aspects très différents en fonction de la catégorie de produit considérée. Pour une collection de chaussures femme, il est courant d'avoir des lignes plutôt que des groupes, classées selon leur construction, leur usage, leurs semelles ou les matières spécifiques qui les constituent. Pour chaque ligne seront indiqués le prix de vente au détail désiré dans le marché de référence, la hauteur du talon, et toutes les matières qui concourront à son élaboration.

Pour une collection de sacs à main, il est courant de dresser des diagrammes qui positionnent les groupes en fonction de leurs prix et de leur usage, du plus élégant au plus décontracté.

Pour une collection de cravates, les choses seront plus simples. Il y aura généralement deux grandes catégories séparant les soies imprimées des soies tissées (jacquard), avec un certain nombre de motifs repris des anciennes collections ou ajoutés.

Le calendrier de collection

Le calendrier de collection dresse la liste des moments importants dans le processus de développement de la collection accepté par l'ensemble des départements impliqués : commande des matières pour les prototypes et pour la production, réunions intermédiaires pour considérer la progression du design, *editing* et montage final de la collection, commandes des magasins, etc. C'est l'outil le plus couramment partagé par tous les départements impliqués dans le développement de la collection.

Le tableau 7.3 donne un exemple concret tiré des chaussures femme. Le calendrier de collection hiver nous montre toutes les étapes du processus. Il est par exemple évident que la validation des prototypes est un processus en trois étapes, avec l'obtention d'une approbation concernant la ligne et le modèle avant sa réalisation finale sous forme de prototype.

Le nombre de salons professionnels auxquels assistent designers et responsables merchandising est également indiqué de même que l'implication régulière du département commercial jusqu'au moment de la présentation de la collection aux clients grossistes et aux acheteurs des magasins.

Tableau 7.3 – Exemple de calendrier de collection : chaussures femme

	Automne-Hiver 2006	Septembre				Octobre				Novembre			
1	Think Tank – brainstorming créatif	■											
2	Salon Anteprima en Italie		■										
3	Finalisation du Plan de Collection			■									
4	Salon Première Vision à Paris					■							
5	Travail sur les volumes par l'équipe de design	■	■	■	■	■	■						
6	Premières propositions de matériaux. Choix couleurs							■					
7	Proposition 1er volumes et validation							■					
8	Proposition et validation de 3 ou 4 lignes pour les salons américains							■					
9	Validation des lignes reconduites de saison Été 2006							■					
10	Validation des couleurs et matériaux								■				
11	Commandes des matériaux pour les prototypes								■				
12	Validation des modèles américains et prix finaux								■				
13	Validation and finalisation des nouvelles lignes									■			
14	Validation des modèles des lignes reconduites. Décision prix									■			
15	Salon Lineapelle à Bologne									■			
16	Validation des modèles des nouvelles lignes										■		
17	Réunion avec les commerciaux											■	
		Novembre				Décembre				Janvier			
18	Validation des prototypes pour les États-Unis et décision prix						■						
19	Salon New York							■					
20	Validation des autres prototypes et décision prix								■				
21	Fin du travail créatif								■				
22	Achat de 30% des matériaux pour la production									■			
23	Réunion avec les commerciaux									■			
24	Lancement de la production des 7 collections de prototypes										■		
25	Prix définitifs											■	
26	Selection des modèles pour la publicité et les catalogues												■

Les « équipes de responsabilité finale sur le produit »

En dépit de tous les outils de contrôle et des rapports qui peuvent exister, les différences culturelles des départements et leurs objectifs spécifiques donnent trop souvent lieu à un grand nombre de frictions au cours du processus de développement et, au final, à une moindre qualité du produit, à des retards de livraison, à des coûts et à des prix trop élevés.

Pour limiter les occurrences de tels problèmes, Bally a pris la décision, en 2000, de lancer ce qu'ils ont appelé le projet « PET » (*Product Empowerment Team* : équipe de responsabilité produit). L'objectif de ce projet était d'attirer l'attention des personnes impliquées dans la création et le développement des produits sur les vertus du travail en équipe et de rationaliser le processus de développement du produit.

Tableau 7.4 – Critères de performance des « PET »

Performances	Indicateurs
Volume	Chiffre d'affaires
Rentabilité	*Sell-through* Marge brute nette
Capital immobilisé	Rotation des stocks
Vitesse	Livraison à temps Temps de mise sur le marché Temps de réassortiment (reconstitution des stocks dans les points de vente en cours de saison)
Qualité	Retours
Coûts	Coût de fonctionnement de l'équipe
Efficacité de l'équipe	Initiatives et résolution de problèmes. Nombre de conflits inter-départements Interfaces avec les points de ventes, les distributeurs, la communication Cohésion, communication, atmosphère... amusement au sein de l'équipe

Une équipe multifonction a été créée pour chaque secteur produit (chaussures homme, chaussures femme, accessoires homme, accessoires femme, prêt-à-porter masculin, prêt-à-porter féminin). Chaque équipe, dirigée par le directeur merchandising du secteur, était constituée du responsable du design de ce secteur, du responsable du développement de ce secteur ainsi que d'un membre de l'équipe de gestion des fournisseurs et sous-traitants; chaque équipe travaillait conjointement avec les responsables de vente en gros et au détail, le service de communication, le service des systèmes d'information et le service financier. L'objectif de ces équipes était de faire avancer les choses rapidement.

De façon à donner de la consistance à ce projet et à rendre les équipes responsables des performances de leur secteur, ils introduisirent des incitations financières sur la base de l'atteinte des objectifs du projet général, le président contrôlant directement les performances des équipes. Le tableau 7.4 ci-avant montre les principaux critères de performance retenus.

Ces efforts ont été couronnés de succès, puisque les retards de livraisons ont été réduits et la qualité des produits améliorée, tout en restant dans la gamme de prix prévue.

Il doit être clair à la fin de cette section que mettre le bon produit, au bon endroit, au bon moment, au bon prix et dans les bonnes quantités n'est pas chose facile.

L'esthétique de la marque

Au chapitre 6 nous avons introduit une définition d'esthétique de marque, qui diffère fondamentalement du sens que prend ce terme en philosophie, où le concept reste lié à l'idée du beau. Nous avons opté pour une approche sémantique, utilisant le terme pour embrasser tous les éléments de la marque faisant référence au champ du sensoriel: les manifestations de la marque qui incluent non seulement les éléments visuels (formes, couleurs, mise en lumière…), mais aussi le son, le goût, le toucher et l'odeur. Nous avons classé ces manifestations dans quatre champs de l'expression de l'esthétique: produits, communication, espace et comportement. Les activités créatrices d'une marque de luxe agissent de façon centrale sur l' esthétique de la marque. Mais cette notion relativement nouvelle est-elle pertinente pour la gestion d'une marque?

Pertinence de l'esthétique de la marque

On peut dénombrer trois éléments fondamentaux qui soutiennent la pertinence de l'esthétique de la marque.

- En premier lieu, il y a une forte attirance de la société pour l'esthétisme, dont il est facile de relever les impacts dans les consommations de produits et de service. Depuis la naissance du design au début des années 50, initialement limité aux petites séries ou aux machines industrielles, jusqu'à l'émergence de maisons comme Ikea, Conran, Alessi ou Habitat, le phénomène est manifeste. Aujourd'hui, le design est partout. Il n'existe pas de produits compétitifs qui n'aient été soumis à une optimisation de leur esthétique. La manifestation la plus évidente réside sans doute dans l'usage immodéré des couleurs pour des objets tels que les réfrigérateurs, les téléphones portables – qui ont acquis en peu de temps le statut d'accessoire de mode – ou les ordinateurs personnels.
- Le simple fait que des formes, des couleurs, des contrastes ou des harmonies soient plus remarquables ou plus faciles à mémoriser que d'autres, ou suscitent des émotions chez ceux qui y sont exposés, prouve l'importance de l'esthétique. N'est-ce pas l'objectif avoué de tout créateur ou communicant de générer une émotion et un souvenir vif dans l'esprit du consommateur cible ? Une publicité montrant une jeune femme un clou planté dans le front (Nell&Me) ou des monstres et des mutants (Brema, Lee Cooper, le parfum Alien de Thierry Mugler, etc.) engendre un sentiment de malaise, de rejet, de peur, effets tous entièrement assumés par leurs créateurs. Il existe une préférence empiriquement démontrée pour des rectangles obéissant aux proportions du nombre d'or. Il a été médicalement montré que des couleurs ou des lumières pouvaient avoir un impact physiologique et psychologique sur les comportements humains. On trouverait à l'infini des exemples prouvant que contrôler l'esthétique de la marque peut aider à gérer l'impact de celle-ci sur le public.
- Le troisième aspect de la pertinence de la notion d'esthétique de marque est sa capacité à dénouer des problèmes complexes de gestion des marques.

Des problèmes mieux traités grâce à la notion d'esthétique de marque

Nous sommes convaincus que la notion d'esthétique de marque peut aider à résoudre des problèmes liés à la créativité des marques. En effet, la notion d'esthétique nous permet de nous attaquer de front, avec une approche innovante, à des problèmes de communication et d'organisation ainsi qu'à des questions culturelles.

➤ Problèmes de communication

La volonté de se confronter à l'esthétique de la marque de façon systématique et rationnelle conduit à se poser quelques questions simples et immédiates :

- Est-ce que l'esthétique de la marque (ou ses manifestations) contribue à communiquer efficacement sur l' éthique de la marque et consolide par conséquent son identité ?
- Est-ce que le traitement esthétique d'une manifestation spécifique de la marque sert les objectifs de communication de la marque (visibilité, facilité à mémoriser, message particulier à faire passer, émotion à susciter...) tout en restant compatible avec l'esthétique de la marque ?
- Les différentes manifestations de la marque sont-elles cohérentes ?

➤ Problèmes d'organisation

Nous avons précédemment observé comment les difficultés rencontrées dans la gestion de l'esthétique de la marque conduisaient à deux modèles organisationnels opposés et aussi insatisfaisants l'un que l'autre : l'un conduisant à confier un pouvoir décisionnel entier et incontesté au créateur, l'autre soumettant les designers aux strictes contraintes du marché. La rationalisation de l'esthétique de la marque fournirait les outils nécessaires pour introduire des rapports plus fluides, plus équilibrés et plus ouverts entre les personnels participant, de manière directe ou indirecte, au processus de création.

➤ Problèmes culturels : le vocabulaire manquant

Les personnels du pôle création ont tendance à considérer les « marchands » avec le plus grand mépris. De leur côté, les « marchands » n'hésitent pas à critiquer le mauvais design de la collection lorsque les ventes n'atteignent pas les résultats escomptés. Dans le même temps, les personnels de la production et du développement considèrent tous les autres comme frivoles et sans notion de ce que devrait être un bon produit. Ces tensions légitimes remontent le plus souvent au sommet de la hiérarchie et conditionnent les relations entre le directeur de la création et le président. Dans la confrontation entre le gestionnaire – qui vit au milieu des chiffres, des statistiques, des budgets, des théories sur le comportement des consommateurs, des conseils d'administration et des analyses financières – et le créateur – conscient du prestige de sa position, sensible aux modes et aux goûts du temps, fréquentant la *jet-set* de la mode et la presse, rêvant peut-être d'imposer son point de vue esthétique au monde – les relations ne sont pas toujours très aisées et permettent rarement un dialogue rationnel et constructif.

« Pourquoi faites-vous cela ? » demande le PDG. « Parce que je le sens ainsi ! » répond le créateur.

La raison principale d'un dialogue aussi peu constructif est qu'aucun des deux n'a été préparé à discuter rationnellement d'esthétique de marque et qu'ils ont bien peu d'outils à leur disposition pour se construire un vocabulaire commun qui leur permettrait de se comprendre.

Des outils envisageables pour gérer l'esthétique de la marque

Les instruments d'analyse introduits au chapitre 6 – la charnière de la marque, le carré sémiotique – sont utiles pour cadrer l'ensemble des processus complexes permettant à une marque de construire du sens, mais ils sont inappropriés pour s'attaquer à la dimension plastique (lumière, couleur, composition, lignes, etc.) de l'esthétique de la marque.

Il existe pourtant un certain nombre d'outils pour gérer les dimensions plastiques des manifestations de la marque, utilisés par graphistes, artistes et designers qui aident dans les choix chromatiques et de composition. Nous avons vu au chapitre 6 comment le fait de s'engager dans une réflexion sur le classique et le baroque aide à considérer les questions de lumière, de formes et de volumes et surtout à démontrer comment ces éléments d'esthétique reflètent l'éthique de la marque.

Des auteurs comme Mazzalovo qui présente dans *Estetica di marca*[1] des outils de gestion des aspects linéaires des marques, et d'une façon générale toutes les études proposant des instruments de gestion des éléments plastiques des marques peuvent contribuer à rapprocher les cultures marchandes et créatrices.

Conclusion concernant l'esthétique de la marque

Introduire la notion d'esthétique de marque comme un outil de gestion présente un double défi. Le premier de ces défis est de prouver que la notion est suffisamment puissante pour résoudre des problèmes concrets. Le second tourne autour de l'audace qu'il y a à penser qu'une esthétique de marque peut-être gérée. Cela

1. *Estetica di Marca: Il nuovo confine competitivo del Brand Management*, Franco Angeli, 2011.

dépend d'une vision de la gestion des marques, une éthique de comportement qui soutient qu'il n'existe pas de *no man's land* au sein d'une entreprise. Profondément ancrée dans cette notion se trouve l'idée que chacun doit être capable d'expliquer ses décisions, de démontrer la cohérence de ses choix avec la stratégie et la culture de l'entreprise, et de faire la preuve qu'ils rendent la marque plus compétitive.

Nos réflexions sur l'esthétique de marque nous conduisent naturellement aux relations riches et complexes entre marques et arts.

Les marques et l'art

Étant donné que marques et activités artistiques partagent la créativité comme raison d'être, nous devons nous attendre à trouver entre eux un très grand nombre de passerelles.

Nous pourrions penser que la différence principale entre les activités d'un créateur « commercial » et d'un artiste est que ce dernier n'a généralement pas de « prescripteur » commercial. Bien que ce soit le cas le plus courant, nous ne devons pas oublier le rôle promotionnel des galeries : la dimension commerciale n'est jamais totalement absente des activités artistiques et il y a souvent chevauchement entre ces deux mondes.

Quand nous considérons le fait que les toiles d'un Klimt, d'un Picasso ou d'un Van Gogh ont atteint des prix dépassant les 100 millions d'euros lors de récentes enchères, y a-t-il une réelle différence entre un peintre qui expose tous les deux ans et vend son travail dans des galeries, et un créateur de prêt-à-porter qui organise un défilé de mode deux fois par an et vend ses articles dans les boutiques de la marque ou les grands magasins ? Y a-t-il une si grande différence entre les salons d'art contemporains et les défilés de mode ?

Les artistes ont-ils jamais pu créer indépendamment de considérations d'argent ou de pouvoir ? Artistes, créateurs – où est la frontière dès lors que les marques rivalisent avec les films, la télévision et la littérature en proposant de nouvelles façons de rêver ? Pour analyser les convergences entre le monde de l'art et celui des marques, nous commencerons par examiner leurs emprunts réciproques.

Des marques à l'art

Les marques ont rapidement compris les bénéfices qu'elles pouvaient tirer de leur association à des activités artistiques. Posséder une solide dimension culturelle ne peut nuire à l'image d'une marque. Bien au contraire, cela est dans l'esprit du temps. Alors que les institutions culturelles telles que les galeries ou les musées n'ont jamais été aussi nombreuses et que le niveau d'éducation croît régulièrement. Une marque qui ne développerait pas une solide dimension culturelle dans son identité prendrait le risque de perdre du terrain par rapport à ses concurrents.

Le travail d'un créateur présente beaucoup de points communs avec l'activité créative d'un artiste. Tous deux, artistes et créateurs, ont besoin de faire des choix de formes et de couleurs. Les vrais artistes ou les créateurs ont leur propre style et tous deux sont habités par un idéal de beauté, une philosophie, des valeurs qu'ils tentent d'exprimer à travers leur travail.

L'association entre les marques et l'art prend plusieurs formes qui peuvent être classées en fonction du degré avec lequel la dimension artistique de la marque pénètre son identité. Cela peut commencer par une simple association de circonstance avec un artiste connu ou une œuvre d'art, et progresser vers une dimension artistique solidement ancrée dans l'identité de la marque.

Vers une identité de marque fondée sur une dimension artistique

Les créateurs et les communicants du monde du luxe ont depuis longtemps recours à des œuvres d'art, soit pour compenser la faiblesse de leur propre inspiration soit simplement pour rendre hommage à un artiste. Voici quelques exemples de produits ou de publicités inspirés d'œuvre d'art :

- L'écharpe Loewe illustrée par un dessin et des vers de Garcia Lorca ; les écharpes Etro représentant la Scala.
- La publicité d'Elena Miro reproduisant une peinture de l'époque tahitienne de Gauguin avec des mannequins vivants.
- Une publicité pleine page de Telefonica dans le *Herald Tribune* montrant un dessin d'Eduardo Chillida.
- Le travail de Vanessa Franklin pour les chaussures de sport Converse dans le magazine *Wad* en 2005, dans lesquelles des peintures de Watteau, Boucher et Ingres étaient scannées et fonctionnaient en surimpression avec des personnages contemporains portant des chaussures Converse.

- Mais Converse n'utilise pas le recours à des artistes seulement en publicité. En 2010 ce sont les produits de la marque (le modèle iconique Chuck Taylor All-Star) qui utilisent un imprimé rouge parsemé de papillons bleus inspiré directement d'une œuvre de Damian Hirst. Reebok n'est pas en reste et reprend sur ses chaussures des motifs de Jean-Michel Basquiat dont une exposition a été organisée au Musée d'art moderne de la ville de Paris fin 2010.
- La marque Lanvin a toujours été très étroitement associée au monde de l'art depuis la période Art Déco, mouvement très apprécié par la fondatrice de la marque, Jeanne Lanvin. La page d'accueil de son site internet montre une salle d'opéra et, comme beaucoup d'autres marques, elle cultive des liens privilégiés avec le cinéma. Sa collection de prêt-à-porter masculin de l'été 2006 était directement inspiré d'un film de Jean Luc Godard. L'une de ses campagnes de publicité utilisait des peintures de Ricardo Mosner et des dessins inspirés de Matisse ont servi de base à la publicité pour son parfum Éclat d'Arpège.
- Une nouvelle tendance consiste à faire concevoir des collections spéciales par un artiste. En avril 2006, Tiffany annonçait une nouvelle collaboration avec l'architecte Franck Gehry, concepteur du fabuleux musée Guggenheim de Bilbao, pour créer six collections de bijoux. Des initiatives similaires sont également mises en avant hors du monde du luxe, par exemple par H&M, qui a lancé une collection limitée dessinée par Madonna en 2006 ; les articles ont été en rupture de stock dès le premier jour de leur arrivée en magasin.
- Le cinéma – le septième art – a été la principale source de légitimité culturelle pour un grand nombre de marques nouvelles. Il porte une image de modernité, et de mouvement, et le public peut facilement s'identifier à des acteurs célèbres, à qui la télévision et Internet font d'ores et déjà régulièrement appel. Des événements tels que le Festival de Cannes sont des défilés très convoités pour des marques de prêt-à-porter de luxe, les actrices exigeant au passage des sommes astronomiques pour porter les vêtements d'une marque spécifique. Les liens de Canali avec l'industrie du cinéma hollywoodien sont mis en avant sur son site Internet, qui fait la liste des très nombreux films récents où ses vêtements ont été utilisés. Mais l'usage du cinéma n'est en rien un phénomène nouveau. La fameuse campagne publicitaire de Tod's où Carry Grant, Steve Mac Queen et Audrey Hepburn portent ses mocassins est parvenue petit à petit à faire du produit un objet de légende.
- Dans les années 80, Louis Vuitton avait déjà lancé une série de foulards dessinée par des artistes et des designers comme Philippe Starck, Sol Le Witt et James Rosenquist. Cependant, depuis l'arrivée de Marc Jacobs en 1997, la marque a pris un tournant plus évident encore vers le monde de l'art. Le premier projet audacieux et de grande visibilité a été les graffitis réalisés par Stephen Sprouse sur

la célèbre toile à monogrammes. La collaboration la plus prolifique est sans doute celle menée avec Takashi Murakami, qui a travaillé plusieurs saisons durant sur de nouvelles versions du monogramme et qui crée des animations comme celle présentée lors de la Biennale de Venise en 2003, toutes sont inspirées par la marque. En 2009 Le malletier de luxe présente une rétrospective des créations de l'artiste pour la Maison au musée Guggenheim de Bilbao, transformant ainsi l'histoire de leur collaboration en parcours artistique.

- La création du lieu d'exposition *Espace* dans le magasin des Champs-Élysées a été un nouveau pas dans cette direction. Il y eut aussi les travaux de la photographe Vanessa Beechcroft, dont son Alphabet Concept, lettres dessinées par les corps de modèles nues, illustre l'éternel monogramme.
- L'une des premières et plus communes manifestations des liens entre les marques et le monde de l'art est la fondation culturelle : « La Fondation Cartier pour l'art contemporain », par exemple, a vu le jour en 1984 et s'est fixé comme objectif de promouvoir le développement de toutes les manifestations de l'art contemporain, aussi bien dans les domaines de la peinture que dans ceux de la vidéo, du design, de la photographie et de la mode. Un autre exemple, à une échelle beaucoup plus modeste, est celui de la *Fundación Loewe*. Créée en 1988 avec l'objectif d'initier de jeunes gens à la musique, au dessin et à la poésie, elle a mis en place un prix de poésie en langue castillane très convoité. En fait, la plupart des grandes marques sont impliquées de façon plus ou moins informelle dans la promotion d'activités artistiques, comme Ferragamo finançant la restauration d'un tableau ancien.
- Quelques hôtels ont poussé plus avant la logique de collaboration avec le monde de la culture. Le musée Guggenheim Ermitage dessiné par l'architecte lauréat du prix Pritzker, Rem Koolhaas, est hébergé dans le grand hôtel casino *The Venetian*. Le musée a ouvert en 2001 avec une exposition *Chefs d'œuvres et grands collectionneurs : les Impressionnistes et la peinture moderne*. C'est une démarche très habile de la part d'une marque de service hôtelier d'associer son identité à des noms aussi mythiques et jouissant d'un statut exceptionnel dans le monde de la culture. Parmi les dernières expositions : *L'Art à travers les Ages : Chefs d'œuvres de la peinture de Titien à Picasso ; Icônes Pop Américaines ; Un siècle de peinture : de Renoir à Rothko* – on retrouve des thèmes d'accès facile pour un public non spécialisé.
- Le génie d'Yves Saint Laurent dans les couleurs et les formes a rencontré un défi à sa hauteur dans la mise en correspondance de collections de mode par essences éphémères avec les œuvres historiques de grands maîtres de la peinture tels que Mondrian (1965), Picasso (1979), Matisse (1981), Van Gogh (1988) ou Warhol.

L'utilisation de l'art et des artistes par les marques de luxe leur est, en général, favorable et on ne voit pas bien comment une telle collaboration pourrait nuire de quelque façon que ce soit. **Elle permet d'attirer l'attention de la presse et du public, elle revigore la créativité de la marque, elle lui apporte une nouvelle pertinence puisqu'elle se trouve associée à des célébrités actuelles du monde de l'art, et elle apporte la preuve de la sensibilité esthétique de la marque.** C'est pourquoi nous sommes persuadés que l'intérêt dont les marques ont fait preuve pour le monde de l'art est amené à s'accroître dans les années à venir.

Nous en sommes même arrivés au stade où les créations de certaines marques ont acquis le statut d'œuvres d'art. Le musée Guggenheim de New York a été le premier à briser le tabou en organisant une exposition Armani en 2000. Les nombreuses expositions consacrées aux photographies des années 70 de Guy Bourdin pour la publicité de Charles Jourdan sont de bons exemples de ce changement de statut. Il faut garder à l'esprit que, il y a encore 15 ans, le monde de la mode paraissait « obscène » aux cercles artistiques. L'accès de la photographie au rang de discipline artistique a beaucoup contribué à ce changement de perception, ainsi que la multiplication des musées et des expositions consacrés à la mode ou au design.

Les similitudes entre les marques et l'art et leur mouvement actuel de convergence constituent une voie à double sens.

De l'art aux marques

➤ L'art Campbell ou la marque Warhol

L'art contemporain a tenté sans relâche de démystifier la notion classique de création artistique fondée sur l'académisme, l'idéal d'une beauté transcendante, l'harmonie, etc. Ce faisant, il a contribué à y introduire des objets qui n'y avaient pas leur place auparavant. Marcel Duchamp a été précurseur dans ce domaine lorsqu'il a présenté en 1913 une roue de bicyclette sur un tabouret comme une création artistique à part entière. Il a commencé à introduire de façon systématique dans ses œuvres des objets issus de l'industrie tels que des boutons de porte, des bouteilles en plastiques et autres ustensiles de la vie de tous les jours. Ce n'était pas complètement nouveau cependant, puisque Picasso avait déjà utilisé la selle et le guidon d'une bicyclette pour représenter un taureau.

Duchamp développa sa logique de l'œuvre d'art « ready-made » avec le fameux urinoir de 1917. Le statut de l'artiste évolue vers un rôle purement éditorial, consistant à sélectionner des objets de la vie courante et à choisir simplement le moment et le lieu de leur exposition.

Est-ce si différent de la façon dont travaillent certains de nos créateurs actuels qui sélectionnent dans la myriade de prototypes conçus par leurs assistants les pièces qui apparaîtront finalement sur le podium ? Cette approche un peu extrême en réalité ne laisse que très peu de champ à la vraie créativité.

Réduire l'activité artistique à la découverte d'un concept original et se reposer essentiellement sur des techniques de provocation (des mots très connus dans le monde de la communication) est un art dans lequel Warhol a excellé. Il a empilé des bouteilles de Coca, reproduit des photos colorisées de vedettes, peint la fameuse boîte de soupe Campbell. L'œuvre d'art reproduit l'objet de marque sans rien y ajouter. Warhol reconnaissait lui-même que ces œuvres n'étaient porteuses d'aucun message, qu'il était un « artiste commercial » et que, en effet, gagner de l'argent était la plus artistique des activités. La différence entre le poster de la boîte de soupe Campbell signé Warhol et le produit en lui-même tient uniquement au discours qui s'est construit autour. C'est la théorie artistique qui fait l'œuvre.

Si vous ne connaissez pas la théorie, vous ne pouvez pas savoir que c'est de l'art. Vous devez faire partie de « l'avant-garde », cette petite élite qui sait ; de là le rôle crucial de la communication dans l'art contemporain.

Si vous ne savez pas que telle ou telle marque est à la mode, vous êtes démodé. L'artiste exploite une idée qui marche exactement comme le font la plupart des marques.

Le postmodernisme est traversé par un fort courant relativiste. Tout est art, de même que tout est communication.

➤ Le marché des musées

Un autre tabou est en train de disparaître. Dans la grande course à la monétisation de la moindre parcelle de réputation ou de notoriété qu'entreprises, institutions ou individus ont pu acquérir au fil du temps, les dix dernières années ont vu monter une incroyable fièvre d'activité d'extension de marque, qui a conduit la plupart des marques à proposer les produits les plus étranges et les moins légitimes.

Les grands musées ont été parmi les premiers à ouvrir de petites boutiques de souvenirs dans leur enceinte, y vendant aux touristes des posters, des livres d'art, des diapositives et des cartes postales. Pour des institutions comme le Louvre, le Museum of Modern Art de New York (MOMA) et le Prado, la tentation d'étendre ces activités est considérable, surtout quand tous les concurrents le font et quand cela n'a aucun effet négatif sur la perception du musée par les clients.

Aujourd'hui, dans des boutiques d'aéroport ou de centre-ville, chacun peut trouver un éventail éclectique d'articles : cravates impressionnistes, tapis de souris

Van Gogh, T-shirts La Joconde, aimants décoratifs Picasso, pendentifs Murano cubistes et tabliers Velázquez. Il n'a pas fallu longtemps aux entreprises pour prendre conscience du potentiel que ces activités représentent ; la logique de marque a envahi l'art le jour où des marques spécialisées – « museum musei », par exemple, avec sa devise « l'art du monde entier » – ont été créées pour promouvoir des articles ayant un lien avec l'art. Ceci constitue certainement une forme de démocratisation des arts, bien qu'elle ne soit pas appréciée par tout le monde. Après tout, la caractéristique la plus évidente et la plus nécessaire d'un musée n'est-elle pas la présence d'objets en son sein ?

La boutique du musée a également été rendue virtuelle à travers internet : museumshop.com domine sur ce marché, et propose des milliers d'articles, conçus par elle-même ou provenant de centaines de musées.

Les artistes eux-mêmes ont été des instigateurs de ce phénomène : Salvador Dalí – dont la sensibilité commerciale était telle que ses collègues surréalistes l'appelaient « Avida dollars », une anagramme de son nom – produisait à la chaîne des reproductions et des lithographies. Ses héritiers ont permis le développement d'une activité de parfums et cosmétiques, de taille non négligeable, portant son nom. Paloma Picasso a développé quant à elle une collection d'accessoire et, ces dernières années, tout le monde peut conduire un modèle Citroën portant le nom de l'artiste.

Au terme de ces processus de convergence entre l'art contemporain, qui présente des produits griffés comme des chefs-d'œuvre, les chefs-d'œuvre, qui s'affichent jusque sur les biens de consommation courante les plus prosaïques, et les marques, qui empruntent une légitimité créative au monde de l'art, la frontière entre art et marques s'est estompée.

En effet, les deux mondes convergent sur de nombreux plans :

- la nature de leurs activités de création ;
- leurs objectifs commerciaux ;
- leurs clients ;
- le fait que l'art contemporain devienne un élément parmi d'autres du style de vie ;
- la logique de marque s'appliquant à leurs activités en termes de différentiation, de valeurs, d'esthétique, ainsi que l'utilisation de la communication et de la distribution pour servir leurs objectifs commerciaux.

Aujourd'hui, les marques et l'art s'affrontent sur le terrain de la communication, essayant de gagner de l'argent à partir d'activités de divertissement, proposant des expériences réelles tout autant que virtuelles, tentant de faire rêver les gens et de les aider à s'évader de la réalité.

Il s'agit de la même entreprise, à tel point que les passerelles entre les deux mondes ne sont plus nécessaires : si leurs territoires ne se superposent pas complètement, ils sont aujourd'hui totalement contigus.

CHAPITRE 8

La communication

Dans le monde d'aujourd'hui, tout est communication. Les marques et leur logique sont omniprésentes dans nos vies publiques et privées. L'avènement de la marque postmoderne, avec sa capacité d'influence, rend obsolètes nombre d'outils de management autrefois efficaces.

Obsolescence des « 4 P »

Dans la seconde moitié du XXe siècle, la plupart des étudiants en école de commerce ont grandi avec les « 4 P » diffusés par Philip Kotler, qui étaient alors présentés comme le modèle le plus puissant d'approche des marchés. En 1967, Kotler définit le marketing management comme « l'analyse, la planification, la mise en œuvre et le contrôle de programmes conçus pour apporter des échanges souhaités avec des publics ciblés dans le but d'un gain mutuel ». Le modèle repose sur l'adaptation et la coordination des produits, du prix, de la communication et de la distribution[1] dans le but d'obtenir une rentabilité suffisante. C'est ce qu'on appelle couramment le marketing mix.

- La notion de « produits » comprenait les gammes de produit, la qualité, la marque, le conditionnement et les services. Il faut remarquer que les marques,

1. En anglais : *Product, Price, Promotion, Physical Distribution*, d'où le nom de marketing des « 4 P » (NdT).

à l'époque, ne possédaient pas l'importance écrasante qu'elles ont ensuite acquise au cours des années 90. Elles n'étaient qu'un attribut parmi d'autres des produits.

- La notion de « prix » incluait le prix, les réductions, les offres promotionnelles, les conditions de crédit et le coût de livraison.
- La notion de « communication » comprenait la publicité et les promotions.
- La notion de « distribution » englobait les points de vente, les circuits de distribution, la logistique marketing et tout ce qui avait trait aux territoires de vente.

Ce modèle est né dans le contexte d'une concurrence faible, qui était celui des années 40, et reposait entièrement sur le produit et quelques considérations commerciales. Dans les années 70, la marque est apparue comme un sous-élément de la communication et est rapidement devenue une nouvelle alternative aux stratégies traditionnelles centrées sur le produit. Le fait que la communication centrée sur le produit et celle centrée sur la marque apparaissent ainsi comme des alternatives a probablement contribué à différer une bonne compréhension de leurs natures respectives.

Dans les années 90, il y a eu un basculement très net vers les valeurs intangibles exprimées par la communication et associées aux produits. Les valeurs symboliques et sémiotiques sont devenues cruciales… **les marques ont pris le pouvoir**. Le tableau 8.1 résume cette évolution.

Tableau 8.1 – Évolution historique du phénomène de marque

Période	Nombre de marques	Valeurs proposées	Nature
1900-1950	Naissance du phénomène de la marque moderne	Produits	Identification/ Différenciation
1950-1990	Croissance explosive	Produits/Valeurs de la marque	
1990	Consolidation de portefeuilles de marques Extensions des logiques de marque La marque postmoderne	Valeurs de la marque Plus d'intangible	Système de production de sens

Nous sommes passés de la marque moderne, en vigueur des années 50 aux années 90 – et qui n'était qu'un simple instrument de communication servant à promouvoir le produit – à la marque postmoderne, qui propose du sens et des « mondes possibles », établissant avec le client une complicité qui dépasse le produit et s'enracine souvent dans les services. **La marque est devenue un projet de signification, dont le produit n'est qu'une des manifestations.**

La marque postmoderne propose des univers imaginaires, des rêves, des valeurs qui confèrent un sens particulier au produit ou au service consommé. Elle enrichit l'expérience d'achat. La communication qui représentait le maillon d'une chaîne, devient elle-même une chaîne : les légendaires 4P de Kotler font place à la chaîne de communication.

La chaîne de communication

La figure 8.1 illustre la séquence conduisant du projet de la marque à l'acte d'achat du produit. Cela part d'une volonté claire de proposer un projet de marque sur le marché. Viennent ensuite tous les éléments perceptibles de l'identité de la marque, ce que nous appelons les « manifestations de la marque ». Il s'agit de l'univers sensoriel de la marque, celui où son esthétique transmet les valeurs inhérentes à son éthique.

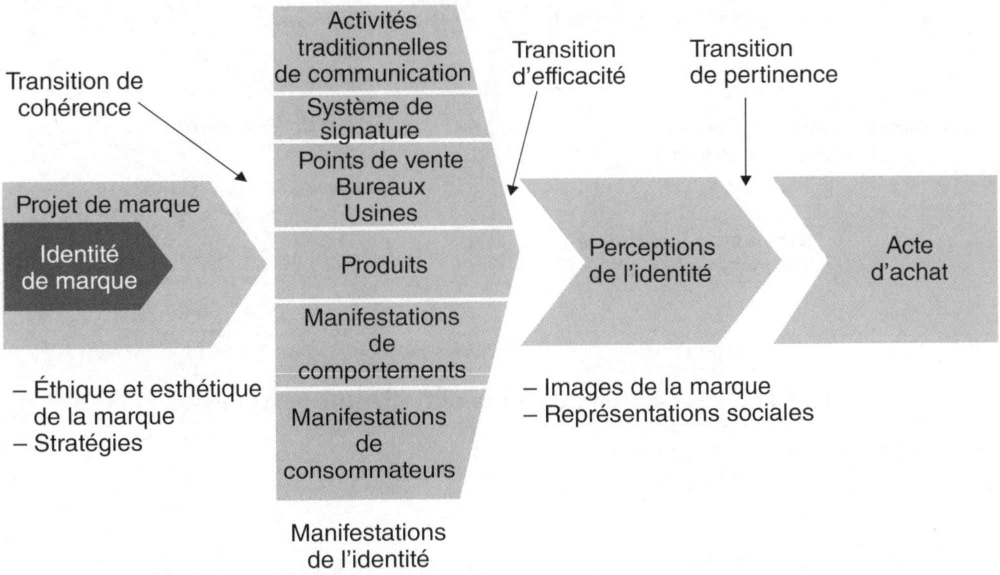

Figure 8.1 – La chaîne de communication

Le passage du premier au second maillon de la chaîne (appelé « transition de cohérence ») repose sur la *mise en intrigue* et la *mise en scène* de l'éthique de la marque. La troisième étape de la séquence se compose des multiples perceptions que les manifestations engendrent à l'intérieur du marché, qui conduisent à leur tour au dernier maillon de la chaîne, l'achat lui-même. On appelle « transition d'efficacité » le passage entre le second et le troisième maillon, qui est ensuite suivi par la « transition de pertinence » jusqu'au maillon final.

Ce modèle est un puissant outil d'analyse, qui peut être utile à de multiples objectifs de management.

Ce que nous avons appelé « projet de marque » est représenté dans la figure 8.2 où la charnière de la marque (définie au chapitre 6) permet de voir clairement les interfaces respectives, entre l'identité de la marque et les stratégies de l'entreprise. Cette notion de projet de marque présente l'avantage de montrer que l'identité d'une marque naît d'une volonté de l'entreprise plutôt que des réactions du marché qui n'exercent d'influence sur l'identité de la marque qu'à un stade ultérieur.

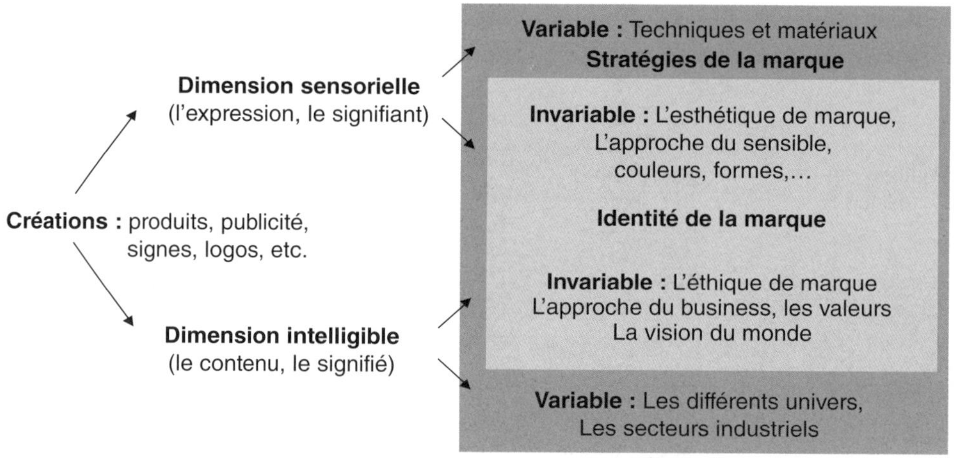

Figure 8.2 – Le projet de marque… identité et stratégies

Les manifestations d'une marque

Une marque se manifeste bien au-delà des activités traditionnelles de publicité et de relations publiques. La plupart de ces manifestations peuvent être contrôlées directement en interne, avec la structure et les processus appropriés. D'un autre côté, si elle peut influer sur l'image de ses clients, sur leur comportement, sur celui de son propre personnel, la marque ne peut jamais contrôler pleinement ces éléments. Néanmoins, ceux-ci font partie intégrante des manifestations de la marque. Les manifestations de la marque représentent toutes les interfaces possibles entre la marque et le client.

Le tableau 8.2 donne une analyse plus détaillée des six grandes catégories de manifestations, et nous conduit dans le royaume de l'esthétique des marques où nous parlerons spécifiquement d'esthétique de produits, de communication, d'espace et de comportements.

Tableau 8.2 – Les six catégories de manifestations d'une marque… bien au-delà des activités de communication traditionnelles

Activités traditionnelles de communication	Système de signature	Points de vente Bureaux Usines	Produits	Manifestations de comportements	Manifestations des consommateurs
Publicité RP Événements Internet	Logo Enseignes Labels Packaging Papier en-tête	Situations Internet Architectures Lumière Décoration Vitrines Style de vente Réception-nistes Plans Code vestimentaire Uniformes Organigrammes	Nombre Catégories Couleurs Formes Matériaux Style Performance Durabilité Prix Disponibilité	Activités sociales, écologiques Conduites de la société et des employés Conduites des entités externes (fondation, fournisseurs, agents…) Charte éthique	Qui sont-ils ? Que font-ils ?

Internet a été placé dans la colonne des activités de communication traditionnelles car ses constituants de base sont des photos, des vidéos et des textes.

À partir de cette représentation, le directeur de la marque (Président, directeur du marketing, directeur de la création…) est comme un musicien assis au clavier : il peut contrôler (où au moins influencer) toutes les manifestations de ce qui compose l'identité sensorielle de la marque, il peut **composer et jouer la « musique » de la marque – c'est-à-dire l'utilisation coordonnée de toutes les manifestations de la marque**.

Plusieurs stratégies sont ici possibles :

- La stratégie répétitive, où, pour des raisons d' efficacité, des messages similaires doivent être véhiculés par chaque manifestation. Bien que fragmentaire par essence, chacun d'entre eux devrait contenir la plupart des valeurs identitaires de la marque.

- La stratégie complémentaire, dans laquelle des messages différents prennent sens lorsqu'ils sont combinés, comme lorsque, par exemple, l'architecture très classique d'un magasin souligne l'esthétique baroque des produits.
- La stratégie cacophonique (ou, plutôt, l'absence de stratégie), qui malheureusement est la plus fréquente, dans laquelle chaque manifestation raconte sa propre histoire.
- La stratégie symphonique, dans laquelle chaque manifestation est utilisée avec un maximum d'efficacité en vue de contribuer à la perception la plus aisée possible de l'identité de la marque. On sait par exemple qu'Internet rend possible une communication plus complète et plus exhaustive sur les questions conceptuelles que le produit lui-même, et que la publicité est plus efficace que l'architecture pour véhiculer l'éthique de la marque.

Le programme de communication

Après avoir présenté la classification complète des manifestations, nous nous concentrons désormais sur la manière dont celles-ci peuvent être utilisées et considérons en premier lieu les objectifs de la communication d'une marque.

Qu'est-ce qu'une marque essaie d'atteindre à travers sa communication : informer, attirer l'attention, générer une image positive, susciter du désir, être choisie, être remarquée et retenue ? Tout cela, certes, mais il manque encore quelque chose.

L'élément manquant, qui déclenche toute cette chaîne de réaction chez le consommateur, est tout simplement que la marque doit avoir un sens. Les marques sont des processus complexes qui doivent générer du sens pour être compétitives. Comme l'a signalé Marie-Claude Sicard, la communication est ce qui donne du sens à l'information[1]. L'approche sémiotique des marques (présentées dans ses grandes lignes au chapitre 6) établit clairement que le sens est indispensable à la construction d'une identité. Ce qui ne signifie rien a peu de chances d'attirer l'attention des gens et encore moins de susciter en eux le désir d'acquérir un produit.

Dans la figure 8.3, nous complétons le modèle de comportement du consommateur en ajoutant le sens de la marque – cet indispensable déclencheur de la

1. Marie-Claude Sicard, *Ce que marque veut dire*, Éditions d'Organisation, 2001.

réaction en chaîne conduisant à l'acte d'achat. Nous avons également ajouté l'étape de mémorisation : sans mémorisation de la marque, aucune disposition favorable à son encontre ne peut voir le jour.

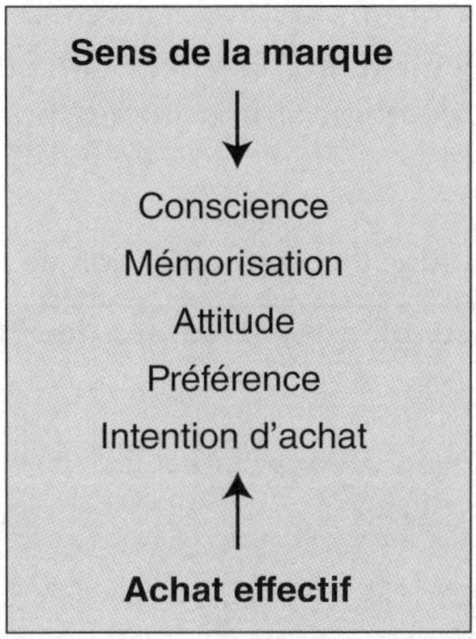

Figure 8.3 – Sens d'une marque

Le sens d'une marque se génère par l'expression de ses valeurs au travers de son esthétique, c'est-à-dire la combinaison de toutes ses manifestations. La capacité d'une marque à vendre des produits et des services dépend de la pertinence de ses valeurs aux yeux du consommateur, par rapport à celles de ses concurrents. Elle demande au consommateur de se poser la question suivante : « En quoi cette marque correspond-elle à mes besoins, mes centres d'intérêt, mes ambitions, mes rêves, mes désirs et mes valeurs ? » Les manifestations d'une marque expriment et explicitent ses valeurs abstraites. La communication devient le système par lequel le projet que constitue la marque est présenté au marché.

L'eau de toilette de Massimo Dutti, lancée en 2006, donne un exemple concret de ce que nous voulons dire quand nous parlons pour une marque de créer du sens. Massimo Dutti est une marque espagnole qui appartient au groupe Inditex et propose du prêt-à-porter masculin et féminin. Elle compte 400 boutiques dans 29 pays et se positionne sur le marché des classes moyennes. En se reportant aux tableaux 7.8 et 7.9 au chapitre précédent, on peut voir sa position relative. La publicité utilisée lors du lancement du produit montre, sur une page complète de magazine, une bouteille traditionnelle d'eau de toilette dans le coin inférieur gauche, avec une ombre double, légère et floue occupant 80 % de la page. Le reste est un fond blanc. Le contenu de la bouteille est beige et blanc et les ombres ont presque la même couleur. « Massimo Dutti, eau de toilette pour homme » est écrit en bas à droite de la page. Il est difficile d'imaginer quelque chose de plus basique. Presque aucune signification n'est attachée à cette manifestation de la marque ; aucun rêve, très peu d'information, aucune originalité. Et pourtant figurent quelques éléments d'information : Massimo Dutti propose une eau de toilette pour homme et, étant donné le choix de couleurs, la présentation très traditionnelle et l'absence de nom, la marque est probablement très discrète et très conservatrice.

Tableau 8.3 – Programme de communication de Don Juan pour 2006

Programme de communication 2006
Éthique de marque Faire que les concepts suivants soient perçus et justement interprétés – total look. Élégance espagnole – luxe accessible
Esthétique de marque Présenter la nouvelle charte graphique (nom, logo, couleurs, packaging...) et une esthétique légèrement baroque
Produits/Services Promouvoir le meilleur choix de tissus européens Promouvoir la meilleure coupe, le « fit » et le sur-mesure Promouvoir l'excellence des services des magasins Expliquer la structure des collections (Lab, Executive, Cérémonies, collections spéciales) Former aux aspects techniques du *tayloring*
Distribution Information sur les adresses des magasins Présentation du nouveau concept architectural
Dimensions culturelles Architecture, cinéma et design
Dimension solidarité

Si vous êtes curieux, vous pouvez aller chercher de plus amples informations sur Internet. Il n'y a rien sur le site de Massimo Dutti cependant. Après quelques recherches supplémentaires, vous arriverez peut-être sur le site de Myrurgia, une entreprise appartenant à Puig, le groupe espagnol spécialisé dans les parfums et la mode. Vous en déduirez qu'il s'agit d'un produit sous licence. Sur le site, vous trouverez une photographie du flacon accompagnée du texte suivant : « Une senteur fraîche et naturelle pour l'homme qui crée son propre style ». Cela apporte un peu plus d'informations sur le produit, sans pour autant le distinguer de quelque manière que ce soit de ses multiples concurrents.

La marque crée peu de sens à travers cette manifestation et perd une occasion d'affirmer son identité. Dans tous les cas, étant donné l'intensité de la concurrence dans ce domaine, on peut se demander quel succès rencontre le produit. Heureusement, il y a 400 boutiques qui le commercialisent directement.

Au chapitre 6, nous avons examiné la marque « Don Juan ». Don Juan a révisé sa stratégie et décidé de mettre en avant son identité espagnole d'une manière plus radicale dans le domaine du prêt-à-porter masculin. Le tableau 8.3 montre son programme de communication, un résumé général de ce qui doit être réalisé en termes de communication de marque. Il s'agit du document directeur, revu chaque année lors de l'élaboration du budget. Le directeur de la communication devra faire en sorte qu'il atteigne les consommateurs ciblés.

À partir de ce document directeur, des documents plus détaillés et des cahiers des charges sont préparés pour chacune des manifestations premières et secondaires. Cet exemple de programme de communication permet d'identifier les différentes catégories d'objectifs de communication d'une marque. Ceux-ci comprennent :

- **Refléter les valeurs de la marque**. S'il est banal de le mentionner, il ne faut pas oublier que toutes les manifestations n'ont pas la même efficacité de ce point de vue.
- **Donner des informations factuelles**. Toutes les marques doivent informer le public sur des sujets tels que les points de vente, la participation à des projets caritatifs, la politique d'échange et de remboursement des produits, la garantie des produits et le service après-vente et éventuellement, le changement de logo ou l'histoire de la marque, etc.
- **Susciter des émotions, des états d'esprit, des opinions**. Dans le cas de Don Juan, cela prend la forme d'une référence à l'élégance et au mode de vie espagnol, qui ont été choisis pour former la base de l'imaginaire de la marque. C'est la responsabilité du directeur de la marque de savoir faire rêver les gens et de les amener à se sentir en phase avec les valeurs de la marque exprimées dans ses différentes manifestations.
- Avoir un impact visuel.
- Être mémorisée.

Dans cette courte liste, nous avons souligné ce que nous appelons « les critères d'efficacité de la communication ».

La chaîne de communication offre une vue globale du processus de création de sens et d'incitation à l'achat d'une marque, en mettant en lumière les rôles respectifs de l'identité, de l'éthique, de l'esthétique de la marque, et de ses manifestations. Nous examinons maintenant comment chacune des manifestations repérées dans le tableau 8.4 contribue au mouvement permettant d'atteindre les objectifs de résultats et de communication de la marque. En les passant en revue, nous étudierons la mesure dans laquelle elles remplissent les critères d'efficacité de communication et les manières spécifiques dont les marques de luxe peuvent user pour les mettre en œuvre.

La publicité

C'est un outil puissant pour exprimer les valeurs de la marque, et c'est la catégorie de manifestation la plus courante d'une marque de luxe. La concurrence pour les meilleurs emplacements dans les médias entraîne une pression à la hausse sur les prix, très similaire à celle qui existe sur le marché de l'immobilier. À ce petit jeu, ce sont ceux qui ont les poches les plus profondes qui gagnent, et les marques plus petites doivent faire montre de créativité dans leurs activités publicitaires.

Les médias

Le directeur de la communication dispose d'un large éventail de médias : magazines de mode et magazines spécialisés, journaux, radio, télévision, affichage extérieur, Internet, etc.

Les magazines de mode, qui doivent leur existence aux marques de luxe, sont devenus des publications gigantesques dont la publicité constitue souvent jusqu'à 75 % du contenu. Les marques de mode et de luxe suivent le cycle des saisons. Le consommateur découvre les nouvelles campagnes (et les produits, s'ils sont représentés) en février, mars, septembre et octobre. Les parfums, les cosmétiques, la joaillerie, les montres et les voitures se répartissent quant à elle sur l'année, suivant le calendrier des activités promotionnelles qui leur sont propres. Les magazines distribués dans les hôtels et à bord des avions ont souvent les faveurs des marques de luxe du fait de la segmentation naturelle qu'ils proposent : les magazines de bord sont souvent un choix préférentiel pour les marques qui proposent des produits pouvant être vendus à bord (parfums, cravates, foulards, stylos, montres, portefeuilles, lunettes…). Les marques qui n'ont pas été sélectionnées pour les ventes à bord ne pourront pas toujours obtenir d'espace publicitaire dans le magazine. Un raisonnement comparable ou inverse s'applique aux magazines de mode : ceux qui n'y font pas de publicité n'auront droit à aucun article.

Captiver l'attention du lecteur dans un magazine de 250 pages généralement rempli d'images, de produits et de modèles du même type n'est pas chose facile et cela conduit souvent à une lutte acharnée entre les marques pour obtenir les meilleurs emplacements possibles de leurs annonces.

En 1993, Ferragamo a été à l'origine d'une des rares innovations dans la publicité sur magazine : le *gatefold,* qui consiste simplement en une couverture double ou triple qui s'ouvre autour de l'arête extérieure. Cette année-là, grâce à une couverture dépliante dans le *New York Times Magazine*, la marque italienne a multiplié par deux ses ventes de cravates aux États-Unis.

Parmi les autres innovations que l'on a pu voir dans les magazines de mode au cours des dix dernières années : le livret séparable et les échantillons de parfum ou de cosmétiques collés sur une page. Outre les institutions internationales comme *Vogue*, *Elle* et *Gentleman Quarterly*, il existe des magazines ayant une forte implantation nationale comme *Marie-Claire*, *W*, *Vanity Fair*, *Burda*, *Amica*, *Telva*, *Female*, etc.

Les magazines de mode ont longtemps constitué l'espace publicitaire préféré des marques de luxe, pour des raisons très simples : ils ont une apparence luxueuse et ils projettent, démographiquement, la bonne image. Néanmoins, la tendance actuelle d'inclure toute sorte d'accessoires – sacs à main, bikinis, bracelets – en guise d'offre promotionnelle ne fait que diluer l'aspect luxueux. Par conséquent, les marques de luxe ont commencé à se déplacer légèrement vers des magazines plus sélectifs, plus culturels, plus associés à un mode de vie luxueux, comme *Wallpaper*, *Quest*, *Monitor*, et *Intramuros*, qui présentent un mélange d'architecture, de design et de mode. Les marques les plus innovantes choisissent pour leur part les magazines d'avant-garde comme *Wired*, *Dazed*, *Blast*, *Exit*, *(T)HERE* et *AD!DICT.*

La presse quotidienne a amélioré son positionnement ces dernières années, notamment grâce à l'introduction de la couleur, malgré la médiocre qualité de l'impression. Les marques utilisent essentiellement les journaux pour annoncer les périodes de soldes et de défilés. La plupart des quotidiens ont également lancé un magazine hebdomadaire, souvent financé par les marques de luxe et en concurrence directe avec les magazines de mode.

La télévision, du fait des coûts et de la largeur du public touché, n'est utile que pour certaines catégories de produits jouissant du budget approprié. En général, les marques de voitures, de parfums et de cosmétiques font une utilisation systématique de la télévision dans leur publicité.

La radio est rarement utilisée car le son, seul, se révèle inférieur aux images et au texte pour transmettre l'identité de la marque. Néanmoins, elle est relativement efficace pour faire la publicité d'informations factuelles telles que dates de soldes, ouverture d'une nouvelle boutique, etc.

L'affichage s'impose de plus en plus comme un média particulièrement efficace. Les nouveaux supports, tels que les écrans numériques et les films spéciaux recouvrant les autobus, les voitures et les immeubles, sont venus conférer une nouvelle dimension aux panneaux défilant traditionnels et aux affiches sur les arrêts de bus et les échafaudages. Le grand avantage de l'affichage réside dans sa précision chirurgicale, qui permet à une marque de ne sélectionner que les villes dans lesquelles elle dispose de points de vente. Une vitrine, qui constitue elle-même de la publicité, ou un autobus à l'effigie d'une nouvelle campagne se tailleront, relativement à leurs coûts, certainement une part plus conséquente de l'attention du public qu'une page dans un magazine.

Internet a transformé la communication des marques. Nous lui consacrons plusieurs pages un peu plus loin.

Le processus publicitaire

Le programme de communication présenté plus haut détaille des exigences spécifiques pour chaque manifestation de la marque. Le tableau 8.4 ci-après montre le brief publicitaire de la marque Don Juan pour la saison à venir.

La tâche du directeur de la communication consiste à mettre en relation ce que la marque souhaite communiquer (le programme de communication et le brief publicitaire) avec le public ciblé, les priorités en termes de lieux et de produits étant déterminées par les contraintes budgétaires. On peut dégager, à titre indicatif, quelques grandes lignes dans la répartition du budget de la communication : les marques d'accessoires et de prêt-à-porter consacrent environ 4 à 6 % du produit de leurs ventes à la communication traditionnelle, mais des marques comme Gucci peuvent aller au-delà. Les chiffres d'affaires mêlant détail et vente en gros, ces pourcentages ne sont pas très fiables. Les marques du secteur des cosmétiques et des parfums peuvent même consacrer jusqu'à 100 % du produit de leurs ventes à la publicité et à la promotion dans l'année du lancement d'un nouveau produit avant de descendre à 15 ou 25 % l'année suivante.

Tableau 8.4 – Brief publicitaire de Don Juan

Brief PUB

Une histoire vraie (authenticité, vraisemblance)
Pas de poses, pas d'attitudes artificielles
Intensité de l'expression des personnages
Pas de clichés « hispanolisant »
Éléments culturels espagnols et modernes
Utilisation de mannequins espagnols

Impression de luxe
Inclure des éléments architecturaux et de design espagnols

Situations : Extérieurs et intérieurs
Business, voyages, séduction, aventures urbaines,
Pas de sport, pas d'atmosphère 100 % nature

La base sur laquelle se fonde le directeur de la communication pour choisir les médias et allouer les fonds est déterminée par un certain nombre de facteurs :

- Les orientations et les contraintes fixées par le programme de communication, le brief publicitaire et le budget.
- Les spécificités du médium choisi. L'image est reine pour retenir l'attention, mais peine à transmettre des informations factuelles. Dans le tableau 8.5 nous essayons d'évaluer l'efficacité respective du texte, de l'image accompagnée de texte et du discours. Le directeur de la communication choisit un ou des médias en fonction de leur efficacité et de leur capacité à transmettre un message donné.

Tableau 8.5 – Efficacité de la communication de l'image, du texte et du son

Critère d'efficacité de la communication ↓	Publicité image	Publicité image + texte	Publicité audio
Transmission de l'éthique	efficace	très efficace	efficace
Procurant des informations factuelles	faible	efficace	efficace
Générant des émotions	très efficace	très efficace	efficace
Ayant un impact visuel	selon l'exécution		aucun
Favorisant la mémorisation	selon l'exécution		

Ce diagramme est un outil statistique et ne doit pas être pris comme une grille à appliquer strictement en toute occasion. En fait, son utilisation dépend d'un certain nombre de facteurs de communication qui varient d'un cas à l'autre :

- Le public, la distribution, l'exposition et la couverture – la taille et les caractéristiques du public visé ; la durée et la fréquence estimées d'exposition (c'est-à-dire le nombre de personnes qui voient la publicité multiplié par le nombre de secondes d'attention qu'ils lui accordent).
- Les coûts par rapport à l'exposition.
- Le contexte – l'environnement physique immédiat dans lequel la publicité apparaît ; par exemple, une publicité en page entière placée juste avant celle d'un concurrent ou bien au début (ou au milieu) d'un article sur la guerre ou sur une catastrophe naturelle.
- La localisation du public ciblé. Le client du luxe n'est en général pas difficile à localiser. Il appartient à une espèce internationale qui présente plus ou moins les mêmes habitudes, les mêmes comportements d'un bout à l'autre de la planète et qui peut être identifié à travers maintes études de marché.
- Les priorités géographiques. Celles-ci sont généralement déterminées par la densité et les performances du réseau de distribution existant, ainsi que par les efforts spécifiques dédiés aux endroits en développement ou aux endroits connaissant des difficultés et présentant un intérêt stratégique particulier.

Le directeur de la communication fait la synthèse des choix dans un plan média qui précise les supports retenus, les images et les formats à utiliser, le moment et la durée de la campagne, etc.

Les agences de publicité

Les agences de publicité jouent un rôle bien plus important que celui d'acquéreur d'espace dans les médias (en général, la plupart des marques de luxe ont internalisé cette fonction). Les agences proposent des services de création aux marques de luxe en présentant une formulation plus précise et plus claire de l'identité de la marque que lorsqu'ils gèrent des marques de masse. Mais souvent, les principaux choix, concernant par exemple les photographes ou les mannequins à utiliser, ainsi que les grandes orientations créatives sont décidés par la marque elle-même.

Il existe un certain confort à ne choisir que les photographes, les mannequins ou les architectes les plus connus, comme les marques de luxe (surtout le luxe intermédiaire) le font depuis quelque temps. Cela ne leur donnera peut-être pas une image

« super-différenciée », mais au moins les risques d'échec sont très limités. Dans certains cas, l'agence devient *de facto* un directeur artistique. L'agence américaine Doyle Dane Bernbach (DDB), par exemple, se charge de la publicité pour Volkswagen depuis 1959 et a contribué presque autant que les voitures à la construction de l'image de la marque. En tout cas, une bonne agence ne doit jamais être un substitut pour une forte direction créative interne. Après tout, qui plus que les dirigeants de la marque devrait savoir comment affirmer l'identité de leur marque ?

Le rôle de la publicité est probablement surestimé aujourd'hui. La principale fonction de la plupart des magazines est de distraire les patients dans la salle d'attente du dentiste. L'explosion du nombre de publications et l'augmentation du nombre de pages de publicité ; la course incessante vers toujours plus de provocation, qui aliène la sympathie de la majorité des gens ; l'émergence de nouveaux médias comme Internet ; la publicité sur des médias publics et mobiles – tout cela contribue à réduire l'influence de ce type de manifestation des marques.

Zara (bien que cette marque n'entre pas dans la catégorie traditionnelle du luxe) est un bon exemple d'une marque qui réussit quasiment sans publicité (sa publicité se limite à deux campagnes par an dans les quotidiens pour les soldes). Dans un secteur hautement concurrentiel, elle constitue néanmoins une concurrence redoutable pour Gap, H&M, Mango et autres Kookaï.

Relations publiques, création d'événements, et opérations promotionnelles

Du fait de la surexposition, la publicité cède du terrain aux relations publiques en matière de communication. Les relations avec la presse (ainsi les nomme-t-on dans le domaine de la mode) consistent, comme leur nom l'indique, à établir et entretenir des relations entre l'entreprise et les journalistes de mode. Les directeurs des relations presse sont censés entretenir des relations personnelles avec les journalistes les plus influents, même si, comme nous l'avons mentionné plus haut, le nombre d'articles consacrés à une marque dans un magazine donné, est souvent lié à la part du budget publicitaire de la marque allouée à ce magazine.

Les marques mondiales s'appuient sur un réseau international d'agences de relations publiques et il n'est pas inhabituel que certaines marques s'assurent les services de différentes agences dans différents coins du globe. Cela exige des capacités logistiques solides : si différents journaux et magazines doivent prendre des photos des produits, il faut évidemment que ces produits soient à leur disposition. Pour répondre à ce besoin, les marques fabriquent spécialement plusieurs séries de prototypes qu'elles adressent aux agences de relations presse sélectionnées par leurs soins. Les coûts afférents à une telle structure mondiale et aux collections de prototypes sont prohibitifs pour les petites marques, qui doivent donc compter sur d'autres types de manifestations.

Au cours de dix dernières années, nous avons pu observer un étrange phénomène : l'appel fait par certaines marques à des rédacteurs en chef de magazines de mode pour choisir parmi leurs produits les articles qui seront à la mode. Les journalistes sont dans une position idéale pour suivre les dernières tendances de la mode et l'évolution globale d'un secteur donné ; ils sont donc certainement compétents pour tenir ce rôle – et, en outre, les marques et les magazines y trouvent clairement mutuellement leur compte. Néanmoins, cette pratique soulève des questions évidentes quant à de potentiels conflits d'intérêts et quant au fait que des rédacteurs pourraient être tentés d'utiliser leur position pour favoriser certaines marques.

Créer le buzz

L'autre fonction du service de relations publiques qui prend une importance exponentielle est celle de la gestion des relations avec les leaders d'opinions et de goûts de notre monde : acteurs, artistes, architectes, designers, chanteurs, groupes, sportifs, journalistes, politiciens, etc. On a beaucoup écrit sur la manière de créer le « buzz », cette impulsion magique qui fait que tout le monde se met à parler du nouveau produit, de la nouvelle marque ou de la nouvelle boutique, du tout nouveau designer ou d'un événement particulier... Bien que cela demeure un mystère pour le plus grand nombre, il s'agit essentiellement du résultat d'efforts de communication coordonnés qui exigent que l'on évolue dans les bons milieux et que l'on soit en contact avec des personnes d'influence ou des leaders d'opinion. C'est ici que le créateur « maison » joue un rôle très important, car il appartient souvent à ces cercles et il peut influencer la perception de la marque chez ses pairs.

Événements

L'organisation d'événements revient généralement au service des relations publiques. On distingue trois catégories d'événements :

Ceux qui sont organisés directement par la marque – défilés de mode, ouvertures de boutique, prix de la fondation de la marque, expositions...

Suivant l'exemple donné par Galliano chez Dior, les défilés de mode sont devenus de véritables spectacles, un peu comme les premières de certains films (l'attribution des places assises est devenue l'une des tâches les plus périlleuses pour le directeur des relations publiques). Leur coût total – vêtements et accessoires, rémunération des mannequins, location du lieu, billets d'avion, nuits d'hôtel et rémunérations offertes aux célébrités invitées, cadeaux aux journalistes, etc. – varie de quelques centaines de milliers d'euros à quelques millions.

Comment, dès lors, mesurer le succès d'un défilé de mode ? S'il s'agissait de la seule valeur des articles publiés le lendemain, ce ne serait pas la peine. Le défilé lui-même est éphémère et n'a que peu d'effet sur la communication dans la durée, au-delà des vidéos projetées dans les boutiques.

L'avènement d'Internet commence à révolutionner l'importance et l'utilisation du défilé comme événement médiatique. On voit de plus en plus souvent des jeunes personnes au premier rang des défilés avec un notebook sur les genoux. Ce sont les bloggeurs influents, reconnus par les marques comme éléments essentiels pour la diffusion d'opinions a propos de la marque. L'autre impact d'Internet est la probable évolution du défilé dans sa conception actuelle vers un événement purement virtuel conçu pour et diffusé uniquement sur la Toile.

L'ouverture d'une boutique constitue aussi un événement majeur pour les marques de luxe, l'extravagance étant à la hauteur de l'investissement réalisé pour la construction. Ici encore, comment mesurer le retour sur investissement pour un chantier ayant coûté des dizaines de millions d'euros ? Certainement pas à travers les articles et les photos qui paraissent dans les magazines après la grande inauguration et dont l'influence ne se fait sentir que quelques jours. Une mesure plus juste en est le message que la boutique, les produits et le personnel de vente réussissent à diffuser lorsqu'une personne entre dans la boutique et réalise un achat et l'adéquation de ce message aux valeurs affichées de la marque.

Une deuxième catégorie comprend les événements sponsorisés tels que la Coupe Louis Vuitton ou le Grand Prix de Diane par Hermès, où la marque s'approprie en partie l'identité de l'événement. Louis Vuitton était à l'origine associé avec l'idée du voyage de luxe et peut donc à travers ce sponsoring présenter un ensemble de valeurs plus modernes tournant autour de sports comme la voile, avec l'esprit d'équipe et des images de l'océan. Hermès renforce ses liens avec les chevaux, la compétition, la tradition et le comportement aristocratique. Le sponsoring réserve quelques surprises, cependant, lorsque des événements ou des comportements inattendus surviennent. En mars 2006, un titre de journal annonçant « Movistar coule » a suscité des angoisses momentanées chez ceux qui suivent de près la marque de téléphones espagnole (une filiale de Telefonica) avant qu'il ne s'avère qu'il s'agissait des problèmes rencontrés près du Cap Horn par un bateau sponsorisé par la marque dans une course autour du monde. D'autres marques ont connu quelques déboires avec des artistes ou des athlètes faisant leur promotion se retrouvant pris dans des affaires de mauvais goût voire illégales.

La troisième catégorie est celle d'événements tels que le Festival de Cannes, les MTV Awards ou les Grammy Awards dans lesquels la marque peut s'assurer une grande visibilité. Lorsque, dans les années 90, Madonna est venue chercher l'un de ses 21 MTV Awards habillée en Prada, cela a eu un impact considérable sur les ventes de cette marque. La concurrence entre les marques pour assurer le prêt de vêtements ou de bijoux des grandes célébrités est forte, plaçant cette activité, sauf exception, hors d'atteinte pour des marques plus petites. La montée des marches par les acteurs et les metteurs-en-scène invités au Festival des Cannes est devenue le plus célèbre des défilés de mode du monde entier. Les films eux-mêmes semblent ne plus avoir qu'une importance secondaire tant les journalistes passent leur temps à décrire les bijoux, les tenues et les accessoires exhibés.

Le placement de produit – c'est-à-dire le fait d'utiliser (contre une rémunération considérable, cela va de soi) des produits et des marques spécifiques dans des films ou des émissions de télévision – figure également en bonne position dans cette catégorie. Hamilton, une marque américaine de montre, a grandement bénéficié de son association avec le film *Men In Black*. Les chaussures Ferragamo apparaissent souvent dans les films américains. De la même manière, Sarah Jessica Parker et *Sex and the City* ont fait de Manolo Blahnik une marque de référence avec un écho particulièrement fort chez les jeunes générations initialement peu connaisseuses de ces chaussures sexy.

Promotions

Les activités promotionnelles de l'industrie du luxe consistent essentiellement en des activités de marketing direct. **Une des spécificités des marques de luxe réside dans la manière dont elles gèrent leurs relations avec chacun de leurs clients**. Les technologies disponibles aujourd'hui permettent de suivre séparément chaque client et d'enregistrer ses achats ainsi que des données plus personnelles comme sa taille, ses goûts, etc. Il n'existe plus aucune marque de luxe aujourd'hui qui ne soit équipée pour enregistrer à la caisse (avec les autorisations préalables nécessaires, bien entendu) un maximum de données concernant chaque client. Un petit cadeau d'anniversaire ou même un simple coup de téléphone du directeur du magasin font beaucoup pour s'attirer la sympathie du client et créer une complicité avec lui. Catalogues, brochures, cartes postales et autres cartes de fidélité sont autant de moyens standards par lesquels une marque peut approfondir cette relation.

Puisque nous parlons de cartes et de luxe, le moment semble propice pour faire une digression autour de la carte Centurion d'American Express, que l'on appelle communément la *Black Card.* En titane, elle coûte 2 500 dollars par an aux États-Unis et est la carte de paiement la plus exclusive de la planète avec seulement 10 000 unités en usage dans le monde. Cette carte n'est disponible que sur invitation et requiert des dépenses annuelles d'au moins 250 000 dollars sur une autre carte American Express. Certaines de ces exigences ont toutefois été contournées pour des célébrités et des capitaines d'industrie.

La carte offre de nombreux avantages exclusifs, comme un billet gratuit pour la personne vous accompagnant sur vos vols transatlantiques, des assistants personnels pour vos emplettes chez Escada, Gucci et Saks Fifth Avenue, l'accès aux salons des aéroports et des sur-classements en première classe, l'adhésion au programme Cierge de Sony ainsi qu'à des dizaines d'autres clubs d'élite. L'adhésion à Centurion comprend également des services personnels comme un secrétariat personnel et un agent de voyages particulier. Le programme propose également de nombreux avantages dans des chaînes hôtelières, tels qu'un séjour gratuit d'une nuit dans n'importe quel hôtel Mandarin Oriental une fois par an, ainsi qu'un statut de voyageur régulier sur Delta, Continental et US Airways. On sait que les clients Centurion achètent des automobiles Bentley sur simple présentation de leur carte ou font des achats d'une valeur supérieure à un million de dollars sans vérification de la disponibilité des fonds. La carte n'a pas de limite de paiement : l'achat le plus cher jamais effectué avec elle dépassait les 35 millions de dollars ; il s'agissait d'un avion de combat. Elle est citée dans des films (*Casino Royale*), des chansons et des émissions de télévision et est devenue mythique en moins d'un an.

Internet

Dans cette partie nous considérons Internet dans ses multiples formes et utilisations. Non seulement les aspects communicatifs, mais aussi la distribution pour traiter dans une même partie les multiples fonctionnalités qu'offre cette technologie.

Le site Internet, par sa nature même, regroupe tous les avantages de la presse, de la télévision et du cinéma et peut, du fait de ses possibilités interactives, améliorer grandement l'efficacité de la communication, ainsi que générer des ventes. Le tableau 8.6 donne un exemple de brief pour le site de Don Juan.

Tableau 8.6 – Don Juan : brief pour le site Internet

Web site brief
Communication
– Deuxième outil principal de communication pour promouvoir l'identité de la marque
– Ajustement saisonnier en fonction des campagnes publicitaires
– Rôle didactique pour expliquer l'offre produit (tissus, spécifications techniques, etc.)
– Information sur la vie de l'entreprise
– Informations spéciales sur des évènements relatifs au cinéma, à l'architecture et au design
– Diffusion des initiatives de solidarité de la marque
Ventes
– À traiter comme un nouveau point de vente

Les marques de positionnement de masse ont compris rapidement l'intérêt que pouvaient représenter Internet.

Gap engendre déjà un chiffre d'affaires de 1,12 milliard de dollars en ligne soit 8 % de ses ventes aux États-Unis.

Zara n'a ouvert son site en ligne qu'en août 2010 pour servir les 6 plus gros pays européens et espère atteindre 2,5 milliards d'euros en 2013. Il faut dire que Zara avait déjà 4,3 millions de supporters sur Facebook avant d'ouvrir son site, comparé à 600 000 pour Gap.

H&M a ouvert son site de vente en ligne en octobre 2010 et livre sur 8 pays européens. Il est intéressant de noter que le même mois H&M inaugurait son magasin des Champs-Élysées conçu par l'architecte Jean Nouvel, lauréat du prix Pritzker en 2008. L'avenir d'une distribution efficace à tous les niveaux de prix réside dans ce que l'on appelle une configuration *click and mortar*, qui signifie une intégration intelligente entre les magasins traditionnels et la vente en ligne. Pour les marques de masse et le luxe intermédiaire, la compétitivité se prouve aussi en utilisant les techniques traditionnelles des marques de luxe véritables, comme celle de l'association au monde de l'art. H&M ainsi fait coup double cet automne 2010 avec Jean Nouvel à Paris et le succès, au moins au niveau communicationnel, de la collection dessinée par Lanvin.

Les marques des luxes furent longtemps réticentes vis-à-vis du nouveau média. Après tout, une des caractéristiques du luxe n'est-il pas justement la multisensorialité que seule l'expérience dans un magasin mono-marque peut procurer ? Les choses sont en train de changer.

De fait, ce furent d'abord des sites spécialisés sur les marques de luxe tels *eluxury* qui lancèrent les marques sur le net. Ce site marchand, pionnier du luxe en ligne, lancé par LVMH en 2000, présentait un large choix de sacs à main de luxe, prêt-à-porter, et accessoires pour de nombreuses marques prestigieuses telles que Christian Dior, Emilio Pucci, Céline, Marc Jacobs, Versace, Dolce & Gabbana, Fendi, Tod's et Louis Vuitton. Signe des temps, le site a fermé fin 2009, probablement à cause de l'ouverture de sites marchands par la plupart des marques représentées.

Les distributeurs multimarques traditionnels ont vite compris la nécessité d'être actifs sur ce nouveau marché. Saks Fifth Avenue couvre en 2010, 91 pays depuis son site et propose toutes les catégories de produits présents dans ses magasins.

Il n'y avait donc plus beaucoup de sens pour les marques de luxe à ne pas contrôler directement leurs ventes en ligne, surtout qu'elles avaient déjà des sites de communication et étaient déjà présentes sur les réseaux sociaux indépendamment de leur volonté.

Devant le développement rapide des sites multimarques (70 000 sites actifs en France début 2010 pour un chiffre d'affaires de 14,5 milliards d'euros et une croissance annuelle de 29 %), et surtout face à l'engouement de certains segments du marché pour les achats en ligne (par exemple en France au 1er trimestre 2010, les ventes de vêtements en ligne ont cru de 30 % et ont dépassé celles des grands magasins), les grandes marques de luxe se sont résolues à ouvrir leur propre site.

Ainsi Gucci en 2010 lance sa boutique virtuelle a grand renfort de publicité, alors que Ferragamo était déjà opérationnel depuis quelque temps.

Le groupe Richemont acquiert 93 % du capital de Net-à-Porter en juin 2010. Ce site de vente en ligne de produits de grandes marques, créé en 2000, propose plus de 300 marques et réalise en 2009 un chiffre d'affaires de 135 millions d'euros. Cette acquisition va mettre ce site au centre de la stratégie internet du groupe avec les complications possibles créées par la vente des produits de marques concurrentes. Il est intéressant de noter que c'est la démarche inverse à celle du groupe LVMH qui a fermé *eluxury*.

Louis Vuitton a été l'un des pionniers à explorer les frontières des activités digitales. Son site contient une fonction *e-shopping* qui permet des achats en ligne, mais la marque multiplie aussi les adresses électroniques. Ces sites multiples, non seulement augmentent la présence et les possibilités de contact avec les consommateurs, mais permettent de nombreuses corrélations entre tous les vecteurs de la stratégie globale de communication. L'eternel art du voyage, présent encore dans la dernière campagne de publicité avec une photo du chanteur Bono débarquant d'un avion dans la savane africaine est repris sur le site *louisvuittonjourney.com* et est l'occasion de développer de manière plus ample le thème du voyage en Afrique.

Le site *fashionshow*.louisvuitton.com promeut le designer Marc Jacob et sa dernière collection pour la marque. C'est le vecteur qui déploie la dimension mode, autre composant de l'identité de la marque.

Même Hermès a sa boutique en ligne accessible depuis son site. Quelques marques comme Chanel et les marques de joaillerie n'ont pas activé pour le moment les possibilités de transactions en ligne, tandis que les deux colosses américains Amazon et eBay lancent en France des sites de vente de vêtements et de chaussures en ligne avec des produits de marques comme Converse, Adidas, Calvin Klein, Lafuma, Oxbow, etc.

Pour encore compliquer la tache des communicateurs, l'avènement du iPad et de la téléphonie mobile en général, a déclenché la production de tout une serie d'applications gratuites ou payantes (*apps* en anglais) de fournisseurs de contenu. Les marques se bousculent désormais pour créer des applications. Pour l'iPad, on peut par exemple télécharger *My life is in the bag* de Tod's qui présente des vidéos, des photos, des cartes routières d'un groupe de 6 personnes qui ouvrent leur sac, leur vie, leurs désirs et passions et autres sujets personnels. Max Mara, Net-à-Porter, All Saints, Gap, etc., ont déjà des applications. Le succès des tablettes électroniques entraînera certainement une présence et une interactivité de toutes les marques de renom dans le domaine des *apps*.

En termes de communication, le séisme que provoquent l'avènement et la montée en puissance de la Toile, ce sont **les réseaux sociaux**.

On raconte sa vie sur Facebook, on y partage ses plaisirs et soucis ; on cherche un partenaire sur Meetic ; on s'expose en vidéo sur YouTube ; on donne son avis sur Tweeter ou dans les multiples forums spécialisés ; on se donne rendez-vous sur Foursquare, etc.

Au delà même des clients cibles, tout individu qui émet un avis peut influencer la perception des marques. Les participants à la Toile deviennent une composante majeure des discours de marques et donc de leur identité. Si l'on reprend la chaîne de communication présentée au chapitre 7, les manifestations de contrôle indirect que nous avons qualifiées *d'esthétique de comportement*, qui historiquement étaient d'importance moindre par rapport aux trois autres (communication traditionnelle, produits et espaces), deviennent véritablement le 4e pied indispensable à l'équilibre de l'édifice de la marque.

Lady Gaga, par exemple, est devenue une marque de succès en partie grâce à son utilisation judicieuse du Net. La nouvelle icône pop est au cœur d'une entreprise commerciale d'un nouveau genre. Son équipe commerciale (le *Haus of Gaga*) maîtrise à la perfection tout ce que l'environnement numérique met à disposition, non seulement pour communiquer, mais pour diffuser toute une offre de produits. « Pour faire parler d'elle, elle utilise Twitter pour traiter du champ affectif, MySpace pour la promotion et Facebook pour de l'information » déclare *Le Monde* du 11 mai 2010.

Internet est devenu la « tour de contrôle » de la communication des marques. Au niveau production de la communication, il peut intégrer quasiment toutes les techniques (photos, textes, vidéo...), il peut être remis à jour en temps réel, couvrir le monde, dialoguer avec le marché... et faire du commerce. Le fait que l'on puisse maintenant y avoir accès en déplacement au travers du développement de la téléphonie mobile nous promet des évolutions futures encore non imaginées.

Pourtant, ce n'est pas encore la panacée. Les différences culturelles confèrent à Internet des valences et des fonctions spécifiques selon les régions. En Chine par exemple, le Net et les réseaux sociaux ont plus d'importance qu'aux États-Unis où les leaders d'opinion et l'environnement social et familial ont plus d'influence encore qu'en Europe et au Brésil qui maintiennent aussi des formes de communications plus traditionnelles.

Il ne fait plus de doute, pour aucun des acteurs, qu'Internet est en train de révolutionner à la fois le commerce et la communication. Ses capacités permettent aux marques d'intensifier et de diffuser leur présence, de façon contrôlée ou non. La Toile ouvre à la possibilité d'interactivité en temps réel, à une exposition et multiplication de toutes les manifestations de la marque, et surtout à une complexité redoutable de gestion. Plus que jamais les écrans (ordinateurs, TV, tablettes électroniques, téléphones mobiles, bornes, vidéos...) détiennent la clé du futur de nombreuses marques.

La place du produit

Le produit occupe une place particulière parmi les manifestations les plus significatives de la marque. D'abord, il est à la base des résultats économiques. À la quatrième étape du processus de communication (figure 8.2), c'est le produit qui, en étant acheté, détermine la réussite du projet global de la marque. Au-delà de ce rôle essentiel, le produit contient bien plus d'élément de communication que toute autre manifestation, et ce pour un certain nombre de raisons :

Attributs tangibles

Le produit, c'est de la publicité sous sa forme la plus directe, la plus évidente, la plus multisensorielle ; il génère des impressions immédiates. Le pouvoir de communication du produit possède plusieurs attributs :

- **Esthétique** : couleurs, formes, matières, style. Un costume Armani, avec sa coupe, son tissu, ses étiquettes... et son prix, vous renseigne sur l'identité de la marque Armani.
- **Fonctionnalité** : fiabilité, résistance, reproductibilité. Le chaussant, toujours identique dans les chaussures Ferragamo, d'un modèle à l'autre, fait partie de l'identité de la marque... et facilite les commandes en ligne et sur catalogue.
- **Qualité de l'exécution** : c'est un élément particulièrement important pour les marques très haut de gamme, la qualité du produit faisant l'objet d'un véritable culte et constituant toujours un fondement de l'identité de la marque. C'est le produit qui fonde la légitimité de la marque dans un secteur donné. C'est la preuve d'une très grande maîtrise dans un domaine (le client est rarement au fait des accords de licence et des franchises, et ne s'y intéresse que peu, à vrai dire) et la garantie de « l'âme et de l'authenticité » apportées par la marque.
- **Disponibilité** : Elle a un impact sur la manière dont la marque est perçue mais peut fonctionner dans les deux sens. Une distribution et des ventes à grande échelle peuvent accroître la notoriété mais également rendre la marque banale et sans intérêt. Le travail réalisé par différents créateurs sur le tissu monogrammé Louis Vuitton peut être interprété comme une tentative de combattre ce possible manque d'originalité. Le produit constitue donc le fondement de la notoriété de la marque (sauf dans certains cas particuliers comme Absolut Vodka). Plus il se vend, plus il est connu, surtout s'il se reconnaît depuis le trottoir d'en face. Ceci explique le recours à des logos, à des matériaux, à des couleurs, à des accessoires métalliques et à d'autres codes visant à faciliter l'identification.
- ***Merchandising*** : la structure des collections, le nombre de catégories et de modèles et bien sûr, le prix. Les collections de Tiffany ne sont pas structurées et présentées de la même manière que celles d'Agatha.

La clé de la relation entre la marque et le consommateur

Le produit est la source de la répétition des achats, ainsi que de la confiance ou de la déception qui s'établissent entre le consommateur et la marque. **Le produit passe beaucoup de temps avec son propriétaire** (bien plus en tout cas que l'œil distrait que pose le consommateur sur une page de publicité dans un magazine). Un lien « affectif » se développe. Les marques de voiture, de motos, de parfums, de chaussures et de café le savent très bien.

La dimension principale de la création et de l'innovation

C'est sur le produit que se concentre la majeure partie des efforts de recherche et de création. C'est là aussi qu'ils sont le plus visibles. Recherches stylistique et technologique vont main dans la main. Audi est une marque qui a concentré ses efforts sur ces deux domaines, avec une réussite certaine.

Le produit est toujours en contexte

Au moins dans les boutiques exclusives, le produit est enchâssé dans le concept architectural choisi par la marque – vitrines et présentoirs, musique, matériel promotionnel – et mis en avant par un personnel de vente dévoué.

Zara, qui communique exclusivement à travers ses produits, ses boutiques et son site internet, constitue un bon exemple de la puissance de communication que peut avoir un produit. Pour les marques de luxe, cela constitue le test ultime. Un vase Daum transmet toute la mythologie de l'École de Nancy, mais est également fabriqué dans un type particulier de cristal («pâte de verre»): chaque pièce est unique. Le produit de luxe doit se distinguer de ses homologues du marché de masse.

Le produit doit être géré en pleine connaissance de son impact sur la communication. Ne tuez jamais un *best-seller*, redessinez-le. Supprimer une gamme de produit qui se vend bien, sous prétexte qu'ils ne correspondent plus au nouveau style, à la nouvelle identité de la marque, témoigne d'un manque de respect pour le marché. Certaines marques s'y sont essayées et l'ont regretté. Cela revient à un «licenciement» en masse de clients – clients qui précisément auraient pu devenir des porte-parole du changement si la marque avait géré ce changement avec douceur et intelligence. L'industrie automobile y réussit très bien, avec la New Beetle de Volkswagen ou la nouvelle Mini Cooper de BMW par exemple.

Pour résumer en un mot la puissance de communication du produit: une mauvaise publicité écarte rarement un client fidèle, mais un mauvais produit le repousse toujours.

Comportement de l'entreprise

Le scandale Enron aux États-Unis, le recours supposé à des ateliers clandestins dans des pays en voie de développement par Nike, la disparition d'Arthur Andersen et de nombreux autres exemples ont mis en lumière certaines mauvaises pratiques. Le comportement d'une entreprise peut avoir un grand impact sur la manière dont l' identité de la marque est perçue et doit certainement être considéré comme une manifestation de la marque.

Comportement incontrôlé

En général, les impacts dommageables sur l'identité de la marque sont le fait de la conduite non maîtrisée d'employés individuels. Des titres de presse comme « Siemens mis en examen pour corruption supposée dans le programme *Pétrole contre nourriture* en Irak » (*Financial Times Deutschland*, janvier 2007) ou « Début des auditions des anciens dirigeants de Ahold pour manipulations supposées des comptes » (*Le Figaro*, mai 2005) peuvent faire beaucoup de mal à une marque. Les consommateurs sont de plus en plus attentifs au comportement des dirigeants de leurs marques préférées et de nombreux éléments montrent que le public attend une meilleure éthique dans le monde des affaires. Une étude réalisée par Millward Brown en 2002[1] a montré que près de 75 % d'un échantillon de consommateurs britanniques disaient acheter ou au contraire boycotter une marque en fonction du comportement de ses dirigeants. Cela a conduit les entreprises à renforcer leurs contrôles, à établir des chartes éthiques et à adapter leurs structures et leurs processus de manière à minimiser les risques de mauvais comportement.

Ce qui vaut pour la marque devrait valoir également pour toutes les entités qui lui sont liées, telles que les fondations, les fournisseurs, etc. Le retentissement de l'affaire Nike a servi d'avertissement très clair à toutes les marques du monde. Depuis l'accord intervenu après le procès de Kasly en 2003, intenté pour tromperie sur les conditions de travail, Nike a obtenu d'excellentes notes des organisations qui surveillent le comportement des sous-traitants. En 2004, pour la troisième année consécutive, Nike a obtenu la note de 100 % dans l'évaluation de Human Rights Campaign pour son indice de Corporate Equality. Nike a reçu 3,5 étoiles (sur 5 possibles) pour ce qui est du comportement responsable de l'entreprise, dans la notation de l'agence Mapplecroft, qui indiquait en plus : « Nike est à recommander pour sa transparence. »

La marque a très bien réagi pour protéger son identité et toutes les marques en ont tiré la leçon.

D'un autre côté, il peut arriver que l'attitude d'une entreprise, bien que totalement maîtrisée, ait un impact négatif sur la marque. Ainsi, en septembre 2006, la direction de Burberry a décidé de fermer une de ses unités de production au Pays de Galles en vue d'une délocalisation en Chine en mars 2007. Mais les ouvriers gallois ont réussi à contraindre l'entreprise à justifier son choix stratégique devant la Chambre des Communes. Les médias ont pris l'affaire très au sérieux, soulignant l'incohérence entre une identité de marque essentiellement fondée sur

1. *Cf.* www.millwardbrown.com.

une sensibilité britannique et l'intention « d'abandonner le pays et de laisser 300 familles britanniques sans ressources[1]. »

Il y a un prix à payer lorsque l'on délaisse les valeurs de la marque, comme Arthur Andersen et Lehman Brothers l'ont appris à leurs dépens. Si vous ne respectez pas l'identité de votre propre marque, ses valeurs et sa philosophie, vous affaiblissez irrémédiablement sa crédibilité.

Consommateurs réels

Les marques ne choisissent pas toujours leurs clients et ne peuvent pas maîtriser les agissements qu'ils peuvent avoir et qui peuvent être associés par la suite aux produits de la marque. De ce point de vue, les clients sont aussi des manifestations de la marque et peuvent avoir un impact non prévu sur sa perception.

Il existe des exemples fameux de produits de marques associés à des procès célèbres – les chaussures Bruno Magli qui ont été un élément de preuve dans le procès pour meurtre de O. J. Simpson, les chaussures Berluti de Roland Dumas, mis en cause dans un scandale de corruption. La couverture médiatique de ce genre d'affaires contribue certes à développer la notoriété de la marque, mais cela n'est pas toujours positif pour la perception de son identité.

Les cas où des produits de marques sont adoptés par des segments du marché qui sont en contradiction avec les valeurs que la marque promeut sont plus difficiles à gérer. Par exemple, Lacoste – célèbre pour son crocodile et ses liens avec le tennis, emblème du style sportif contemporain – a été adopté par les jeunes d'origine africaine et nord-africaine dans les banlieues les plus pauvres des villes françaises ; ce n'est pas à ce segment du marché que les dirigeants de la marque avaient songé initialement. Interrogé sur les conséquences que cela peut avoir, voici ce que répondait le directeur de la communication du groupe Lacoste dans *Presse Magazine* en 2005 :

> « Cela a clairement eu des effets négatifs sur l'image de la marque. Certains de nos clients étaient contrariés par le fait que nous puissions cibler ce public, alors que nous n'avions aucun contrôle sur ce phénomène. Nos ventes ont baissé pendant trois ou quatre ans. Néanmoins, parallèlement à l'impact négatif sur l'image de la marque, certains ont trouvé que cela nous plaçait dans une tendance plus moderne. Il est en fait difficile d'évaluer globalement le phénomène[2]. »

1. Cité dans *El Mundo*, le 31 janvier 2007.
2. www.pressemagazine.com

Dans la même veine, nous pouvons voir les rappeurs afficher des goûts de luxe. Agenda Inc a établi une liste des marques les plus citées dans leurs chansons, liste que nous reproduisons dans le tableau 8.7 ci-après.

Tableau 8.7

Marque	Nombre de mentions
1. Mercedes-Benz	100
2. Nike	63
3. Cadillac	62
4. Bentley	51
5. Rolls-Royce	46
6. Hennessy	44
7. Chevrolet	40
8. Louis Vuitton	35
9. Cristal	35
10. AK-47	3

(S'il est certainement réconfortant de voir voitures, boissons et accessoires arriver en tête, la présence dans la liste d'une arme comme l'AK-47 n'en est pas moins très dérangeante.)

Le cas Cristal est particulièrement intéressant, car il a été au cœur d'une controverse publique qui a mis en lumière les problèmes que les dirigeants des marques peuvent rencontrer.

Cristal est un champagne Roederer initialement créé pour les tsars. Jean-Claude Rouzaud, qui a dirigé la maison jusqu'à son départ à la retraite en 2005, a dit un jour : « Nous faisons notre Champagne pour les 3 ou 5 % de consommateurs qui connaissent vraiment le vin et qui prennent le temps de le déguster correctement. » (Cette définition capture peut-être l'essence même d'un produit de luxe.) Au début des années 2000, les consommateurs les plus en vue de Cristal sont des rappeurs comme Puff Daddy, Snoop Dogg ou Jay-Z.

La polémique est partie d'une interview donnée par le fils de M Rouzaud, Frédéric, l'actuel président. Interrogé sur les effets potentiellement négatifs pour la marque de l'association entre Cristal et le mode de vie des rappeurs « bling-bling » (« bling » est un mot d'argot utilisé par les rappeurs pour désigner les lourds bijoux dorés qu'ils affectionnent), il a répondu : « C'est une bonne question, mais que pouvons-nous y

1. www.agendainc.com

faire ? Nous ne pouvons pas interdire à certaines personnes d'acheter nos produits. Je suis sûr que Dom Pérignon ou Krug seraient ravis de traiter avec eux. » En réponse, Jay-Z a qualifié les commentaires de Rouzaud de racistes et déclaré qu'il ne soutiendrait plus aucun produit Roederer, ni directement ni à travers les diverses marques qu'il détient – dont Rocawear, une entreprise de vêtements qui pèse 700 millions de dollars, et la chaîne de discothèques 40/40. Pour essayer de limiter les dégâts, Rouzaud a répondu par une déclaration d'amour et d'affection envers toutes les formes de musique, d'art et de culture : « Une maison comme Louis Roederer n'aurait pu exister depuis 1776 sans être totalement ouverte et tolérante envers toutes les formes d'art et de culture, y compris les styles musicaux et vestimentaires les plus récents qui, comme le hip-hop, nous permettent de rester en contact avec la modernité.[1] »

Depuis, Jay-Z a contacté de nombreuses maisons de champagne et a sélectionné la maison Cattier qui a ressuscité pour lui la marque Armand de Brignac créée dans les années 50 puis abandonnée. Ce champagne est surtout remarquable pour sa bouteille dessinée par Courrèges, plaquée or avec un as de pique.

La définition du luxe donnée par Jean-Louis Dumas-Hermès et citée dans le premier chapitre, qui affirme que « choisir le consommateur comme meilleur vecteur de communication » met clairement en évidence le rôle du consommateur dans la formation de l'identité et de la notoriété des marques de luxe.

Qu'est-ce qu'une bonne communication ?

La bonne communication est celle qui coûte peu et génère un maximum de ventes sur la période la plus longue.

Dans ce chapitre, nous avons introduit la notion de critères d'efficacité, et nous l'avons appliquée à l'image, au texte et au son. Malgré les limites subjectives de ces critères, nous pouvons également les appliquer à tout l'éventail de manifestations d'une marque (figure 8.4).

Certaines manifestations sont plus faibles que d'autres selon certains critères.

- Le texte suscite moins d'émotions que l'image dans le temps limité qu'accorde la communication moderne. Cela ne veut pas dire qu'une photographie dans un journal parvienne mieux à susciter des émotions profondes que, disons, la poésie de Baudelaire. Ce sont des considérations « statistiques » plus que des jugements absolus, ne serait-ce que parce que tout va dépendre de la créativité de l'auteur.

1. www.usatoday.com, 15 juin 2006.

- Les images ne sont pas aussi efficaces que le texte pour transmettre des informations factuelles. Il est difficile, par exemple, de donner un numéro de téléphone sous forme picturale.
- Un espace seul ne donnera pas non plus beaucoup d'informations factuelles. Mais il peut être très efficace pour transmettre des états d'esprit et créer un contexte psychologique favorable.
- L'objet ne donne pas non plus toujours une information très précise, et nécessite souvent un manuel d'entretien.
- Les gens peuvent être convaincants à l'oral, mais avoir besoin de beaucoup plus de temps qu'une image ou qu'un objet pour susciter la fascination nécessaire à l'égard de la marque.
- Un site internet regroupe tous les avantages de l'image, du texte et du son.
- L'impact visuel et la capacité à être mémorisé dépendent essentiellement de l'originalité et de la réalisation concrète de l'élément de communication.

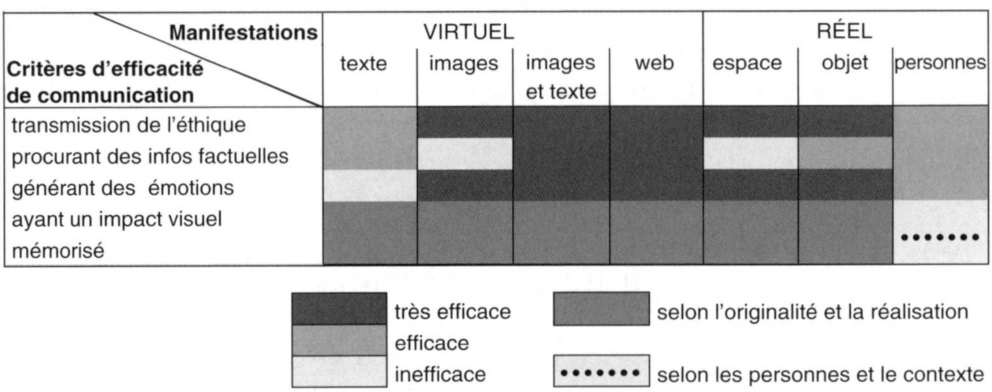

Figure 8.4 – Efficacité relative des manifestations de la marque en termes de communication

Le diagramme est plus facile à utiliser pour une évaluation *a posteriori* des documents de communication.

Bien que nous ayons principalement traité de la bonne communication, nous n'oublions pas qu'il existe encore bien trop d'exemple d'une mauvaise gestion de la communication des marques. Nous nous sommes volontairement abstenus de mentionner ici les excès – provocation, vulgarité, apologie de la drogue, etc. – puisque nous avons traité ce sujet par ailleurs[1].

Nous pensons toujours que les marques, bien gérées, peuvent être des facteurs de progrès.

1. Voir notre livre *Pro Logo*, Les Éditions d'Organisation, 2003.

CHAPITRE 9

La distribution internationale

Le terme de « distribution » peut être trompeur, en ce qu'il renvoie à *tous* les modes de distribution de biens, de l'usine au consommateur final. Ceci inclut, bien sûr, les magasins dans lesquels les produits sont vendus, mais aussi les systèmes commerciaux et logistiques mis en œuvre pour transporter la marchandise de Paris ou Milan vers n'importe quel lieu dans le monde et la mettre en contact avec le client.

« Circuits de distribution » internationaux

Nous avons dit plus haut que les entreprises de luxe sont des opérations mondiales, ce qui pourrait donner l'impression que des sociétés comme Givenchy ou Max Mara possèdent leurs propres filiales et leurs propres boutiques partout dans le monde pour offrir leurs produits aux consommateurs. En fait, tout comme la fabrication est souvent sous-traitée, la distribution internationale est souvent confiée à des entreprises extérieures.

Dans la figure 9.1, nous partons de l'entreprise d'origine qui distribue ses produits à travers des réseaux de distribution faisant intervenir des distributeurs extérieurs, des *joint-ventures* ou des filiales. Cette entreprise peut également signer des contrats de licence pour des produits qu'elle ne veut ou ne peut ni fabriquer ni distribuer directement. Les détenteurs des licences, à leur tour, choisissent des distributeurs dans chaque pays et à l'échelle internationale. (Nous nous pencherons plus avant sur la question des licences au chapitre 11.) Par conséquent, l'entreprise initiale jouit d'une présence qui n'est pas directement sous son contrôle, sur certains territoires et dans certaines catégories de produits.

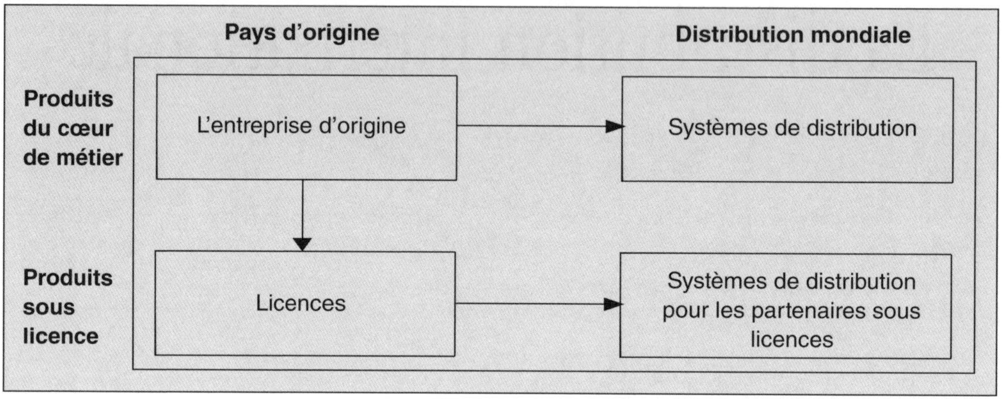

Figure 9.1 – Présence mondiale d'une marque

Les différents systèmes de distribution

Nous examinons maintenant les différents systèmes, du plus simple au plus compliqué.

Ventes exclusives à Paris ou Milan

C'est ainsi que les marques exportent initialement leurs produits. Elles présentent leurs collections lors des foires internationales – à Paris, Milan ou Francfort, par exemple – et elles les vendent sur place et directement à des responsables de boutiques ou à des acheteurs de grands magasins d'une ville ou d'un pays donnés.

Dans la plupart des secteurs, de telles foires ont lieu une ou deux fois par an. Outre les salons spécialisés pour la présentation des nouvelles tendances en matière de tissus, il y a aussi les salons de la maroquinerie, de la joaillerie et des montres, les salons de l'optique, les salons pour le prêt-à-porter masculin, le prêt-à-porter féminin, etc. Les distributeurs du monde entier viennent y chercher de nouvelles idées et de nouveaux produits. Si une nouvelle marque les attire, ils peuvent conclure un accord, d'exclusivité ou autre, pour vendre ces produits dans les magasins de leur pays d'origine.

Dans le prêt-à-porter de luxe, les différentes marques présentent leurs défilés la même semaine ou la même quinzaine, et tous les acheteurs des grands magasins et des magasins multimarques du monde s'y rendent, avec un budget d'achats pré-établi (ce budget a gardé son nom américain : même en français, on parle donc d'un *open to buy* pour telle ou telle marque). Les dirigeants des marques de mode accordent une attention particulière aux acheteurs des grands magasins américains ou japonais, car ceux-ci peuvent parfois acheter de très grande quantité de produits (en d'autres termes, ils ont des *open to buy* très élevés). À la fin du défilé, des commandes fermes et le paiement d'un premier acompte sont enregistrés pour une livraison des marchandises qui est prévue plus tard dans l'année : lors de ces prises de commandes en *show room*, les entreprises de mode ont immédiatement une idée précise de leurs ventes pour la saison à venir.

Avant leur venue à Paris ou Milan, les acheteurs des grands magasins auront préparé leurs budgets d'achat (*open to buy*) à partir des performances de chaque marque au cours des années précédentes.

Les budgets d'achat étant ainsi prédéterminés, les nouvelles marques rencontrent des difficultés pour s'insérer dans ce processus, à moins qu'elles n'aient discuté de leurs projets avec les directeurs des grands magasins bien avant les défilés et les prises de commande.

Ce système de ventes directes présente de nombreux avantages. Il comporte peu de risques, puisqu'il y a généralement versement d'un acompte au moment de la commande, le reste étant payé par lettre de crédit à la date de livraison. De plus, les acheteurs des grands magasins et des chaînes de distribution visitant l'entreprise au moins deux fois par an, cela ne coûte pas cher de les rencontrer et il n'y a pas besoin d'aller les prospecter en direct sur leur territoire, ce qui dispense de voyages de prospection coûteux et aléatoires. Enfin, de cette manière, les marques peuvent être présentes dans des grands magasins prestigieux, où leurs produits seront présentés à la clientèle et vendus dans un environnement de qualité et à un prix adapté.

Bien sûr, l'inconvénient de ce système est que la marque maîtrise très peu le choix des magasins et des distributeurs, et dépend de la bonne volonté des uns ou des autres. Quand une marque veut se développer, elle doit combiner ce type de ventes avec des points de ventes supplémentaires, plus ciblés, de manière à être présentes dans les pays plus petits et avec une activité moins extensive.

➤ Filiales

Une idée reçue particulièrement répandue est que le système des filiales partout dans le monde constitue le mode de distribution le plus courant dans le secteur du luxe. En réalité, c'est très rarement le cas, et dans ce secteur, la majorité des ventes se font d'une autre façon. Le grand avantage des filiales, c'est qu'elles permettent un travail marketing en profondeur. Elles présentent aussi l'intérêt d'avoir leurs ventes comptabilisées au prix fort (au prix de gros) plutôt qu'au tarif d'exportation. Une entreprise ayant de nombreuses filiales semble plus grosse et plus impressionnante dans son pays d'origine qu'une autre travaillant essentiellement avec des distributeurs. Enfin les dirigeants sont en général très fiers de gérer ou de diriger à distance des filiales partout dans le monde.

Cependant, dans de nombreux pays du Moyen-Orient et d'Amérique latine, sans parler de l'Indonésie, les entreprises étrangères ne sont pas autorisées à posséder 100 % d'une filiale dont la seule activité consiste à distribuer des produits fabriqués à l'étranger et importés. Dans certains pays, de telles filiales d'importation et de distribution sont tout simplement interdites ; dans d'autres, la majorité des actions doit être détenue par un associé local. Dans des pays comme la Chine ou la Russie, il est possible de posséder une filiale à 100 %, mais il est généralement conseillé d'avoir un associé sur place qui pourra, entre autres, se charger des relations avec les autorités administratives locales.

En outre, les filiales coûtent cher. Selon, bien sûr, la taille du pays et le type de produits concernés, il n'est pas raisonnable d'ouvrir une succursale si les prévisions de vente ne sont pas supérieures à 4 millions d'euros. En dessous de ce chiffre, la marge brute sur le chiffre d'affaires est souvent insuffisante pour couvrir les charges fixes, dont en particulier la masse salariale. Enfin, les budgets prévisionnels pour des projets d'ouverture de filiales ont souvent tendance faire preuve d'un trop grand optimisme : une filiale rentable peut quelquefois devenir un cauchemar si le marché d'un pays donné se retourne.

Enfin, il faut de l'argent pour ouvrir et développer une filiale : la maison mère doit par exemple financer les stocks disponibles localement et les comptes clients. Quand la trésorerie est tendue, ce système n'est donc pas nécessairement le plus facile ni le plus adapté : se développer par l'intermédiaire de filiales prend plus de temps que de se développer à travers un réseau de distributeurs.

Il est également habituel de penser que les filiales sont plus faciles à contrôler et donc moins susceptibles d'être à l'origine du marché parallèle, c'est-à-dire d'opérations de « marché gris ». Or, les spécialistes de ce sujet disent justement que les sources de « produits gris » les plus simples et les plus bienveillantes sont souvent les directeurs généraux de filiales qui ont du mal à réaliser leur budget annuel et qui peuvent être tentés de se débarrasser de certains produits sans en vérifier la destination pour faire du chiffre.

Pour les très grandes entreprises, très bien établies, le système de filiales fonctionne très convenablement, mais ce n'est certainement pas le système de distribution le plus courant dans le secteur du luxe.

➤ **Distributeurs locaux**

Les distributeurs locaux achètent les produits avec leur argent, constituent eux-mêmes des stocks et réalisent les ventes dans leur pays. Ce système constitue bien sûr une approche au besoin de trésorerie réduit, pour une entreprise du luxe désirant se développer à l'international.

Un distributeur local se voit généralement attribuer l'exclusivité de la distribution d'un produit ou d'une marque sur un territoire donné. Les distributeurs représentent généralement plusieurs marques de manière à répartir leurs coûts de distribution. Cela leur donne également plus de pouvoir dans les négociations avec les grands magasins ou les points de vente locaux, ce qui est bien sûr un avantage pour une petite marque.

Les distributeurs assument localement tous les risques financiers pour la marque. Ils sont généralement capables d'obtenir les meilleurs emplacements dans les grands magasins et de négocier des réductions sur les tarifs publicitaires en utilisant la puissance de feu de leur portefeuille de marques. Globalement, ils peuvent gérer le quotidien d'une marque de manière très efficace.

Mais dans ce système, tout n'est pas bien sûr uniquement positif. Les distributeurs ne sont pas toujours faciles à contrôler et peuvent, parfois, monter leurs propres campagnes promotionnelles, leur propre marketing plutôt que de suivre les recommandations de la marque. Leur gestion peut aussi varier d'une marque à l'autre et ils peuvent être excellents pour une marque qui les passionne et qui les motive et être ne même temps de mauvais distributeurs pour une marque en laquelle ils ne croient pas.

Quand une marque réalise un chiffre d'affaires élevé sur un territoire, il devient plus coûteux de payer la marge du distributeur que d'entretenir une filiale. Les distributeurs sont très pratiques pour lancer et développer une marque, mais lorsque les ventes atteignent, disons, 10 à 15 millions d'euros sur un territoire, il devient plus raisonnable d'ouvrir une filiale. Il n'est cependant pas toujours facile de passer d'un système à l'autre, comme nous le verrons ci-après.

➤ **Les joint-ventures**

Suspendre une relation avec un distributeur pour créer sa filiale peut parfois laisser une certaine rancune pouvant conduire ce dernier à orchestrer un boycott de la marque auprès de ses clients les plus proches. Cela s'est déjà vu, par exemple, au Japon, lorsqu'un grand magasin s'est vu retirer les droits à l'exclusivité des ventes et la gestion d'une « master licence » d'une marque de prêt à porter qui avait décidé d'ouvrir sa propre filiale.

Une *joint-venture* est une filiale qui appartient pour partie à la maison mère et pour partie à un partenaire local qui peut être, par exemple, l'ancien distributeur. Le système permet d'aplanir avec élégance les difficultés qui peuvent apparaître au démarrage d'une filiale, en offrant à l'ancien distributeur la possibilité de jouer un rôle majeur à travers la mise à disposition de bureaux, la gestion d'activités de *back office* et sa connaissance du marché local. Par ce type de *joint-venture*, la voie peut être ouverte, lors des renouvellements successifs des contrats de distribution, pour une augmentation progressive de la part du capital détenue par le détenteur de la marque, qui peut aboutir en fin de compte à une filiale directe.

Ceci étant dit, entre les différentes possibilités qui s'offrent aux entreprises du luxe en termes de distribution, dans l'ensemble de ses activités mondiales, l'entreprise « moyenne » traitera probablement directement avec quelques grands magasins, possédera une dizaine de filiales à 100 %, sera engagée dans 5 à 20 *joint-ventures* avec d'anciens distributeurs et travaillera sans doute avec 40 à 60 distributeurs indépendants.

Les structures de prix

Les prix ne sont pas fixés au hasard. Ils doivent prendre en compte plusieurs facteurs. D'abord, il est plus coûteux de distribuer un produit aux États-Unis qu'au Panama ou sur une petite île des Caraïbes. Ensuite, certains pays imposent des droits de douane allant jusqu'à 100 % et même quelque fois des systèmes de quota.

Les entreprises du luxe tentent néanmoins d'harmoniser leurs prix à l'échelle mondiale. Elles travaillent avec trois zones tarifaires, comme le montre le tableau 9.1.

Tableau 9.1 – Tarification dans différentes zones (parfums et cosmétiques)

	Paris/Milan	New York	Tokyo
Marché local	100	110 – 85	135 – 150
Duty free	80	88 – 68	108 – 120

Pour les marques de mode, les prix sur les marchés domestiques correspondent à un indice de 120 à New York et peuvent atteindre 200 à Tokyo.

Le point de référence est le prix à Paris/Milan, auquel nous avons donné l'indice 100. Les barrières douanières n'existant plus en Europe, les prix de vente dans les autres pays de l'Union sont généralement autour de 100, 105, et les prix en magasins hors taxes sont calculés à 20 % en dessous (soit environ 80).

À New York, l'objectif est d'avoir des prix au détail compris entre 105 et 110. Mais en période de faiblesse du dollar, comme entre 2001 et 2007, il est difficile d'augmenter démesurément les prix en dollars et ceux-ci tombent fréquemment à 85 en équivalent euro. Les prix hors taxes en Amérique latine et dans les Caraïbes suivent ceux de New York et, en 2007, pour certaines marques, ils étaient inférieurs aux prix détaxés européens.

À Tokyo, où les coûts opérationnels sont élevés et où les barrières douanières existent encore pour diverses catégories de produits, les prix sont généralement dans la fourchette d'un indice de 135-150. Les prix hors taxes asiatiques sont donc, eux, généralement légèrement supérieurs aux prix du marché domestique européen.

Dans des pays comme la Thaïlande et le Brésil, où les droits de douane sont de 50 % ou plus, les prix au détail ne sont pas nécessairement augmentés de ce pourcentage par rapport à ceux de référence pour la zone. Le gestionnaire de la marque détermine le niveau de prix acceptable pour les clients locaux sur le marché et pour les visiteurs qui utilisent comme référence le prix sur leur propre marché de résidence et il diminue les prix de départ (le prix export) en conséquence.

La règle générale est qu'il n'existe pas de prix unique à l'exportation. En fait, le système fonctionne plutôt dans l'autre sens, avec un accord sur le prix de vente idéal au niveau des magasins de détail dans un pays donné, le calcul d'une marge raisonnable sur ce prix pour les détaillants et pour les distributeurs, et un prix export en résultant.

De fait, dans le luxe, il y a souvent autant de prix export que de clients. Cette approche peut parfois être remise en question, d'autant plus que dans beaucoup de pays, la fixation des prix est interdite par la loi et donc l'accord entre une maison-mère et un distributeur ne peut être considéré que comme « indicatif », avec un seulement un « prix recommandé ».

La structure des prix est fondée, comme dans le tableau 9.2, sur un indice 100 pour le prix de vente de détail à Paris ou Milan et part du prix de vente le plus logique ou le plus efficace dans un pays donné. En prenant en compte les marges de détail habituelles (qui varient d'un pays à l'autre) et l'impact des différents niveaux de taxe sur la valeur ajoutée et autres taxes locales, un prix de gros est déterminé. De celui-ci, l'on déduit la marge du distributeur et le budget publicitaires, et l'on obtient le prix à quai (dit *landed*) : c'est lui qui constitue l'accord principal entre le distributeur et le fabricant. À partir de là, il n'y a plus qu'à connaître les droits de douane spécifiques au pays en question ainsi que les autres coûts (transport et assurance) pour être en mesure de déterminer le bon prix export.

Le tableau 9.2 donne un exemple de la manière dont tout ceci peut fonctionner pour deux pays européens.

Tableau 9.2 – Structures de prix en Europe (parfums et cosmétiques)

	France	Pays A		Pays B	
Prix détail	100	105		110	
Prix gros (hors TVA)	50	52,5	100 %	57,5	100 %
Marge du distributeur		25,2	48 %	25,875	45 %
Budget publicité et promotion		10,5	20 %	8,625	15 %
Prix à quai		16,8		23,0	
Transport, assurances et taxes		0,6		0,6	
Prix export		16,2		22,4	
Coût du produit	12,5	12,5		12,5	
Marge brute	75 %	22,8 %		44,2 %	

Pour les besoins de la discussion, nous avons supposé que le prix de vente serait de 105 dans le pays A et 110 dans le pays B. Les prix de gros dépendent des marges des magasins, qui sont respectivement de 50 % et 47,5 %. En leur soustrayant la marge de l'importateur-distributeur ainsi que les budgets publicitaires, nous obtenons des prix à quai (landed) de 16,8 et 23. Il est ensuite nécessaire de prendre en compte le transport, l'assurance et les taxes, ce qui donne un prix export de 16,2 pour le pays A et de 22,4 pour le pays B.

Bien que les structures de prix dans les deux pays, A et B, semblent similaires (marges des agents : 48 %/45 %, budget publicitaire : 20 %/15 %), les marges brutes diffèrent largement : 22,8 % dans le pays A contre 44,2 % dans le pays B.

Dans le cas français, la marge brute est très élevée (75 %), mais ce n'est pas un point de comparaison très juste car l'entreprise vend ses propres produits directement et n'a pas recours à une structure différente pour couvrir les coûts de distributions et de publicité. Il est clair néanmoins que les activités dans le pays A ne sont pas très rentables : une marge brute de 22,8 %. Il faut une marge très élevée en France pour pouvoir alimenter le long circuit de distribution, comme dans les pays A et B.

Le budget publicitaire est généralement intégré à la structure de prix et le distributeur dispose de cet argent pour l'utiliser dans le pays en question.

Dans le cas européen, les différences entre prix à quai (*landed*) et prix export sont très limitées. Comme nous les verrons plus loin, ce n'est pas toujours le cas.

Dans le tableau 9.3, nous avons pris l'exemple de deux pays ayant des droits de douane plus élevés et des coûts opérationnels différents.

Tableau 9.3 – Structures de prix au Japon et au Mexique (parfums et cosmétiques)

	France	Japon		Mexique	
Prix au détail	100	150		130	
Prix de gros	50	90		78	100 %
Prix de gros (second distributeur)		67,5	100 %		
Marge de l'agent		37,125	55 %	35,1	45 %
Budget publicitaire et promotionnel		10,125	15 %	11,7	15 %
Prix à quai		20,25		31,2	
Transport, assurance et taxe		2,94		8,89	
Prix export		17,31		22,31	
Coût	12,5	12,5		12,5	
Marge brute	75 %	27,8 %		44 %	

Dans le cas du Mexique, il n'y a pas de différence majeure avec l'Europe, sauf que, du fait des droits de douane élevés, les prix de détail sont bien plus élevés qu'aux États-Unis.

Pour le Japon, nous avons pris l'exemple d'un importateur qui n'a pas directement accès aux grands magasins et autres points de vente : il est très fréquent au Japon que le rayon parfums, contrairement au rayon cosmétiques, ne soit pas géré directement par le grand magasin mais soit confié à une sorte d'intermédiaire supplémentaire qui prend une marge de 25 %. Cet empilement d'intermédiaires – du détaillant à l'importateur distributeur en passant par le grossiste – est spécifique au Japon et explique en partie que les coûts opérationnels y soient élevés.

À l'intérieur de ces structures de prix, il faut remarquer que les pourcentages fonctionnent dans les deux sens. Ils sont calculés d'un côté à partir d'un indice correspondant au prix de détail ou au prix de gros, et de l'autre côté d'un indice correspondant au prix export auquel on ajoute l'ensemble des frais d'opérations dans un pays donné.

Pour simplifier, on parle du « coefficient » de la structure de prix : le coefficient est égal au prix de vente divisé par le prix export. Ainsi, dans la structure japonaise, le coefficient est de 8,66 et dans la structure mexicaine, il est de 5,82.

Lors de négociations avec différents distributeurs potentiels dans un même pays, il faut comparer les différentes structures de prix avec lesquelles chacun propose de fonctionner. Les différences dans le coefficient global montrent l'avantage économique qu'il peut y avoir à travailler avec un distributeur plutôt qu'un autre. Mais il faut aussi comparer les budgets publicitaires dégagés dans chacune des structures.

Le budget et les stratégies publicitaires

Si on se réfère à nouveau au tableau 9.3, dans la structure de prix mexicaine, telle que présentée à droite, le prix export est de 22,31 et le budget publicitaire dégagé correspond à un montant de 11,7 – soit plus de 50 % du prix export. Pourquoi avoir inclus dans la structure de prix un budget publicitaire local qui aurait pu être ajouté au prix export et dépensé directement par les détenteurs de la marque ? Le problème serait que, si le fabricant facturait 34,01 (plutôt que 22,31) pour constituer ce budget publicitaire (toujours de 11.7), non plus à Mexico mais à Paris, il faudrait payer des droits de douane d'environ 4.50 sur un budget de publicité destiné à être dépensé au Mexique et les frais d'approche passeraient de 8.89 à 13.39 ce qui serait absurde.

C'est pourquoi les budgets publicitaires des parfums et des cosmétiques sont généralement inclus dans les structures de prix. (Pour le prêt-à-porter, un pourcentage des dépenses locales figure au contrat même si celles-ci n'apparaissent pas directement dans la structure de prix.) Les conséquences directes de ceci sont :

- Le propriétaire de la marque (la maison-mère) a le sentiment d'avoir diminué le prix export de ses produits d'autant et considère donc le budget publicitaire comme le sien.
- Le distributeur considère qu'il paie le juste prix pour les produits et a donc le sentiment de payer la publicité de sa poche.

Mais les différences ne s'arrêtent pas là :

- La maison-mère souhaite surtout accroître sa notoriété et son rang sur un marché donné et pousse donc vers l'utilisation de la plus grande part du budget publicitaire dans les médias.
- Le distributeur s'intéresse plus au court terme et préfère donc les opérations promotionnelles immédiates. Il peut aussi souhaiter utiliser une partie du budget publicitaire pour des frais nécessaires à la distribution du produit,

coûts qu'il aurait dû supporter de toute façon pour payer des vendeuses, des promoteurs ou pour donner de l'argent promotionnel aux magasins, ce qui peut avoir un impact immédiat sur les ventes.

Que se passe-t-il quand les deux parties considèrent que pour développer et promouvoir, disons, une marque de parfum, sur un territoire, les 15 % de budget publicitaire dégagés dans la structure de prix ne suffisent pas, et que quelques millions de dollars supplémentaires sont nécessaires ? Là encore, les points de vue diffèrent :

- Le distributeur considère que, puisqu'il ne détient pas de droits à long terme sur la marque, c'est à la maison-mère de couvrir ces coûts supplémentaires si elle souhaite que la marque développe sa notoriété dans le pays.
- Le propriétaire considère que ce qui se passe sur le marché local est au bénéfice du distributeur, parce que cela aura un impact immédiat sur les ventes ; donc, tout investissement publicitaire supplémentaire devrait être assuré entièrement par le distributeur.

De telles discussions peuvent tourner à la discorde et nuire aux deux parties ; heureusement, la règle habituelle est de partager ces dépenses additionnelles à égalité entre les parties.

Il est clair que la gestion du « système de distribution » demande beaucoup de temps et d'attention. La plupart des entreprises ont à gérer un ensemble de structures incluant quelques filiales et un grand nombre de distributeurs. Les directeurs de filiales font partie du personnel – bien qu'ils soient loin du siège – et doivent donc être motivés et partager les objectifs de l'entreprise. Les distributeurs doivent être considérés comme des associés individuels qui investissent leur propre argent dans la réussite de la marque. Les contrats de distribution exclusive durent en général 3 à 7 ans et il est parfois recommandé de renouveler ces contrats en avance, de manière à ce que les deux « associés » se sentent en confiance et soient motivés pour contribuer au développement de la marque. Dans certains cas, la signature d'accords de *joint-venture* peut être une façon astucieuse de faire évoluer le processus, comme nous l'avons déjà dit plus haut.

Le cas particulier des opérations de *duty free*

Une large part des produits de luxe est achetée par les clients au cours de leurs voyages : on estime par exemple que 24 % du volume mondial des ventes de parfum s'effectue dans des boutiques de *duty free*. Pour le cognac et les cravates, et pour certaines marques ce sont également environ 20 % des ventes mondiales qui peuvent être réalisées dans ce circuit.

Traditionnellement, cette activité s'appelait *duty free* pour bien marquer son caractère libéré des droits de douane. Depuis qu'en Europe, les ventes en détaxe ont été interdites pour les trajets en avion, bateau ou train entre deux villes comme par exemple Milan et Paris, les gens parlent de *travel retail* pour y adjoindre les ventes réalisées dans des aéroports européens, et qui ne sont plus, à proprement parler des ventes *duty free* mais des ventes en *discount*, à l'occasion d'un voyage.

Tableau 9.4 – Valeurs estimées des ventes en *duty free* dans les principaux ports et aéroports

	Ventes 2008 (1) (millions de dollars)	Nombre de passagers 2009 (2)
Dubai International	1 200	40 901 752
London Heathrow	1 200	66 037 578
Seoul Incheon	1 000 +	28 000 000 (E)
Singapore Changi	800	37 203 978
Paris Charles de Gaulle	700	57 906 866
Silja line, Finland	600	N.A.
Amsterdam Schiphol	500	43 570 370
Hong Kong	500	45 508 807
Bangkok	400	40 500 224
Frankfort	400	50 932 840
Oslo	400	18 000 000 (E)
London Gatwick	400 +	35 000 000 (E)
Manchester International	300 +	19 500 000 (E)
Tel Aviv Ben Gurion	300 +	12 000 000 (E)
Rome	300 +	33 723 213
Istanbul	300	30 000 000 (E)
Sao Paulo	300	13 699 657
Bruxelles Zaventem	200	15 000 000 (E)
Tokyo Narita	200 +	61 903 656
P&O Ferries U.K.	200	N.A.

(1) Estimations des bases de donnée *Generation data base* et *Duty Free News International* (DFNI).
(2) Airports Council International.
(E) indique une estimation des auteurs.

Une estimation établie par la société spécialisée Generation évaluait en 2009 le marché détaxé à près de 34,6 milliards de dollars (39 % en Europe, 30 % en Asie et 24 % en Amérique). Sur cette somme globale, les vins et spiritueux représentent 5,9 milliards de dollars, la mode de luxe et les accessoires 12,1 milliards et les parfums et cosmétiques 10,6 milliards (soit 8,15 milliards d'euros à comparer avec des ventes totales de 34,5 milliards : 24 %).

La plupart des magasins *duty free* sont situés dans des aéroports, les gens y ayant généralement du temps devant eux et de l'argent en poche. Ces boutiques sont une bonne occasion de proposer des prix réduits et de permettre de réelles économies pour le consommateur, dans un environnement sophistiqué. Il y a trente ou quarante ans, alors qu'encore très peu de gens voyageaient, ce marché à prix réduit était réservé aux *happy few*. Mais, même si aujourd'hui tout le monde voyage, ce marché a su conserver son allure de luxe car voyager en avion – ou sur un bateau de croisière – demeure une activité haut-de-gamme.

Bien que les boutiques *duty free* soient situées dans les principaux aéroports, il n'y a d'ailleurs pas toujours de lien direct entre le nombre de passagers et le volume des ventes, comme on peut le voir sur le tableau 9.4.

➤ Le système du *duty free*

Les ventes détaxées reposent sur deux conditions fondamentales. Premièrement, les produits n'étant pas vraiment « entrés » dans le pays, ils ne sont pas assujettis aux droits de douane (ou aux taxes spéciales sur les tabacs ou sur les alcools). Deuxièmement, comme ils ne sont pas vendus « dans le pays », ils ne passent pas par l'intermédiaire du distributeur importateur local et ne doivent donc pas acquitter sa marge. Néanmoins, si les opérateurs de *duty free* ne paient ni les droits de douane ni les taxes locales, ils doivent payer des taxes aéroportuaires qui peuvent être deux à trois fois supérieures.

Le tableau 9.5 illustre le fonctionnement du *duty free*.

Tableau 9.5 – Système de tarification en *duty free*

	Vente au détail en France (€)	Ventes au détail duty free en Europe (€)	Ventes au détail en Allemagne – via un distributeur local (€)
Prix normal au détail	100		105
Prix au détail sans la TVA (19,6 %)	83,61		
Prix au détail en *duty free*		80	
Prix de gros	50,00		52,50
Prix export		32	16,20

Note : Pour les prix allemands, nous avons utilisé les chiffres du pays A dans le tableau 9.3.

Comme le montre le tableau 9.5, si, par exemple, un fabricant de parfum vend son produit à un prix de 105 euros dans les boutiques domestiques allemandes, son prix export peut très bien être de 16,20 euros, la différence provenant de la marge du distributeur et de la constitution du budget publicitaire et promotionnel. Quand le produit est vendu directement à un opérateur de *duty free* à l'aéroport de Francfort, par exemple, le fabricant de parfum peut le facturer 32 euros, c'est-à-dire pratiquement deux fois le prix auquel il le vendrait s'il devait respecter la structure de prix de son distributeur allemand. Ainsi, tout le monde y gagne : le client fait une meilleure affaire en achetant moins cher et le fabricant vend à un prix export plus élevé ; même si le budget publicitaire n'est pas inclus dans la structure de prix.

Le tableau 9.6 explique comment fonctionne le système du point de vue de l'opérateur *duty free.*

Tableau 9.6 – Structure de prix pour un opérateur *duty free*

	Montant total	Pourcentages
Prix détail aéroport	80	
Commission aéroport	32	40 %
Marge de l'opérateur	16	20 %
Prix export	32	

Si l'opérateur achète à 32, il n'a qu'une marge de 20 % ; la majeure partie de la différence entre le prix export et le prix de vente en *duty free* va au paiement de la commission d'aéroport. En fait, les aéroports ont deux sources principales de revenus : les taxes d'atterrissages et de stationnement pour les avions, et les commissions sur les ventes en *duty free* ; dans de nombreux cas, ces dernières représentent plus de la moitié de l'ensemble de leurs ressources. (Pour l'aéroport de Paris, on évalue les activités « commerciales et financières » à deux tiers du chiffre d'affaires de 2010).

Les opérateurs de *duty free* travaillent avec une concession aéroportuaire accordée généralement au plus offrant. Ces concessions peuvent fonctionner de trois à sept ans, et durent en majorité sept ans. Pour préparer leur offre, les opérateurs principaux réalisent des prévisions de chiffre d'affaires fondées sur le nombre d'avions, les destinations, les nationalités et le type de voyageurs (touristes ou hommes d'affaires, par exemple), et s'engagent à verser une commission (qui peut aller de 35 à 55 % de leurs chiffres d'affaires) et parfois même un forfait minimum pour chaque année de la concession.

Les opérateurs font entrer dans leur offre des considérations telles que les nouveaux créneaux qui pourraient être accordés à de nouvelles destinations ou de nouvelles compagnies aériennes, et ils se servent de leurs propres estimations des probabilités d'achat pour chaque type de nationalités et de voyageurs pour chacune des catégories de produits de luxe : les clients japonais fument plus que les Américains, mais ils fument principalement des Mild Seven (la marque la plus vendue au Japon). Les Américains achètent du whisky et du cognac et, pour ce qui est du cognac, leurs marques préférées sont Hennessy puis Rémy Martin et ainsi de suite. Les opérateurs peuvent ensuite préparer leur dossier de soumission à partir de leurs meilleures estimations de ventes et de la commission maximale qu'ils peuvent proposer aux autorités aéroportuaires.

Étant donné les commissions très élevées encaissées par les aéroports (parfois plus de la moitié du prix de vente *duty free*) il peut être tout à fait intéressant, dans des pays comme Hong Kong, Guam, Singapour et Panama où il n'y a pas de taxes à l'importation, d'ouvrir des magasins ou des galeries *duty free* en ville, puisqu'alors le système fonctionne sans qu'il soit nécessaire de payer les onéreuses concessions aéroportuaires.

Mais dans ce cas, c'est un retour à la case départ : les opérateurs sont officiellement sur un pied d'égalité avec les distributeurs et doivent travailler par leur intermédiaire, à moins qu'ils ne parviennent à faire pression sur les marques et trouvent un compromis. Bien sûr, ces magasins en ville sont eux-mêmes le résultat du système de détaxe en vigueur dans chacun de ces pays.

Les produits peuvent ainsi avoir des prix très différents selon les lieux, comme on peut le voir dans le tableau 9.7.

Tableau 9.7 – Différences de prix pour des produits détaxés en 2006 (dollars)

200 cigarettes Marlboro		Chivas 12-year-old whisky (1 litre)	
China Airlines	10 dollars	Aéroport de Pékin	22 dollars
Aéroport d'Istanbul	19 dollars	Aéroport de Thaïlande	28 dollars
Aéroport de Berlin	32 dollars	Aéroport de Sput	34 dollars
British Airways	36 dollars	Aéroport de Salzburg	40 dollars
Aéroport de Vienne	46 dollars	Aéroport de Keflavic	46 dollars

Comme on peut le remarquer, il y a des différences de prix considérables d'un endroit à l'autre ; celles-ci sont généralement dues à des différences importantes dans les prix de vente domestiques (les cigarettes sont très bon marché en Chine) et à des stratégies différentes d'un opérateur aéroportuaire à l'autre. Par exemple, les gestionnaires de l'aéroport d'Amsterdam-Schiphol préfèrent travailler avec un pourcentage de commission plus faible, à condition que les prix de la plupart des produits soient les plus bas d'Europe. De cette manière, ils incitent plus de passagers à faire une escale à Amsterdam – sur un trajet de Boston à Helsinki ou de Houston à Hambourg – plutôt qu'à Londres, Paris ou Francfort.

➤ Les principaux opérateurs du *duty free*

Huit ou neuf acteurs majeurs gèrent plus de la moitié du volume des ventes aéroportuaires dans le monde. La taille est clairement un avantage : plus leur potentiel d'achat est grand, plus ces opérateurs peuvent exercer de pression sur leurs fournisseurs pour obtenir de meilleurs prix export. Et plus les prix export qu'ils obtiennent sont bas, mieux ils sont placés pour remporter les nouvelles concessions en offrant aux autorités aéroportuaires une commission plus élevée. Les principaux opérateurs, classés suivant leur taille, sont présentés ci-après.

- *Le groupe DFS (Duty Free Shoppers)*

Ce groupe, qui appartient à LVMH, a été lancé en Asie par trois personnes. Il réalise aujourd'hui un chiffre d'affaires estimé à environ 1,9 milliard d'euros pour 2009. La majeur partie de son activité se concentre autour du Pacifique. Son siège est à San Francisco et il gère 150 magasins situés essentiellement dans 15 villes du Pacifique dont Hong Kong, Singapour, Hawaï, San Francisco, Los Angeles, Bali, Okinawa, Taiwan, Guam et Saipan.

Spécialiste des clients japonais et d'autres pays d'Asie, le groupe jouit d'un très fort pouvoir de négociation dans ses rapports avec les fournisseurs. Il est également très fort dans les activités en centre-ville, où il opère sous le nom de « Galleria ».

- *Heinemann*

Heinemann est une entreprise familiale basée à Hambourg, dont les ventes s'élèvent à environ 1,9 milliard d'euros. Elle opère dans tous les aéroports allemands et dans la plupart des aéroports autrichiens, ainsi que dans certains aéroports du Portugal et est également présente à Miami et à New York. Cette entreprise a connu un développement très rapide en Europe de l'est (Varsovie, Budapest, Bratislava, Lubiana, Moscou), mais aussi en Turquie et en Afrique du Sud

Ses points forts sont les produits alimentaires et le tabac, et elle a également des activités de distribution domestique en Allemagne.

- *Dufry*

Le groupe Dufry, avec des ventes d'environ 1,6 milliard d'euros en 2009, opère dans les boutiques d'aéroport à Bâle, Milan, Panama, Mexico, New York, Singapour, Tenerife, Vancouver, Moscou, Nice et nombre d'autres villes. Il opère également en tant qu'avitailleur portuaire (pour les bateaux de croisière et ceux qui quittent les eaux nationales) à Barcelone, à Colón au Panama et en Croatie.

- *Autogrill*

Ce groupe Italien, contrôlé par la famille Benetton, est un nouvel opérateur. À l'origine, il s'agissait d'une société opérant comme restaurateur sur les autoroutes Italiens, mais elle s'est développée aussi par acquisition dans l'approvisionnement de plateaux-repas pour les lignes aériennes et dans le *travel retail.* Ce *travel retail* représente pour 2009 1 538 millions de chiffre d'affaires sur un total de 5,7 milliards d'euros. Il résulte de la reprise d'Aldeasa (aéroports espagnols : 494 millions d'euros) de World Duty Free (très puissant au Royaume-Uni et à Naples, 714 millions d'euros) et d'Alpha Group.

- *Nuance*

Basée en Suisse et réalisant un chiffre d'affaires de 1,2 milliard d'euros, cette société est puissante à Zurich et Genève, mais ses points forts sont l'Angleterre (Londres, Cardiff, Glasgow, Manchester) et aussi Paris, Faro, Porto, Lisbonne, Chicago, Sidney, Melbourne, Brisbane… Elle appartient depuis novembre 2010 à 50 % à un groupe familial italien et pour l'autre 50 % à la société française de Private Equity PAI.

- *Lotte group*

Il s'agit d'un groupe de grands magasins coréens disposant de points de vente en ville et avec la possibilité de venir chercher les produits achetés directement dans les aéroports au moment de quitter le pays. Les ventes duty free de ce groupe sont estimées à environ 1,2 milliard d'euros

- *AER Rianta*

Ce groupe irlandais qui a créé le concept de vente en détaxe dans les aéroports à Shannon, en 1947 appartient en partie aux pouvoirs publics (c'est une division des autorités aéroportuaires irlandaises). Avec des ventes de 1,1 milliard d'euros en 2009, c'est un intervenant majeur de ce secteur. Il a su créer des liens privilégiés avec Aéroflot dès 1979 pour approvisionner les avions de cette compagnie et dispose d'accords de joint-venture pour exploiter les aéroports de Moscou et

Saint Petersbourg. Il intervient en Ukraine et à Chypre, mais aussi au Canada, en Grèce ou à Bahreïn.

- *Dubai Airport*

C'est la plus grande zone *duty free* au monde, avec des ventes estimées à 950 millions d'euros. Comme Schiphol pour l'océan atlantique, son but est d'attirer des passagers en transit entre l'Europe et l'Asie et *vice versa*. On y fait de très bonnes affaires et sa loterie dotée tous les mois d'une Ferrari comme premier prix est désormais célèbre. Des offres spéciales sont également proposées aux citoyens indiens et philippins ayant travaillé au Moyen-Orient et souhaitant ramener une télévision ou un lave-linge chez eux.

- *Aelia*

Cette filiale du Groupe Lagardère, avec des ventes estimées à 587 millions d'euros en 2009, compte 163 points de vente, principalement à Roissy (60 % du chiffre d'affaires), mais aussi au Royaume-Uni ou en Pologne.

- *Duty Free Americas*

Cette entreprise privée américaine, appartenant aux frères Falic (les derniers propriétaires de Christian Lacroix) est implantée à Hollywood en Floride et réalise un chiffre d'affaires d'environ 500 millions d'euros. Elle intervient dans 60 aéroports dont New York, JFK et La Guardia, mais aussi Boston, Chicago, Washington ou Detroit

➤ La négociation

Négocier avec n'importe lequel de ces grands opérateurs est toujours difficile pour les marques. Les dirigeants des marques veulent certes s'assurer une visibilité et un volume de ventes maximal dans les aéroports, mais le prix à payer pour ce privilège est élevé. Ils doivent d'abord payer pour chaque article qu'ils veulent mettre en vente (commission de référencement), puis pour chaque activité promotionnelle comme par exemple :

- la publicité dans le catalogue de présentation des articles ;
- le positionnement sur les étagères ;
- les affiches lumineuses reprenant le nom de la marque ou un visuel d'une campagne publicitaire et placées en général au-dessus des étagères ;
- des activités promotionnelles spéciales pour la marque ;

- des commissions spéciales sur le chiffre d'affaires pour inciter le personnel à vendre tel ou tel produit.

Dans la plupart des cas, le personnel de vente est employé directement par les marques elles-mêmes, qui doivent donc prendre en charge les salaires correspondants. Pris dans leur ensemble, tous ces facteurs font qu'il est très difficile pour les petites marques d'être présentes et d'être puissantes sur ce marché très lucratif pour les très grandes marques.

Le marché parallèle : causes et conséquences

Le marché parallèle, ou « marché gris » consiste en des quantités de produits vendus dans des magasins dans lesquels ils ne sont pas censés être vendus : Des opérateurs parallèles achètent des produits en grand nombre, si possible là où ils sont vendus aux prix de détail le plus bas, et les apportent à des magasins qui n'auraient pas pu les obtenir directement auprès de la marque. Le marché parallèle est donc d'autant plus développé pour des marques dont les politiques de distribution sont très sélectives et rendent leurs produits difficiles à trouver, ou lorsque les variations de prix de détail ou de prix de gros d'un pays à un autre sont importantes.

Les causes du marché parallèle

Il nous faut ici distinguer entre les différentes catégories de produits.

Pour les **parfums**, les produits sont faciles et relativement économiques à transporter d'un coin de la planète à un autre. Les opérateurs du marché gris se disent par exemple que s'ils peuvent acheter des parfums à un très bon prix de gros à Panama, il peut être très rentable de les revendre au Japon, où les prix au détail sont plus élevés. Ces activités d'« arbitrage » sont très similaires à celles qui ont lieu sur le marché des changes ou celui des céréales. Le seul travail de ces opérateurs du marché parallèle consiste à acheter des parfums là où ils sont disponibles à bas prix et à les vendre là où la demande est forte et le prix élevé.

Les marques de parfum ont construit leur image sur le concept d'une distribution sélective. La plupart d'entre elles s'assurent que leurs produits ne sont disponibles ni dans les supermarchés ou les hypermarchés européens, ni dans les *drugstores* américains. Puisqu'elles font de la rareté une partie de leur raison d'être, il ne faut pas que l'on puisse les trouver en tête de gondole dans un hypermarché Carrefour de la banlieue bruxelloise pour la Fête des Mères. Cela nuirait à leur image, à leur exclusivité, et au désir qu'elles suscitent.

Il n'est pas aisé pour les marques de maintenir leurs produits en dehors des *drugstores* et des hypermarchés car il existe, dans la plupart des pays, des lois qui interdisent aux fabricants de choisir leurs points de vente. Ils sont censés proposer leurs produits à tous les magasins sans discrimination. Les marques de parfum ont donc défini un cahier des charges exigeant que leurs produits soient vendus dans un environnement exclusif et luxueux, en présence de conseillers « beauté » diplômés et formés à la vente en parfumerie. Elles peuvent ainsi limiter leurs points de vente aux parfumeries traditionnelles et aux chaînes spécialisées.

Si elles autorisaient Carrefour à vendre leurs produits à l'approche de la fête des Mères ou de Noël, ce serait assez injuste pour les parfumeries traditionnelles qui soutiennent la marque toute l'année et ne pourraient dès lors plus couvrir leurs coûts de distribution au cours de l'année, sans pouvoir bénéficier des périodes de ventes particulièrement fortes.

Aux États-Unis, les ventes de parfums et de cosmétiques sont concentrées dans les grands magasins, où les marques se battent pour obtenir les meilleures localisations ou les plus grandes bergeries. Si ces produits étaient également disponibles dans les *drugstores*, cela diluerait leur image et réduirait leur pouvoir de négociation auprès des grands magasins.

D'un autre côté, les *drugstores* aimeraient proposer les marques de luxe car ceci améliore leur image et élargit leurs gammes de produits vers des catégories plus raffinées et plus sélectives.

Les opérateurs du marché gris agissent donc comme des grossistes et peuvent proposer presque toutes les marques de parfum aux *drugstores* américains. Tous les produits sont disponibles, mais pas tous au même prix. Des marques comme Estée Lauder et Chanel, qu'il est difficile de se procurer, seront vendues au prix du détail ou à 10 % au-dessus (ce qui veut dire que les *drugstores* qui décident de vendre ces marques sont prêts à le faire à perte), tandis que des marques qui sont faciles à trouver sur le marché gris – Pierre Cardin par exemple – peuvent se vendre avec une décote de 60 à 80 %, pendant certaines périodes.

Étant donné qu'il est presque impossible pour eux de rester en dehors des circuits du marché gris, l'objectif des parfumeurs n'est pas d'être absent de ces circuits, mais d'être difficiles à trouver ; d'être présent, mais à un prix de gros si élevé que le commerçant qui vend le parfum ne gagne pas d'argent.

Pour les **accessoires**, les choses sont un peu différentes. En premier lieu les vêtements de mode sont difficiles à trouver sur le marché gris. Ils ont en effet une durée de vie assez courte du fait de la brièveté de leur présence saisonnière en magasin. La cible principale pour le marché gris, c'est donc les accessoires. Les plus recherchés sont ceux vendus uniquement dans les magasins exclusifs de la marque, comme c'est le cas de Prada, de Louis Vuitton ou de Chanel.

Des sacs à main Chanel ou Louis Vuitton se retrouvent fréquemment dans les vitrines de petites boutiques d'articles de maroquinerie au Japon, par exemple. Les clients sont attirés par ces marques célèbres et exclusives mais, une fois à l'intérieur, le personnel fait tout ce qu'il peut (« C'est trop cher pour ce que c'est... Je peux vous montrer un produit bien plus à la mode... ») pour détourner la vente vers d'autres marques sur lesquelles ils obtiennent des marges plus élevées. Les articles Chanel ou Louis Vuitton ne sont donc pas là pour être vendus mais uniquement pour servir d'appâts et faire entrer le chaland.

En ce qui concerne les vins et spiritueux, le problème est compliqué par le fait que, dans la plupart des pays, de lourdes taxes pèsent sur ces produits, ce qui est reflété par les prix en magasin. Le problème ici ne consiste donc pas seulement à sortir des circuits sélectifs de distribution mais aussi à contourner les taxes sur l'alcool. Dans certains cas, les produits entrent en contrebande dans le pays. Pour éviter cela, certains pays font appliquer un timbre fiscal sur le col des bouteilles comme preuve du paiement de la taxe. Bien entendu, les produits de contrebande sont toujours disponibles, mais uniquement dans des points de vente parallèles, où les clients achètent à leurs risques et périls.

Obtenir de la marchandise pour le marché gris

Les acteurs du marché gris utilisent toutes sortes de systèmes pour collecter des marchandises. Certains parcourent la France ou l'Italie avec des camionnettes et s'arrêtent dans les parfumeries pour leur proposer de racheter tout leur stock moyennant une ristourne de 30 % à 50 % sur le prix affiché. Si le gérant du magasin a des difficultés de trésorerie ou si son stock est trop important, il peut être tenté de se délester. Bien sûr, les contrats de distribution entre chaque parfumeur et chaque commerçant interdisent ce genre de pratiques, mais il n'est pas toujours aisé de retrouver la trace de ce genre de ventes. La leçon à retenir pour les parfumeurs et leurs représentants est qu'il est très dangereux d'inciter les magasins à acheter trop de marchandise. C'est peut-être une pratique commune pour les produits de grande consommation, mais c'est très dangereux pour des produits de luxe censés être rares.

Pour les sacs à main Prada, Louis Vuitton ou Chanel, le système est encore plus simple. Il est fréquent que des employés du marché gris donnent de l'argent liquide à des passants pour que ceux-ci entrent dans une boutique officielle et leur achètent un certain nombre d'articles. Pour une marque comme Louis Vuitton, on estime qu'une quantité d'articles représentant un chiffre d'affaires de plus de 15 millions d'euros est achetée chaque année à Paris pour finir dans des boutiques de maroquinerie de second rang, généralement au Japon. Certains disent que ce système permet aussi d'obtenir des chèques officiels de ces petits commerçants japonais et que cela permet de blanchir chaque année 15 millions d'euros qui seront ensuite mis très officiellement sur un compte en banque japonais.

Mais il existe d'autres sources pour le marché gris. Les distributeurs des pays où le prix à quai (*landed*) est relativement bas – Panama, Hong Kong, Paraguay et Singapour, par exemple – connaissent tous quelques-uns des acheteurs parallèles et peuvent être tentés de se défaire d'une partie de leur stock. Les marques elles-mêmes peuvent parfois vendre leurs vieux stocks à des « grossistes » sans toujours se préoccuper de l'endroit final où ces produits vont se retrouver.

Ce qui est sûr, c'est que les produits de luxe peuvent être transportés d'un point à l'autre du globe pour un coût relativement faible comparé à leur valeur. Ainsi un parfum acheté à Singapour ou un sac à main acheté à Paris peut tout à fait se retrouver en vente dans un *drugstore* américain ou chez un maroquinier japonais. Ni dans un cas ni dans l'autre, le produit ne sera vendu dans son environnement normal.

Comment lutter contre les circuits de distribution parallèles

Lorsqu'un produit du marché gris se retrouve sur un territoire donné, le distributeur local ou le directeur de la filiale de distribution va se plaindre auprès de la maison-mère, ce que l'on peut comprendre. Ils disent : « Ces articles viennent de votre usine, donc vous devriez savoir où ils sont partis et ce qui leur est arrivé. » Ils n'ont pas tort.

Les marques qui cherchent sérieusement à lutter contre le marché parallèle doivent s'assurer qu'elles peuvent suivre à la trace leurs articles. Il y a environ 20 ans, les fabricants ont commencé à utiliser des numéros d'identification laser sur chaque emballage de manière à pouvoir le suivre et comprendre l'origine des produits qui se retrouvaient sur le marché gris. Mais les acteurs de ce marché ont réagi en effaçant discrètement tous les numéros laser des articles qu'ils acquéraient.

L'étape suivante, il y a environ 15 ans, a consisté à placer les numéros lasers en des endroits spécifiques variant d'un client à l'autre de sorte que chaque client ait un numéro et une localisation particulière. Ainsi, même si l'opérateur du marché parallèle grattait le numéro extérieur, l'origine du produit pouvait encore être identifiée. Les acteurs du marché gris se sont alors mis à gratter plusieurs endroits sur la boîte pliante, espérant ainsi empêcher l'identification du distributeur. Même si cela ne marche pas toujours, c'est souvent suffisant pour créer une incertitude et rendre le suivi des articles plus facile.

Aujourd'hui, les parfumeurs les plus prudents utilisent des emballages qui portent deux codes-barres : un pour le nom et la référence du produit ; l'autre pour un numéro compris entre 1 et plusieurs millions qui permet à chaque produit quittant l'usine et étant expédié à un client d'être enregistré individuellement et suivi informatiquement, et d'être identifié par sa destination.

Ainsi, aujourd'hui, quand un parfum apparaît dans un magasin dans lequel il ne devrait pas se trouver, il est généralement possible d'identifier la source. Bien que le distributeur puisse ne pas avoir agi illégalement en laissant des articles passer sur le marché parallèle, ce qu'il a fait n'est pas bon pour la marque. Néanmoins, en l'absence de facture entre le distributeur et un grossiste ayant des liens notoires avec le marché gris, il reste difficile de prouver juridiquement qu'un flacon de parfum donné provient bel et bien du stock de tel ou tel distributeur. Nul besoin de dire que ce genre de facture ne se trouve pas facilement.

Il a semblé à un moment que les douanes américaines avaient trouvé un système très efficace pour contrecarrer les activités du marché gris : seul le distributeur ayant un droit sur la marque déposée aux États-Unis pouvait importer le produit et payer les droits de douane. Mais ceci n'empêche évidemment pas la contrebande. Ce qui est sûr, c'est que les opérateurs parallèles continueront à perturber les circuits de distribution sélective pendant encore de nombreuses années. Pour les marques, le but est donc de limiter autant que faire se peut les dégâts. Le marché parallèle, lui, existera sans doute toujours.

CHAPITRE 10

Le merchandising et la gestion des points de vente

Dans le domaine de la mode et des accessoires, la vente au détail (qu'elle se fasse directement ou par l'intermédiaire de distributeurs franchisés) représente la première priorité. Les articles de prêt-à-porter féminin sont vendus dans divers types de magasins, dont :

- **les boutiques indépendantes**, dans une rue commerçante ou un centre commercial.
- **les boutiques exceptionnelles et uniques** (*Flagship stores*)**,** celles qui sont les plus grandes et les plus impressionnantes, généralement située dans la ville d'origine de la marque (à Paris, Milan ou Londres, par exemple) ou dans d'autres grandes villes comme Tokyo, Shanghaï ou Hong Kong.
- **les *shop-in-shops***, qui sont, comme leur nom l'indique, de véritables boutiques à l'intérieur d'un grand magasin. Parfois, de telles boutiques louent simplement l'espace qu'elles occupent, mais la plupart du temps, les produits appartiennent au magasin et les ventes sont enregistrées et payées aux caisses du magasin.
- **les *corners*** dans les grands magasins, où les produits sont vendus dans différents rayons répartis sur un espace plus ou moins « ouvert » mais dans lequel la marque retient une certaine identification.
- **les comptoirs des grands magasins**, où il n'y a plus une identification claire de la marque, et où le personnel de vente est employé par le grand magasin, ce qui n'est généralement pas le cas pour les *shop-in-shops* ou les *corners*.

- **la vente dans des boutiques multimarques ou des chaînes de magasins** constitue bien entendu une autre manière de vendre des accessoires et des articles de mode.

Pour les parfums, les cosmétiques et les montres, en dehors des points de vente multimarques, il existe aussi un système de « stands ou de bergeries » dans les grands magasins, aux couleurs de la marque et tenus directement par des employés de la marque.

Le merchandising et la gestion des points de vente ont fait l'objet de nombreuses études, et beaucoup de livres ont été écrits sur ces sujets. Il existe même une revue de recherche spécialisée, le *Journal of Retailing*, publiée par l'université de New York, mais, malheureusement, aucune recherche ne semble jamais avoir été conduite pour les produits de luxe. À New York, le *Fashion Institute of Technology* réalise de nombreuses analyses sur le merchandising ou le positionnement des points de vente, mais, à cette exception près, toutes les études sur le merchandising des points de vente dans le secteur du luxe ont été conduites par les marques elles-mêmes et ne sont donc pas publiques.

Principes de base

Dans cette première partie, nous laisserons un instant le luxe de côté pour examiner divers aspects de la gestion des points de vente en général, ce qui nous éclairera un peu sur les problèmes et les enjeux de ce secteur.

Localisation et choix du site

Pour les magasins comme des supermarchés ou des chaînes de magasins à prix réduits, le premier problème est celui du choix de la meilleure implantation possible d'un nouveau magasin. Plusieurs options se présentent :

Le centre dans un quartier de bureaux c'est-à-dire un endroit traditionnel dans un quartier d'affaires, en centre ville. C'est l'endroit idéal pour toucher ceux qui veulent faire un peu de *shopping* pendant les heures de bureau ou la pause déjeuner.

La rue principale, dans les villes plus petites, constitue une localisation de choix. Elle peut être située non loin d'un petit quartier d'affaires, mais accueille également des clients qui viennent ici spécifiquement pour faire du *shopping*.

Les galeries commerciales, disposant d'une entrée directe sur la rue ou sur un parc de stationnement, et où les clients peuvent faire des achats presque tous les jours avec un accès facile au magasin.

Les centres commerciaux sont de vastes centres dans lesquels aucun magasin ne jouit d'un accès direct au parc de stationnement : les clients doivent se garer puis marcher jusqu'au centre et traverser les halls et les galeries du centre pour accéder aux magasins de leur choix.

Les magasins indépendants sont construits avec une entrée directe sur la rue et ne font partie ni d'une galerie, ni d'un centre commercial.

Dans leur livre sur la gestion de la vente au détail, Levy et Weitz[1] dressent un tableau des avantages et des inconvénients de ces différentes catégories ; nous en reprenons les grandes lignes dans le tableau 10.1.

Lors du choix d'un point de vente, les spécialistes définissent la zone de chalandise. À partir des magasins existant, ils peuvent vérifier, grâce aux données des cartes de crédit, la localisation exacte de leurs clients et déterminer ainsi le pourcentage de ceux résidant à moins de 5, 10 ou 20 minutes de voiture qu'ils peuvent attirer dans leurs magasins. Ils établissent des cartes représentant le « pouvoir d'attraction » de leur enseigne, avec des zones primaires et secondaires qui sont fonction de la valeur moyenne des achats réalisés dans leurs magasins par les habitants de chaque zone.

Ils analysent l'accessibilité d'un nouveau site, en examinant la circulation automobile ou piétonne en différents endroits et, bien entendu, en comptant le nombre de clients passant devant tel ou tel magasin durant une journée ou une semaine. Ils peuvent quelquefois vérifier les flux automobiles jusqu'aux différents parcs de stationnement en utilisant des systèmes de surveillance aérienne.

Ils doivent également prendre en compte les barrières naturelles ou artificielles telles que les autoroutes, les passages souterrains, les ponts et les rivières qui peuvent fonctionner comme des limitations physiques ou psychologiques à l'accessibilité du futur magasin.

Des indices de potentiel de marché ou de richesse vive sont en général disponibles, et les chaînes de magasins les consultent également au cours de leur processus de planification et de recherche de nouveaux sites.

Et puis, bien entendu, il y a la question de la concurrence. On pense souvent que la proximité d'un concurrent constitue un désavantage mais ce n'est pas nécessairement le cas. Des études ont montré que lorsque deux ou trois magasins sur le même créneau et du même niveau étaient regroupés, cela démultipliait le pouvoir d'attrac-

1. Michael Levy, Barton A. Weitz, *Retailing Management*, 5e éd., Irwin, 2004, p. 234.

tion de l'ensemble du quartier et contribuait à compenser complètement les pertes liées à la concurrence et à fournir un avantage additionnel pour tout le monde.

Tableau 10.1 – Avantages relatifs des localisations de magasins

	Centre quartier d'affaires	Rue principale	Galerie commerciale	Centre commercial	Indépendant
La grande taille attire les gens	+	–	–	+	–
Les gens vivent/travaillent dans le quartier	+	+	+	–	–
Source de divertissement, récréation	?	–	–	+	–
Protection contre les intempéries	–	–	–	+	–
Sécurité	–	–	–	+	–
Horaires d'ouverture étendus	–	–	+	+	+
Quartier de shopping, diversité des magasins	–	–	–	+	–
Stationnement	–	–	+	?	+
Coûts du loyer	+	+	+	–	+
Circulation piétonnière	+	+	-	+	–
Contrôle du propriétaire	+	+	+	–	+
Concurrence forte	+	+	+	–	+

Source : Michael Levy, Barton A. Weitz, *Retailing Management*, Irwin, 2004.

Le comportement en magasin[1]

Nombre d'études menées par les grands magasins se sont intéressées à la manière dont les clients se comportent lorsqu'ils entrent dans une boutique. Leurs comportements peuvent être décrits de la façon suivante :

Ils regardent droit devant eux en entrant, et ne s'intéressent à ce qui les entoure qu'une fois qu'ils ont marché plusieurs mètres dans le magasin.

Ils ont tendance à aller vers la droite.

Ils utilisent leur main droite pour toucher les produits, entre deux allées, et ils restent sur la droite, même dans les pays où l'on conduit à gauche.

1. Sauf indication contraire, tous les résultats présentés dans ce chapitre sont tirés de : Paco Underhill, *La science du Shopping: comment le mechandising influence l'achat*, Village Mondial, 2000.

Ils regardent droit devant eux.

S'il y a une affiche qu'ils ne peuvent pas lire de loin, ils ne s'approcheront pas pour la lire ; ils l'oublieront tout simplement.

Une autre étude a cherché à mesurer combien de temps les gens passent dans un magasin d'ameublement et d'équipements ménagers :

- Une femme avec un homme : 4 minutes 41 secondes.
- Une femme seule : 5 minutes 20 secondes.
- Une femme avec un enfant : 7 minutes 19 secondes.
- Une femme avec une autre femme : 8 minutes 15 secondes.

Une dernière étude a mesuré la perception du temps d'attente avant d'être servi dans un magasin. Il diffère du temps réel, comme le montre le tableau 10.2.

Tableau 10.2 – Perception du temps d'attente avant d'être servi dans un magasin

Temps réel	Temps perçu
Jusqu'à 90 secondes	Exact
2 minutes	3 ou 4 minutes
3 minutes	5 minutes
4 minutes	Bien trop long

Mais dès que les clients sont en contact avec un vendeur, ils ont l'impression que le temps d'attente est bien plus court : ceci est d'autant plus important que le temps d'attente constitue le critère numéro un utilisé par les consommateurs pour évaluer la qualité du service dans un magasin.

Le tableau 10.3 reproduit une liste de ce que les clients veulent et ne veulent pas lorsqu'ils sont dans un magasin.

Tableau 10.3 – Ce que les consommateurs veulent et ne veulent pas

Ils veulent	Ils ne veulent pas
Toucher les produits	Faire la queue
Se regarder dans un miroir	Qu'il y ait trop de miroirs
Trouver les choses par eux-mêmes	Être obligés de poser des questions idiotes
Parler	Tomber sur des étiquettes illisibles
Être bien traités	Que le produit qu'ils désirent soit en rupture de stock
Faire une « bonne affaire »	Être intimidés par les vendeurs

Les indices de vente

Les performances d'un point de vente doivent toujours être suivies de près. Parmi les indicateurs utilisés, on trouve :

Le nombre de personnes qui passent devant le magasin

Le pouvoir d'attraction d'un point de vente : le pourcentage de passants qui entrent dans le magasin.

Le taux de conversion : le pourcentage de gens, parmi ceux qui entrent dans le magasin, qui achètent quelque chose. Même dans les supermarchés, le taux de conversion n'est pas de 100 %, car lorsque deux personnes entrent ensemble, elles sont comptées séparément ; or, si elles achètent quelque chose, elles quittent souvent le magasin avec un seul ticket de caisse. Les taux de conversion peuvent également être calculés par genre ou par tranches d'âge (moins de 25, 25 – 45 et plus de 45).

Bien sûr, dans le prêt-à-porter, si un point de vente obtient un taux de conversion de 10 %, c'est sans doute parce que la marchandise disponible dans ce point de vente ne convient pas aux attentes de ceux qui entrent dans le magasin.

Une étude menée aux États-Unis a montré que le taux de conversion augmentait de 50 % si le personnel de vente entrait en contact avec les clients. Il augmentait de 100 % si le personnel entrait en contact avec le consommateur et si ce dernier essayait un article.

Une autre étude a montré que 65 % des hommes qui essaient un vêtement l'achètent. Le chiffre est de 25 % pour les femmes. D'un autre côté, 86 % des femmes qui regardent le prix d'un article après l'avoir essayé l'achètent, alors que le chiffre est de 72 % pour les hommes.

Le ticket moyen : c'est bien sûr un élément très important des performances d'un point de vente. Il peut être calculé en fonction du sexe, de l'âge ou du lieu de résidence (locaux ou étrangers par exemple).

Le nombre moyen d'articles achetés : il peut constituer une mesure des performances des vendeurs. C'est le cas, par exemple, pour les magasins de chaussures.

D'autres indices permettent de mesurer l'activité du magasin :

La rotation du stock: il s'agit du rapport entre les ventes annuelles et le stock-magasin en valeur des marchandises. Par exemple, un supermarché alimentaire peut avoir un taux de rotation de 20 (il vend dans l'année 20 fois ce qu'il a comme stock en boutique, un jour moyen), alors qu'une bijouterie haut de gamme peut avoir un indice de 0,66 (c'est-à-dire qu'elle doit avoir en permanence un stock de 150 pour réaliser des ventes annuelles de 100). Bien sûr, dans les deux cas, la rentabilité financière des opérations et le potentiel de croissance diffèrent assez nettement.

Le pourcentage des ventes en soldes (ou des ventes promotionnelles) sur les ventes annuelles : cela joue, bien entendu, sur la marge brute moyenne pour l'année ainsi que sur la rentabilité du magasin.

Le chiffre d'affaires au mètre carré : c'est une mesure de l'efficacité de la marque et du magasin, calculée en général sur la surface de vente.

Le chiffre d'affaires par employé dans le point de vente : cela permet de mesurer l' efficacité du personnel et la rentabilité du magasin.

le *sell-through (le pourcentage de transformation)* : c'est le rapport du nombre d'articles vendus depuis le début de la saison sur le nombre d'articles achetés et mis en place dans le point de vente. Il s'agit d'un indice clé des performances de vente d'un magasin donné par rapport à la marchandise achetée. Il peut être calculé en nombre d'unités ou en valeur. Il constitue un élément essentiel pour décider du budget d'achat de la saison suivante. Au cours d'une saison standard de prêt-à-porter de luxe, le *sell-through* devrait s'établir au-dessus de 60 % au prix fort, 30 % pendant les soldes et les 10 % restant dans des magasins d'usine ou chez des soldeurs.

Le *sell-through* pour des accessoires tels que chaussures ou sacs à main devrait être d'au moins 70 % au prix fort.

Le chiffre d'affaires moyen par magasin : c'est l'outil de base qui permet de faire le ratio des coûts de fonctionnement sur le chiffre d'affaires.

Les chiffres clés du merchandising en supermarché

Dans un supermarché, rien ou presque n'est laissé au hasard et tout résulte d'analyses d'impact sur les ventes ; Par exemple, l'impact de l'augmentation du *facing* d'un produit donné, sur les ventes de ce même produit et de l'ensemble des produits de la catégorie de produit a été étudié de long en large : pour les spécialistes du merchandising en supermarchés, un produit dispose d'un seul *facing* lorsqu'un seul produit est vu par le consommateur, sur le devant du rayon, quel que soit le nombre de produits identiques derrière. Passer de cette présentation d'un seul produit visible à deux ou trois (passer le facing de 1 à 2 ou 3) donne plus de visibilité et plus de force à la marque : la courbe d'impact va dépendre de la catégorie de produit et de la part de marché du produit dont on augmente le *facing*, mais on peut dire que lorsque l'on double le *facing* d'un produit, ses ventes augmentent d'environ 30 %.

Dans le commerce de luxe, une exposition double ou triple n'a pas nécessairement d'impact sur les ventes d'un article. Si le produit est très tendance, il s'arrachera. Si c'est un produit qui ne se vend pas, il ne se vendra pas plus si on double son exposition. C'est une chose évidente lors des soldes : les produits de luxe qui ne suscitent aucun désir n'arrivent même pas à se vendre en solde.

D'autres études ont montré que lorsque des produits en promotion sont placés en tête de gondole, les ventes sont multipliées par quatre ou cinq[1]. Ce qui est étonnant, c'est que cette hausse est la même quelle que soit la situation concurrentielle de la marque : une marque leader bien établie et une marque beaucoup plus modeste verront toutes deux leurs ventes augmenter dans le même rapport, quand bien même cette dernière pourrait avoir un volume de vente dix fois plus faible. Cela explique la tendance des Directeurs de magasins à concentrer leurs actions promotionnelles sur les seuls produits à forte rotation.

Ces études ont également révélé que les présentations en tête de gondole sont moins efficaces pour les nouveaux produits que pour les anciens, ce qui est surprenant. En outre, lorsque les produits ainsi exposés font l'objet d'une réduction de prix substantielle (au moins 20 %), ils ne se vendent pas significativement plus que lorsque la réduction n'est que symbolique ou nulle (entre 0 et 10 %). En fait, lorsqu'il voit un produit en tête de gondole, le consommateur suppose que son prix a été fortement réduit et il ne vérifie pas si c'est bien le cas. Dans un tiers des cas, le prix n'a pas vraiment été réduit de manière significative…

Quel est l'impact de la hauteur à laquelle les produits sont présentés en rayon ? Face à un mur de produit, les consommateurs partent d'en haut à gauche pour aller vers le centre, puis ils regardent à droite avant d'aller vers le bas. Ceci explique sans doute pourquoi les positions à hauteur des yeux sont plus efficaces que celles à hauteur des mains ou au niveau du sol.

Mais combien de ces règles de merchandising en supermarché s'appliquent au commerce de luxe ? En fait, ces règles peuvent être opportunément adaptées au contexte d'un magasin de mode ou d'un rayon de parfums. L'idée est de tirer de ces études réalisées dans le secteur de la distribution de masse, des règles de base et des réflexes qui peuvent également s'appliquer au commerce du luxe.

Un parfum en promotion se comportera exactement de la même manière qu'un détergent. Doubler le *facing* d'une marque de champagne dans le rayon d'un magasin spécialisé dans la vente des vins et spiritueux résultera en une aug-

1. Trois études sur ce sujet – Dillon, Michel Chevalier et A et P – donnent des chiffres de 4,20 à 4,72 et 4,93, respectivement. Les références de ces études peuvent être trouvées dans : Michel Chevalier, « Increase in sales due to in-store display », *Journal of Marketing Research*, November 1975.

mentation des ventes de cette marque, mais pas nécessairement en une hausse des ventes de champagne, dans l'ensemble du rayon, car il a bien fallu réduire le facing d'une autre marque pour conserver le même espace de vente à la catégorie de produit.

Les clients qui entrent dans un grand magasin ou dans une boutique spécialisée iront d'abord tout droit, en regardant droit devant eux et ne verront donc pas toujours les premiers stands de parfum si ceux-ci se trouvent trop prêts de l'entrée ou les premiers présentoirs d'article de mode.

Merchandising et gestion des points de vente dans le secteur du luxe

Localisation des boutiques et systèmes de leasing

Étonnamment, dans le luxe, la localisation d'un magasin n'est en général pas déterminée par des analyses savantes de pouvoir d'attraction ou de zone de chalandise. Les marques examinent globalement le potentiel de vente dans la ville dans laquelle elles envisagent d'ouvrir un magasin. À ce niveau aussi, elles s'appuient beaucoup sur la concurrence. « Cartier a un magasin dans telle ou telle ville. X clients passent devant ce magasin et Y clients y entrent chaque jour. Est-ce que cela signifie que le potentiel existe pour une boutique Bulgari ou Boucheron ? » C'est plus ou moins ainsi que les problèmes sont posés et analysés.

➤ Localisation du magasin

Une fois qu'une ville a été choisie, la localisation de la boutique est relativement simple à déterminer. Dans chaque ville, il existe un ou plusieurs quartiers idéaux pour une boutique d'articles de luxe. À Paris, c'était jadis l'avenue Montaigne ou la rue du Faubourg Saint Honoré, mais, ces dernières années, les Champs Élysées et le boulevard Saint Germain sont venus compliquer la donne. À Milan, c'est le quartier de la via Monte Napoleone, de la via San Andrea et de la via della Spiga. À Hong Kong, le choix est à faire entre Peninsula Plaza, le Landmark et le Pacific Place. À Tokyo, c'est entre Ginza et Omotesando.

De ce point de vue, donc, la localisation de la première boutique d'une marque dans une grande ville est relativement simple à définir. Il n'y a vraiment qu'un quartier où s'installer. Néanmoins, même dans un tel quartier, le potentiel peut varier considérablement d'un côté à l'autre d'une rue. Dans la rue du Faubourg Saint Honoré, les ventes sont très bonnes sur le trottoir nord. Sur le trottoir sud, le chiffre d'affaires semble s'être évaporé (même si les loyers sont quasi identiques) et les passants sont peu nombreux. En général, grâce à son très fort pouvoir d'attraction, une marque très puissante attire un grand nombre de clients qui finissent aussi par entrer dans les boutiques voisines du quartier. Dans la rue du Faubourg Saint Honoré se trouve la boutique d'Hermès qui domine toutes les autres, et les clients semblent se concentrer uniquement sur celle-ci et ne pas avoir le temps d'entrer ailleurs.

Le point clé est que, avant de choisir un côté de la rue plutôt que l'autre, ou le premier étage d'une galerie commerciale plutôt que son rez-de-chaussée, il est important de compter le nombre de gens qui passent devant une boutique ou devant une autre. Connaissant le pouvoir d'attraction d'une marque donnée, il est alors possible de se faire une idée des volumes que l'on peut escompter.

La plus mauvaise des décisions est de s'accommoder d'un second choix, se disant, par exemple, que la rue adjacente sera tout aussi bien. En réalité, la plupart du temps, une rue adjacente à une rue très commerciale est un peu morte : une belle adresse ne garantit pas une affaire rentable.

Il reste néanmoins des alternatives difficiles à trancher pour une marque de luxe. Par exemple :

- Pour le même loyer, vaut-il mieux une petite boutique au meilleur endroit ou une grande boutique dans un lieu de second choix ?
- Comment passer, dans une ville donnée, d'une seule boutique à deux, puis trois ?

Il n'est pas très difficile de répondre à la première question. Une petite boutique au meilleur endroit constitue l'installation la plus efficace. Pendant des années, Lancel possédait un petit magasin à l'hôtel Peninsula de Hong Kong, en face d'un grand magasin Louis Vuitton. Ce magasin avait un très bon chiffre et était très rentable, malgré un loyer très élevé. Lancel avait aussi un magasin beaucoup plus grand dans Swire House, près du Landmark, un magasin qui disposait de toute la place pour présenter l'ensemble des gammes de produits mais qui réalisait un chiffre d'affaires faible, parce qu'il était situé à 20 mètres de l'endroit où se concentrait la circulation…

Si la localisation est extrêmement importante, on peut considérer que, pour le luxe, les choix doivent être plutôt faits en fonction de la concurrence qu'en fonction d'une analyse approfondie des tableaux théoriques de richesses vives.

La réponse à la deuxième question est plus difficile. Louis Vuitton a longtemps possédé deux magasins à Pékin mais un seul à Shanghai, où le potentiel d'activité est le plus élevé de toute la Chine. Était-ce une erreur, ou bien simplement une manière de concentrer toute la force de sa clientèle en un seul lieu à Shanghai ? Aujourd'hui, ils disposent de trois magasins gigantesques à Shanghai. La situation d'Hermès à Paris est assez similaire. En dehors du faubourg Saint-Honoré, elle dispose d'un nouveau magasin rue de Sèvres et d'un petit magasin, avenue George-V, partagé avec les chapeaux Motsch ; à Paris toujours, Louis Vuitton dispose de cinq magasins et Salvatore Ferragamo possède neuf boutiques et *shop-in-shops*, sans parler de la dizaine de points de ventes multimarques où l'on trouve également ses produits.

Ces discussions, pour Paris et Shanghai, ont certainement leur pendant à New York, Tokyo et Londres, pour toutes les marques aux prises avec des décisions aussi importantes. C'est, bien sûr, une question d'objectifs et de priorités pour l'entreprise. Mais c'est aussi une question de capacités d'investissement.

➤ Les différents systèmes de location d'une boutique et leurs coûts

Obtenir un point de vente bénéficiant d'une position de premier plan dans une grande ville n'est pas toujours chose facile : ce type de localisation est rarement disponible et généralement cher. Très souvent, il va falloir verser une somme importante appelée *key money* ou fonds de commerce. Il existe, dans le monde, différents systèmes de contrats de location de points de vente, chacun possédant ses propres règles et ses particularités.

Le système américain ne suppose pas le versement d'une soulte (*key money*). Le bailleur loue les murs pour neuf ou dix ans. À la fin de cette période, le locataire peut négocier un nouveau bail, au prix du marché. Si les parties ne parviennent pas à se mettre d'accord sur les termes d'un nouveau bail, ou si le locataire veut partir à la fin du bail, aucune somme ne lui est due.

Le système américain est équilibré et très ouvert, mais il contient un piège : quand un magasin perd de l'argent, ou quand les ventes s'effondrent du jour au lendemain (comme après le 11 septembre 2001), le locataire demeure lié par le contrat et doit continuer à payer son loyer, quoi qu'il arrive, jusqu'à l'échéance du bail.

Si les futurs locataires sont suffisamment prudents, ils se ménagent une possibilité de sortie en créant une filiale à 100 % pour chacun des magasins qu'ils ouvrent aux États-Unis : si les choses tournent mal, ils peuvent déclarer la filiale en faillite et se défaire ainsi de leurs obligations vis-à-vis du bailleur. Les propriétaires savent néanmoins contrer cette stratégie : lorsqu'ils constatent qu'une filiale signe le bail, ils exigent quelquefois que la maison-mère se porte caution.

Dans de nombreuses régions d'Asie du Sud Est, le système américain prévaut, mais avec des durées de bail ramenées à seulement trois ou quatre ans. Si cela rend sans doute les relations plus équilibrées entre propriétaire et locataire, cela donne aussi la possibilité au propriétaire d'augmenter le loyer tous les trois ou quatre ans, en fonction des prix du marché.

Le système japonais de location est encore plus favorable au propriétaire. Au Japon, les baux sont longs (10 ans) mais, à la signature du bail, le preneur est obligé de verser une caution équivalant à 10 ans de loyer. Bien que cette caution soit restituée à l'échéance du bail, si le locataire souhaite le résilier, concrètement cela revient pour le preneur à consentir un prêt sans intérêt à son propriétaire. Si après 10 ans le bail est renouvelé avec par exemple une hausse de loyer, le locataire doit encore verser un dépôt supplémentaire couvrant la différence entre les montants anciens et nouveaux du loyer.

Le système étant aussi manifestement orienté à l'avantage du propriétaire, nombre de marques de luxe étrangères ont éprouvé beaucoup de difficultés à s'installer au Japon et à y ouvrir des magasins : elles ne pouvaient tout simplement pas se le permettre. Elles se sont donc développées à travers des *shop-in-shops* dans les grands magasins. Par exemple, Louis Vuitton, dont la politique était de n'ouvrir, dans le monde entier, que des boutiques indépendantes, a dû faire une exception au Japon et accepter de s'installer dans les grands magasins. Fin 2010, Louis Vuitton possédait 57 points de vente au Japon, mais seulement douze boutiques indépendantes : le reste était constitué de *shop-in-shops* négociés avec la quasi-totalité des chaînes de grands magasins.

Il se trouve que le ralentissement de la vente au détail entre 2000 et 2009 au Japon a conduit à une réduction de cette garantie (*key money*), qui est ainsi souvent passée de 10 à 5 ans. Les entreprises de luxe ont également la possibilité de contourner cette difficulté en achetant directement des terrains et en devenant propriétaires de leurs magasins. Mais, pour ce faire, il faut pouvoir investir des montants très élevés et si possible disposer de possibilités d'emprunts bancaires locaux.

Contrairement aux autres, **le système français** est à l'avantage du locataire. Ici, le propriétaire loue son magasin pour une période de neuf ans, mais le locataire dispose unilatéralement de la possibilité de partir tous les trois ans. Si, après neuf ans, le locataire souhaite rester dans les lieux, le propriétaire est obligé de lui renouveler le bail pour neuf années supplémentaires, la hausse du loyer étant déterminée par le seul indice national de la construction. Les locataires n'ont aucune autre obligation que celle de payer le loyer pour un minimum de trois ans, mais ils peuvent ensuite demeurer aussi longtemps qu'ils le souhaitent. Si le magasin est situé dans un quartier très prisé, le loyer deviendra, au fil du temps, bien plus faible que ceux payés par des locataires voisins, plus récemment installés.

Le locataire dispose d'une autre possibilité : il peut quitter les lieux en demandant à un nouveau locataire de lui verser une certaine somme (le montant de ce fameux « fonds de commerce »). Informer le propriétaire du changement suffit pour que l'ensemble des obligations soient transférées au nouveau locataire.

Ce montant de fonds de commerce apparaîtra comme un investissement dans les comptes du nouveau locataire, et celui-ci pourra éventuellement le revendre à un prix plus élevé par la suite. Le locataire a ainsi la possibilité de valoriser son investissement au cours du temps, et on peut penser que le système fut conçu pour procurer aux petits commerçants une somme d'argent importante leur permettant de partir en retraite.

En résumé : choisir et louer un magasin dans une des grandes villes de l'industrie du luxe représente toujours un investissement élevé. Les sommes de *key money* ou de fonds de commerce à verser peuvent être considérables – parfois équivalentes à plusieurs années de ventes – et cela peut se révéler très risqué si, comme aux États-Unis, il n'est pas possible de s'en aller lorsque le chiffre d'affaires escompté n'est pas au rendez-vous.

Pour les *shop-in-shops* ou les *corners* dans les grands magasins, la situation est assez différente : les grands magasins fournissent un espace donné en échange d'un certain pourcentage sur le chiffre d'affaires réalisé. Dans le pire des cas, les grands magasins exigent aussi un paiement minimum chaque mois. La marque doit ensuite financer la décoration de l'espace et payer les salaires des vendeurs, et réaliser toutes les activités promotionnelles nécessaires.

Budget, planification et contrôle

La planification commence évidemment par un **budget de vente**. Ce budget part en effet de l'objectif de ventes, et passe par une prévision des stocks de manière à ce que le budget d'achat du magasin corresponde au chiffre d'affaires attendu.

➤ L'objectif de chiffre d'affaires

L'objectif de chiffre d'affaires dépend du pouvoir d'attraction de la marque, de la taille du magasin et de la largeur de la gamme de produit proposée. Il faut calculer le chiffre d'affaires prévisionnel pour chaque mois. (Les boutiques de mode ont un ticket moyen plus élevé en hiver qu'en été.)

Pour un nouveau magasin, les ventes augmentent pendant au moins deux ans, avant d'atteindre un plateau dès lors qu'il trouve une clientèle fidélisée, habituée à cet endroit. Lorsqu'un magasin fonctionne bien, il peut être dangereux de le déplacer, ne serait-ce que de quelques centaines de mètres, car les clients auraient à se réhabituer à un nouveau lieu.

Les prévisions de chiffre d'affaires pour un nouveau magasin découlent de l'analyse budgétaire réalisée avant l'ouverture. En Europe, les coûts de location ne devraient pas représenter plus de 10 à 20 % du chiffre d'affaires. En Asie, ces coûts peuvent atteindre 20 %, voire 30 % dans certains cas, de l'objectif de chiffre d'affaires, mais le schéma global du compte de pertes et profits est différent, les coûts salariaux étant plus limités en Asie qu'en Europe.

Si, après six mois, le magasin n'a pas atteint ses objectifs de vente, les dirigeants ont généralement tendance à rester optimistes et à attendre une embellie. Malheureusement, cette embellie vient rarement, à moins que l'offre ou le personnel de vente ne soient complètement modifiés.

➤ Prévision de stock

Une fois les prévisions de vente et l'objectif de marge brute (qui diffère de la marge brute théorique) arrêtés, il devient possible de déterminer le niveau des stocks, mois par mois.

Ces prévisions doivent cependant être conçues selon différentes sous-catégories de produits : prêt-à-porter, accessoires, et parmi les accessoires : maroquinerie et autres accessoires. Au sein de la catégorie du prêt-à-porter, le stock devrait être encore divisé entre les classiques (qui sont là en permanence et peuvent être vendus cette année comme l'année prochaine) et les articles de saison (qui doivent impérativement être vendus avant la fin de la saison, si nécessaire *via* des soldes ou des ventes directes d'usine).

Le chiffre d'affaires et le niveau des stocks doivent être étudiés chaque mois pour chaque grande catégorie de produits et même parfois pour chaque modèle. Chaque magasin doit posséder un tableau de bord mensuel pour comparer le niveau de stock aux chiffres d'affaires mensuels cumulés réels et prévisionnels. Si, par exemple, le chiffre d'affaires cumulé est inférieur de 30 % aux prévisions de vente et que cette tendance se poursuit jusqu'à la fin de l'année, le tableau de bord permettra d'identifier l'urgence d'une réduction drastique des commandes en cours ou d'une annulation complète des livraisons prévues, ou encore d'un changement majeur dans les politiques commerciales. Le suivi mensuel de ce tableau de bord est absolument nécessaire pour permettre au magasin de réagir très tôt à une situation de chiffre d'affaires plus faible ou plus forte que prévue. Il est d'autant plus nécessaire pour les marques de mode, puisque la respiration de l'ensemble de l'activité est une respiration saisonnière et semestrielle.

➤ Prévisions d'achat

Comme nous l'avons mentionné plus haut, pour les grands magasins, les prévisions d'achat conduisent aux fameux budgets d'achat (*open-to-buy*). Pour les parfums et les accessoires permanents, les prévisions s'établissent mensuellement et se fondent sur les ventes de l'année précédente. Le système est très sévère envers les marques qui ont perdu du terrain au cours des 12 ou 18 derniers mois. Les budgets d'achats qui leur sont réservés sont réduits en proportion et il faut invoquer de très bonnes raisons pour que cette règle ne soit pas suivie.

Les prévisions d'achats permettent de faire en sorte que le magasin ait toujours suffisamment de marchandise en stock pour atteindre ses objectifs de vente, tout en intégrant des réajustements mensuels entre les objectifs et le niveau de chiffre d'affaires « le plus probable ».

Dans le secteur du luxe, un critère important du processus, déterminant la nature des articles « achetés » chaque saison par chaque point de vente, est le nombre de références (SKUs – *stockkeeping units*) qu'il est possible de présenter en magasin. Si, comme ce devrait être le cas, tous les modèles achetés par le magasin se trouvent en rayon, alors le nombre de modèles achetés dépend directement du merchandising du point de vente. Une boutique de 80 mètres carrés ne pourra pas présenter une collection aussi complète qu'une boutique de 400 mètres carrés. Pour chaque point de vente, le nombre de références dépend donc de la surface totale disponible. La profondeur d'achat, pour chaque modèle, dépendra, elle, des prévisions d'achat.

➤ Contrôle de la marge

Comme nous l'avons dit plus haut, les marges brutes théoriques et réelles ne sont pas toujours identiques. La différence résulte des soldes (s'ils n'ont pas été soigneusement planifiés et prévus au budget), des réductions spéciales accordées par les vendeurs et de la démarque inconnue.

Les réductions spéciales sont accordées par le personnel de vente à leurs clients les plus fidèles. Des marques comme Louis Vuitton ou Cartier n'accordent aucune réduction, mais certaines distribuent des cartes de fidélité permettant aux clients réguliers d'obtenir des réductions de 10 %, par exemple. Dans bon nombre de magasins, les journalistes et certains VIPs peuvent bénéficier de réductions allant jusqu'à 40 % s'ils sont sur la bonne liste. De telles pratiques peuvent réduire substantiellement les marges, mais elles participent d'un processus systématique qui est à ce titre relativement aisé à maîtriser.

Certaines marques accordent à leur personnel de vente un certain pouvoir discrétionnaire en matière de réductions (dans des limites prédéterminées), dans les cas où un tel geste serait susceptible de modifier l'opinion du client ou lorsqu'il y a une chance, par exemple, que le consommateur, achète un second article. Bien sûr, de telles pratiques doivent être planifiées et encadrées avec soin, quotidiennement si besoin.

La démarque inconnue peut survenir dans les entrepôts ou dans les boutiques. Il se trouve que la majorité des produits qui disparaissent des rayons dans les grands magasins, les entrepôts ou les boutiques sont volés par le personnel. Dans les magasins de luxe, ce n'est probablement pas autant le cas. Mais il est nécessaire de procéder à des inventaires physiques fréquents (au moins à chaque saison et immédiatement après les soldes) de manière à bien suivre les mouvements.

Système informatique du magasin

Dans la plupart des entreprises du luxe, la caisse de chaque magasin possédé en propre, où qu'il soit dans le monde, est relié à un ordinateur central. Ceci permet à l'entreprise d'avoir une information instantanée sur les stocks et de réajuster en temps réel le stock du magasin ainsi que les commandes en cours. On peut ainsi réduire le fond de roulement et s'assurer que tous les magasins fonctionnent aussi efficacement que possible. Avec ce système, par exemple, il devient possible d'organiser tous les soirs des transferts de produits entre différents magasins d'une même ville.

Il est également possible de visualiser en ligne les résultats de chaque magasin et de voir ainsi s'ils sont proches des objectifs. Le système permet d'augmenter la précision des prévisions de chiffre d'affaires et de fluidifier la chaîne logistique, comme nous le verrons au chapitre suivant.

Recrutement, formation et évaluation

➤ Recrutement

La tendance est à l'embauche de personnel ayant travaillé pour les concurrents et pouvant apporter une bonne réputation et un bon carnet d'adresses de clients. Mais il vaut parfois mieux embaucher de nouveaux talents et leur donner une formation spécifique à la marque. C'est peut-être la voie la plus difficile, mais dans ce cas le nouveau personnel n'a pas d'idées préconçues sur la manière dont les choses devraient fonctionner.

Il en va de même pour les directeurs de magasins. Il est motivant pour tout le monde de les recruter parmi les vendeurs, mais plusieurs très grandes marques embauchent également des diplômés de grandes écoles en position d'encadrement pour voir comment ils évoluent ensuite dans l'entreprise.

➤ Formation

Évidemment, un vendeur efficace contribuera à une hausse du taux de conversion et à une hausse du ticket moyen. C'est une question d'attitude, d'empathie à l'égard du client et de réactivité.

Dans certains de nos séminaires de vente à Paris, il nous arrive d'envoyer des responsables incognito dans des boutiques de luxe pour évaluer la qualité du service. Les résultats ne sont pas toujours excellents, mais ce qui est frappant, c'est que deux équipes distinctes envoyées dans le même magasin – une le matin, l'autre l'après-midi – peuvent parfois revenir avec des impressions complètement différentes. Peut-être n'ont-elles pas eu affaire aux mêmes personnes, mais ce qui est clair, c'est que même les grandes marques de luxe ont une grande marge d'amélioration en la matière.

La formation à la vente est une chose, mais la formation aux produits en est une autre. Récemment, nous avons demandé à une vendeuse d'une boutique Coach à New York si un certain sac à main était fabriqué en Chine (c'était en fait indiqué à l'intérieur, sur une grande étiquette). Elle nous a répondu : « Je ne sais pas, mais ce pourrait être le cas, car nous recherchons les ateliers qui sont les meilleurs dans le monde et je crois qu'aujourd'hui, certains ateliers chinois sont vraiment devenus les meilleurs. » Il s'agissait manifestement d'une réponse apprise à l'avance, mais cela n'en est pas moins impressionnant.

La formation sur les produits est en général assurée pour les principaux articles de la marque. Les vendeurs Montblanc sont très bons sur les stylos plumes, de même que les vendeurs Longchamp sont imbattables la maroquinerie. Mais *quid* d'une montre Montblanc ? Ou d'un article de prêt-à-porter Longchamp ? Le niveau d' expertise requise du personnel de vente n'est pas toujours aussi vaste et complet que l'on pourrait espérer.

La solution, bien sûr, réside dans des stages fréquents de formation interne (centrée sur les produits) et dans des stages externes pour les techniques de vente en général. Mais ce n'est pas chose facile à mettre en œuvre quand le taux de rotation du personnel de vente atteint 50 % par an en Europe et est encore plus élevé en Asie du sud-est.

➤ Évaluation et motivation

Toutes les marques, et en particulier celles qui s'appuient essentiellement sur leurs propres magasins ou leurs propres comptoirs dans les grands magasins, cherchent la meilleure manière d'évaluer et de motiver leur personnel. Des évaluations formelles devraient avoir lieu deux fois par an.

Les systèmes de motivation varient d'une marque à l'autre. Des marques comme Louis Vuitton ne donnent pas de commission sur les ventes car ils craignent beaucoup le marché gris et veulent s'assurer que le personnel ne pousse pas artificiellement les ventes. Mais il existe d'autres approches, dont :

- des incitations sous forme de commissions pour chaque membre du personnel ou pour le personnel dans son ensemble, qui peuvent prendre effet dès la première vente ou commencer après atteinte de l'objectif budgétaire mensuel ;
- un bonus spécial accordé lorsque l'objectif mensuel (au niveau individuel ou au niveau du magasin) est atteint ;
- un mélange des deux.

Le système retenu dépendra des objectifs de la marque. Une incitation individuelle requiert un mécanisme de rotation de manière à ce que chaque vendeur ait, tour à tour, le premier contact avec le client. Mais un tel système peut conduire le personnel de vente à se montrer désagréable envers les clients qu'ils perçoivent comme ayant un faible potentiel d'achat, et à choisir les clients qu'ils veulent servir. D'un autre côté, les incitations collectives nécessitent un solide esprit d'équipe et un directeur de magasin très compétent.

La gestion de la « base-client »

Les technologies modernes de l'information permettent aux marques de bien connaître leurs clients : elles peuvent par exemple obtenir leurs noms et adresses à partir des paiements par chèque ou carte de crédit. Le système de gestion de la base-client (CRM, *Customer Relationship Management*) permet ensuite d'établir un profil pour chaque client : la fréquence de ses visites au magasin, le montant de ses achats dans l'année, les produits qu'il achète, s'il achète plutôt à prix normal ou en solde. Toutes ces informations peuvent être combinées pour mettre au point différents programmes promotionnels. Par exemple, les meilleurs clients peuvent être invités à des défilés exceptionnels ou à des cocktails organisés dans le magasin à l'occasion de la présentation d'une nouvelle collection. Les principaux clients peuvent aussi recevoir divers catalogues et se voir conviés à des événements exceptionnels.

Un système de CRM peut se limiter à un seul magasin, un seul pays ou, ce qui est plus probable, s'étendre à tous les pays dans lesquelles la marque est présente. Un système international met à la disposition du siège de la marque toutes les informations, les dirigeants pouvant ensuite accorder un accès limité à ces informations au personnel de certains pays ou de certains magasins lors d'événements promotionnels, par exemple.

Le magasin comme outil de communication

Du fait de sa visibilité (actuelle ou future), un magasin de luxe fait toujours partie de l'image globale qu'une marque peut se créer, et c'est la raison pour laquelle sa conception constitue une part très importante du processus de vente. Les marques souhaitent généralement que tous leurs magasins utilisent les mêmes concepts et le même design et qu'ils véhiculent une même atmosphère de manière à ce que les consommateurs, où qu'ils se trouvent dans le monde, aient l'impression de se trouver au siège de Paris ou de Milan.

Il existe une exception à cette règle : Bulgari a choisi un système complètement différent et est parvenu à réaliser des points de vente à l'architecture audacieuse. Chacun de ses magasins est différent et original. La boutique de la 5e avenue à New York n'a rien de commun avec celle de Tokyo ou celle de Londres.

La plupart des autres marques travaillent sur un concept unique qu'elles adaptent aux diverses tailles et formes de leurs magasins et à leur situation par rapport au flux de passage des gens dans la rue ou dans le centre commercial. Le même architecte sera chargé de la conception de tous les magasins afin d'obtenir une continuité visuelle. Des architectes et designers comme Peter Marino ou Anouschka Hempel se sont spécialisés dans cette activité, s'attachant à fournir aux marques un style et une atmosphère distinctifs. Cependant, même lorsqu'une marque cherche à avoir des magasins identiques, elle ne peut pas toujours y parvenir, car les concepts évoluent au fil du temps et il peut y avoir des périodes de chevauchement de styles au moment où un nouveau concept entre en scène. Les marques prennent soin, toutefois, de faire en sorte que les modifications du design ne soient pas si marquées qu'elles puissent avoir un impact sur l'identité de la marque, qui, elle, évolue très lentement.

Mais le design des points de vente peut varier en fonction du cahier des charges. Certaines marques veulent que leurs magasins soient avant tout conçus pour le prêt-à-porter féminin. D'autres veulent que leurs magasins soient à la fois pour hommes et pour femmes, ce qui est un vrai défi. D'autres encore souhaitent mettre l'accent sur les accessoires. Quel que soit le point sur lequel on insiste, il doit être évident pour le client dès que celui-ci a franchi le seuil du magasin.

Encore une fois, il existe des exceptions à cette règle générale. Par exemple, les magasins Diesel (bien qu'il ne s'agisse pas vraiment d'une marque de luxe, c'est un exemple qui vaut d'être mentionné). Ils font tout leur possible pour présenter leur marchandise de telle manière que le client soit désorienté et soit obligé de demander de l'aide à un vendeur. Ils ont donc créé un environnement compliqué et peu accueillant. Mais seules les marques très attractives peuvent se permettre de tels paris...

Nous avons dit plus haut que les clients aiment toucher les produits. Les boutiques Louis Vuitton et Hermès ressemblent presque à des bijouteries très exclusives, leurs produits étant présentés dans des vitrines et ne pouvant en général pas être manipulés. Pour voir un article de près, il faut le demander à une vendeuse...

Le concept et le design d'une boutique constituent une part réelle de l' identité de marque définie et analysée au chapitre 6. Ils peuvent être un message fort que la marque adresse à son environnement en général et à ses clients en particulier.

C'est pourquoi le traitement de l'espace dans lequel employés et clients passent du temps est devenu la nouvelle frontière en matière de concurrence. La capacité à gérer de manière créative les espaces et les environnements en trois dimensions, exige un talent qui n'existe pas souvent au sein des ressources humaines générales d'une marque. Il y a des aspects esthétiques et fonctionnels spécifiques à prendre en compte – nécessitant souvent des investissements financiers considérables - en créant un environnement à même d'exprimer les valeurs de la marque, tout en générant les revenus nécessaires. Bernard Arnault a décrit l'architecture comme une forme de construction d'image[1]. Ce n'est donc pas une surprise si, à la fin des années 90, les grandes marques mondiales du luxe se sont battues pour attirer les meilleurs talents de l'architecture. Cette tendance touche aujourd'hui également les marques plus petites.

Les projets d'exception

Ci-après se trouve une liste de quelques-uns des projets de magasin les plus créatifs et les plus spectaculaires de ces dix dernières années. Il ne s'agit que d'un aperçu, sans la moindre prétention à l'exhaustivité.

➤ New York

En 1999, Christian de Portzamparc, vainqueur du Prix Pritzker pour l'architecture en 1994, a été choisi pour créer un symbole original de la présence du groupe

1. Bernard Arnaud et Yves Messarovitch, *La passion créative*, Plon, 2000.

LVMH aux États-Unis. Il a conçu la tour LVMH, haute de 23 étages, sur la 57e rue, avec une façade fractale très novatrice et une « pièce magique » : un cube de verre haut de quatre étages au sommet de la tour. Il a ensuite créé le nouveau siège mondial de LVMH, avenue Montaigne à Paris.

Rem Koolhaas, l'architecte néerlandais vainqueur du Pritzker en 2000, a conçu la boutique Prada de Broadway. Ouvert en décembre 2001, le magasin, qui a coûté 32 millions d'euros, possède 2 300 mètres carrés d'espace de vente. Koolhaas s'est vu accorder une grande liberté par les propriétaires, Miuccia Prada et Patrizio Bertelli, et a dessiné ensuite les magasins Prada à Los Angeles et San Francisco.

John Pawson, le grand prêtre britannique du minimalisme, a conçu le « palais de glace » de Calvin Klein sur Madison Avenue.

➤ Tokyo

Ouverte dans le quartier commercial de Ginza en 2001, la Maison Hermès est née dans l'esprit de Renzo Piano. Le design retenu par l'architecte est celui d'une lanterne magique japonaise traditionnelle. De jour, la façade translucide laisse deviner ce qui se trouve derrière, mouvements et objets étant rendus flous par l'épaisseur des blocs de verre. La nuit, c'est tout le bâtiment qui scintille de l'intérieur. Ce bâtiment, haut, mince et élégant (45 m de long sur 11 m de large) est classique mais novateur et se détache comme un diamant bien taillé. En termes de position, de respect des traditions, d'innovation et de cosmopolitisme, il serait difficile d'être plus fidèle à l' identité de la marque Hermès.

Suite au succès du magasin de Koolhaas à New York, Prada a poursuivi en 2003 ses orientations radicalement novatrices en matière d'architecture de points de vente, avec un magasin dans le quartier d'Aoyama, à Tokyo. L'intention du duo suisse qui en était chargé, Jacques Herzog et Pierre de Meuron était de « réinventer le concept comme la fonction du *shopping*, du plaisir et de la communication et de favoriser l'interpénétration de la consommation et de la culture. »

➤ Milan

Giorgio Armani a chargé Tadao Ando de concevoir un espace de mode spectaculaire dans une ancienne usine Nestlé du quartier des canaux. Le théâtre de béton armé de 3 400 mètres carrés conçu par Ando (avec ses longs couloirs bordés de piliers, son podium modulable et ses 680 places assises) conduit à une salle à manger et une cour irriguée. Le bâtiment abrite l'espace de démonstration d'Armani et ses bureaux commerciaux.

Pour son vaste et nouveau magasin d'équipement de la maison, Armani Casa, situé via Manzoni, Armani a choisi Michael Gabellini, le minimaliste américain célèbre pour les temples Jil Sander aux dallages de pierre à Milan et Paris (avenue Montaigne). Armani dit vouloir une atmosphère neutre pour ses nouveaux magasins, plutôt qu'un propos architectural. « Le problème des architectes célèbres, c'est qu'on finit par les reconnaître instantanément, dit-il. Il vaut mieux travailler avec différents architectes. »

Peter Marino, l'architecte et décorateur américain, obtient une mention spéciale. Son nom est synonyme d'excellence du design et de qualité de la construction. Il est en outre reconnu internationalement pour ses engagements en faveur de la préservation des éléments historiques et de la réutilisation ingénieuse des bâtiments existants, l'ensemble s'inscrivant dans la recherche d'une forme de fusion de l'art, de l'architecture et du design intérieur. Parmi les architectes ayant travaillé pour des marques de luxe, il est celui qui a le carnet de réalisations le plus impressionnant. Depuis 2001, il a conçu plus de 30 magasins pour Chanel, Louis Vuitton, Dior et Fendi. Il vient de terminer en 2010 le magasin Legza à Tokyo et prépare une rénovation de ceux de Milan et New York.

Les marques plus petites commencent à suivre le mouvement, bien qu'elles disposent de capacités d'investissement moindres. Néanmoins, il y a eu récemment quelques belles réussites, dont deux projets spectaculaires menés par Future Systems : le magasin lumineux et modulaire Marni sur Sloane Street à Londres, où les vêtements deviennent partie intégrante de la composition et du design d'ensemble ; et la boutique Comme des Garçons à Tokyo.

Les grandes marques du luxe ont choisi de faire appel à des architectes et à des designers extérieurs en raison de la renommée et de la gloire qui les entourent et aussi parce qu'il est probable qu'ils conçoivent quelque chose de nouveau et d'intéressant. En outre, il existe une dissociation naturelle entre les produits et la créativité du magasin. L'écrin est d'une nature différente de ce qu'il renferme. Il n'est pas vendu. Il est exhibé et contribue à la mise en valeur du produit. Le magasin est un symbole de puissance et un lien permanent avec la culture. Pour les magnats de la mode, l'architecture est le nouveau point stratégique. Longtemps, les gouvernements ont été les principaux soutiens de l'architecture contemporaine, mais il semble que les propriétaires des marques de luxe soient en passe de devenir les nouveaux princes mécènes de la renaissance. Ils ont compris que les architectes (qui travaillent pour des clients ayant des goûts d'avant-garde) ont souvent une longueur d'avance dans les tendances esthétiques qui vont ensuite se diffuser dans la mode et le design.

La même logique vaut pour la conception d'usines et de bureaux. L'usine de Forge de Laguiole, le couteau français mythique, a été conçue par Philippe Starck et son architecture originale attire des cars entiers de touristes étrangers dans la petite ville de l'Aubrac.

La puissance du magasin en termes de communication

Aucune autre manifestation de la marque ne joue à elle seule le rôle que joue un magasin en termes de communication. Cette puissance est rendue possible par plusieurs facteurs.

D'abord, le magasin présente **le produit en situation**, dans un lieu où diverses manifestations de la marque convergent et offrent à un client l'expérience la plus complète qu'il puisse faire de la marque. Les consommateurs sont placés sous l'influence simultanée de l'architecture et de l'esthétique du produit et du personnel de vente. C'est une **expérience multisensorielle** dans laquelle les produits, la musique, les parfums, la décoration, la lumière, les emblèmes et les éléments publicitaires sont physiquement accessibles. Cette expérience est **interactive** par nature, et le magasin se doit d'être le lieu dans lequel le consommateur peut obtenir le plus d'information au sujet de la marque et se voir offrir un service de luxe.

Nike Town, Disney Stores, Hermès Tokyo et Louis Vuitton Champs Élysées sont des lieux de divertissement, capables de proposer l'expérience « physique » la plus complète qu'il soit de la marque, d'une manière transcendante et multisensorielle. La plus petite des boutiques Timberland, avec son environnement très organisé et très contrôlé (produits, senteur de pomme, température, matériaux, couleurs, sensation du bois sous les pieds), peut faire naître et transmettre l'impression que l'on se trouve dans un chalet au cœur de l'Himalaya.

L'exemple de marque, Don Juan, que nous avons introduit dans un chapitre précédent, montrait que le tableau des manifestations d'une marque peut être utilisé dans la gestion de la communication. En formalisant son identité et en reformulant sa stratégie face à la concurrence, notre marque a pu établir un schéma global de communication permettant de définir chacun des messages qu'elle devait transmettre. En appliquant ce schéma aux manifestations de la marque, elle a pu déterminer quelle partie du programme chaque manifestation était le mieux à même de mettre en œuvre. Grâce à cette méthode systématique, l'entreprise a pu orchestrer une communication dans laquelle chaque manifestation de la marque joue un rôle spécifique tout en demeurant en cohérence avec l'ensemble.

La figure 10.1 montre, en particulier, le rôle des points de vente dans la diffusion des messages du programme de communication. On pourrait mener le même exercice pour chaque type de manifestation.

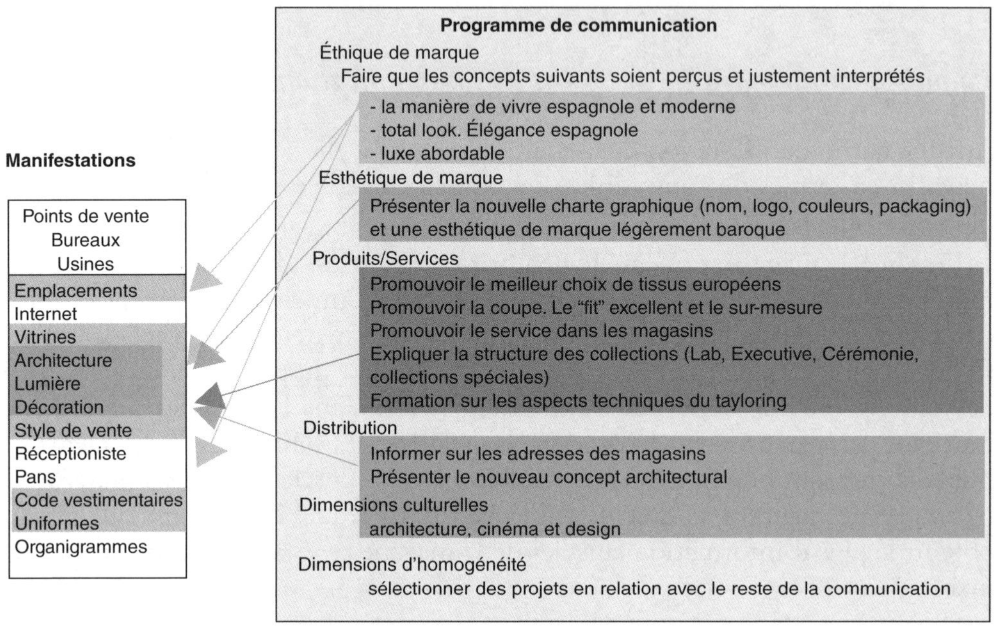

Figure 10.1 – Le magasin en tant qu'expérience la plus complète des éléments réels et virtuels de la marque

➤ Personnel et communication

Tout commence avec le portier à l'entrée du magasin, le réceptionniste ou l'opérateur téléphonique du service client. Ils constituent souvent les premiers points de contact entre un client et une marque ; or, les premières impressions ont la peau dure.

Parmi les principales caractéristiques du secteur du luxe, qui le distingue du marché de masse, il y a les qualités et le savoir-faire des équipes de vente. La manière dont le personnel de vente entre en contact, parle et s'occupe des clients potentiels est très particulière. Ils doivent s'adapter au client, lui apporter leur aide quand elle est requise mais savoir identifier les moments où il faut laisser le client seul. L'objectif est d'établir une relation qui aille au-delà de la simple transaction commerciale. Nombre de relations personnelles entre des vendeurs et leurs clients naissent ainsi. Le personnel de vente constitue un atout considérable pour une marque. En 1999, quand Texas Pacific a acheté Bally et décidé de développer une stratégie de marque de luxe globale, la première chose qu'ait faite le nouveau PDG a été de supprimer la politique commerciale qui, jusque-là, évaluait les vendeurs en fonction de leur capacité à vendre une veste en cuir à n'importe quel client entrant dans le magasin.

L'uniforme et l'apparence des vendeurs sont toujours des points importants, mais d'autant plus dans le luxe. Le maquillage des vendeuses L'Oréal doit être aussi parfait que les chaussures d'un vendeur d'une marque de chaussure (ou que celles du PDG).

➤ Présentation intérieure et extérieure

Traditionnellement, il existe dans chaque ville ou chaque pays un magasin ayant la réputation de posséder les plus belles vitrines. Les vitrines de Noël de Saks Fifth Avenue à New York ont charmé des générations d'enfants ; les nouvelles vitrines Loewe étaient toujours très attendues dans l'Espagne des années 50 et 60 ; des files d'attente se forment devant le magasin Hermès du Faubourg Saint Honoré à chaque changement de vitrine. **On reconnaît ici le sceau du luxe.** Louis Vuitton a considérablement investi dans ce domaine, allant jusqu'à commander auprès d'artistes reconnus la réalisation de vitrines complexes et spectaculaires qui sont de véritables œuvres d'art. Reproduire de telles vitrines dans 400 magasins de par le monde nécessite des investissements considérables et de grandes capacités logistiques et publicitaires.

Les vitrines font partie de la publicité extérieure et ont la même fonction qu'une affiche ou un panneau. En fait, ce sont souvent des éléments publicitaires tels que les produits ou les photos des campagnes qui sont exposés en vitrine. La présentation intérieure, qui est souvent sous la responsabilité de l'équipe responsable des vitrines, exige de disposer d'une formation rigoureuse et de se conformer strictement aux règles et lignes fixées dans les manuels internes.

➤ La vente en ligne

Si, aujourd'hui, toutes les marques de luxe ont développé leur propre site Internet à caractère informatif, nombreuses sont celles qui ont mis du temps à accepter que la Toile puisse être un canal de distribution

Les temps ont changé. De plus en plus de boutiques multimarques proposant des produits de luxe apparaissent sur Internet. Il est aujourd'hui possible d'acheter des articles Hermès en ligne sur leur propre site, ou des chaussures Prada sur kelkoo.com.

Nous avons traité l'impact de l'explosion de l'utilisation d'Internet dans le chapitre 8.

Points de vente directs ou vente en gros?

Les dirigeants du luxe ont des avis très divergents sur la question du modèle de distribution idéal. Selon certains, le modèle idéal est celui de Louis Vuitton et Hermès: un réseau de boutiques mono marque sous contrôle direct. D'autres pensent qu'il devrait y avoir des exceptions à cette règle.

Le modèle « idéal »

Dans ce modèle, dont les meilleurs exemples sont en effet probablement Louis Vuitton et Hermès, la marque vend ses produits exclusivement dans ses propres magasins. Dans le cas de Louis Vuitton, elle ne produit pas de parfum, qui exigerait une distribution plus large. Les parfums Hermès sont vendus en gros en Europe et dans d'autres parties du monde mais, aux États-Unis et dans certaines parties d'Asie, ils ne sont vendus que dans les boutiques Hermès.

Dans chacune des grandes métropoles, on trouve au moins une boutique Louis Vuitton ou Hermès et ce sont les seuls endroits où leurs produits sont disponibles. Le positionnement de la marque est très clair et très simple. Essentiellement, toutes les boutiques sont possédées en propre et contrôlées directement par le siège, ce qui permet de coordonner avec une très grande efficacité les activités promotionnelles.

Les systèmes de gestion de stocks sont très bien organisés. Les articles classiques sont livrés automatiquement aux boutiques et les managers peuvent ensuite commander les articles de saison spécifiques. Ce système est très efficace. Si des magasins indépendants veulent se procurer les produits, ils doivent se tourner vers le marché gris et, dans certains pays, la protection de la marque est si forte qu'ils pourraient ne pas y être autorisés par la loi. Le système fonctionne bien pour des marques puissantes: il n'y a aucun contrat de licence à gérer, non plus que de contact avec les grands magasins, mis à part quelques opérations de *shop-in-shops*. À l'intérieur des zones définies par la direction de la marque, il n'y a aucune différence de prix d'un endroit à l'autre, excepté celles résultant des coûts de transport et des taxes douanières.

Le système est simple, très efficace et particulièrement pertinent pour les marques très puissantes.

Exceptions au modèle « idéal »

La première exception à ce modèle vient de ce qu'une marque qui a du mal à atteindre l'équilibre dans son magasin principal ne peut espérer se développer *via* des points de vente possédés en propre. Si les magasins d'origine perdent de l'argent, c'est probablement parce que la notoriété de la marque est limitée et que son attractivité est insuffisante. La première priorité pour une marque dans de telles circonstances doit être de résoudre son problème d'attractivité et de mettre en œuvre les changements nécessaires concernant le merchandising de ses produits. C'est un processus qui prend du temps et il n'est pas garanti que le terrain perdu puisse être reconquis.

Certains produits requièrent une présence élargie. C'est certainement le cas des parfums, qui doivent être disponibles quasiment partout. Ce peut également être le cas pour des produits qui viennent compléter les gammes de prêt-à-porter (les sous-vêtements par exemple). La réponse est très simple. Les magasins de la marque ne devraient pas proposer ces produits, sous peine de courir le risque de contrarier leurs clients en les vendant plus chers que les autres canaux de distribution qui, eux, peuvent souvent offrir des prix réduits.

Il en va de même pour des produits à haute technicité, tels que les lunettes. Louis Vuitton veut que ses lunettes soient vendues exclusivement dans ses propres magasins et se contraint dès lors à ne vendre que des lunettes de soleil. Chanel, par contre, souhaite vendre également des montures optiques et a donc signé un accord avec Luxottica, qui distribue les montures Chanel dans nombre de magasins haut de gamme de par le monde. Cela nuit-il à la marque Chanel ?

Où les ventes hors taxes viennent-elles se placer dans tout cela ? Même Hermès ne se conforme pas entièrement au modèle « idéal » car ses cravates apparaissent dans certains magasins *duty free* très exclusifs. Louis Vuitton possède d'ailleurs aussi quelques *shop-in-shops* dans des DFS Gallerias.

Le point ici est que si le modèle « idéal » peut se révéler formidable pour certaines marques, il ne peut pas s'appliquer à des marques moins puissantes, plus moyennes. Les marques qui envisagent d'ouvrir un magasin à Shanghaï ou Chicago, par exemple, et qui ne sont pas sûres d'atteindre l'équilibre à l'issue de leur première année d'opération, devraient se tourner vers un autre système si elles souhaitent se développer rapidement.

La gestion des ventes en gros et des points de vente directs

Selon nous, un système mixte – quelques magasins exclusifs, des *shop-in-shops* et, dans certains cas, des comptoirs ou des *corners* dans les grands magasins – est probablement ce qu'il y a de mieux, si on y ajoute désormais un système de vente en ligne complémentaire. Pour une marque moyenne, la visibilité et l'accessibilité sont essentielles. Les gens sont sans doute prêts à parcourir une cinquantaine de kilomètres pour acheter un objet chez Hermès. Ils ne le feraient sans doute pas pour un foulard Kenzo ou un portefeuille Guy Laroche, alors que si ces produits étaient disponibles dans leur grand magasin habituel, ils les achèteraient.

Bien sûr, les marques doivent être prudentes dans le choix des points de vente qui vendront leurs foulards ou leurs articles de petite maroquinerie. Lorsque la législation du pays le permet, les prix doivent aussi être soigneusement encadrés.

Cartier constitue un bon exemple de système mixte. Elle possède ses propres magasins exclusifs, mais vend également des montres et un petit nombre de pièces de joaillerie à des bijoutiers indépendants. Cela nécessite une gamme de produit très organisée, de manière à assurer la cohérence la plus complète possible entre les deux canaux de distribution. Bulgari a décidé voilà dix ans d'imiter Cartier, et est donc passée d'un système « de points de vente directs » à un système mixte de points de vente directs et de vente en gros. Cela a permis d'accélérer la croissance de l'entreprise lors de son introduction en Bourse et lui a, pour l'instant, réussi.

Lorsque les deux systèmes fonctionnent en parfaite cohérence, tout le monde y gagne. Le meilleur système est celui qui prend en compte les forces et les faiblesses spécifiques de la marque. Les boutiques exclusives sont un outil formidable mais les grands magasins et les boutiques spécialisées haut de gamme peuvent aussi rendre de très grands services à certaines marques. Nous reviendrons sur les questions d'exclusivité, d'accessibilité et de visibilité au cours notre discussion consacrée aux licences, dans le chapitre suivant.

Chapitre 11

La stratégie des licences

Bien que personne n'en parle et que le sujet soit tabou, les activités de licence jouent un rôle essentiel dans l'industrie du luxe aujourd'hui. Il existe bien sûr des exceptions : Louis Vuitton, Hermès et des marques plus petites comme Robert Clergerie. (Cartier pourrait figurer dans cette liste d'exceptions mais ses cigarettes sont fabriquées par une entreprise partenaire appartenant au groupe Richemont.) Pendant de nombreuses années, Chanel n'avait aucun contrat de licence, mais elle en a un aujourd'hui avec Luxottica en Italie pour ses montures de lunettes.Par « licence » nous entendons le fait de sous-traiter la production et la distribution d'un produit griffé. Quand une marque de luxe ne sous-traite que la production, nous parlons de « sous-traitance manufacturière ». Quand une marque externalise entièrement sa distribution sur tout un territoire, on parle de contrat « d'exclusivité de distribution » ou d'accord de « franchise ». Dans ce chapitre, nous nous restreignons aux cas où une entreprise externalise à la fois la production et la distribution, les confiant à un tiers qui dispose de la responsabilité du développement des produits et des activités commerciales, y compris la publicité, les promotions et les relations publiques.

Cette activité de licence constitue parfois une source substantielle de revenus pour une marque. Ainsi, chez Courrèges ou Balmain, les royalties de licences représentent plus de 50 % de l'ensemble du chiffre d'affaires. Si elles résiliaient la totalité de leurs accords de licence, ces entreprises seraient évidemment contraintes à la fermeture.

En fait, les licences sont le meilleur moyen pour une marque de développer ses activités dans des gammes de produits étrangères à son cœur de métier. C'est certainement le cas pour les lunettes, qui nécessitent un savoir-faire industriel spécifique, ainsi que des boutiques et des équipes d'opticiens spécialisés. C'est souvent le cas pour les parfums qui sont en général vendus dans un très grand nombre de boutiques sélectives, aux quatre coins de la planète et nécessitent un savoir faire particulier au niveau de la conception et de la fabrication.

Mais malgré une utilisation quasi généralisée par les entreprises de luxe, les licences ont mauvaise presse. Certains experts reprochent aux activités de licence d'empêcher le développement d'une image de marque cohérente alors que ce défaut ne résulte pas de la licence elle-même, mais de la mauvaise gestion et du mauvais contrôle du licencié. Certains représentants de Fédération Française du secteur attribuent certaines des faiblesses des marques françaises par rapport aux marques italiennes par le fait que « les Français ont développé des licences alors que les Italiens ont conservé un modèle pur et sans licence ». Comme on le verra plus loin, les marques de luxe italiennes utilisent aussi les licences, comme un outil de développement dans certains secteurs de produits, et elles ne sont pas moins fortes pour autant.

Ce qui est reproché aux licences, c'est d'aboutir à des produits peu cohérents avec l'image de la marque ou de qualité moyenne ou encore avec une communication publicitaire peu prestigieuse. Et pour donner des exemples on cite généralement Pierre Cardin et quelquefois même Courrèges ou Guy Laroche. Mais on oublie de parler de la licence de lunettes Chanel chez Luxottica ou le fait que pendant longtemps les lunettes Cartier étaient produites et commercialisées sous licence par Essilor avant que cette activité ne se transforme en joint-venture Cartier-Essilor puis que Cartier rachète la totalité de l'activité et de ses équipes.

Une autre critique que l'on entend parfois, c'est que la licence encourage la marque à venir dans des catégories de produits secondaires, plus accessibles qui réduisent l'image d'exclusivité et de rareté des produits. Mais cela reviendrait à dire par exemple que les cigarettes Cartier, fabriquées par le groupe Rothmans affaibliraient l'image de prestige de Cartier. En fait cela n'est pas sûr du tout et peut-être que les cigarettes Cartier, en accroissant la visibilité de la marque, lui apportent une autre dimension de luxe plus globale mais tout aussi raffinée.

Ce qui résulte de cette discussion, c'est que ce ne sont pas les licences qui doivent être mises en cause, mais la façon dont elles sont utilisées, développées et contrôlées.

Dans une première section, pour montrer que l'on peut très bien développer une marque de luxe sous licence, on décrira des marques fonctionnant exclusivement sous licence. Dans une deuxième section, on décrira les secteurs qui se prêtent le mieux à des activités de licence. Dans une troisième section, on décrira certains licenciés pour terminer par la gestion et le suivi des licences et enfin par la présentation de notre concept des quatre phases.

Exemples de marques fonctionnant exclusivement par licences

Un bon exemple pourrait être la marque allemande JOOP, développée par le styliste du même nom, Wolfgang JOOP, et qui fonctionne comme un regroupement coordonné de licences indépendantes : prêt-à-porter, parfums, chaussures, maroquinerie, sous-vêtements, etc. Mais si cette marque est très puissante en Allemagne avec plusieurs parfums Joop classés dans les dix les plus vendus, elle est relativement inconnue ailleurs et n'est certainement pas un bon exemple de développement international fort.

Nous allons parler ici de deux marques qui ont connu des développements internationaux très rapides l'une et l'autre, sans aucun capital de départ : Calvin Klein créé en 1968 et Hugo Boss, développé par les deux petits fils du fondateur à partir de 1967 jusqu'à la vente à un groupe Japonais en 1989, celui-ci revendant ensuite en 1991 au groupe Italien Marzotto avant que la société soit rachetée par une société de Private Equity : Permira. Dans les deux cas, le système de licence à permis un développement harmonieux, rapide et sans capitaux extérieurs.

Calvin Klein

Calvin Klein alors âgé de 26 ans a développé ses activités en 1968 avec un ami d'enfance, Barry Schwartz. Quand on lui demande quel rôle joue son entreprise, Calvin Klein Inc, dans le développement de ses affaires, il répond : « Nous sommes un studio de création et de marketing. » Il s'agit là d'une façon élégante de dire que toutes ses autres activités sont sous-traitées à des licenciés. Mais la réalité va encore au-delà car Monsieur Calvin Klein n'intervient aujourd'hui presque plus dans le design et la création des produits qui portent son nom.

En fait la marque appartient depuis 2003 à la société Philips Van Heusen. Cette entreprise fabrique depuis toujours des chemises sous la marque Arrow. Elle a longtemps été le licencié de Lacoste pour l'Amérique du Nord, et a développé la marque Izod. Dans son rapport annuel elle présente ses activités Calvin Klein comme apparaît dans le tableau 11.1.

Tableau 11.1 – Activités Calvin Klein chez Philips Van Heusen (chiffre 2008)

Chiffre d'affaires global	**1889 millions €**
Bénéfice net global	**121 millions €**
Activités Calvin Klein	
– Vente en gros	376 millions €
– Revenus de licence	152 millions €
– Contribution publicitaire des licenciés	63 millions €
Total Calvin Klein	**591 millions €**

Source : Rapport annuel.

En fait, dans son activité « vente en gros », Philips Van Heusen comprend le développement des lignes de Prêt-à-porter dont il avait traditionnellement la licence avant de se transformer en gestionnaire complet de la marque. Trois lignes distinctes sont ainsi développées : une ligne haut de gamme : Calvin Klein collection, une ligne de mode ; Calvin Klein, et une ligne bridge : « CK Calvin Klein ».

Dans son rapport annuel, Philips Van Heusen estime à 4 200 millions d'euros, le chiffre réalisé sous la marque Calvin Klein au prix de détail. On peut reconstituer ce montant et le répartir entre les principaux licenciés. C'est l'analyse qui est présentée dans le tableau 11.2.

Tableau 11.2 – Estimation des ventes de Calvin Klein chez les licenciés (2008)

	Montant à prix de détail	Montant à prix de gros	Estimation du niveau d'investissement publicitaire
Prêt à porter (PVH)	900	376	30
Warnaco	1 280	640	40
Coty	1 000	500	125
Autres licences	1 000	N.A	50
Total	**4 200**	**2 000**	**245**

Source : Rapports annuels et estimations des auteurs.

Warnaco est le plus gros licencié de Calvin Klein. Il vend à la fois les sous-vêtements, la lingerie, les maillots de bain et les collections de Jeans. Le groupe a indiqué que pour 2008, Warnaco représentait 42 % des royalties reçues, soit 64 millions d'euros. En supposant des royalties de 10 %, cela représente un chiffre d'affaires de gros de 640 millions d'euros et sans doute un chiffre de détail de 1 280 millions d'euros.

Coty, le licencié parfums est un élément essentiel du dispositif. En effet, avec un chiffre d'affaires estimé à 500 millions d'euros, il contribue à la moitié des investissements publicitaires.

Dans les autres licenciés, il faut citer Movado pour les montres et Marchon pour les lunettes.

Qui investit en publicité ? Essentiellement les licenciés, comme Coty mais aussi l'ensemble de ces licenciés qui fournissent à Philips Van Heusen une contribution publicitaire de 63 millions d'euros. En fait sur le total des dépenses publicitaires que l'on peut estimer à 300 millions d'euros, nous estimons que Philips Van Heusen n'a payé de sa poche qu'environ 30 millions d'euros ou 10 % des investissements publicitaires sur la marque.

L'activité de Calvin Klein est donc répartie entre diverses entreprises comme Warnaco ou Coty. Cela n'empêche pas la marque d'offrir une image globale complète et harmonieuse et de se développer à marche forcée.

Les **avantages** de ce système sont clairs : l'entreprise s'est développée très rapidement et sans beaucoup d'apport d'argent frais, surtout les 30 premières années. De plus les licenciés, en parfumerie, en sous-vêtements ou en lunettes, sont de très grands spécialistes. Calvin Klein n'a pas eu le besoin de recruter des experts des différents domaines et d'apprendre chacun de ces nouveaux métiers.

Les **inconvénients,** c'est que le système est difficile à gérer et suppose de la part des dirigeants beaucoup de pouvoir de motivation, de communication d'enthousiasme et de contrôle. Un autre inconvénient est que ce système ne permet pas de se développer sur la base de magasins mono-marque... mais est-ce toujours véritablement là un inconvénient dans tous les cas de figure ?

Ce qui est certain c'est qu'une petite marque, partie de rien il y a 40 ans représente aujourd'hui un chiffre d'affaires de détail supérieur ou égal à celui des très grandes marques et que Philips Van Heusen obtient un résultat net de 111 millions d'euros, ce qui est quand même appréciable.

Philips Van Heusen est en tout cas tellement persuadé de la viabilité de ce système de développement par licence, que le 6 mai 2010, ils ont acheté la marque Tommy Hilfiger pour 2,3 milliards d'euros. Cet achat a été financé en grande partie par des augmentations de capital : le groupe est tellement heureux du développement de Calvin Klein, qu'il souhaite probablement faire la même chose avec cette nouvelle marque.

Hugo Boss

Hugo Boss n'est pas comme Joop d'un côté ou Calvin Klein de l'autre, une société travaillant dans le « tout licence », mais c'est un profil particulier pour lequel les activités de licences ont été très importantes. Elles ont fourni pour l'année 2008, 132 millions d'euros de royalties qui se sont transformées en 79 millions d'euros de bénéfice opérationnel sur un total de 287 millions.

En fait, pour un chiffre d'affaires de 1,7 million d'euros en 2008, les licences ont fourni 8 % du chiffre d'affaires, 27 % du bénéfice opérationnel et 70 % du bénéfice net. Il s'agit donc d'une activité essentielle à l'équilibre financier de l'entreprise, sans parler bien sûr de la présence publicitaire induite par des investissements des licenciés.

Hugo Boss travaille avec des licenciés ayant une très bonne réputation : les parfums sont gérés par Procter&Gamble, les montres par le groupe Swatch, et les lunettes par Safilo. Mais le groupe a développé aussi une licence de bijoux ou de téléphone portable.

L'entreprise est aujourd'hui très loin de son origine : des uniformes militaires allemands, puis une mode masculine enfin toute une série de produits y compris le Prêt-à-porter féminin. Contrairement à Calvin Klein, le cœur de l'activité, le Prêt-à-porter, n'est pas sous licence et la marque dispose de 330 magasins gérés directement et à son enseigne exclusive. Les licences, elles, ont permis un accroissement de la notoriété de la marque et de sa visibilité. Elles ont financé une part importante des investissements nécessaires à la croissance.

Il existe d'autres marques dont les revenues de licence correspondent à une partie essentielle du chiffre d'affaires, et on peut penser à Courrèges ou à Pierre Balmain, mais ces marques sont d'une certaine façon en position plus délicate parce que les acticités hors licence sont soit peu rentables soit avec des croissances réduites. Hugo Boss est justement une entreprise où le modèle de fonctionnement et de rentabilité intègre des licences de grande qualité, et servant d'accélérateur au développement de la marque.

Les secteurs où la majorité des entreprises fonctionne sous licence

Trois secteurs correspondent à des exemples de licence : les parfums, les montres et les lunettes. Dans ces trois secteurs, les produits sont techniques et obéissent à des modes de fabrication sensiblement différents de la mode et du Prêt-à-porter. De même, la distribution est également technique et nécessite un grand nombre de points de vente et presque toujours des équipes commerciales spécialisées pour visiter ces points de vente.

Les parfums

Dans le tableau 11.3, on a classifié les grandes marques de parfums en trois groupes :

- les marques qui ont toujours été créées et développées sous licence ;
- les marques qui ont toujours été créées et développées en interne ;
- les marques qui sont aujourd'hui gérées en interne, mais qui ont été à un moment ou à un autre de leur histoire sous licence.

Ce qui est frappant, c'est que sur ces 33 marques de mode, de bijouterie ou d'accessoires, 21 soit les deux tiers ont toujours été des licences. Ce qui est aussi étonnant, c'est que sur ces 33 marques, parmi les 7 qui ont toujours été développés et gérées en interne, aucune ne peut-être considérée comme une marque majeure ou une réussite exceptionnelle.

La démonstration paraît presque suffisante pour dire que dans la majorité des cas, une marque de mode ou d'accessoires a tout intérêt à développer ses parfums sous licence.

Certains cas méritent d'être explicités pour clarifier le point de vue. Chanel par exemple, est aujourd'hui une marque de parfums gérée en interne, mais au démarrage en 1921, Madame Coco Chanel a donné ses parfums en licence aux propriétaires des parfums Bourgois qui ont par la suite, 25 ans plus tard, racheté la maison de mode. Dior est aussi un cas particulier puisqu'encore aujourd'hui les parfums Dior appartiennent à LVMH, alors que la mode est une société indépendante, cotée en bourse et structure de tête du groupe LVMH.

Pourquoi alors les marques gérées en interne n'ont-elles presque jamais connu de développements spectaculaires ?

Tableau 11.3 – Marques de parfums en interne ou sous licence

Marques sous licence	Marques aujourd'hui internes mais qui ont connu une période sous licence	Marques toujours développées en interne
Armani	Dior	Bulgari
Boucheron*	Chanel	Cartier
Burberry	Givenchy	Hermès
Cacharel	Paco Rabanne	Kenzo
Calvin Klein		Loewe
Céline	Thierry Mugler	Nina Ricci
Chloé		Salvatore Ferragamo
Davidoff		
Dior		
Dolce & Gabbana		
Donna Karan		
Escada		
Gucci		
Guy laroche		
Lanvin*		
Prada		
Ralph Lauren		
S.T Dupont		
Van Cleef		
Joop		
Yves Saint Laurent*		

NB : certaines marques avec un astérisque sont aujourd'hui sous licence, mais ont été à un moment ou à un autre gérées en interne.

- D'abord parce que la parfumerie est un vrai métier, que le choix d'un positionnement de parfums est une décision de spécialiste et que le choix d'une fragrance (ce que les experts appellent un jus) est une décision délicate et qui engage l'entreprise pour très longtemps.
- Parce que les zones géographiques où se vendent les parfums (États-Unis, Amérique latine, Moyen-Orient par exemple) ne correspondent pas aux marchés prioritaires de la mode (Japon et Chine par exemple).

- Parce que les parfums et les cosmétiques doivent être vendus, comme indiqué plus haut dans un très grand nombre de petits points de vente de parfumerie dans tous les pays, et qu'une marque de mode a beaucoup de mal à atteindre une masse critique pour avoir sa propre filiale de distribution de parfums au Brésil, en Arabie Saoudite ou en Colombie. Enfin les interlocuteurs dans les grands magasins ne sont pas les mêmes que pour la mode.
- Parce qu'une part importante des ventes de parfums est réalisée en *duty free* où, comme on l'a vu, les négociations sont difficiles et où il vaut mieux venir avec plusieurs marques de parfums qu'une seule pour bénéficier d'un fort pouvoir de négociation.

Ce qui est sûr, c'est que pour lancer un nouveau parfum, il vaut mieux profiter de spécialistes et regrouper ses forces. Dans le tableau 11.3, on a considéré que les parfums Bulgari étaient gérés en interne. En fait, ce n'est pas exactement le cas : pour lancer ses parfums, Bulgari a créé une joint-venture 50 %, 50 % avec Salvatore Ferragamo, basée en Suisse, et qui développe et distribue ces deux marques plus les parfums Ungaro : on pourrait dire, d'une certaine façon, qu'il s'agit là encore, d'une structure de licence.

Lorsque le 1er juillet 2008, PPR a vendu sa division parfums à L'Oréal alors qu'elle était propriétaire de la marque de mode Yves Saint Laurent. Cette entreprise a sans doute pensé que les parfums Yves Saint Laurent seraient mieux développés par l'Oréal que par elle-même : On est donc très loin du fameux diktat anti-licences de certains experts.

Les montres

Plusieurs évènements récents sont assez significatifs en matière de montres. En décembre 2007, le groupe Tiffany, deuxième joaillier mondial en termes de chiffre d'affaires, a signé un accord de licence avec le groupe Swatch pour la conception, la fabrication et la distribution de montre. Cette société dont les activités horlogères étaient beaucoup plus réduites en pourcentage de chiffre d'affaires que celle de ses concurrentes a décidé de s'en remettre à un très grand spécialiste pour développer ce secteur. Elle a d'ailleurs annoncé un objectif de 500 millions d'euros à moyen terme. De son côté, au même moment Ralph Lauren a signé un accord de partenariat de licence avec le groupe Richemont pour la conception et la distribution de montres et les premiers modèles ont été présentés au salon International de la Haute Horlogerie de Genève du 19 janvier 2009.

Comme pour les parfums, certaines grandes marques, et en particulier Louis Vuitton, Cartier, Chanel ou Hermès gèrent eux-mêmes l'activité montres. Mais soient elles disposaient déjà d'une entreprise spécialisée dans ce secteur dans leur groupe, soit elles l'ont acquise en rachetant un producteur suisse comme l'a fait Chanel.

Gucci est encore un cas différent, car il s'agit à l'origine d'un licencié qui a été racheté et intégré à la société.

Certains grands groupes homologués comme Swatch semblent intéressés par des activités de licence (Tiffany, mentionné plus haut et Pierre Balmain). D'autres, comme Movado, semblent être devenus de véritables spécialistes des licences (Calvin Klein, Hugo Boss, Lacoste, Coach, Tommy Hilfiger, par exemple...).

Ici encore, le choix d'un licencié peut résulter d'une série de considérations :

- C'est un métier particulier et très technique.
- La production est très décentralisée avec les différentes pièces (mouvements, boîtes, cadrans, aiguilles, etc.) généralement sous-traitées puis assemblées et il est très utile de bien connaître les différents fournisseurs pour pouvoir être servi en temps et en heure à un prix compétitif.
- Cette activité nécessite des structures de distribution dans tous les pays, avec des forces de vente qui visitent les horlogers de luxe traditionnels.
- Il faut monter également un système de service après vente performant.

Ici l'alternative est entre la possibilité de trouver un bon licencié pour développer une montre à sa marque, et l'investissement nécessaire pour obtenir une sous-traitance de qualité et organiser une présence mondiale dans les points de vente.

Les lunettes

Le marché des lunettes est encore plus technique que ceux des parfums ou des montres. Le choix ici est entre une sous-traitance pour acheter des lunettes de soleil et les vendre dans ses propres boutiques, ou bien signer un contrat de licence avec quelqu'un qui pourra fabriquer des montures optiques et les distribuer mondialement chez les opticiens les plus prestigieux. La seule marque qui produit elle-même ses montures optiques et qui les distribue chez les opticiens est Cartier, et cela pour les raisons historiques mentionnées plus haut.

On peut citer les licenciés suivants :

- Luxottica : est le licencié de Bulgari, Burberry, Chanel, Dolce & Gabbana, Donna Karan, Ralph Lauren, Prada, Salvatore Ferragamo, Tiffany et Versace.

- Safico : est le licencié d'Alexandre Mc Queen, Balenciaga, Hugo Boss, Bottega Veneta, Diesel, Dior, Armani, Gucci, Marc Jacobs, Max Mara, Valentino et Yves Saint Laurent.
- L'amy : est le licencié de Nina Ricci, Sonia Rykiel, Kenzo, Rochas, Chloé et Chevignon.
- Marchon : est le licencié de Fendi, Karl Lagerfeld, Pucci, Jil Sander et Calvin Klein.

Enfin pour certaines marques, le Japon ne fait pas partie intégrante du territoire de la licence et un contrat différent est signé avec Seiko opticial products pour ce pays.

Dans ces trois secteurs, il semble que la majorité des marques interviennent par l'intermédiaire d'un licencié.

Exemples de sociétés spécialisées dans la gestion de marques sous licence

Il faudrait parler ici des milliers d'entreprise qui gèrent des licences, comme par exemple certaines entreprises spécialisées dans les cravates ou les bijoux de fantaisie. On pourrait parler des entreprises japonaises, chinoises, philippines ou brésiliennes qui vivent grâce au développement de licences. Nous allons nous contenter de parler ici de trois entreprises : Luxottica, Safilo et Children World Fashion.

Luxottica

Cette société italienne est plus qu'un licencié. Cotée en bourse et avec un chiffre d'affaires de 5 087 millions d'euros en 2009 (pour un profit net de 318 millions) elle pourrait paraître comme un des plus grands opérateurs du luxe, à l'égal en chiffre d'affaires d'Estée Lauder ou de Richemont.

En fait Luxottica opère dans deux secteurs distincts. C'est d'abord un opérateur de points de vente d'optique ou de lunettes de soleil partout dans le monde (6 217 magasins dans le monde en 2010 sous diverses enseignes dont Target Optical ou Lenscrafter, réalisant un chiffre d'affaires de 3 154 millions d'euros). Avec cette activité, Luxottica dispose d'une source d'information exceptionnelle sur les tendances du marché et les souhaits des consommateurs. Elle gère par exemple 248 opticiens Lenscrafter en Chine et 150 magasins Mirari au Japon.

La deuxième activité du groupe, appelée « vente en gros » correspond à un chiffre d'affaires de 1 933 millions d'euros. Cette division utilise des marques propres (Oakley, Persol, Vogue, Oliver People, Rayban, etc.) ou des marques sous licence. Mais bien sûr, si une nouvelle marque signe un contrat de licence, la présence mondiale de Luxottica apporte une expérience qui peut être utile.

Safilo

Il s'agit du deuxième spécialiste Italien des montures optiques et des lunettes de soleil. Ses activités sont essentiellement développées dans la fabrication et la commercialisation de produits et elle réalise son chiffre d'affaires de 1 011 millions d'euros en 2009. Il faut néanmoins dire que l'année 2009 a été très difficile pour Safilo qui a frôlé la faillite et qui n'a dû sa survie que par l'intervention en octobre 2009, d'un groupe hollandais HAL HOLDING N.V qui a souscrit une augmentation de capital et qui a acquis 37.23 % des actions du groupe.

Children world fashion

Autre exemple, celui de cette entreprise française, inconnue du grand public, qui gère des licences de Prêt-à-porter pour les enfants dont les marques Boss, Burberry, Chloé, DNKY, Elle, Marithé et François Girbaud et Timberland.

L'idée c'est que la mode pour enfant ne se vend pas nécessairement dans des magasins de mode pour adulte mais plus facilement dans des magasins spécialisés pour les enfants.

Ce groupe réalisant un chiffre d'affaires de 170 millions d'euros dispose de 35 *show rooms*, intervient dans 56 pays et dispose de 1 000 collaborateurs. Ses produits sont distribués dans 2 700 points de vente et par l'intermédiaire de chaînes de magasins appartenant à l'entreprise : Younly et plus récemment les « Ateliers de Courcelles ».

Le processus de développement sous licence

Choisir un partenaire

Pour choisir le partenaire qui se verra attribuer la licence, une marque doit trouver une entreprise capable de développer un produit et de le distribuer partout dans le monde. Le partenaire étant le seul à investir dans cette aventure, il doit bien sûr disposer des ressources financières nécessaires.

Développer un nouveau produit peut en effet coûter assez cher. Un ensemble complet de moules en verre et plastique pour créer une ligne de parfums, comprenant les alcools (eaux de parfum, eaux de toilettes et extraits) et la ligne pour le bain (savon, talc, poudre, crème de corps, etc.) peut coûter jusqu'à un million d'euros. Cette somme doit être investie au démarrage, avant la moindre vente. Un investissement comparable est nécessaire au développement d'une nouvelle gamme de montres, là aussi avant que le premier modèle n'arrive en magasin.

Et ceci ne constitue que la partie émergée de l'iceberg, car la majeure partie de l'investissement réalisé pour lancer un parfum, une montre ou une nouvelle gamme de lunette reste l'investissement commercial.

Étant donné que les investissements initiaux en matière de publicité et d'activité promotionnelle peuvent être considérables et que le succès n'est pas garanti, la marque doit s'assurer qu'un partenaire potentiel a la solidité financière requise pour supporter d'éventuelles pertes sur les deux ou trois premières années et investir quand même dans un second projet.

Il va sans dire, bien entendu, que le partenaire doit utiliser les matières premières les plus luxueuses et fabriquer dans ses propres unités de production, capables de produire des biens satisfaisant à tous les critères de qualité et correspondant à l'identité de la marque.

Développement d'un produit sous licence

Développer un produit sous licence selon des critères précis peut prendre de 12 à 18 mois. Distribuer ce produit dans le monde entier peut demander encore 18 mois supplémentaires. Il faut donc un engagement durable des deux parties. Pour des produits comme les parfums, les contrats s'étendent parfois sur 20-25 ans. Pour les montres, on ne peut rien faire en moins de dix ans. Un contrat de licence est donc presque toujours un engagement à long terme pour le partenaire et une grosse prise de risque à long terme pour la marque.

Combien est ce que tout ceci rapporte ? En principe un licencié reverse des royalties représentant en général 10 % du volume total de ses ventes à prix export ou à prix de gros. Mais il existe des exceptions : les parfums peuvent atteindre des chiffres d'affaires considérables, souvent supérieurs aux chiffres de prêts à porter et les royalties se montent généralement à 3-5 % du chiffre d'affaires. Les produits difficiles à développer et à vendre – le prêt-à-porter masculin et féminin par exemple – peuvent donner lieu à des royalties de 6-8 %. D'un autre côté, les produits qui sont assez éloignés de l'univers habituel de la marque ou qui n'apportent que peu de choses à l'image de la marque peuvent parfois donner lieu à des accords de licence avec des royalties allant jusqu'à 12 %. En outre, les marques peuvent exiger un volume de chiffre d'affaires minimal (ou un montant de royalties minimal) et un budget de communication garanti chaque année.

Il convient de distinguer les catégories d'investissement (parfums, montres, lunettes ou prêt-à-porter par exemple) – qui améliorent le statut de la marque – des catégories de consommation (ceintures, sous-vêtements ou mouchoirs par exemple) qui se nourrissent de la marque sans vraiment lui apporter de valeur ajoutée. Un bon portefeuille de licences présente un bon équilibre enter les activités « d'investissement » et celles de « consommation ».

Tableau 11-4 – Licences de prêt-à-porter au Japon, en 2005

Marque	Partenaire (licence)	Valeur (ventes de détail en millions d'euros)
Burberry	Sanyo-shokai	435
Ralph Lauren	Impact-21	240
Daks	Sankyo-Seiko (femmes) Kashiyama (hommes)	190
Paul Smith	Joix Corporatic (hommes) Kashiyama (femmes)	235
Michel Klein	Itokin	70
Leonard	Sankyo-Seiko	75
Elle	Itokin	70
Marc by Marc Jacobs	Look	50
Courrèges	Itokin	50
Aquascutum	Renown	50
Lanvin	Joix Corporatic	50
Austin Reed	Kosugi-Sangyo	50
Sonia Rykiel	Kashiyama	45
Mila Schön	Ronna	30
CK Calvin Klein	Kashiyama	20
Castelbajac	Raika	20

Source : Yano Keizai Research.

Le Japon est la première source de revenus de licence (en dehors des parfums et des montres). En général, les marques signent un accord global (Master licence) avec un spécialiste qui, à son tour, accorde des sous-licences à diverses entreprises locales. Le tableau 12.4 présente la valeur des ventes au détail pour les produits sous licence dans le prêt-à-porter masculin et féminin au Japon. Cela n'inclut pas les accessoires, mais les montants sont déjà impressionnants. La valeur des ventes au détail est généralement égale au double de celle des ventes en gros, et les royalties perçues par les marques tournent autour de 10 % de cette dernière. En ajoutant les accessoires, il est clair que les revenus des licences peuvent constituer une ressource substantielle. En fait, on estime que le prêt-à-porter féminin représente seulement 20 % des revenus obtenus par l'ensemble des licences pour la mode, le prêt-à-porter et les accessoires. Cela apparaît dans le tableau 11.5 qui classifie les licences japonaises en chiffre d'affaires par catégorie Si on tient compte en outre des parfums et des cosmétiques, les royalties que les marques peuvent récolter de leurs accords de licence sont quelquefois très élevées.

Tableau 11.5 – Répartition du chiffre d'affaires des licences japonaises en différentes catégories (2009, en millions d'euros)

	Chiffre 2009	Pourcentage du total
Prêt-à-porter féminin	24,1	17,9 %
Prêt-à-porter masculin	17,2	12,8 %
Sportswear	19,0	14,1 %
Chemises	2,4	1,8 %
Maillots de bain	2,1	1,5 %
Enfant	5,6	4,1 %
Sous vêtements féminins	2,9	2,2 %
Sous vêtements masculins	7,4	5,5 %
Lingerie	1,9	1,4 %
Cravates	1,4	1,0 %
Foulards	1,3	1,0 %
Mouchoirs	2,9	2,2 %
Chaussures	8,4	6,2 %
Sacs et maroquinerie	9,1	6,7 %
Ceintures	5,2	3,9 %
Autres	24,1	17,9 %
Total	**135,0**	**100,0 %**

Source : Yano Research Institute, 2009.

Le contrôle des licences

Un licencié peut parfois avoir une vision relativement à court terme de la marque : il veut que son investissement soit aussi rentable que possible. Quand il doit payer, disons, 10 % de royalties sur son chiffre d'affaires, il peut être tenté de dissimuler une partie de celui-ci. Les licenciés peuvent aussi être tentés de considérer que le chiffre d'affaires réalisé avec les soldes ou dans les magasins d'usine ne doit pas acquitter de royalties. Ce type de discussion peut durer éternellement. C'est pour cette raison que les contrats de licence mentionnent généralement un niveau garanti de royalties, quel que soit le niveau du chiffre d'affaires réalisé. Par expérience, nous pouvons dire que dans la majorité des cas, ce montant est celui qui sera versé par le licencié au propriétaire de la marque.

Les marques ont bien sûr élaboré des systèmes de contrôle sur le volume d'articles produits sous leur nom : elles peuvent par exemple décider de s'occuper elle-même de la fabrication des étiquettes, et distribuer celles-ci à chaque détenteur de licence en proportion exacte de ses besoins. La marque peut également décider d'utiliser des images en filigrane sur ses étiquettes ou d'avoir recours à d'autres procédés qui rendent toute duplication difficile, comme les banques centrales le font avec les billets qu'elles impriment.

Mais les contrôles ne se limitent pas au domaine financier. Les marques doivent également vérifier le style et la qualité du produit final, y compris la qualité de l'emballage ainsi que tous les aspects de l'environnement du produit – de la présentation de la marchandise au service après-vente en passant par les conditions de garantie.

Nombre de marques haut de gamme fournissent les spécifications précises et détaillées, voire un prototype, du produit à fabriquer et à distribuer sous licence. Les marques moins raffinées laissent parfois leurs partenaires développer le produit, si elles ne s'en chargent pas elles-mêmes. Dans ce cas, la marque n'exerce bien sûr plus de contrôle réel sur ce qui se passe ensuite.

Il est indispensable que les marques comprennent bien à quel point il est important que le partenaire sous licence respecte, et même renforce, l'identité de la marque. Par exemple, au milieu des années 90, Ferragamo a accordé une licence à une entreprise allemande pour créer son premier parfum. Il avait fallu du temps pour arrêter les termes du contrat, la marque étant assez rigoureuse en ce qui concerne son identité. Mais, en dépit des nombreuses tentatives de ses équipes de création, le partenaire n'est jamais parvenu à imaginer un concept, un flacon ou un nom que la famille Ferragamo trouve en accord avec l'identité de la marque. Après plusieurs années d'efforts, les deux parties ont décidé d'annuler le contrat et Ferragamo a choisi de s'associer à Bulgari pour une *joint-venture* dans la parfumerie. Lorsqu'elles fournissent un prototype, les marques peuvent contrôler l'environnement du produit et exiger un contrôle qualité strict du produit fini. Elles doivent également orienter la distribution du produit. Elles choisissent parfois elles-mêmes directement les canaux de distribution, voire les points de vente. Elles peuvent également fixer les prix et leurs structures.

Le fait qu'il soit effectivement possible pour une entreprise et ses partenaires sous licence de travailler ensemble et de développer des produits différents sous un même nom de marque est souligné par le succès de la marque allemande Joop, qui se porte très bien tout en ayant la quasi de ses activités sous licence.

Différentes phases pour les activités sous licence

Il semble que toute critique du concept de licence tourne autour de l'expérience de Pierre Cardin. Cardin développe très peu de nouveaux produits et semble se spécialiser dans des accords de licence pour des bagages de moyenne gamme et des ustensiles de cuisine de qualité moyenne. Mais, comme nous l'avons vu avec l'exemple de Joop ci-avant ainsi qu'au chapitre 5, il existe d'autres manières de développer des produits sous licence.

Phase 1

À ses débuts, une marque a besoin de visibilité. Lorsqu'elle commence à vendre ses produits, elle doit se forger une notoriété et une identité auprès d'un vaste groupe de consommateurs. Les accords de licence sont une bonne manière pour elle de développer ses activités et sa visibilité globale.

À ce stade très précoce, les partenaires potentiels se montreront quelque peu réticents à s'engager avec une marque n'ayant pas la notoriété suffisante pour aider au lancement d'une nouvelle gamme de produits. Mais si une marque de prêt-à-porter féminin souhaite accorder par exemple une licence pour des costumes homme, cela constitue certainement une bonne opportunité, à condition que l'identité de la marque rende légitime la nouvelle gamme et que les produits soient de très bonne qualité.

C'est également le moment de signer d'importants accords de licence pour des montres, des bijoux de fantaisie ou des lunettes.

Pour des marques européennes qui en sont à ce stade précoce, des accords de licence pour une région donnée peuvent contribuer au développement de la marque chez elle, et à l'accroissement de sa visibilité à l'étranger. L'Asie, et particulièrement le Japon, font figure d'El Dorado pour les marques cherchant à accroître leur visibilité ou, plus simplement, à faire rentrer de l'argent. Les entreprises japonaises s'intéressent beaucoup aux licences et ont créé pour leur marché intérieur des gammes de produits très spécifiques (tels que des mouchoirs pour femme reprenant en modèle réduit des foulards) qui connaissent un franc succès.

Au Japon, les marques de luxe ont souvent recours à un « Master Licencié », qui cède à son tour des sous-licences à de nombreux fabricants. Il est possible de mener un grand nombre d'activités sous licence au Japon, y compris le développement d'une moyenne gamme (une gamme nouvelle, moins chère) de prêt-à-porter féminin et d'une collection complète d'accessoires qui peuvent contribuer à augmenter la présence de la marque dans le pays. Ces contrats sont généralement limités au territoire japonais.

Dans certains cas, des activités sous licence au Japon n'existent pas en Europe. Dans les années 80 et 90, ainsi, Lancel y présentait une collection complète de prêt-à-porter féminin et masculin et d'accessoires. Rochas, Paco Rabanne et Revillon, elles aussi, possédaient une gamme complète et comprenaient des produits sous licence qui n'existaient pas à Paris. C'est une activité très rentable, mais qui n'a de sens que si les revenus de royalties sont consacrés au développement d'une vraie présence de la marque en Europe, à travers des boutiques indépendantes et des défilés de prêt-à-porter féminin.

Au cours de la dernière décennie, toutefois, de telles dispositions sont devenues un plus difficiles à réaliser, car les gens voyagent plus et souhaitent trouver à Paris ou Milan des produits semblables à ceux qu'ils trouvent au Japon. Ainsi, peu à peu, les activités de licence perdent du terrain, bien qu'elles constituent une source majeure de revenus pour de nombreuses marques.

L'intérêt pour les licences globales tend à se faner un peu au Japon, mais la Chine est entrée en scène pour prendre le relais.

Phase 2

Lorsqu'une marque se développe et rencontre une certaine réussite chez elle, elle peut se lancer dans une deuxième phase d'activité de licence.

Si la notoriété de la marque le permet, des accords de licence mondiale pour des produits tels que les parfums et les cosmétiques, les montres, les stylos et les bijoux de fantaisie s'imposent.

C'est par le développement de telles licences que la marque pourra accroître sa présence et sa notoriété. Comme nous l'avons évoqué plus haut, les budgets publicitaires consacrés aux parfums sont bien plus importants que ceux de la mode, et le fait d'avoir un parfum portant son nom augmente la crédibilité d'une marque. Lolita Lempicka est sans doute plus connue pour ses parfums sous licence que pour ses collections de mode, et Guy Laroche est plus connu pour les parfums L'Oréal que pour son prêt-à-porter.

Le choix d'un partenaire sous licence pour un parfum constitue une étape très importante dans le développement d'une marque. Louis Féraud commit une grave erreur en signant un contrat de licence avec les cosmétiques Avon pour développer un parfum aux États-Unis. Le parfum était vendu en porte-à-porte et ne trouva donc que très peu de soutien publicitaire dans les principaux magazines. Le fait qu'Avon soit plus fort au États-Unis qu'en Europe ne facilita pas les choses pour la marque parisienne. Louis Féraud aurait sans doute bien mieux fait de conclure un accord de licence avec L'Oréal ou avec Cosmopolitan Cosmetics.

La phase 2 est le moment idéal pour développer une marque à travers les licences. En dehors des accords de licence mondiale, il peut également être possible de signer des accords spécifiques en Amérique latine, où les licences se développent. C'est aussi le cas en Corée et, dans une moindre mesure, en Thaïlande. Cependant, il est important de s'assurer qu'aucun accord local, pour ces marchés secondaires, n'entre en conflit avec des licences mondiales préexistantes ou à venir.

En développant des accords pour les parfums, dans cette deuxième phase, une marque peut établir une présence mondiale et développer de nouvelles activités. Si Azzedine Alaïa avait conclu un bon accord de licence pour un parfum, ses activités de mode se porteraient mieux aujourd'hui et seraient connues d'un plus grand nombre de consommateurs. Un parfum portant la griffe Azzedine Alaïa serait disponible dans toutes les boutiques sélectives du monde, augmentant d'autant la notoriété de la marque. Une gamme de montres de luxe Azzedine Alaïa aurait renforcé le talent de ce créateur de génie et transformé son image en une identité de groupe de luxe à part entière.

C'est quand une marque commence à être assez connue que le lancement de parfums sous licence est le plus approprié et peut fonctionner comme un amplificateur et un accélérateur pour la marque. Mais il ne faut pas aller trop vite. Lorsque Christian Lacroix a lancé son parfum, « C'est la vie », en 1990, la maison de mode n'existait que depuis deux ans. Son nom commençait à être très connu à Paris et New York, mais il l'était nettement moins à Düsseldorf, Manchester ou Genève où son parfum devait pourtant être vendu… et acheté. Il est crucial de choisir judicieusement le moment où l'on lance cette étape du développement d'une marque. Christian Lacroix paie encore aujourd'hui les conséquences de l'échec de 1990. S'il avait attendu cinq ans de plus, qui sait ?

Phase 3

L'étape suivante dans le développement d'une marque consiste à ouvrir des boutiques indépendantes dans les principales métropoles mondiales. Mais cet objectif peut parfois entrer en conflit direct avec les licences, qui ont, par nature, un réseau de distribution bien plus vaste. Si une marque a déjà accordé des licences pour vendre des sous-vêtements, des ceintures, des foulards et des articles en cuir dans les grands magasins, il lui sera difficile de vendre les mêmes produits dans ses propres boutiques, en particulier si les grands magasins vendent de temps en temps ces produits à prix réduit. Ce genre d'incohérence dans la distribution peut envoyer des messages confus, et potentiellement néfastes, aux consommateurs.

Il y aurait également incohérence si la marque se contentait de vendre, dans ses propres boutiques, ses collections de prêt-à-porter, par exemple, et laissaient les accessoires à un réseau plus vaste de magasins. De surcroît, les boutiques de la marque, ne proposant qu'une sélection limitée d'articles, auraient du mal à atteindre l'équilibre financier.

La phase 3 constitue donc un changement majeur dans l'orientation de la marque. Ses dirigeants doivent réduire le nombre de licences de manière à ce que des boutiques indépendantes puissent ouvrir et fonctionner, mais ils doivent le faire sans précipitation. Cela n'a pas de sens de négocier à grands frais la résiliation immédiate des licences existantes (comme YSL a pu s'en rendre compte au moment de son rachat par PPR Gucci). Le passage d'une forte activité sous licences à un solide réseau de boutique n'est pas toujours chose aisée, mais il peut être mené à bien, comme le montre l'expérience de Christian Dior. Les licences Christian Dior se portaient très bien au Japon jusqu'en 2002. La direction de Dior a probablement préparé le changement des années à l'avance. Elle a ouvert des boutiques indépendantes qui ne pouvaient être rentables à cette époque, du fait de la concurrence de ses propres activités sous licence dans les grands magasins. Mais lorsque la « Master Licence », avec Kanebo, est arrivée à son terme, elle n'a pas été renouvelée et la marque a pu organiser avec succès l'importation directe de son prêt-à-porter et de ses accessoires. Mais tout le travail de fond pour accroître la notoriété de la marque Dior avait été accompli au fil de nombreuses années à travers l'accord de licence avec Kanebo.

Le choix du moment est crucial : trop tôt, la marque n'aurait pas la notoriété suffisante ; trop tard, l'engouement serait déjà un peu retombé.

Phase 4

Lorsqu'une marque possède ses propres boutiques dans les principales villes du monde, cela ne signifie pas qu'elle doive cesser toute activité sous licence. Si, par exemple, elle a développé une solide activité parfums sous licence, elle doit conserver celle-ci, qui constitue une ressource supplémentaire. Si elle possède des accords de licence pour des cravates et des lunettes, et si ses boutiques s'adressent avant tout aux femmes, il n'y a pas non plus de raison de ne pas poursuivre ses activités de licence pour homme.

Nous avons évoqué plus haut le fait que même Chanel a un contrat de licence. Mais Valentino et Moschino également. Les sacs à main Moschino et la maroquinerie sont fabriqués par un partenaire italien, Borbonese. Voilà donc le nouvel équilibre à trouver en phase 4.

Ainsi, les licences, à tous les stades du développement d'une marque, sont nécessaires et font partie de l'équilibre financier et identitaire de la marque. Ceux qui s'opposent aux licences n'ont pas compris que dans ces activités le *timing* est essentiel : ce qui est utile, voire indispensable, à un certain moment peut se révéler totalement inutile à un autre. C'est une question très importante qui nécessite de la délicatesse, un bon sens du *timing* et une bonne exécution.

À chaque stade du développement d'une marque de luxe, différentes activités de licence sont susceptibles de générer des profits, d'accroître la notoriété de la marque et de renforcer son identité.

Conclusion

La forte croissance de l'industrie du luxe, comme nous l'avons expliqué tout au long de cet ouvrage, est le résultat du développement des marchés émergents et de la création et de la croissance d'une classe moyenne de plus en plus élargie et qui peut se payer le « luxe » d'un achat exceptionnel de temps en temps, et dont les membres font ainsi figure d'« excursionnistes ».

Certains observateurs ont cru bon d'y identifier une « démocratisation » du luxe. Nous n'avons jamais utilisé ce mot. Dire que le luxe se serait démocratisé par cette descente aux enfers des marques et expliquer également sa croissance par l'émergence des produits dits d'« entrée de gamme » nous paraît complètement inexact. De tout temps, les classes moyennes ont eu accès à certains produits de luxe. Il y a 50 ans, il était possible d'acheter une cravate Christian Dior en polyester à un prix cinq fois inférieur à celui d'une cravate de soie.

Les produits d'entrée de gamme ont toujours existé, mais au cours de ces 50 dernières années, et contrairement à ce que pensent certains observateurs, ils se sont raréfiés et surtout, leur qualité s'est considérablement améliorée.

Mais cette croissance qui, en dehors des crises conjoncturelles, oscille entre 8 à 10 % chaque année va-t-elle se poursuivre ? En fait elle se poursuivra aussi longtemps que les marchés émergents vont se développer, que les quatre pays du BRIC vont monter en puissance et que les classes moyennes vont se développer.

Est-ce à dire que l'industrie du luxe ne va pas changer ? En fait, nous pouvons identifier quatre tendances principales qui vont marquer les années à venir.

Le renforcement des produits « sur mesure » et la difficulté des marques en position moyenne

Il y a un siècle, une part très importante de l'industrie du luxe correspondait à des achats « sur mesure » et la notion même de « prêt à porter » n'existait pas.

C'est le prêt à porter qui a permis l'explosion des volumes de l'industrie et c'est à ce moment-là que l'on aurait pu parler de démocratisation. Mais le principe de l'article réalisé exceptionnellement pour une seule personne est sans doute le sommet de ce que peut être un produit de luxe et un article exclusif.

Ces produits étaient malheureusement devenus inaccessibles à cause de leurs prix prohibitifs. Il se trouve que la technologie a entraîné une amélioration considérable des procédures de production et de la chaîne d'approvisionnement qui permet de fournir à nouveau à la clientèle ces produits à des prix élevés mais raisonnables : Louis Vuitton ou Loewe fabriquent ainsi des pièces de maroquinerie sur commande. John Lobb, Berluti et Salvatore Ferragamo vendent des chaussures sur mesure et cette tendance devrait se développer au fur et à mesure que les entreprises maîtrisent davantage leur système logistique. Ermenigildo Zegna ou Lanvin réalisent des costumes hommes sur mesure. Bien d'autres marques pourraient le faire, mais à des prix qui ne devraient pas être beaucoup plus chers que deux fois ceux des costumes en prêt à porter.

La difficulté, dans les années à venir, comme nous l'avons expliqué tout au long de cet ouvrage, va être pour les marques moyennes, au positionnement de prix moyen. Elles vont se trouver en position de plus en plus inconfortable entre Chanel, Valentino et Gucci d'un côté et Hugo Boss, Lacoste ou Ralph Lauren de l'autre. Les marques intermédiaires n'ont pas l'image de qualité et d'exclusivité suffisantes pour imposer des prix très élevés, ni la notoriété et l'attractivité nécessaires pour rentabiliser un magasin luxueux en y vendant des produits relativement bon marché. Il leur faudra choisir entre le modèle « grand luxe » et le modèle « diffusion de luxe », mais surtout, se donner dans un cas comme dans l'autre, les moyens nécessaires à ces positionnements.

L'extension de la notion d'expérience en matière de luxe

Nous avons insisté, dans les chapitres sur les clients du luxe et sur la gestion des points de vente, sur le besoin d'offrir à ceux qui poussent la porte d'un magasin de luxe une expérience inoubliable. Nous avons indiqué que les clients qui viennent acheter des objets exceptionnels (même s'il ne s'agit que d'un rouge à lèvres ou d'un petit bracelet en tissus) s'attendent à un service impeccable et à une expérience unique.

Cette expérience doit être en harmonie avec le code esthétique de la marque et son caractère multisensoriel doit être en parfaite cohérence avec son identité. Cette nécessité privilégie la vente de produits de luxe par l'intermédiaire de boutiques exclusives, mais les grands magasins ou les magasins multimarques peuvent néanmoins « réinventer » un style personnel et valorisant, comme l'a fait, par exemple, dans une certaine mesure, Colette. Internet viendra compléter et enrichir les expériences proposées par les marques au travers de ses capacités interactives et multimédiatiques.

Le développement des produits ostentatoires

Il y a 10 ans, les Asiatiques étaient des consommateurs enthousiastes de produits aux sigles très apparents et les Européens, au contraire paraissaient très réticents à se promener, par exemple, avec un sac ou avec une cravate dont le logo était facilement visible de tous. Les observateurs se demandaient d'ailleurs si le pendule n'allait pas d'inverser et si les Asiatiques n'allaient à leur tour se lasser de marques aux logos trop voyants. C'est en fait l'inverse qui s'est produit et un très grand nombre de consommateurs, aussi bien européens qu'asiatiques ou américains vont continuer à valoriser ces objets visibles et symboles de réussite sociale.

L'exemple qui vient à l'esprit est celui des téléphones portables fabriqués en coopération avec des marques de luxe et recouverts de diamants, mais c'est le cas pour toutes les catégories de produits et de service. La période actuelle ne s'oriente plus vers la discrétion et cette tendance va se poursuivre encore quelque temps avec quelques éclipses quand il est de bon ton de ne pas afficher ses richesses, notamment en période de crise économique aiguë.

Le rôle de l'Asie

Comme nous l'avons dit, l'Asie représente pour certaines catégories de produits jusqu'à 50 % des ventes mondiales. En fait, dans la mode, un tiers du marché se trouvait déjà depuis longtemps au Japon et les pays de l'Asie du Sud Est apparaissaient comme des satellites où les consommateurs, essentiellement japonais, réalisaient également des achats.

La croissance actuelle de la Chine et l'intérêt grandissant de Chinois pour les produits de luxe offre une source de croissance exceptionnelle pour l'industrie. En fait dans la croissance mondiale actuelle de 8 à 10 %, 2 à 3 % vient exclusivement de la Chine. En d'autres termes, le quart ou le tiers de la croissance mondiale actuelle et à venir, est chinois. Après l'opportunité japonaise, l'industrie vit l'eldorado chinois et découvrira aussi dans quelques années le potentiel indien.

Mais l'Asie ne va pas rester un acteur passif de ce secteur. Comme nous l'avons indiqué, elle se prépare à devenir chaque jour davantage un sous-traitant et un fabricant, en attendant le jour où des marques chinoises, comme par exemple Episode, Shian Xia, Shanghai Tang, Shiazi Chen, ou d'autres encore, deviendront de grandes marques mondiales et connaîtront sans doute des développements plus rapides que les marques japonaises.

Nous n'avons pas voulu citer les tendances au respect de l'environnement et au développement durable comme phénomènes spécifiques du monde du luxe. Cette poussée « verte » est présente dans tous les secteurs économiques et culturels et donc prise aussi en considération par les marques de luxe. Être écologique n'est déjà plus une option pour personne. Pour toutes les entreprises, c'est devenu un « pré-requis » sans lequel elles perdent toute compétitivité. Le destin de la marque Hummer en est un exemple.

La particularité du dilemme que doit affronter cette industrie, c'est l'apparente incompatibilité des notions « écologie » et « luxe » qui pourrait d'ailleurs expliquer un retard relatif du secteur par rapport à d'autres dans la prise de conscience des thèmes écologiques.

Certaines marques y réussissent mieux que d'autres. WWF a commandité en 2007 une étude qui classifie les marques selon leur respect de l'environnement. Les premiers du classement sont L'Oréal, LVMH et Hermès avec un C+, suivit par Coach avec un D+, puis Swatch, PPR et Richemont avec D, les derniers du classement étant Tod's et Bulgari avec un F. L'étude n'est pas exempte de défauts (nombre réduit de marques et de groupes multimarques, jugement basé uniquement sur la communication, etc.), mais il démontre une prise de conscience forte de la part du marché et des marques sur le thème écologique.

Pourtant l'incompatibilité luxe/écologie n'est qu'apparente. **On peut vraiment vendre du rêve tout en respectant la planète.** L'industrie du luxe peut même jouer un rôle non négligeable. L'utilisation de produits naturels a souvent fait partie de leur identité. Même si les valeurs de respect pour les générations futures ne seront jamais une source fondamentale de légitimation de leur dimension « luxe », gardons présent que c'est une belle manière d'être en phase avec « *le refus du tout économique* » (voir chapitre 1) qui caractérise l'éthique des marques de luxe véritable.

Pour conclure, on peut affirmer que les industries du luxe vont connaître une croissance soutenue dans les années à venir, en s'adaptant aux attentes des consommateurs et à l'évolution compétitive et continuer ainsi à répondre à certains de nos désirs d'excellence, d'évasion et d'absolu.

Bibliographie

AAKER D., LENDREVIE J., *Le management du capital de marque*, Dalloz, 1994.

ALLERES D., *Luxe, Stratégies, Marketing*, Economica, 1990.

ARNAULT B., MESSAROVITCH Y., *La passion créative*, Plon, 2000.

ASSOULY O., préface de BERGE P., *Le luxe : Essais sur la fabrique de l'ostentation*, Institut français de la mode, Regard, 2005.

BARTHE R., *Système de la mode*, Seuil, 1983.

BASTIEN V., KAPFERER J.-N., *Luxe oblige*, Éditions d'Organisation, 2008.

BELTRAN A., CHAUVEAU S., GALVEZ-BEHAR G., *Des brevets et des marques, Une histoire de la propriété industrielle*, Fayard, 2001.

BERGERON L., *Les industries du luxe en France*, Odile Jacob, 1998.

BERNSTEIN D., *Company image and reality, A critique of corporate communications*, Holt, Rinehart and Winston Ltd, 1984.

BERRY C. J., *The Idea of Luxury : A Conceptual and Historical Investigation.* Cambridge University Press, 1994.

BLANCKAERT C., *Luxe*, Le Cherche Midi, 2007.

CAPPELLARI R., *Il marketing della moda e del lusso*, Carocci, 2008.

CASTAREDE J., *Histoire du luxe en France : Des origines à nos jours.* Éditions d'Organisation, 2006.

CASTAREDE J., *Le Luxe, 4e éd., coll.* « Que sais-je ? », PUF, 2007.

CATRY B., « Manager la rareté du Luxe », *Revue Française de Gestion*, déc. 2006.

CHADHA R., HUSBAND P., *The Cult of the Luxury Brand : Inside Asia's Love Affair With Luxury*, Nicholas Brealey Publishing, 2007.

CHEVALIER M., « Increase in sales due to in-store display », *Journal of Marketing Research*, nov. 1975.

CHEVALIER M., LU P. X., *Luxury in China : Challenges and Opportunities*, Wiley, 2009.

CHEVALIER M., MAZZALOVO G., *Pro Logo : Plaidoyer pour les marques,* Éditions d'Organisation, 2003.

CHIAPELLO E., *Artists versus managers : Le management culturel face à la critique artistique,* Metaillé, 1998.

CODOL J.-P., TAP P., *Revue internationale de psychologie sociale*, 1988, n° 2, p. 169.

CORBELLINI E., SAVIOLO S., *L'esperienza del lusso. Mondi, mercati, marchi,* Etas, 2007.

DANZIGER P., *Let them Eat Cake. Marketing Luxury to the Masses as well as the Classes,* Kaplan Business, 2005.

DUBOIS B., *L'art du Marketing*, Village Mondial, 1998.

DUBOIS B., DUQUESNE P., « The Market for Luxury Goods : Income versus Culture », *European Journal of Marketing,* vol. 27, n° 1, 1993.

DUGUAY B., *Consommation et luxe*, Liber, 2007.

FAUVELIERE I., *La contrefaçon du luxe : menace pour la France au Japon ?* L'Harmattan, 2004.

FEATHERSTONE M., *Consumer culture and postmodernism*, Sage, 1991.

FLOCH J.-M., *Identités visuelles*, PUF, 1995.

FLOCH J.-M., *Sémiotique, marketing et communication : sous les signes, les stratégies*, PUF, 1990.

FRANK R. H., *Luxury Fever,* Princeton University Press, 1999.

GIARDINO V., *Lusso. L'eterno desiderio del superfluo,* Grifo Edizioni, 2007.

HAIE V., *Donnez-nous notre luxe quotidien,* Gualino, 2002.

HICHMAN D. D., MARZE E. M., *The Affluent Consumer : Marketing and Selling the Luxury Style,* Preager Publishing, 2006.

KAPFERER J.-N., *Les marques, capital de l'entreprise*, Les Éditions d'Organisation, 1995.

KNAFO J., *Pub de luxe : Dis-moi combien tu m'aimes ? La communication des marques de luxe,* Alban, 2008.

KOTLER Ph., *Marketing Management : Analysis, planning, and control*, Prentice-Hall, 1967.

LAURENT G., *Luxury for the Happy Many, in Marketing Global Business,* FT Putman Publishing, 1998.

LENDREVIE J., LINDON D., *Mercator,* 8e éd., Dunod, 2006.

LEVY M., REITZ B. A., *Retailing Management,* 5e éd., Irwin, 2004, p. 234.

LIPOVETSKY G., *L'empire de l'éphémère,* Gallimard, 1987.

LIPOVETSKY G., ROUX E., *Le Luxe éternel : De l'âge du sacré au temps des marques*, Gallimard, 2003.

LOMBARD M., RICHOU S., *Le luxe dans tous ses états*, Economica, 1999.

MARSEILLE J., *France terre de luxe*, La Martinière, 2000.

MICHMAN R. D., MAZZE E. M., *The Affluent Consumer : Marketing and Selling the Luxury Lifestyle,* Praeger Publishers, 2006.

MUTSCHELER P. M., *The luxury Challenge. Managing an international High-Fashion house for growth and performance,* Constance, Universitaet Verlag Konstanz, 1992.

NUENO J. L., QUELCH J. A., « The mass marketing of luxury », *Business Horizons,* nov.-déc. 1998, *issue* 6, vol. 41, p. 61.

OECHSLI M., *The Art of Selling the Affluent: How to Attract, Service and Retain Wealthy Customers and Clients for Life,* Wiley, 2004.

OKONKWO U., *Luxury Fashion Branding: Trends, Tactics, Techniques,* Palgrave Macmillan, 2007.

OKONWO U., *Luxury on Line,* Palgrave Macmillan, 2008.

PAQUOT Th., *Éloge du luxe: De l'utilité de l'inutile,* Marabout, 2007.

PASTOUREAU M., *Bleu: histoire d'une couleur,* Seuil, 2000.

PERROT Ph., *Le luxe,* Seuil, 1998.

POCHNA M. F., *Toutes griffes dehors,* Lie Ernest Flam, 1999.

POSTREL V., *The substance of style: how the rise of aesthetic values is remaking commerce, culture and consciencioussness,* Harper Collins, 2003.

REMAURY B., *L'objet du luxe à l'ère de la reproductivité technique, in* ASSOULY O., *Le luxe: essais sur la fabrique de l'ostentation,* Regard, 2005.

SEMPRINI A., *Le marketing de la marque,* Liaisons, 1992.

SEMPRINI A., *La marque, une puissance fragile,* Vuibert, 2005.

SICARD M.-C., *Ce que marque veut dire,* Éditions d'Organisation, 2001.

SILVERSTEIN M., FISKE M., *Trading up: The new American Luxury,* Portfolio hardcover, 2003.

THOMAS D., *Deluxe: How Luxury Lost Its Luster,* Penguin, 2008.

TUNGATE M., *Fashion branding style from Armani to Zara,* 2e éd., Kogan, 2008.

TWITCHELL J. B., *Living It Up: Our Love Affair With Luxury,* Columbia University Press, 2002.

TWITCHELL J. B., *America's Love Affair with Luxury,* Simon and Schuster, 2003.

UNDERHILL P., *La science du Shopping: comment le merchandising influence l'achat,* Village Mondial, 2000.

VEBLEN T., *The theory of the leisure class,* The Macmillan Company, 1899. Traduction: *Théorie de la classe des loisirs,* Gallimard, 1970.

VETTRAINO-SOULARD M.-C., *Luxe et Publicité,* Retz, 1990.

Index des notions

D

E

F

H

I

J

L

M

N

O

P

R

S

T

V

W

Index des marques

E

F

G

H

I

J

K

L

M

N

O

P

R

S

conception
réalisation
mise en page
PCA
44405 Rezé cedex

55756 - (III) - (1,5) - OSB 80° - PCA - MLN

IMPRESSION, BROCHAGE

imprimerie
CHIRAT

42540 ST-JUST-LA-PENDUE
DÉPÔT LÉGAL : MARS 2011 - SUITE DU TIRAGE : AOÛT 2013
DÉPÔT LÉGAL DE LA 1[RE] ÉDITION : JUIN 2008
N° 201307.0285

IMPRIMÉ EN FRANCE